EFFICIENCY ANALYSIS

효율성 분석

이론과 활용

효율성 분석 이론과 활용

2007년 4월 23일 | 제1판 1쇄 인쇄
2007년 4월 30일 | 제1판 1쇄 발행

지 은 이 | 김성호 · 최태성 · 이동원
발 행 인 | 김은중
발 행 처 | 서울경제경영출판사
북디자인 | 우일미디어 02)2277-9634

주　　소 | 120-808 서울특별시 서대문구 대현동 67-5 대현빌딩 6층
전　　화 | 02)313-2682
팩　　스 | 02)313-8860

등　　록 | 1998년 1월 22일 제5-63호

ISBN 978-89-88106-39-6　93320　정가 24,000원

※ 파본은 바꾸어 드립니다.

EFFICIENCY ANALYSIS

효율성 분석

이론과 활용

| 김 성 호 | 최 태 성 | 이 동 원 | 공저

서울경제경영

[저자약력]

김 성 호

인하대학교 경상대학 경영학과 졸업
인하대학교 경영학 석사
인하대학교 경영학 박사
Saint Louis University Post Doctoral Fellow
현, 인하대학교 경영대학 교수

최 태 성

서강대학교 상경대학 무역학과 졸업
Saint Louis University 경영학 석사
Saint Louis University 경영학 박사
현, 인하대학교 경영대학 교수

이 동 원

서울대학교 경영대학 졸업
서울대학교 대학원 경영학과 경영학 석사
University of Southern California 경영학 박사
현, 인하대학교 경영대학 교수

머리말

치열한 경쟁속에서 기업경영자 및 경제정책수립담당자에게 기업 및 산업의 효율성 제고는 가장 중요한 과제가 되었다. 효율성을 높이기 위한 의사결정 및 정책수립은 효율성측정을 전제로 한다. 자료포락분석(data envelopment analysis: DEA)과 확률프론티어접근법(stochastic frontier approach: SFA)은 효율성을 측정하고 분석하기 위한 방법으로 1970년대 후반에 소개된 이후 매우 다양한 분야에서 활용되고 있다. 이 책은 자료포락분석 또는 확률프론티어접근법을 사용하여 효율성을 측정하고 분석하고자 하는 연구자들이 자료포락분석 및 확률프론티어접근법의 이론을 쉽게 습득할 수 있도록 만들었다.

이 책은 모두 9개의 장으로 구성하였다. 제1장은 서론이고 제2장부터 제6장까지는 자료포락분석에 관한 내용이며 제7장부터 제9장까지는 확률프론티어접근법에 관한 내용이다. 제2장에서는 자료포락분석의 기본모형 및 다양한 변형모형을 간단한 예제와 함께 제시하였다. 제3장에서는 경제학적 생산이론과 자료포락분석의 관련성을 중심으로 여러 가지 자료포락분석모형의 의미를 설명하였다. 제4장에서는 자료포락분석을 컴퓨터에서 실행하는 방법들을 제시하였다. 제5장에서는 자료포락분석의 몇 가지 활용사례를 제시하였고 제6장에서는 활용문헌들을 분류하였다. 제7장에서는 확률프론티어접근법의 기본모형을 유도방법을 중심으로 설명하였고 제8장에서는 활용사례를 제시하였다. 마지막으로 제9장에서는 확률프론티어접근법의 활용문헌을 분류하였다. 이 책에서 기본 이론을 설명하는데 사용된 예제 자료 등은 http://seongho.inha.ac.kr/ea.htm에서 내려받을 수 있다.

이 책의 집필과 발간은 많은 사람들의 도움으로 가능했다. 인하대학교 대학원 경영학과 석사과정에서 경영과학을 전공하고 있는 김태경 군, 인하대학교 경영학과의 재학생 유경규, 임기웅, 최용훈, 윤치호 군은 저자들이 집필에 집중할 수 있도로 도와주었다. 그리고 이 책의 출판을 맡아주신 도서출판 서울경제경영의 김은중 사장님과 편집부 제위께 감사를 드린다.

2007년 4월
용현동 연구실에서 **저자씀**

※ 이 저서는 인하대학교의 지원에 의하여 발간되었음.

목차

제1장 서론

1. 효율성 측정

무한경쟁이라는 말은 오늘날의 경제환경 및 기업의 경영환경을 나타내주는 대명사가 되었다. 치열한 경쟁 하에서 기업경영자, 경제정책수립담당자들에게 기업 및 산업의 효율성 제고는 가장 중요한 과제중 하나가 되었다. 특히 우리나라는 기업뿐 아니라 정부기관의 효율성제고도 국가적인 관심사이다. 효율성을 높이기 위한 의사결정 및 정책수립에 있어서 효율성측정이 선행되어야 함은 당연하다. 효율성 측정의 선구자인 M. J. Farrell 은 효율성 측정의 필요성에 대하여 다음과 같이 설명하고 있다. 『산업의 효율성을 측정하는 문제는 경제학자 및 경제정책수립담당자 모두에게 중요한 일이다. 어떤 경제시스템이 다른 경제시스템보다 상대적으로 효율적이라는 이론적 주장이 실증적으로 검증되기 위해서는 실제로 효율성을 측정할 수 있어야만 한다. 또한 특정 산업에 대한 경제계획수립 자체가 관심대상인 경우 그 산업에 추가적 자원 투입 없이 단순히 효율성을 개선함으로서 어느 정도로 산출을 증가시킬 수 있는가를 아는 것이 중요하다(Farrell 1957, p. 11).』

2. 효율성에 관한 3 가지 문제

효율성의 개념과 관련하여 다음과 같은 3가지 질문에 대한 합리적인 답변이 필요하다(Lovell 1993). (1) 생산조직의 투입요소가 (산출물이) 다수일 때 어떤 투입요소를 (산출물을) 분석에 포함시켜야 하는가? (2) 어떤 방법으로 총괄해야 하는가? (3) 생산조직의 잠재능력을 어떻게 결정해야 하는가?

Knight(1933)는 첫 번째 및 두 번째 질문에 대해서 다음과 같이 설명하고 있

측정방법을 제시하였다. 자료포락분석은 선형계획법모형의 형태를 갖는 경영과학 기법으로 제안되어 기업의 효율성 측정뿐 아니라 비효율성의 원인 분석 및 효율성 개선의 목표설정을 위한 도구로 널리 활용되고 있다. 자료포락분석은 다수투입·다수산출 상황을 모형에서 명시적으로 다룰 수 있다는 장점을 가지고 있으나 확률오차의 영향을 고려하지 않는 확정적 모형이라는 점이 해결되어야 할 문제점으로 지적되고 있다.

효율성 측정을 위한 모수적 방법 및 비모수적 방법 모두 이론적 정교화 과정을 거치면서 다양한 변형모형들이 제시되어왔다. 모수적 방법에서는 모형에 포함된 비효율성항(inefficiency term)의 분포형태가 효율성 측정시 유용해야 한다는 관점에서 기존 분포를 다른 분포로 대체한 모형들이 연구되어 제시되었다. 비모수적 방법에서는 생산가능집합에 대한 가정이 현실의 생산기술을 적합하게 나타내야 한다는 관점에서 기존 모형에서 전제로 하는 가정을 완화하거나 다른 가정으로 대체한 모형들이 제시되었다.

참고문헌

1. Aigner, D., and S. F. Chu (1968), "On Estimating the Industry Production Function," *American Economic Review* Vol.58, No.4, pp. 826-839.

2. Aigner, D., C. A. K. Lovell, and P. Schmidt (1977), "Formulation and Estimation of Stochastic Frontier Production Function Models," *Journal of Econometrics* Vol.6, No.1, pp. 21-37.

3. Averch, H., and L. L. Johnson (1962), “Behavior of the Firm Under Regulatory Constraint,” *American Economic Review* Vol. 52, No. 5, pp. 1052-1069.

4. Bergsman, J. (1974), “Commercial Policy, Allocative Efficiency, and

'X-efficiency'," *Quarterly Journal of Economics* Vol.88, No.3, pp.409-433.

5. Charnes, A., W. W. Cooper, and E. L. Rhodes (1978), "Measuring the Efficiency of Decision Making Units," *European Journal of Operational Research* Vol.2, No.6, pp. 429-444.
6. Debreu, G. (1951), "The Coefficient of Resource Utilization," *Econometrica* Vol.19, pp. 273-292.
7. Farrell, M. J. (1957), "The Measurement of Productive Efficiency," *Journal of the Royal Statistical Society, Series A, General* Vol.120, No.3, pp. 253-281.
8. Jondrow, J., C. A. K. Lovell, I. S. Materov, and P. Schmidt (1982), "On the Estimation of Technical Inefficiency in the Stochastic Frontier Production Function Model," *Journal of Econometrics* Vol.19, No.2-3, pp. 233-238.
9. Knight, F. H. (1933), *The Economic Organization*, Harper & Row, New York.
10. Kopp, R. J., V. K. Smith, and W. J. Vaughan (1982), "Stochastic Cost Frontiers and Perceived Technical Inefficiency". In *Advances in Applied Micro-economics* (V. K. Smith, Ed.), Vol. 2. JAI Press, Greenwich, Conn.
11. Koopmans, T. C. (1951), "An Analysis of Production as an Efficient Combination of Activities." In *Activity Analysis of Production and Allocation* (T. C. Koopmans, Ed.), pp. 33-97. Wiley, New York.
12. Lovell, C. A. K. (1993), "Production Frontiers and Productive Efficiency." In *The Measurement of Productive Efficiency: Techniques and Applications* (H. O. Fried, C. A. K. Lovell, and S. S. Schmidt, Eds.), pp. 3-67. Oxford University Press, Oxford.

13. Meeusen, W., and J. Van Den Broeck (1977), "Efficiency Estimation from Cobb-Douglas Production Functions with Composed Error," *International Economic Review* Vol.18, No.2, pp. 435-445.

14. Stigler, G. J. (1976), "The Xistence of X-Efficiency," *American Economic Review* Vol.66, No.1, pp. 213-216.

제2장 자료포락분석

본 장에서는 1978년에 Abraham Charnes, William W. Cooper 및 Edwardo Rhodes 등이 Charnes, Cooper, and Rhodes(1978)에서 소개한 가장 기본적인 자료포락분석(資料包絡分析, data envelopment analysis: DEA)모형에 대해서 설명한다. 일반적으로 DEA 문헌에서는 이 모형을 소개한 학자들 이름의 첫문자를 모아 CCR 모형이라고 부른다.

최근까지 매우 다양한 DEA 모형이 여러 학자들에 의해 개발되고 소개되어 활용된 바 있다. 그런데 DEA이론에 대한 설명을 CCR모형으로부터 시작하는 것은 CCR 모형이 가장 널리 활용된 모형이라는 점과 다양한 해석을 할 수 있다는 점 때문이다. CCR모형은 표현되는 형태에 따라서 비율모형(比律模型, ratio model), 승수모형(乘數模型, multiplier model), 그리고 포락모형(包絡模型, envelopment model) 등으로 구별된다. CCR 비율모형은 매우 직관적인 해석이 가능하며 이해하기 쉽다. 그래서 가장 먼저 설명할 것이다. CCR비율모형에 변수변환을 취하면 CCR 승수모형이 된다. 이 때 변환에 사용되는 변수가 투입변수인가 아니면 산출변수인가에 따라 투입방향의 CCR 승수모형과 산출방향의 CCR 승수모형으로 구별된다. CCR승수모형은 선형계획법 모형이며 따라서 그 쌍대모형이 정의될 수 있다. CCR모형의 쌍대모형을 CCR 포락모형이라 한다. CCR 포락모형은 전통적으로 경제학분야에서 논의되어 온 생산함수의 개념과 연관시켜 해석할 수 있다. 이에 대해서는 '제3장 생산기술과 자료포락분석'에서 자세히 다룰 것이다.

DEA 모형은 다수의 투입요소를 사용하여 다수의 산출물을 생산하는 생산조직의 효율성을 평가하기 위한 모형이다. DEA문헌에서는 생산조직을 의사결정단위(意思決定單位, decision making unit: DMU)라는 용어로 부른다. 여기서 DMU 라는 용어를 사용하기로 한다. 가장 기본적인 DEA 모형인 CCR 모형을 설명하기 위해 먼저 투입·산출 자료 및 가중치를 나타내는 기호를 정의할 필요가 있다.

제1절 투입 · 산출자료

1. 투입 · 산출자료

평가 대상이 되는 DMU의 수를 n 개라 하고 투입요소의 수를 m 개 그리고 산출물의 수를 s 개라 하자. 그리고 투입요소의 사용량을 x 로 나타내고 생산된 산출물의 양을 y 로 나타내자. 그러면 n 개의 DMU로부터 수집한 투입 · 산출 자료를 다음과 같은 표로 나타낼 수 있다.

[표 2.1] 투입 · 산출자료

DMU	투 입				산 출			
	1	2	$\cdots$	m	1	2	$\cdots$	s
1	x_{11}	x_{12}	$\cdots$	x_{1m}	y_{11}	y_{12}	$\cdots$	y_{1s}
2	x_{21}	x_{22}	$\cdots$	x_{2m}	y_{21}	y_{22}	$\cdots$	y_{2s}
$\vdots$	$\vdots$	$\vdots$	$\ddots$	$\vdots$	$\vdots$	$\vdots$	$\ddots$	$\vdots$
n	x_{n1}	x_{n2}	$\cdots$	x_{nm}	y_{n1}	y_{n2}	$\cdots$	y_{ns}

DMU를 나타내는 index 변수로 j, 투입요소에 대한 index 변수로 i, 그리고 산출물에 대한 index 변수로 r 을 사용하면 [표 2.1]에서 x_{ji} 는 j 번째 DMU의 i 번째 투입요소 사용량을 나타내며 y_{jr} 은 j 번째 DMU의 r 번째 산출물의 양을 나타낸다.

2. 국영기업체 H 공사의 투입 · 산출 자료

[표 2.2]는 국영기업체인 H 공사의 각 도 지부의 업적을 평가하기 위해 산정한 평가항목별 점수, 그리고 각 도 지부의 인원 및 예산을 나타낸 것이다. 이 사례의

경우 DMU 인 도지부의 수가 6 개이므로 $n=9$, 투입요소는 '인원'과 '예산'의 2 개이므로 $m=2$, 산출물은 'A 항목', 'B 항목', 'C 항목' 등의 3 개 이므로 $s=3$ 이다. 예를 들어 첫 번째 도지부의 '예산'은 $x_{12}=4,800$ 이 된다.

[표 2.2] H 공사의 각 도지부의 투입 · 산출 자료

도지부	투 입		산 출		
	인원 1	예산 2	A 항목 1	B 항목 2	C 항목 3
경기	400	4,800	38.0	33.0	22.1
강원	250	3,000	38.4	33.2	26.8
충북	280	3,500	36.6	30.4	19.9
충남	320	3,800	37.6	31.2	20.1
전북	290	3,600	37.0	30.0	16.5
전남	350	4,300	37.8	32.8	22.3
경북	380	4,500	38.8	32.6	19.6
경남	360	4,400	35.0	31.8	24.0
제주	200	2,500	37.8	32.4	24.5

3. 6 개 고등학교의 투입 · 산출자료

[표 2.3]은 6개 고등학교로부터 수집한 자료이다. '학생 1 인당 교육비'는 학교가 1년동안 학생 1 명에게 지출하는 교육비를 나타내며 '비 저소득가정 비율'은 저소득가정으로 분류되지 않은 가정의 학생들의 비율을 나타낸다. '작문'과 '과학'은 각각 표준 작문시험과 표준 과학시험의 성적을 평균한 것이다. '학생 1 인당 교육비'와 '비 저소득가정 비율'은 고등학교 선생님이나 관리자들이 통제하기 어려운 변수이며 투입으로 간주될 수 있다. 학생들의 시험성적은 산출이 된다. 이 사례의 경우 DMU인 고등학교의 수가 6 개이므로 $n=6$, 투입요소는 '학생 1 인당 교육비'와 '비 저소득가정 비율'의 2 개이므로 $m=2$, 산출물은 '작문'과 '과학'의 2 개이므로 $s=2$ 가 된다. 예를 들어 두 번째 고등학교 학생들의 과학점수 평균은 $y_{22}=287$ 이 된다.

[표 2.3] 6개 고등학교의 투입·산출자료

고등학교	투입		산출	
	학생1인당 교육비 1	비 저소득 가정 비율 2	작문 1	과학 2
1	8.939	64.3	25.2	223
2	8.625	99.0	28.2	287
3	10.813	99.6	29.4	317
4	10.638	96.0	26.4	291
5	6.240	96.2	27.2	295
6	4.719	79.9	25.5	222

자료원 : Schrage(2000) pp. 404-409

4. 석유회사의 투입·산출 자료

석유회사(石油會社, oil company)에서 추가된 원유 및 천연가스의 자사매장량은 가장 전형적인 산출로 볼 수 있다. 또한 판매를 위한 원유(原油, crude oil)와 천연가스(天然가스, natural gas)의 생산량도 석유회사의 산출로 볼 수 있다. 원유와 천연가스의 자사매장량을 증가시키기 위해 지출한 비용은 석유회사의 투입으로 볼 수 있다. 또한 작년의 원유/천연가스 자사매장량은 금년의 원유/천연가스의 생산을 위한 기반이며 이러한 관점에서 투입으로 볼 수 있다. [표 2.4]는 미국의 14개 대규모 석유회사의 1991년도 투입·산출자료이다.

[표 2.4] 미국 14개 대규모 석유회사의 투입·산출 자료

석유회사	투입			산출			
	x1	x2	x3	y1	y2	y3	y4
AH	1,177	187	794	2	26	42	122
ARCO	1,137	2,157	5,473	110	241	519	626
CHEVRON	970	1,565	7,128	98	176	213	881
CONOCO	620	454	2,094	24	41	117	274
EXXON	2,055	1,974	7,903	37	253	330	744

MARATHON	492	536	2,171	28	52	224	333
MOBIL	850	874	6,030	170	107	108	644
PHILLIPS	326	385	3,115	240	48	360	321
SHELL	1,248.146	1,728	4,462	184	180	579	532
AMOCO	1,222	1,576	11,192	33	142	456	710
BP/AM	785.660	1,917	1,835	62	286	133	129
SUN	492	455	1,631	36	53	247	270
TEXACO	1,403	1,379	4,322	67	175	331	729
UNOCAL	511	420	2,736	71	55	237	304

자료원 : Thompson, Dharmapala, Rothenberg, and Thrall (1996)

여기서 x1 = 총비용(백만달러), x2 = 전년도 원유 자사매장량(백만배럴), x3 = 전년도 천연가스 자사매장량(십억입방피트), y1 = 추가된 원유의 자사매장량(백만배럴), y2 = 판매를 위한 원유 생산량(백만배럴), y3 = 추가된 천연가스의 자사매장량(십억입방피트), y4 = 판매를 위한 천연가스 생산량(십억입방피트)

이 사례의 경우 DMU 인 석유회사의 14 개이므로 $n = 14$, 투입요소는 '총비용', '전년도 원유 자사매장량', '전년도 천연가스 자사매장량' 등 3 개이므로 $m = 3$, 산출물은 '추가된 원유의 자사매장량', '판매를 위한 원유 생산량', '추가된 천연가스의 자사매장량', '판매를 위한 천연가스 생산량' 등 4 개 이므로 $s = 4$ 이 된다. 예를 들어 세 번째 석유회사의 총비용은 $x_{31} = 970000$ 이다.

5. 증기식 발전소의 투입 · 산출 자료

발전소(發電所, generating plant)의 주요 투입으로는 '종업원', '연료', '설비' 등을 들 수 있고 산출로는 '전력생산량'을 들 수 있다. [표 2.5]는 미국 일리노이주에 있는 석탄을 연료로 사용하는 19곳의 증기식 발전소에서 수집한 투입・산출 자료이다.

이 사례의 경우 DMU 인 발전소의 수가 19 개이므로 $n = 19$, 투입요소는 '연간 평균 종업원수', '연료', '설비' 등 3 개이므로 $m = 3$, 산출물은 '전력생산량'의 1 개 이므로 $s = 1$ 이 된다. 예를 들어 세 번째 발전소의 투입 연료 량 $x_{32} = 803.17$ 이 된다.

[표 2.5] 증기식 발전소의 투입 · 산출 자료

발전소	투 입			산 출
	연간 평균 종업원수 x1	연료 (10^{10} Btu) x2	설비 x3	전력생산량 (10^6 Kwh) y1
Coffeen	179	3969.10	1005.5	3531.4
Grant Tower	96	896.32	194.6	841.3
Gudsonville	94	803.17	200	960.5
Meredosia	141	1629.90	564.1	1498.1
Newton	147	3264.40	617.4	3347.7
Fisk	261	1427.50	347.1	1263.2
Joliet	448	6365.30	1680.4	5734
Kinkaid	223	4911.00	1319.4	4107.7
Powell	279	7779.30	1785.6	6964.2
Ridgeland	214	2307.50	690	1961.0
Will County	367	4334.70	1268.9	4207.2
Duck Creek	97	1870.70	416.5	1752.7
Edwards	143	2730.60	779.8	2667.6
Wallace	95	540.61	305	457.2
Baldwin	241	9509.20	1892.1	9529.9
Havanna	147	1561.10	718.5	1360.6
Hennepin	306	1699.00	306.3	1689.7
Vermillion	182	881.16	182.3	750.3
Wood River	500	2548.90	650.1	2439.5

자료원 : Färe, Grosskopf, and Kokkelenberg(1989)

6. 약국의 투입 · 산출 자료

약국(藥局, pharmacy)은 '총노동비용', '운영비용', '평균재고규모', '시장규모(약국이 소재한 도시의 인구수)' 등을 투입변수로 '처방건수', '처방금액' 등을 산출변수로 설정할 수 있다. [표 2.6]은 미국 아이오와주의 69개 약국으로부터 수집한 투입 · 산출 자료이다.

[표 2.6] 약국의 투입 · 산출 변수

약국	투입				산출	
	노동비 1	운영비 2	평균재고 3	시장규모 4	처방건수 1	처방금액 2
1	17030	1280	8000	1410	12293	61.000
2	25890	2779	9000	1523	18400	92.000
3	29076	2372	13694	1354	16789	92.650
4	17506	1385	4250	822	10700	45.000
5	23208	639	6500	746	9800	50.000
6	12946	802	7000	1281	6500	29.000
7	18001	1130	4500	1016	8200	56.000
8	14473	1097	5000	1070	8680	45.000
9	31760	5559	27000	1694	33800	183.000
10	50972	15010	21560	1910	23710	156.000
11	39523	4799	15000	1745	24000	120.000
12	13076	3489	8500	1353	17500	75.000
13	35427	1704	35000	500	25000	130.000
14	27554	2882	18000	1016	26000	122.000
15	53848	14208	59750	2500	26830	178.513
16	38253	1480	19200	2293	16600	106.000
17	109404	83016	40000	2718	90000	450.000
18	18198	1278	8466	2877	11140	73.624
19	40891	7599	16000	4150	25868	136.000
20	45444	5556	10000	4421	32700	191.295
21	35623	2121	25000	3883	29117	152.864
22	20192	5515	14000	3519	18000	100.000
23	34973	10475	12500	32366	11100	60.000
24	32284	14498	17260	3393	23030	137.778
25	17920	7585	7000	4489	10656	58.000
26	42094	3742	14000	2217	24682	152.095
27	35422	14236	16400	4641	26908	120.000
28	19100	3529	13000	5968	16464	80.000
29	72167	8656	30000	8715	57000	321.000
30	19970	1714	12530	5968	17532	94.747

31	39183	4919	31500	5607	30035	168.000
32	32048	3483	10000	7324	16000	100.000
33	68877	12279	22000	8685	63700	277.000
34	29812	3332	10000	8685	18000	90.000
35	47686	2507	16000	5420	27339	139.134
36	33415	4738	10000	7703	19500	116.000
37	12359	4603	9000	4665	13000	80.000
38	23614	2989	16439	6317	15370	102.000
39	36069	1793	14500	31839	18446	90.000
40	76307	9539	39000	15619	56000	260.000
41	40706	12661	24927	30213	73845	364.951
42	39267	4609	13858	34719	28600	145.000
43	29509	11323	33375	31839	27000	243.000
44	44482	5542	29044	34719	52423	279.816
45	61365	20550	32257	32366	73759	363.388
46	49671	3306	8800	43561	20500	80.000
47	40425	10396	47000	31263	27100	115.000
48	33034	4915	12000	31263	15000	110.000
49	69163	4688	28000	15173	50895	277.852
50	28931	16735	13300	73064	19707	128.000
51	29758	4260	13500	62309	17994	78.800
52	40927	8285	24000	23166	36135	167.222
53	40403	2131	16000	99836	30000	153.000
54	38730	2539	17000	60348	26195	125.000
55	35978	2502	25000	99836	28000	216.000
56	37509	6278	16000	99836	24658	152.551
57	46950	10715	20000	85925	36850	190.000
58	35966	3144	14000	85925	29250	183.690
59	68318	8015	22000	108987	50000	250.000
60	69537	7778	21879	108987	40078	265.443
61	25425	2812	15000	201404	20200	110.000
62	19508	2454	10000	201404	12500	75.000
63	28191	3367	20000	201404	30890	195.000
64	37073	8624	18000	108987	31000	175.000
65	23763	3496	19051	201404	31277	192.992
66	28642	3366	15000	201404	11500	75.000
67	35919	3868	10000	201404	30000	175.668
68	54653	26494	24000	108987	38383	190.000
69	6276	3413	1800	60348	2075	8.650

자료 : Banker and Morey (1986)

이 사례의 경우 DMU인 약국의 수가 69개이므로 $n = 69$, 투입요소는 '총노동비용', '운영비용', '평균재고규모', '시장규모(약국이 소재한 도시의 인구수)' 등 4개이므로 $m = 4$, 산출물은 '처방건수', '처방금액'의 2 개 이므로 $s = 2$ 이 된다.

제2절 업적평가와 효율성

1. 업적평가

같은 시스템 내에서 같은 목적의 업무를 수행하는 하부시스템의 업적이나 성과를 평가해야 할 필요성은 자주 발생한다. 예를 들어 은행지점에 대한 평가, 공공기관의 산하기관에 대한 평가, 병원, 학교 또는 교육기관에 대한 평가의 필요성은 자주 발생한다. 이러한 평가의 결과에 따라 피평가기관에 대한 직·간접의 다양한 상벌이 주어지게 된다.

현재 가장 많이 활용되는 업적평가 방법은 피평가기관의 업적에 관한 다양한 평가항목에 대하여 사전에 가중치를 부여하고 피평가기관이 받은 항목별 점수를 가중합계(加重合計, weighted sum)하는 방법이다. 이러한 방법은 평가항목과 가중치의 두 가지 요소로 구성된다. 가중치(加重値, weights)는 각 평가항목의 상대적 중요도를 반영하는 요소이다. 평가항목은 피평가기관의 업적을 구성하는 다양한 특성 또는 속성을 나타낸다. 평가항목으로는 재무비율(財務比率, financial ratios)이나 성과지표(成果指標, performance indicators)가 사용된다. 민간부분의 경우 '부채에 대한 세전이익 비율', '총자산에 대한 운전자본 비율', '순자본에 대한 총부채 비율' 등과 같은 재무비율이 많이 사용된다. 공공부분의 경우 '교사 1 인당 학생수', '도로 1km 에 지출되는 유지보수비용' 등과 같은 성과지표가 많이 사용된다.

기관의 업적을 평가할 때 사용되는 가중치와 관련하여 가중치의 결정 시점 및 가중치의 적용범위에 따라 평가방법을 나누어 볼 수 있다. 먼저 가중치의 결정 시점은 평가항목에 대한 가중치를 사전에 결정하는 경우와 그렇지 않은 경우로 나눌 수 있다. 그리고 가중치의 적용범위는 모든 피평가기관에게 같은 가중치체계를 적용하는 경우와 그렇지 않은 경우로 나눌 수 있다. 이러한 구분 내용을 표로 나타내면 다음과 같다.

[표 2.7]은 가중치의 결정시점과 적용범위를 기준으로 평가방법을 4 가지로 분류해 놓은 것이다. 기존의 가중합계 업적평가방법은 (Ⅰ)에 속하는 방법이며 자료포락분석에 의한 효율성 평가방법은 (Ⅳ)에 속하는 방법으로 볼 수 있다.

[표 2.7] 가중치의 결정 시점 / 적용범위에 따른 평가방법 분류

		가중치의 결정 시점	
		평가항목에 대한 가중치를 사전에 결정하는 경우	평가항목에 대한 가중치를 사전에 결정하지 않는 경우
가중치의 적용범위	모든 피평가기관에게 같은 가중치 체계를 적용하는 경우	(Ⅰ)	(Ⅱ)
	모든 피평가기관에게 같은 가중치 체계를 적용하지 않는 경우	(Ⅲ)	(Ⅳ)

[표 2.8]은 [표 2.2]에 나타낸 H 공사의 각 도지부의 업적을 두 가지 가중치체계로 평가한 결과를 나타낸 것이며 각 가중치체계는 다음과 같다.

(가중치체계 1) 항목 A × 1 + 항목 B × 1 + 항목 C × 1

(가중치체계 2) 항목 A × 4 + 항목 B × 3 + 항목 C × 1

가중치체계 1 은 각 항목에 대한 가중치를 모두 1 로 부여한 것이며 가중치체계 2 는 항목 A 에는 가중치로 4 를 부여하고 항목 B 에는 3 을, 항목 C 에는 1 을 부여한 경우이다. [표 2.8]에 나타낸 바와 같이 '경기'는 가중치체계 1 에서 3 위였으나 가중치체계 2 에서는 2 위로 한 단계 높아졌다. '경기'의 경우 항목 A 와 항목 B 에서 상대적으로 높은 점수를 받아 이 항목에 대한 가중치가 높아질 경우 유리한 평가결과를 얻게 된다.

[표 2.8] H 공사의 각 도 지부에 대한 업적평가 결과

지부	가중치 체계 1	순위	가중치 체계 2	순위
경기	93.1	3	273.1	2
강원	98.4	1	280.0	1
충북	86.9	8	257.5	8
충남	88.9	7	264.1	6
전북	83.5	9	254.5	9
전남	92.9	4	271.9	5
경북	91.0	5	272.6	4
경남	90.8	6	259.4	7
제주	94.7	2	272.9	3

은행지점, 공공기관의 산하기관, 병원, 학교 등은 일종의 생산조직(生産組織, production organizations)이라 할 수 있다. 효율성은 재무비율이나 성과지표와 더불어 생산조직의 업적 또는 성과를 나타내는 유용한 지표로 사용될 수 있다.

2. 효율성

효율성(效率性, efficiency)은 생산조직이 사용한 투입요소의 사용량에 대한 산출물 생산량의 비율을 의미한다.

$$\text{효율성} = \frac{\text{산출물의 생산량}}{\text{투입요소의 사용량}}$$

효율성은 생산조직이 단일 투입요소를 사용하여 단일 산출물을 생산할 경우에는 계산이 매우 간단하다. 그러나 대부분의 생산조직은 다수의 투입요소를 사용하며 또한 다수의 산출물을 생산한다. 이러한 다수투입·다수산출의 경우 효율성을 계산하려면 다수의 투입요소에 가중치를 적용하여 총괄한 총괄투입(總括投入, aggregated input)과 다수의 산출물에 가중치를 적용하여 총괄한 총괄산출(總括産出, aggregated output)을 계산하는 과정이 필요하다.

$$\text{효율성} = \frac{\text{총괄산출}}{\text{총괄투입}}$$

$$= \frac{y_1u_1 + y_2u_2 + \cdots + y_su_s}{x_1v_1 + x_2v_2 + \cdots + x_mv_m}$$

여기서 $s =$ 산출물의 수, $m =$ 투입요소의 수

$y_r =$ r 번째 산출물의 수량

$u_r =$ r 번째 산출물에 대한 가중치

$x_i =$ i 번째 투입요소 사용량

$v_i =$ i 번째 투입요소에 대한 가중치

재무비율이나 성과지표로 업적을 평가할 때와 마찬가지로 효율성의 개념으로 생산조직의 성과를 평가하기 위해서는 가중치가 결정되어야 한다. 재무비율이나 성과지표로 업적을 평가할 경우에는 각 비율이나 지표에 대한 가중치가 사전에 결정되어 있어야 한다. 한편 효율성으로 업적을 평가할 경우에는 각 투입요소별 가중치와 산출물별로 가중치가 필요하다.

[표 2.9]는 투입가중치 및 산출가중치를 다음과 같이 설정하여 H 공사의 각 도 지부에 대한 효율성을 계산한 결과이다.

(투입가중치) 인원 $\times \frac{20}{100}$ + 예산 $\times \frac{1}{100}$

(산출가중치) 항목 A $\times$ 1 + 항목 B $\times$ 1 + 항목 C $\times$ 1

[표 2.9] H 공사의 각 도 지부에 대한 효율성 평가 결과

지부	총괄투입	총괄산출	순위	효율성	순위
경기	128	93.1	3	0.73	9
강원	80	98.4	1	1.23	2
충북	91	86.9	8	0.95	3
충남	102	88.9	7	0.87	5
전북	94	83.5	9	0.89	4
전남	113	92.9	4	0.82	6

경북	121	91.0	5	0.75	8
경남	116	90.8	6	0.78	7
제주	65	94.7	2	1.46	1

3. 가중치

DEA 모형은 [표 2.1]에 나타낸 것과 같은 DMU 별 투입・산출 자료가 주어진 상태에서 DMU 별로 효율성을 평가하기 위한 가중치를 계산하는 최적화 모형이다. 투입요소의 가중치를 v 로 나타내고 산출물의 가중치를 u 로 나타내면 n 개의 DMU 에 대한 투입・산출 가중치를 다음과 같은 표로 나타낼 수 있다.

[표 2.10] DMU 별 투입・산출 가중치

	투 입				산 출			
DMU	1	2	$\cdots$	m	1	2	$\cdots$	s
1	v_{11}	v_{12}	$\cdots$	v_{1m}	u_{11}	u_{12}	$\cdots$	u_{1s}
2	v_{21}	v_{22}	$\cdots$	v_{2m}	u_{21}	u_{22}	$\cdots$	u_{2s}
$\vdots$	$\vdots$	$\vdots$	$\ddots$	$\vdots$	$\vdots$	$\vdots$	$\ddots$	$\vdots$
n	v_{n1}	v_{n2}	$\cdots$	v_{nm}	u_{n1}	u_{n2}	$\cdots$	u_{ns}

[표 2.10]에서 v_{ji} 는 j 번째 DMU의 i 번째 투입요소에 대한 가중치를 나타내며 u_{jr} 은 j 번째 DMU의 r 번째 산출물에 대한 가중치를 나타낸다. 예를 들어 v_{21} 은 두 번째 DMU의 첫 번째 투입요소에 대한 가중치를 나타낸다. u_{12} 는 첫 번째 DMU 의 두 번째 산출물에 대한 가중치를 나타낸다.

제3절 CCR 비율모형

1. CCR 비율모형

CCR모형(CCR模型, CCR model)은 [표 2.1]에 나타낸 것과 같은 DMU 별 투입·산출 자료가 주어진 상태에서 DMU 별로 효율성을 평가하기 위한 [표 2.10]에 나타낸 가중치를 계산하는 최적화 모형이다. 즉 n 개의 DMU 에 대한 가중치를 계산하기 위해서는 n 개의 CCR 모형이 필요하며 이에 대한 최적해를 구해야 한다.

CCR 비율모형의 특징은 각 DMU 의 다수투입·다수산출 상황을 단일총괄투입·단일총괄산출 상황으로 변경한다는 점이다. [표 2.1]의 투입·산출 자료와 [표 2.10]의 가중치로 각 DMU 별 총괄투입과 총괄산출을 나타내면 [표 2.11]과 같이 나타낼 수 있다. [표 2.11]에 나타낸 DMU 별 총괄투입·총괄산출을 $\sum$ 기호와 index 변수를 사용하여 [표 2.12]와 같이 간단히 나타낼 수 있으며 또한 각 DMU 의 효율성(=총괄투입에 대한 총괄산출의 비율)도 이를 이용하여 나타낼 수 있다. 이 표에서 E_1, E_2, $\cdots$, E_n 등은 각 DMU 의 효율성을 나타낸다.

[표 2.11] DMU 별 총괄투입 · 총괄산출

DMU	총괄투입	총괄산출
1	$x_{11}v_{11} + x_{12}v_{12} + \cdots + x_{1m}v_{1m}$	$y_{11}u_{11} + y_{12}u_{12} + \cdots + y_{1s}u_{1s}$
2	$x_{21}v_{21} + x_{22}v_{22} + \cdots + x_{2m}v_{2m}$	$y_{21}u_{21} + y_{22}u_{22} + \cdots + y_{2s}u_{2s}$
$\vdots$	$\vdots$	$\vdots$
n	$x_{n1}v_{n1} + x_{n2}v_{n2} + \cdots + x_{nm}v_{nm}$	$y_{n1}u_{n1} + y_{n2}u_{n2} + \cdots + y_{ns}u_{ns}$

[표 2.12] DMU 별 총괄투입 · 총괄산출 및 효율성

DMU	총괄투입	총괄산출	효율성
1	$\sum_{i=1}^{m} x_{1i}v_{1i}$	$\sum_{r=1}^{s} y_{1r}u_{1r}$	$E_1 = \left(\sum_{r=1}^{s} y_{1r}u_{1r}\right) \Big/ \left(\sum_{i=1}^{m} x_{1i}v_{1i}\right)$
2	$\sum_{i=1}^{m} x_{2i}v_{2i}$	$\sum_{r=1}^{s} y_{2r}u_{2r}$	$E_2 = \left(\sum_{r=1}^{s} y_{2r}u_{2r}\right) \Big/ \left(\sum_{i=1}^{m} x_{2i}v_{2i}\right)$
⋮	⋮	⋮	⋮
n	$\sum_{i=1}^{m} x_{ni}v_{ni}$	$\sum_{r=1}^{s} y_{nr}u_{nr}$	$E_n = \left(\sum_{r=1}^{s} y_{nr}u_{nr}\right) \Big/ \left(\sum_{i=1}^{m} x_{ni}v_{ni}\right)$

[표 2.3]에 나타낸 6 개 고등학교의 총괄투입 · 총괄산출 및 효율성을 나타내면 다음과 같다.

[표 2.13] 6 개 고등학교의 총괄투입 · 총괄산출 및 효율성

DMU	총괄투입	총괄산출	효율성
1	$8.939\,v_{11} + 64.3\,v_{12}$	$25.2\,u_{11} + 223\,u_{12}$	$(25.2\,u_{11} + 223\,u_{12})$ / $(8,939\,v_{11} + 64.3\,v_{12})$
2	$8.625\,v_{21} + 99.0\,v_{22}$	$28.2\,u_{21} + 287\,u_{22}$	$(28.2\,u_{21} + 287\,u_{22})$ / $(8.625\,v_{21} + 99.0\,v_{22})$
3	$10.813\,v_{31} + 99.6\,v_{32}$	$29.4\,u_{31} + 317\,u_{32}$	$(29.4\,u_{31} + 317\,u_{32})$ / $(10.813\,v_{31} + 99.6\,v_{32})$
4	$10.638\,v_{41} + 96.0\,v_{42}$	$26.4\,u_{41} + 291\,u_{42}$	$(26.4\,u_{41} + 291\,u_{42})$ / $(10.638\,v_{41} + 96.0\,v_{42})$
5	$6.240\,v_{51} + 96.2\,v_{52}$	$27.2\,u_{51} + 295\,u_{52}$	$(27.2\,u_{51} + 295\,u_{52})$ / $(6.240\,v_{51} + 96.2\,v_{52})$
6	$4.719\,v_{61} + 79.9\,v_{62}$	$25.5\,u_{61} + 222\,u_{62}$	$(25.5\,u_{61} + 222\,u_{62})$ / $(4.719\,v_{61} + 79.9\,v_{62})$

k 번째 DMU의 효율성 즉 k 번째 DMU의 총괄투입에 대한 총괄산출의 비율 E_k 는 다음과 같이 나타낼 수 있다.

$$E_k = \frac{\sum_{r=1}^{s} y_{kr} u_{kr}}{\sum_{i=1}^{m} x_{ki} v_{ki}} \tag{2.1}$$

CCR비율모형은 DMU 별로 가중치를 계산하는 최적화 모형이다. 즉 n 개의 DMU 에 대한 가중치를 계산하기 위해서는 n 개의 CCR 비율모형이 필요하며 이에 대한 최적해를 구해야 한다. k 번째 DMU 의 효율성을 평가하기 위한 CCR 비율모형(CCR 比率模型, CCR ratio model)은 (2.2)~(2.5)와 같이 나타낼 수 있다.

$$\text{Maximize} \quad E_k = \frac{\sum_{r=1}^{s} y_{kr} u_{kr}}{\sum_{i=1}^{m} x_{ki} v_{ki}} \tag{2.2}$$

Subject to

$$E_{kj} = \frac{\sum_{r=1}^{s} y_{jr} u_{kr}}{\sum_{i=1}^{m} x_{ji} v_{ki}} \le 1 \ , \quad j = 1, 2, \ldots, n \tag{2.3}$$

$$v_{ki} \ge 0 \,, \quad i = 1, 2, \ldots, m \tag{2.4}$$

$$u_{kr} \ge 0 \,, \quad r = 1, 2, \ldots, s \tag{2.5}$$

CCR비율모형은 k 번째 DMU 의 가중치를 계산하기 위한 모형이다. (2.3)에 나타낸 제약조건은 DMU k 의 가중치 v_{k1} , v_{k2} ,⋯, v_{km} , u_{k1} , u_{k2} ,⋯, u_{ks} 를 사용하여 계산한 DMU j 의 총괄투입에 대한 총괄산출의 비율 E_{kj} 가 1 보다 작거나 같음을 의미한다. E_{kj} 은 DMU k 의 가중치를 사용하고 DMU j 의 투입 · 산출 자료를 사용하여 계산한 총괄투입에 대한 총괄산출의 비율이며 $k \neq j$ 이면 이를 교차효율성(交叉效率性, cross-efficiency)이라고 부른다. 이 제약조건에 관해서 주의를 기울여 살펴보아야 할 것은 DMU k 의 효율성 E_k 즉 E_{kk} 도 제약조건에 포함되어 있다는 점이다. 한편 (2.2)에 나타낸 목적함수는 DMU k 의 가중치 v_{k1} , v_{k2} ,⋯, v_{km} , u_{k1} , u_{k2} ,⋯, u_{ks} 를 사용하고 DMU k 의 투입・산출 자료를 사용하여 계산한 총괄투입에 대한 총괄산출의 비율 E_k 즉 DMU k 의 효율성을 최대화하는 것이다.

CCR비율모형에서 DMU k 의 효율성 E_k 는 제약조건에도 포함되며 따라서 $0 \leq E_k \leq 1$ 임은 명백하다. DMU k 의 효율성 E_k 이 가질 수 있는 가장 큰 값은 1이다. 즉 DMU k 가 효율적인 상태에 있으면 $E_k = 1$ 이 된다. 그리고 $E_k < 1$ 은 DMU k 가 효율적인 상태에 있지 않음을 의미한다.

CCR 비율모형에서 DMU k 의 효율성 E_k 는 투입 · 산출 자료의 단위가 변하여도 달라지지 않는다. 즉 DMU k 의 효율성 E_k 는 관찰된 투입 · 산출 자료의 단위에 독립적이다. 그리고 CCR 비율모형은 복수의 최적해를 갖는다. 식이 분수의 형태로 되어 있어 최적해에 0 보다 큰 상수를 곱하여도 여전히 최적해가 됨을 알 수 있다.

한편 (2.2)~(2.5)의 CCR비율모형은 투입가중치 v_{ki} ($i = 1, 2, ..., m$) 또는 산출가중치 u_{kr} ($r = 1, 2, ..., s$)가 0 의 값을 가질 수 있다. 이는 가중치가 0 의 값을 갖는 투입 또는 산출이 효율성 평가과정에 포함되지 않음을 의미한다. (2.6)~(2.9)에 나타낸 것 처럼 투입가중치와 산출가중치의 하한을 ε 으로 설정하여 모든 투입 · 산출이 효율성 평가과정에 포함될 수 있도록 할 수 있다. 여기서 ε 은 0 보다는 크지만 어떤 양의 실수보다 작은 값을 나타내며 비아르키메데스상수(非아르키메데스常數, non-Archimedean constant)라고 부른다. 가중치의 하한을 비아르키메데스상수로 제약한 CCR모형인 (2.6)~(2.9)을 비아르키메데스 CCR비율모형(non-Archimedean CCR ratio model)으로 부르기도 한다.

$$\text{Maximize} \quad E_k = \frac{\sum_{r=1}^{s} y_{kr} u_{kr}}{\sum_{i=1}^{m} x_{ki} v_{ki}} \tag{2.6}$$

Subject to

$$E_{kj} = \frac{\sum_{r=1}^{s} y_{jr} u_{kr}}{\sum_{i=1}^{m} x_{ji} v_{ki}} \leq 1 \ , \quad j = 1, 2, ..., n \tag{2.7}$$

$$v_{ki} \geq \varepsilon \, , \quad i = 1, 2, ..., m \tag{2.8}$$

$$u_{kr} \geq \varepsilon \, , \quad r = 1, 2, ..., s \tag{2.9}$$

2. CCR 비율모형 수치예제 (6 개 고등학교)

[표 2.3]에 나타낸 6개 고등학교의 투입 · 산출 자료를 가지고 첫 번째 고등학교의 효율성을 평가하기 위한 가중치 v_{11}, v_{12}, u_{11}, u_{12} 를 계산하기 위한 CCR 비율모형을 나타내면 다음과 같다. 여기서 ε 의 값은 0.000001 을 사용하였다.

첫 번째 고등학교에 대한 CCR 비율모형

Maximize $(25.2u_{11} + 223u_{12}) / (8{,}939v_{11} + 64.3v_{12})$

Subject to

$(25.2u_{11} + 223u_{12}) / (8{,}939v_{11} + 64.3v_{12}) \leq 1$

$(28.2u_{11} + 287u_{12}) / (8.625v_{11} + 99.0v_{12}) \leq 1$

$(29.4u_{11} + 317u_{12}) / (10.813v_{11} + 99.6v_{12}) \leq 1$

$(26.4u_{11} + 291u_{12}) / (10.638v_{11} + 96.0v_{12}) \leq 1$

$(27.2u_{11} + 295u_{12}) / (6.240v_{11} + 96.2v_{12}) \leq 1$

$(25.5u_{11} + 222u_{12}) / (4.719v_{11} + 79.9v_{12}) \leq 1$

and $v_{11}, v_{12}, u_{11}, u_{12} \geq 0.000001$

두 번째 고등학교의 효율성을 평가하기 위한 가중치 v_{21}, v_{22}, u_{21}, u_{22} 를 계산하기 위한 CCR 비율모형을 나타내면 다음과 같다.

두 번째 고등학교에 대한 CCR 비율모형

Maximize $(28.2u_{21} + 287u_{22}) / (8.625v_{21} + 99.0v_{22})$

Subject to

$(25.2u_{21} + 223u_{22}) / (8{,}939v_{21} + 64.3v_{22}) \leq 1$

$(28.2u_{21} + 287u_{22}) / (8.625v_{21} + 99.0v_{22}) \leq 1$

$(29.4u_{21} + 317u_{22}) / (10.813v_{21} + 99.6v_{22}) \leq 1$

$(26.4u_{21} + 291u_{22}) / (10.638v_{21} + 96.0v_{22}) \leq 1$

$(27.2u_{21} + 295u_{22}) / (6.240v_{21} + 96.2v_{22}) \leq 1$

$(25.5u_{21} + 222u_{22}) / (4.719v_{21} + 79.9v_{22}) \leq 1$

and $v_{21}, v_{22}, u_{21}, u_{22} \geq 0.000001$

CCR비율모형은 분수계획법모형(分數計劃法模型, fractional programming

model)이며 최적해를 구하기 위해서는 비선형계획법 알고리즘을 사용해야 한다. 비선형계획법 알고리즘을 사용할 수 있는 LINGO[1]를 사용해서 첫 번째 고등학교와 두 번째 고등학교에 대한 CCR 비율모형의 해를 구해보자. 첫 번째와 두 번째 고등학교에 대한 CCR 비율모형의 해를 구하기 위한 LINGO Code 는 다음과 같다.

첫 번째 고등학교에 대한 CCR 비율모형의 LINGO code

```
max = (25.2*u11 + 223*u12) / (8.939*v11 + 64.3*v12);
(25.2*u11 + 223*u12) / ( 8.939*v11 + 64.3*v12) <= 1;
(28.2*u11 + 287*u12) / ( 8.625*v11 + 99.0*v12) <= 1;
(29.4*u11 + 317*u12) / (10.813*v11 + 99.6*v12) <= 1;
(26.4*u11 + 291*u12) / (10.638*v11 + 96.0*v12) <= 1;
(27.2*u11 + 295*u12) / ( 6.240*v11 + 96.2*v12) <= 1;
(25.5*u11 + 222*u12) / ( 4.719*v11 + 79.9*v12) <= 1;
u11 >= 0.000001;
u12 >= 0.000001;
v11 >= 0.000001;
v12 >= 0.000001;
```

두 번째 고등학교에 대한 CCR 비율모형의 LINGO code

```
max = (28.2*u21 + 287*u22) / (8.625*v21 + 99.0*v22);
(25.2*u21 + 223*u22) / ( 8.939*v21 + 64.3*v22) <= 1;
(28.2*u21 + 287*u22) / ( 8.625*v21 + 99.0*v22) <= 1;
(29.4*u21 + 317*u22) / (10.813*v21 + 99.6*v22) <= 1;
(26.4*u21 + 291*u22) / (10.638*v21 + 96.0*v22) <= 1;
(27.2*u21 + 295*u22) / ( 6.240*v21 + 96.2*v22) <= 1;
(25.5*u21 + 222*u22) / ( 4.719*v21 + 79.9*v22) <= 1;
u21 >= 0.000001;
u22 >= 0.000001;
v21 >= 0.000001;
v22 >= 0.000001;
```

위에 나타낸 LINGO code는 목적함수 부분에 최대화를 나타내는 'max ='이 추가되어 있는 점 그리고 계수와 결정변수 사이에 곱셈 연산자 '*'가 추가되어 있는 점을 제외하면 CCR비율모형의 대수적 표현과 동일하다. 첫 번째 고등학교에

[1] LINGO에 관한 자세한 내용은 www.lindo.com을 참조할 수 있다. 그리고 이 곳에서 교육용 LINGO Software 를 download 받을 수 있다. 교육용 LINGO Software 는 해를 구할 수 있는 문제의 크기가 제한되어 있는 점을 제외하면 일반용과 모든 기능이 같다.

대한 CCR 비율모형의 해를 구하기 위해 LINGO code 를 아래의 <그림 2.1>에 나타낸 것처럼 'LINGO Model' 윈도우에 입력한다.

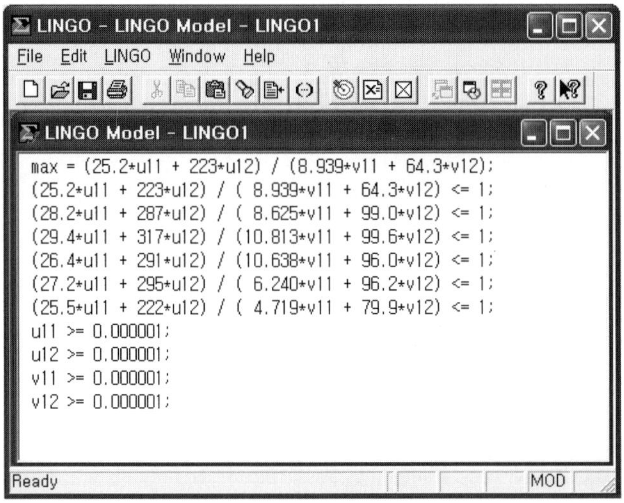

<그림 2.1> 'LINGO Model' 윈도우에 CCR 비율모형을 입력한 모습

<그림 2.1>의 상태에서 을 클릭하면 <그림 2.2>와 같이 'LINGO Solver Status' 대화상자가 나타나고 여기서 Close 를 클릭하면 <그림 2.3>에 나타낸 것과 같은 'Solution Report'가 화면에 나타난다.

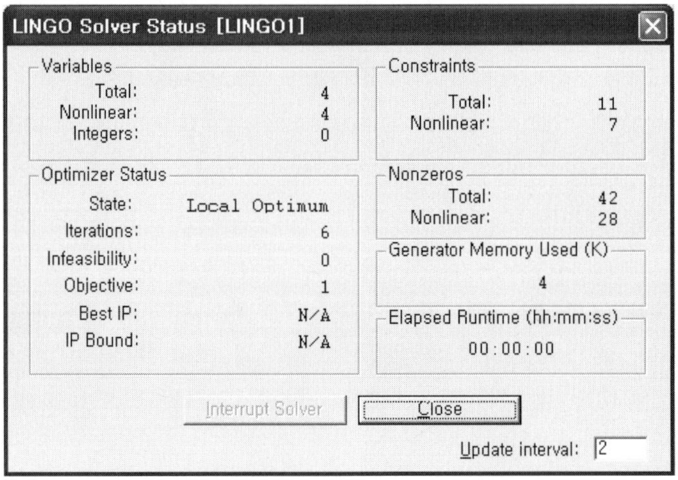

<그림 2.2> 'LINGO Solver Status' 대화상자의 모습

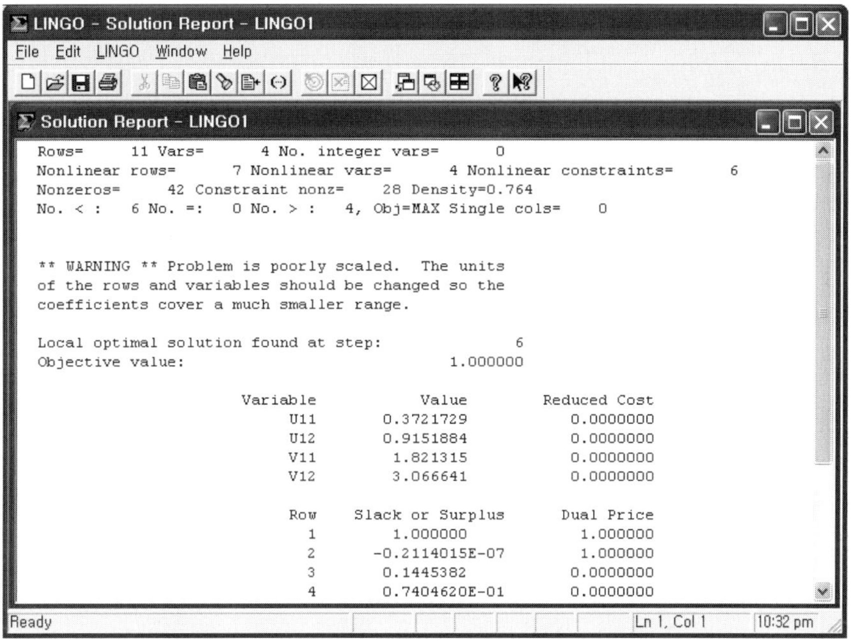

<그림 2.3> 'Solution Report'윈도우의 모습

[표 2.3]에 나타낸 6개 고등학교의 투입·산출 자료를 가지고 각 고등학교의 효율성을 평가하기 위한 가중치를 CCR비율모형으로 계산한 결과는 [표 2.14]와 같다.

[표 2.14] CCR 비율모형으로 계산한 6 개 고등학교의 투입·산출 가중치와 효율성

DMU	투 입 1	투 입 2	산 출 1	산 출 2	효율성
1	1.821315	3.066641	0.372173	0.915188	1
2	0.798715	0.400462	0.000000	0.147486	0.9096132
3	1.541098	0.772677	0.000001	0.284570	0.9635345
4	849.253700	425.801300	0.000001	156.818400	0.9143052
5	0.643905	0.242873	0.145172	0.079436	1
6	3.277542	0.626747	1.856571	0.081988	1

DEA모형은 DMU별로 가중치를 계산하는 모형이기 때문에 일반적으로 가중치를 나타내는 문자 v_{k1}, v_{k2}, ⋯ , v_{km}, u_{k1}, u_{k2}, ⋯ , u_{ks} 에서 DMU를 나타내는 k 를 생략한다. CCR비율모형 (2.6)~(2.9)의 결정변수 v_{k1}, v_{k2}, ⋯ , v_{km}, u_{k1}, u_{k2}, ⋯ , u_{ks} 에서 DMU를 나타내는 k 를 생략하면 식 (2.10)과 같다.

CCR 비율모형

$$\text{Maximize} \quad E_k = \frac{\sum_{r=1}^{s} y_{kr} u_r}{\sum_{i=1}^{m} x_{ki} v_i}$$

Subject to

$$E_{kj} = \frac{\sum_{r=1}^{s} y_{jr} u_r}{\sum_{i=1}^{m} x_{ji} v_i} \leq 1 \ , \quad j = 1, 2, \ldots, n \tag{2.10}$$

$$v_i \geq \varepsilon \ , \quad i = 1, 2, \ldots, m$$
$$u_r \geq \varepsilon \ , \quad r = 1, 2, \ldots, s$$

제4절 CCR 승수모형

CCR비율모형은 선형계획법모형으로 변환할 수 있다. 선형계획법모형으로 변환된 모형을 CCR승수모형(CCR 乘數模型, CCR multiplier model)이라 하고 CCR승수모형의 쌍대모형(雙對模型, dual model)을 CCR포락모형(CCR包絡模型, CCR envelopment model)이라 한다. CCR 비율모형을 CCR 승수모형 및 CCR 포락모형으로 변환하는 것은 다음과 같은 의미를 갖는다. 첫째 CCR 비율모형은 분수형태의 항을 갖는 비선형 문제로 최적해를 구하기 위해서는 비선형계획법의 해법알고리즘을 사용해야 하는데 이를 CCR승수모형으로 변환하면 심플렉스알고리즘(simplex algorithm) 등과 같은 선형계획법의 해법알고리즘을 사용하여 최적해를 구할 수 있다. 둘째 CCR비율모형은 복수 최적해를 갖는다. CCR 승수모형의 최적해는 CCR

비율모형의 복수최적해 중 대표자로서의 의미를 부여할 수 있다. 셋째 CCR 비율모형은 투입에 대한 산출의 비율이라는 효율성에 대한 직관적 이해를 다수투입·다수산출 상황으로 확장하였는다는 점을 잘 보여준다. 한편 CCR포락모형은 'Koopmans의 효율성' 및 'Farrell의 효율성' 등과 같은 경제학적 효율성 개념과 깊은 관련성을 갖는다. 이 관련성이 어떤 것인지는 다음 소절에서 살펴보기로 한다.

CCR 승수모형은 CCR비율모형으로부터 변환하는 방법에 따라 투입방향 CCR 승수모형과 산출방향 CCR 승수모형으로 구별된다.

1. 투입방향 CCR 승수모형

CCR비율모형을 나타낸 식 (2.10)에서 모든 투입·산출 자료가 양수이고 ε 은 매우 작은 수를 나타내므로 식 (2.10)의 두 번째 및 세 번째 제약조건의 양변에 $1/\sum_{i=1}^{m} x_{ki}v_i$ 을 곱하여 식 (2.10)을 다음과 같이 나타낼 수 있다.

CCR 비율모형에서 CCR 승수모형으로의 변환과정

$$\text{Maximize} \quad E_k = \frac{\sum_{r=1}^{s} y_{kr}u_r}{\sum_{i=1}^{m} x_{ki}v_i}$$

Subject to

$$\frac{\sum_{r=1}^{s} y_{jr}u_r}{\sum_{i=1}^{m} x_{ji}v_i} \le 1 \ , \quad j = 1,2,\ldots,n \tag{2.11}$$

$$\frac{v_i}{\sum_{i=1}^{m} x_{ki}v_i} \ge \varepsilon \ , \quad i = 1,2,\ldots,m$$

$$\frac{u_r}{\sum_{i=1}^{m} x_{ki}v_i} \ge \varepsilon \ , \quad r = 1,2,\ldots,s$$

위 수식에서 $\sum_{i=1}^{m} x_{ki}v_i = 1$ 로 놓으면 목적함수는 분자 부분 $\sum_{r=1}^{s} y_{kr}u_r$ 만 남게 되고 두 번째 제약조건은 $v_i \ge \varepsilon$ ($i = 1,2,\ldots,m$), 세 번째 제약조건은

$u_r \geq \varepsilon\,(r=1,2,...,s\,)$이 된다. 첫 번째 제약조건도 모든 투입 · 산출 자료가 양수이므로 선형식으로 나타낼 수 있어 다음과 같은 투입방향 CCR승수모형(投入方向 CCR 乘數模型, input-oriented CCR multiplier model)을 얻을 수 있다.

투입방향 CCR 승수모형

$$\text{Maximize} \quad E_k = \sum_{r=1}^{s} y_{kr} u_r$$

Subject to

$$\sum_{i=1}^{m} x_{ki} v_i = 1 \tag{2.12}$$

$$\sum_{r=1}^{s} y_{jr} u_r - \sum_{i=1}^{m} x_{ji} v_i \leq 0 \ , \quad j=1,2,...,n$$

$$v_i \geq \varepsilon \ , \quad i=1,2,...,m$$

$$u_r \geq \varepsilon \, , \quad r=1,2,...,s$$

이 모형의 최적해를 $v_i^*\,(i=1,2,...,m\,)$, $u_r^*\,(r=1,2,...,s\,)$, E_k^* 라고 하자. 최적해가 $E_k^* = 1$ 이면 DMU k 는 효율적인 DMU 로 평가된다. $E_k^* < 1$ 이면 DMU k 는 비효율적인 DMU 로 평가된다.

2. 산출방향 CCR 승수모형

투입에 대한 산출의 비율을 효율성이라고 하면 이 비율의 역은 비효율성(非效率性, inefficiency)이라고 할 수 있으며 효율성의 최대화는 비효율성의 최소화와 같다. 이러한 관점에서 앞의 식 (2.10)은 다음과 같은 비효율성 CCR비율모형으로 대체할 수 있다.

비효율성 CCR 비율모형

$$\text{Minimize} \quad I_k = \frac{\sum_{i=1}^{m} x_{ki} v_i}{\sum_{r=1}^{s} y_{kr} u_r}$$

Subject to

$$I_{kj} = \frac{\sum_{i=1}^{m} x_{ji} v_i}{\sum_{r=1}^{s} y_{jr} u_r} \geq 1 \ , \quad j = 1,2,...,n \tag{2.13}$$

$$v_i \geq \varepsilon \ , \quad i = 1,2,...,m$$

$$u_r \geq \varepsilon \ , \quad r = 1,2,...,s$$

여기서 DMUk 의 비효율성 I_k 는 제약조건에도 포함되며 따라서 $I_k \geq 1$ 의 값을 가짐은 명백하다. DMUk 의 비효율성 I_k 이 가질 수 있는 가장 작은 값은 1 이다. 즉 DMUk 가 효율적인 상태에 있으면 $I_k = 1$ 이 된다. 그리고 $I_k > 1$ 은 DMUk 가 효율적인 상태에 있지 않음을 의미한다.

비효율성 CCR 비율모형을 나타낸 식 (2.13)에서 모든 투입 · 산출 자료가 양수이고 ε 은 매우 작은 수를 나타내므로 두 번째 및 세 번째 제약조건의 양변에 $1/\sum_{r=1}^{s} y_{kr} u_r$ 을 곱하여 식 (2.13)을 다음과 같이 나타낼 수 있다.

CCR 비율모형에서 CCR 승수모형으로의 변환과정 - 비효율성 -

$$\text{Minimize} \quad I_k = \frac{\sum_{i=1}^{m} x_{ki} v_i}{\sum_{r=1}^{s} y_{kr} u_r}$$

Subject to

$$I_{kj} = \frac{\sum_{i=1}^{m} x_{ji} v_i}{\sum_{r=1}^{s} y_{jr} u_r} \geq 1 \ , \quad j = 1,2,...,n \tag{2.14}$$

$$\frac{v_i}{\sum_{r=1}^{s} y_{kr} u_r} \geq \varepsilon \ , \quad i = 1,2,...,m$$

$$\frac{u_r}{\sum_{r=1}^{s} y_{kr} u_r} \geq \varepsilon \ , \quad r = 1,2,...,s$$

위 수식에서 $\sum_{r=1}^{s} y_{kr} u_r = 1$ 로 놓으면 목적함수는 분자 부분 $\sum_{i=1}^{m} x_{ki} v_i$ 만 남

게 되고 두 번째 제약조건은 $v_i \geq \varepsilon$ ($i = 1,2,...,m$), 세 번째 제약조건은 $u_r \geq \varepsilon$ ($r = 1,2,...,s$)이 된다. 첫 번째 제약조건에서 모든 투입 · 산출 자료가 양수이므로 선형식으로 나타낼 수 있어 다음과 같은 산출방향 CCR승수모형(産出方向 CCR乘數模型, output-oriented CCR multiplier model)을 얻을 수 있다.

산출방향 CCR 승수모형

Minimize $I_k = \sum_{i=1}^{m} x_{ki} v_i$

Subject to

$$\sum_{r=1}^{s} y_{kr} u_r = 1 \tag{2.15}$$

$$\sum_{i=1}^{m} x_{ji} v_i - \sum_{r=1}^{s} y_{jr} u_r \geq 0 \ , \quad j = 1,2,...,n$$

$$v_i \geq \varepsilon \ , \quad i = 1,2,...,m$$

$$u_r \geq \varepsilon \ , \quad r = 1,2,...,s$$

이 모형의 최적해를 v_i^* ($i = 1,2,...,m$), u_r^* ($r = 1,2,...,s$), I_k^* 라고 하자. 최적해가 $I_k^* = 1$ 이면 DMUk 는 효율적인 DMU 로 평가된다. $I_k^* > 1$ 이면 DMUk 는 비효율적인 DMU 로 평가된다.

식 (2.12)과 식 (2.15)에 나타낸 CCR승수모형은 효율적인 DMU의 경우에는 복수의 최적해가 나타나며 비효율적인 DMU의 경우에는 단일 최적해가 나타난다. 따라서 선형계획법 소프트웨어에 따라서 효율적인 DMU의 경우에는 최적해로 구한 가중치의 값이 달라질 수 있다. 그러나 비효율적인 DMU의 경우에는 선형계획법 소프트웨어가 다르다 해도 최적해로 구한 가중치의 값은 같다.

3. CCR 승수모형 수치예제 (6 개 고등학교)

6개 고등학교의 투입 · 산출 자료를 가지고 첫 번째 고등학교의 효율성을 평가하기 위한 가중치 v_1, v_2, u_1, u_2 를 계산하기 위한 식 (2.12)의 투입방향 CCR승수모형을 나타내면 다음과 같다. 여기서 ε 의 값은 0.000001 을 사용하였다.

첫 번째 고등학교에 대한 투입방향 CCR 승수모형

Maximize $(25.2u_1 + 223u_2)$

Subject to

$$(25.2u_1 + 223u_2) - (8.939v_1 + 64.3v_2) \leq 0$$
$$(28.2u_1 + 287u_2) - (8.625v_1 + 99.0v_2) \leq 0$$
$$(29.4u_1 + 317u_2) - (10.813v_1 + 99.6v_2) \leq 0$$
$$(26.4u_1 + 291u_2) - (10.638v_1 + 96.0v_2) \leq 0$$
$$(27.2u_1 + 295u_2) - (6.240v_1 + 96.2v_2) \leq 0$$
$$(25.5u_1 + 222u_2) - (4.719v_1 + 79.9v_2) \leq 0$$
$$(8.939v_1 + 64.3v_2) = 1$$

and $v_1,\ v_2,\ u_1,\ u_2 \geq 0.000001$

두 번째 고등학교의 효율성을 평가하기 위한 가중치 v_1, v_2, u_1, u_2를 계산하기 위한 투입방향 CCR 승수모형을 나타내면 다음과 같다.

두 번째 고등학교에 대한 투입방향 CCR 승수모형

Maximize $(28.2u_1 + 287u_2)$

Subject to

$$(25.2u_1 + 223u_2) - (8.939v_1 + 64.3v_2) \leq 0$$
$$(28.2u_1 + 287u_2) - (8.625v_1 + 99.0v_2) \leq 0$$
$$(29.4u_1 + 317u_2) - (10.813v_1 + 99.6v_2) \leq 0$$
$$(26.4u_1 + 291u_2) - (10.638v_1 + 96.0v_2) \leq 0$$
$$(27.2u_1 + 295u_2) - (6.240v_1 + 96.2v_2) \leq 0$$
$$(25.5u_1 + 222u_2) - (4.719v_1 + 79.9v_2) \leq 0$$
$$(8.625v_1 + 99.0v_2) = 1$$

and $v_1,\ v_2,\ u_1,\ u_2 \geq 0.000001$

첫 번째 고등학교와 두 번째 고등학교에 대한 투입방향 CCR승수모형의 해를 구해보자. 첫 번째와 두 번째 고등학교에 대한 투입방향CCR승수모형의 해를 구하기 위한 LINGO code는 다음과 같다. 이 LINGO code는 목적함수 부분에 최대화를 나타내는 'max ='이 추가되어 있는 점 그리고 계수와 결정변수 사이에 곱셈연

산자 '*'가 추가되어 있는 점을 제외하면 앞에서 나타낸 투입방향 CCR 승수모형의 대수적 표현과 동일하다.

첫 번째 고등학교에 대한 투입방향 CCR 승수모형의 LINGO code

```
Max = 25.2*u1 + 223*u2;
(25.2*u1 + 223*u2) - ( 8.939*v1 + 64.3*v2) <= 0;
(28.2*u1 + 287*u2) - ( 8.625*v1 + 99.0*v2) <= 0;
(29.4*u1 + 317*u2) - (10.813*v1 + 99.6*v2) <= 0;
(26.4*u1 + 291*u2) - (10.638*v1 + 96.0*v2) <= 0;
(27.2*u1 + 295*u2) - ( 6.240*v1 + 96.2*v2) <= 0;
(25.5*u1 + 222*u2) - ( 4.719*v1 + 79.9*v2) <= 0;
(8.939*v1 + 64.3*v2) = 1;
u1 >= 0.000001;
u2 >= 0.000001;
v1 >= 0.000001;
v2 >= 0.000001;
```

두 번째 고등학교에 대한 투입방향 CCR 승수모형의 LINGO code

```
Max = 28.2*u1 + 287*u2;
(25.2*u1 + 223*u2) - ( 8.939*v1 + 64.3*v2) <= 0;
(28.2*u1 + 287*u2) - ( 8.625*v1 + 99.0*v2) <= 0;
(29.4*u1 + 317*u2) - (10.813*v1 + 99.6*v2) <= 0;
(26.4*u1 + 291*u2) - (10.638*v1 + 96.0*v2) <= 0;
(27.2*u1 + 295*u2) - ( 6.240*v1 + 96.2*v2) <= 0;
(25.5*u1 + 222*u2) - ( 4.719*v1 + 79.9*v2) <= 0;
(8.625*v1 + 99.0*v2) = 1;
u1 >= 0.000001;
u2 >= 0.000001;
v1 >= 0.000001;
v2 >= 0.000001;
```

앞의 LINGO Code 를 <그림 2.1>에 나타낸 것과 같이 'LINGO Model' 윈도우

에 입력한 후 을 클릭하여 해를 구할 수 있다. [표 2.15]는 투입방향 CCR승수 모형으로 구한 6 개 고등학교의 투입·산출 가중치와 효율성값을 나타낸 것이다.

[표 2.15] CCR 승수모형으로 계산한 6 개 고등학교의 투입 · 산출 가중치와 효율성

DMU	투 입		산 출		효율성
	v_1	v_2	u_1	u_2	
1	0.024286	0.012176	0.000001	0.004484	1.000000
2	0.017165	0.008606	0.000001	0.003169	0.909613
3	0.016462	0.008253	0.000001	0.003039	0.963531
4	0.017016	0.008531	0.000001	0.003142	0.914301
5	0.160241	0.000001	0.000001	0.003390	1.000000
6	0.211892	0.000001	0.000976	0.004392	1.000000

투입방향 CCR승수모형의 해를 구하기 위한 LINGO code를 앞에서와 같이 작성하면 DMU를 달리함에 따라 목적함수 부분과 제약조건의 일부를 변경시켜주어야 하는 불편함이 있다. 예를 들어 DMU 1에 대한 투입방향 CCR승수모형의 code에서 목적함수가 DMU 2 에 대한 투입방향 CCR 승수모형의 code에서는 변경되어 있다. 이러한 변경 내용을 매번 고쳐주어야 한다. 또한 투입 · 산출 자료가 바뀌면 code를 완전히 새로 작성해야 한다. LINGO의 Set section과 Data section을 사용하고 이와함께 @sum, @for 등의 기능을 활용하면 DMU를 달리함에 따른 code 변경과 투입 · 산출 자료가 바뀜에 따른 code 변경의 불편을 해소할 수 있다. 특히 Set section, Data section, @sum 기능, @for 기능 등을 활용하면 DEA 모형의 대수적 표현과 매우 유사한 형태로 code 를 작성할 수 있어 편리하다. 다음의 LINGO code 는 6 개 고등학교의 효율성을 계산하기 위한 LINGO code 이다. 설명의 편의를 위해 줄번호를 붙였다.

투입방향 CCR 승수모형의 LINGO code

```
줄번호  코드
  1    sets:
  2    Dmus/1..6/;
  3    Inputs/1..2/: v;
```

```
4    Outputs/1..2/: u;
5    DxI(Dmus,Inputs): X;
6    DxO(Dmus,Outputs): Y;
7    endsets
8
9    data:
10   X =
11    8.939  64.3
12    8.625  99.0
13   10.813  99.6
14   10.638  96.0
15    6.240  96.2
16    4.719  79.9;
17   Y =
18   25.2  223
19   28.2  287
20   29.4  317
21   26.4  291
22   27.2  295
23   25.5  222;
24   enddata
25
26   k=1;
27
28   max = @sum(Outputs(r): Y(k,r)*u(r));
29
30   @for(Dmus(j):
31      @sum(Outputs(r): Y(j,r)*u(r))
32      - @sum(Inputs(i): X(j,i)*v(i)) <= 0;
33   );
34
35   @sum(Inputs(i): X(k,i)*v(i)) = 1;
36
37   @for(Inputs(i):  v(i) >= 0.000001; );
38   @for(Outputs(r): u(r) >= 0.000001; );
```

1~7 번 줄의 내용이 Set section이다. 여기서는 모형을 표현하는데 필요한 집합을 정의한다. 1 번 줄의 'sets:'은 Set section의 시작을 알려주는 Keyword이고 7 번 줄의 'endsets'은 Set section의 끝을 알려주는 Keyword이다. 주의할 점은

Set section의 시작을 알려주는 Keyword에는 콜론(:)이 붙어있고 끝을 알려주는 Keyword에는 콜론이 없다는 것이다. 2번 줄의 'Dmus/1..6/'에서 'Dmus'은 DMU 의 집합의 이름을 나타내며 '/'과 '/'사이에 적혀있는 '1..6'은 집합에 속할 원소가 1과 6 사이의 정수임을 나타낸다. 즉 Dmus = {1, 2, 3, 4, 5, 6}을 의미한다. 3 번 줄의 'Inputs/1..2/: v'에서 'Inputs'은 투입요소의 집합의 이름을 나타내며 '/1..2/'은 이 집합이 {1, 2}임을 나타낸다. 그리고 ': v'는 'v'라고 하는 Attribute 이 'Inputs'이라는 집합과 관련됨을 나타낸다. Attribute은 계수나 변수를 의미하며 계수의 경우에는 Data section에 계수의 값이 입력된다. 4 번 줄의 'Outputs/1..2/: u'의 의미는 3 번 줄과 같은 방식으로 해석할 수 있다. Attribute 'v'와 'u'는 Data section 에서 구체적인 값을 입력하지 않으며 따라서 변수가 된다. 5 번 줄과 6 번 줄에 나타나 있는 Attribute 'X'와 'Y'는 Data section에서 구체적인 값을 입력하며 따라서 계수가 된다. 5번 줄의 'DxI(Dmus, Inputs): X'에서 'DxI'는 기존에 정의되어 있는 집합 'Dmus'와 'Inputs'를 이용해서 정의한 집합으로 이 집합의 원소의 수는 'Dmus'의 원소의 수에 'Inputs'의 원소의 수를 곱한 것과 같다. 6번 줄의 'DxO(Dmus, Outputs): Y'은 5번 줄의 내용과 같은 방식으로 해석하면 된다.

9~24번 줄의 내용이 Data section이다. 여기서는 계수의 값을 입력한다. 9 번 줄의 'data:'는 Data section의 시작을 알려주는 Keyword이고 24 번 줄의 'enddata'는 Data section 의 끝을 알려주는 Keyword 이다. Set section 의 경우와 마찬가지로 Data section의 시작을 알려주는 Keyword에는 콜론(:)이 붙어있고 끝을 알려주는 Keyword 에는 붙어있지 않음에 주의하자. 10~16 번 줄은 6 개 DMU 의 2개 투입에 관한 자료 'X'에 구체적인 값을 입력한 부분이다. 17~23번 줄은 산출 자료 'Y'에 구체적인 값을 입력한 부분이다.

26번 줄의 'k=1'은 효율성 평가의 대상이 되는 DMU가 '1'임을 나타낸다. 여기서 'k'의 값을 다른 값으로 설정하면 그에 해당되는 DMU 의 효율성을 평가하게 된다.

28번 줄은 식 (2.12)의 목적함수를 나타낸 것이다. 28번 줄의 내용과 식 (2.12)의 목적함수를 아래에 다시 나타내었다. Keyword '@sum'은 수식의 Σ 에 대응된다. 산출물에 대한 index 변수 r 의 시작 값 1 과 마지막 값 s 가 Σ 의 아래쪽과 위쪽에 적혀 있는데 이 내용은 'Outputs(r)'과 대응된다. Set section에서 집합 'Outputs'은 {1, 2}으로 정의되었으며 28 번 줄에서 'Outputs(r)'은 앞에서 정의된 'Outputs'집합의 원소를 index 변수 'r'로 지칭한다는 의미이다.

```
max = @sum(Outputs(r): Y(k,r)*u(r));
```

$$\text{Maximize} \quad E_k = \sum_{r=1}^{s} y_{kr} u_r$$

30~33번 줄은 식 (2.12)에서 제약조건 두 번째 제약조건을 나타낸 것이다. 30 번 줄에 있는'@for(Dmus(j):'는 식 (2.12)의 두 번째 제약조건에서 $j = 1, 2, ..., n$ 에 대응된다. 31 번 줄과 32 번 줄의 내용은 제약조건 식과 대응됨을 쉽게 알 수 있다.

```
@for(Dmus(j):
   @sum(Outputs(r): Y(j,r)*u(r))
   - @sum(Inputs(i): X(j,i)*v(i)) <= 0;
);
```

$$\sum_{r=1}^{s} y_{jr} u_r - \sum_{i=1}^{m} x_{ji} v_i \le 0 \quad , \quad j = 1, 2, ..., n$$

35번 줄은 식 (2.12)에서 첫 번째 제약조건을 나타낸 것이다. 대응관계를 쉽게 파악할 수 있다.

```
@sum(Inputs(i): X(k,i)*v(i)) = 1;
```

$$\sum_{i=1}^{m} x_{ki} v_i = 1$$

37~38 번 줄의 내용도 쉽게 수식의 내용과 대응시킬 수 있다.

다음의 LINGO code 는 [표 2.5]에 나타낸 증기식발전소의 효율성을 CCR 승수모형으로 평가하기 위한 code 이다.

증기식발전소에 대한 투입방향 CCR 승수모형의 LINGO code

```
sets:
Dmus/1..19/;
Inputs/1..3/: v;
Outputs/1/: u;
DxI(Dmus,Inputs): X;
```

```
DxO(Dmus,Outputs): Y;
endsets

data:
X =
179.0 3969.10 1005.5
 96.0  896.32  194.6
 94.0  803.17  200.0
141.0 1629.90  564.1
147.0 3264.40  617.4
261.0 1427.50  347.1
448.0 6365.30 1680.4
223.0 4911.00 1319.4
279.0 7779.30 1785.6
214.0 2307.50  690.0
367.0 4334.70 1268.9
 97.0 1870.70  416.5
 143.0 2730.60  779.8
 95.0   540.61  305.0
241.0  9509.20 1892.1
147.0  1561.10  718.5
306.0  1699.00  306.3
182.0   881.16  182.3
500.0  2548.90  650.1;

 Y =
3531.4
 841.3
 690.5
1498.1
3347.7
1263.2
5734.0
4107.7
6964.2
1961.0
4207.2
1752.7
2667.6
 457.2
```

```
9529.9
1360.6
1689.7
 750.3
2439.5;
enddata

k=1;

max = @sum(Outputs(r): Y(k,r)*u(r));

@for(Dmus(j):
   @sum(Outputs(r): Y(j,r)*u(r))
   - @sum(Inputs(i): X(j,i)*v(i)) <= 0;
);

@sum(Inputs(i): X(k,i)*v(i)) = 1;

@for(Inputs(i):  v(i) >= 0.000001; );
@for(Outputs(r): u(r) >= 0.000001; );
```

제5절 CCR 포락모형

CCR승수모형 즉 식 (2.12)의 투입방향 CCR승수모형과 식 (2.15)의 산출방향 CCR승수모형은 각각 선형계획법모형(線形計劃法模型, linear programming model)이며 따라서 CCR승수모형을 원본모형(原本模型, primal model)으로 한 쌍대모형(雙對模型, dual model)을 정의할 수 있고 이를 CCR포락모형(CCR 包絡模型, CCR envelopment model)이라 한다.

1. 원본모형과 쌍대모형

일반적으로 원본모형과 쌍대모형간에는 다음의 [표 2.16]에 나타낸 것과 같은 관계가 존재한다.

[표 2.16] 원본모형과 쌍대모형간의 관계

원본모형	쌍대모형
Maximize	Minimize
i 번째 제약조건 $\leq$	i 번째 결정변수 $\lambda_i \geq 0$
i 번째 제약조건 $=$	i 번째 결정변수 λ_i : 제약없음
i 번째 제약조건 $\geq$	i 번째 결정변수 $\lambda_i \leq 0$
j 번째 결정변수 $v_j \geq 0$	j 번째 제약조건 $\geq$
j 번째 결정변수 v_j : 제약없음	j 번째 제약조건 $=$
j 번째 결정변수 $v_j \leq 0$	j 번째 제약조건 $\leq$

[표 2.16]에 나타낸 관계를 이용하여 CCR승수모형(원본모형)에서 CCR포락모형(쌍대모형)을 정의하기 전에 [표 2.16]에 나타낸 관계를 이해하기 위해 간단한 선형계획법 모형에 대해 이를 적용해 보도록 하자. 원본모형이 다음과 같다고 하자.

$$
\begin{aligned}
&\text{Maximize} \quad 12v_1 + 16v_2 \\
&\text{Subject to} \quad 4v_1 + 3v_2 \leq 13 \\
&\qquad\qquad\quad\;\; 2v_1 + 5v_2 \leq 9 \\
&\text{and} \quad v_1,\ v_2 \geq 0
\end{aligned}
$$

쌍대모형을 정의하기 위해서는 원본모형의 제약조건에 대응되는 쌍대변수(雙對變數, dual variables)를 나타내는 기호를 정의해야 한다. 위의 원본모형에서 첫 번째 제약조건에 대응되는 쌍대변수를 λ_1 이라 하고 두 번째 제약조건에 대응되는 쌍대변수를 λ_2 라 하자. 다음은 쌍대변수를 제약조건에 대응시켜서 원본모형을 다시 나타낸 것이다.

원본모형

$$
\begin{aligned}
&\text{Maximize} \quad 12v_1 + 16v_2 \\
&\text{Subject to} \quad 4v_1 + 3v_2 \leq 13 \qquad \cdots \ \lambda_1 \\
&\qquad\qquad\quad\;\; 2v_1 + 5v_2 \leq 9 \qquad\;\; \cdots \ \lambda_2
\end{aligned}
$$

and $v_1,\ v_2 \geq 0$

이제 [표 2.16]에 나타낸 관계를 적용하면 다음과 같은 쌍대모형을 얻을 수 있다.

쌍대모형

$$\begin{aligned} \text{Minimize} \quad & 13\lambda_1 + 9\lambda_2 \\ \text{Subject to} \quad & 4\lambda_1 + 2\lambda_2 \geq 12 \\ & 3\lambda_1 + 5\lambda_2 \geq 16 \\ \text{and} \quad & \lambda_1,\ \lambda_2 \geq 0 \end{aligned}$$

원본모형의 목적함수가 'Maximize'이므로 쌍대모형의 목적함수는 'Minimize'로 정의된다. 원본모형의 우변상수 '13'과 '9'는 쌍대모형의 목적함수의 기여계수가 되며 원본모형의 기여계수 '12'와 '16'은 쌍대모형의 우변상수가 된다. 기술계수들은 행이 열로 바뀐다. 원본모형의 결정변수 v_1, v_2 의 부호가 0 보다 크거나 같다 이므로 쌍대모형의 제약조건의 부등호는 '$\geq$'이 된다. 원본모형의 제약조건의 부등호가 '$\leq$'이므로 쌍대모형의 결정변수 λ_1, λ_2 의 부호는 0 보다 크거나 같다가 된다.

[표 2.16]에 나타낸 관계를 보다 명확히 이해하기 위해 제약조건의 부등호가 혼합되어 있는 다음과 같은 선형계획법 모형의 쌍대모형을 찾아보도록 하자.

$$\begin{aligned} \text{Maximize} \quad & 5v_1 + 10v_2 \\ \text{Subject to} \quad & 2v_1 + 3v_2 \leq 75 \\ & 4v_1 + 2v_2 \geq 50 \\ & 5v_1 + v_2 = 25 \\ \text{and} \quad & v_1,\ v_2 \geq 0 \end{aligned}$$

쌍대모형을 정의하기 위해서는 원본모형의 제약조건에 대응되는 쌍대변수를 나타내는 기호를 정의해야 한다. 위의 원본모형에서 첫 번째 제약조건에 대응되는 쌍대변수를 λ_1 이라 하고 두 번째 제약조건에 대응되는 쌍대변수를 λ_2 그리고 세 번째 제약조건에 대응되는 쌍대변수를 θ 라고 하자.

원본모형

$$\begin{aligned} &\text{Maximize} \quad 5v_1 + 10v_2 \\ &\text{Subject to} \quad 2v_1 + 3v_2 \le 75 \ \cdots \ \lambda_1 \\ &\qquad\qquad 4v_1 + 2v_2 \ge 50 \ \cdots \ \lambda_2 \\ &\qquad\qquad 5v_1 + v_2 = 25 \ \cdots \ \theta \\ &\text{and} \quad v_1 ,\ v_2 \ge 0 \end{aligned}$$

[표 2.16]에 나타낸 관계를 위의 원본모형에 적용하면 다음과 같은 쌍대모형을 얻을 수 있다.

쌍대모형

$$\begin{aligned} &\text{Minimize} \quad 75\lambda_1 + 50\lambda_2 + 25\theta \\ &\text{Subject to} \quad 2\lambda_1 + 4\lambda_2 + 5\theta \ge 5 \\ &\qquad\qquad 3\lambda_1 + 2\lambda_2 + 1\theta \ge 10 \\ &\text{and} \quad \lambda_1 \ge 0 ,\ \lambda_2 \le 0 ,\ \theta : \text{제약없음} \end{aligned}$$

2. 투입방향 CCR 포락모형

이제 식 (2.12)의 투입방향 CCR 승수모형을 원본모형으로 쌍대모형인 CCR 포락모형을 정의해 보도록 하자. 쌍대모형을 정의하기 위해 각 제약조건에 아래에 나타낸 것과 같은 쌍대변수 기호를 정의하였다. 그리고 세번째 제약조건과 네번째 제약조건의 양변에 -1 을 곱하여 부등호의 방향을 'Maximize'문제의 표준적인 부등호 방향과 맞추었다.

원본모형

$$\text{Maximize} \quad E_k = \sum_{r=1}^{s} y_{kr} u_r$$

Subject to

$$\sum_{i=1}^{m} x_{ki} v_i = 1 \qquad \cdots \ \theta$$

$$\sum_{r=1}^{s} y_{jr} u_r - \sum_{i=1}^{m} x_{ji} v_i \leq 0 \ , \ j=1,2,\ldots,n \ \cdots \ \lambda_j \ , \ j=1,2,\ldots,n$$

$$-v_i \leq -\varepsilon \ , \ i=1,2,\ldots,m \qquad \cdots \ s_i^- \ , \ i=1,2,\ldots,m$$

$$-u_r \leq -\varepsilon \ , \ r=1,2,\ldots,s \qquad \cdots \ s_r^+ \ , \ r=1,2,\ldots,s$$

위의 원본모형에 [표 2.16]에 나타낸 관계를 적용하면 다음과 같은 투입방향 CCR 포락모형(投入方向 CCR 包絡模型, input-oriented CCR envelopment model)을 얻을 수 있다.

투입방향 CCR 포락모형

$$\text{Minimize} \quad \theta - \varepsilon \cdot \sum_{i=1}^{m} s_i^- - \varepsilon \cdot \sum_{r=1}^{s} s_r^+$$

Subject to

$$x_{ki}\theta - \sum_{j=1}^{n} x_{ji}\lambda_j - s_i^- = 0 \ , \quad i=1,2,\ldots,m \tag{2.16}$$

$$\sum_{j=1}^{n} y_{jr}\lambda_j - s_r^+ = y_{kr} \ , \quad r=1,2,\ldots,s$$

$$\text{and} \quad \lambda_j \geq 0 \ , \quad j=1,2,\ldots,n$$

$$s_i^- \geq 0 \ , \quad i=1,2,\ldots,m$$

$$s_r^+ \geq 0 \ , \quad r=1,2,\ldots,s$$

θ : 제약없음

위 모형의 최적해를 $\lambda_j^*\,(j=1,2,\ldots,n)$, $s_i^{-*}\,(i=1,2,\ldots,m)$, $s_r^{+*}\,(r=1,2,\ldots,s)$, θ^* 라고 하자. 최적해가 다음과 같은 조건을 만족하면 DMU k 는 효율적인 DMU로 평가된다.

$$\theta^* = 1$$

$$s_i^{-*} = 0\,(i=1,2,\ldots,m)$$

$$s_r^{+*} = 0\,(r = 1,2,...,s\,)$$

이 조건을 만족하지 못하면 DMU k 는 비효율적인 DMU 로 평가된다.

3. 산출방향 CCR 포락모형

식 (2.15)의 산출방향 CCR 승수모형을 원본모형으로 하여 쌍대모형인 CCR 포락모형을 정의해 보도록 하자. 쌍대모형을 정의하기 위해 각 제약조건에 아래에 나타낸 것과 같은 쌍대변수 기호를 정의하였다.

원본모형

Minimize $I_k = \sum_{i=1}^{m} x_{ki} v_i$

Subject to

$$\sum_{r=1}^{s} y_{kr} u_r = 1 \qquad \cdots \quad \phi$$

$$\sum_{i=1}^{m} x_{ji} v_i - \sum_{r=1}^{s} y_{jr} u_r \geq 0 \ , \quad j = 1,2,...,n \ \cdots \quad \lambda_j ,\ j = 1,2,...,n$$

$$v_i \geq \varepsilon \ , \quad i = 1,2,...,m \qquad \cdots \quad s_i^- ,\ i = 1,2,...,m$$

$$u_r \geq \varepsilon \ , \quad r = 1,2,...,s \qquad \cdots \quad s_r^+ ,\ r = 1,2,...,s$$

위의 원본모형에 [표 2.16]에 나타낸 관계를 적용하면 다음과 같은 산출방향 CCR 포락모형(産出方向 CCR包絡模型, output-oriented CCR envelopment model)을 얻을 수 있다.

산출방향 CCR포락모형

Maximize $\phi + \varepsilon \cdot \sum_{i=1}^{m} s_i^- + \varepsilon \cdot \sum_{r=1}^{s} s_r^+$

Subject to

$$\sum_{j=1}^{n} x_{ji} \lambda_j + s_i^- = x_{ki} , \quad i = 1,2,...,m \qquad (2.17)$$

$$y_{kr}\phi - \sum_{j=1}^{n} y_{jr}\lambda_j + s_r^+ = 0\,, \quad r = 1,2,\ldots,s$$

$$\text{and} \quad \lambda_j \geq 0\,, \quad j = 1,2,\ldots,n$$

$$s_i^- \geq 0\,, \quad i = 1,2,\ldots,m$$

$$s_r^+ \geq 0\,, \quad r = 1,2,\ldots,s$$

ϕ: 제약없음

위 모형의 최적해를 $\lambda_j^*\,(j = 1,2,\ldots,n)$, $s_i^{-*}\,(i = 1,2,\ldots,m)$, $s_r^{+*}\,(r = 1,2,\ldots,s)$, ϕ^* 라고 하자. 최적해가 다음과 같은 조건을 만족하면 DMU k 는 효율적인 DMU 로 평가된다.

$$\phi^* = 1$$

$$s_i^{-*} = 0\,(i = 1,2,\ldots,m)$$

$$s_r^{+*} = 0\,(r = 1,2,\ldots,s)$$

이 조건을 만족하지 못하면 DMU k 는 비효율적인 DMU 로 평가된다.

일반적으로 CCR 포락모형은 CCR 승수모형과 비교해 제약조건의 수가 적다. CCR 포락모형의 제약조건의 수는 $m + s$ (=투입변수의 수 + 산출변수의 수)이고 CCR 승수모형의 제약조건의 수는 $n+1$ (=DMU 의 수 + 1)이다.

4. CCR 포락모형의 계산방법

CCR포락모형과 CCR승수모형에서 사용된 ε 는 0 보다는 크지만 어떤 양의 실수보다 작은 수를 나타내는 비아르키메데스상수(non-Archimedean constant)이다. 앞에서 CCR 승수모형에 대한 수치예제를 제시하면서 ε 의 값으로 0.000001 을 대입하여 계산한 바 있다. 그러나 이러한 방법은 ε 의 역할을 0.000001이라는 작은 실수로 대체한 방법일 뿐이다. 비아르키메데스상수 ε 의 역할을 정확히 표현하는 방법중의 하나는 CCR 포락모형을 다음과 같은 1 단계 모형과 2 단계 모형으로 구별하여 순차적으로 계산하는 것이다.[2]

[2] CCR 승수모형은 모형의 구조상 CCR 포락모형에서와 같은 2 단계 방법으로 비아르키메데스상수

1 단계 투입방향 CCR 포락모형

Minimize θ

Subject to

$$x_{ki}\theta - \sum_{j=1}^{n} x_{ji}\lambda_j - s_i^- = 0, \quad i = 1,2,\ldots,m$$

$$\sum_{j=1}^{n} y_{jr}\lambda_j - s_r^+ = y_{kr}, \quad r = 1,2,\ldots,s$$

and $\lambda_j \geq 0, \quad j = 1,2,\ldots,n$

$s_i^- \geq 0, \quad i = 1,2,\ldots,m$

$s_r^+ \geq 0, \quad r = 1,2,\ldots,s$

θ : 제약없음

2 단계 투입방향 CCR 포락모형

Maximize $\sum_{i=1}^{m} s_i^- + \sum_{r=1}^{s} s_r^+$

Subject to

$$x_{ki}\theta^k - \sum_{j=1}^{n} x_{ji}\lambda_j - s_i^- = 0, \quad i = 1,2,\ldots,m$$

$$\sum_{j=1}^{n} y_{jr}\lambda_j - s_r^+ = y_{kr}, \quad r = 1,2,\ldots,s$$

and $\lambda_j \geq 0, \quad j = 1,2,\ldots,n$

$s_i^- \geq 0, \quad i = 1,2,\ldots,m$

$s_r^+ \geq 0, \quad r = 1,2,\ldots,s$

여기서 θ^k 는 1 단계 투입방향 CCR 포락모형의 최적해로 구한 값임

산출방향 CCR포락모형의 계산을 위한 1 단계 모형과 2 단계 모형은 다음과 같다.

1 단계 산출방향 CCR 포락모형

의 역할을 나타낼 수 없다. 이 때문에 작은 실수로 그 역할을 대신하도록 하는 방법을 사용하였다.

Maximize ϕ

Subject to

$$\sum_{j=1}^{n} x_{ji}\lambda_j + s_i^- = x_{ki}, \quad i = 1,2,\ldots,m$$

$$y_{kr}\phi - \sum_{j=1}^{n} y_{jr}\lambda_j + s_r^+ = 0, \quad r = 1,2,\ldots,s$$

and $\lambda_j \geq 0, \quad j = 1,2,\ldots,n$

$s_i^- \geq 0, \quad i = 1,2,\ldots,m$

$s_r^+ \geq 0, \quad r = 1,2,\ldots,s$

ϕ : 제약없음

2 단계 산출방향 CCR 포락모형

Maximize $\sum_{i=1}^{m} s_i^- + \sum_{r=1}^{s} s_r^+$

Subject to

$$\sum_{j=1}^{n} x_{ji}\lambda_j + s_i^- = x_{ki}, \quad i = 1,2,\ldots,m$$

$$y_{kr}\phi^k - \sum_{j=1}^{n} y_{jr}\lambda_j + s_r^+ = 0, \quad r = 1,2,\ldots,s$$

and $\lambda_j \geq 0, \quad j = 1,2,\ldots,n$

$s_i^- \geq 0, \quad i = 1,2,\ldots,m$

$s_r^+ \geq 0, \quad r = 1,2,\ldots,s$

여기서 ϕ^k 는 1 단계 산출방향 CCR 포락모형의 최적해로 구한 값임

CCR포락모형의 계산을 위한 2단계 방법에서 1단계 모형은 'Koopmans 의 효율성' 및 'Farrell의 효율성'과 CCR포락모형과의 관련성을 설명하는데 사용된다. CCR포락모형의 계산을 위한 2단계 방법에서 1단계 모형에 나타나 있는 Slack 변수 s_i^- $(i = 1,2,\ldots,m)$, s_r^+ $(r = 1,2,\ldots,s)$를 제거하고 등호를 부등호로 변경하여 나타나면 다음과 같다.

투입방향 CCR 포락모형 - Slack 변수 제거 -

Minimize θ

Subject to

$$x_{ki}\theta \ge \sum_{j=1}^{n} x_{ji}\lambda_j\,,\quad i = 1,2,\ldots,m$$

$$y_{kr} \le \sum_{j=1}^{n} y_{jr}\lambda_j\,,\quad r = 1,2,\ldots,s$$

and $\lambda_j \ge 0\,,\quad j = 1,2,\ldots,n$

θ : 제약없음

산출방향 CCR 포락모형 - Slack 변수 제거 -

Maximize ϕ

Subject to

$$x_{ki} \ge \sum_{j=1}^{n} x_{ji}\lambda_j\,,\quad i = 1,2,\ldots,m$$

$$y_{kr}\phi \le \sum_{j=1}^{n} y_{jr}\lambda_j\,,\quad r = 1,2,\ldots,s$$

and $\lambda_j \ge 0\,,\quad j = 1,2,\ldots,n$

ϕ : 제약없음

5. CCR 포락모형 수치예제 (6 개 고등학교)

6개 고등학교의 투입 · 산출 자료를 가지고 첫 번째 고등학교의 효율성을 평가하기 위한 식 (2.16)의 투입방향 CCR 포락모형을 나타내면 다음과 같다.

첫 번째 고등학교에 대한 투입방향 CCR 포락모형

Minimize θ

Subject to

$$8.939\theta \ \ge\ 8.939\lambda_1 + 8.625\lambda_2 + 10.813\lambda_3 + 10.638\lambda_4 + 6.240\lambda_5 + 4.719\lambda_6$$

$$64.3\theta \ \ge\ 64.3\lambda_1 + 99.0\lambda_2 + 99.6\lambda_3 + 96.0\lambda_4 + 96.2\lambda_5 + 79.9\lambda_6$$

$$25.2 \leq 25.2\lambda_1 + 28.2\lambda_2 + 29.4\lambda_3 + 26.4\lambda_4 + 27.2\lambda_5 + 25.5\lambda_6$$
$$223 \leq 223\lambda_1 + 287\lambda_2 + 317\lambda_3 + 291\lambda_4 + 295\lambda_5 + 222\lambda_6$$
$$\text{and} \quad \lambda_1, \lambda_2, \lambda_3, \lambda_4, \lambda_5, \lambda_6 \geq 0$$

두 번째 고등학교에 대한 투입방향 CCR 포락모형을 나타내면 다음과 같다.

두 번째 고등학교에 대한 투입방향 CCR 포락모형

Minimize θ

Subject to

$$8.625\theta \geq 8.939\lambda_1 + 8.625\lambda_2 + 10.813\lambda_3 + 10.638\lambda_4 + 6.240\lambda_5 + 4.719\lambda_6$$
$$99.0\theta \geq 64.3\lambda_1 + 99.0\lambda_2 + 99.6\lambda_3 + 96.0\lambda_4 + 96.2\lambda_5 + 79.9\lambda_6$$
$$28.2 \leq 25.2\lambda_1 + 28.2\lambda_2 + 29.4\lambda_3 + 26.4\lambda_4 + 27.2\lambda_5 + 25.5\lambda_6$$
$$287 \leq 223\lambda_1 + 287\lambda_2 + 317\lambda_3 + 291\lambda_4 + 295\lambda_5 + 222\lambda_6$$
$$\text{and} \quad \lambda_1, \lambda_2, \lambda_3, \lambda_4, \lambda_5, \lambda_6 \geq 0$$

첫 번째 고등학교와 두 번째 고등학교에 대한 투입방향 CCR포락모형의 해를 구해보자. 첫 번째와 두 번째 고등학교에 대한 투입방향 CCR포락모형의 해를 구하기 위한 LINGO code 는 다음과 같다. 이 LINGO code 는 목적함수 부분에 최소화를 나타내는 'min ='이 추가되어 있는 점 그리고 계수와 결정변수 사이에 '*'가 추가되어 있는 점을 제외하면 앞에서 나타낸 투입방향 CCR 포락모형의 대수적 표현과 동일하다.

첫 번째 고등학교에 대한 투입방향 CCR 포락모형의 LINGO code

```
min = Theta;
8.939*Theta >= 8.939*L1 + 8.625*L2 + 10.813*L3 + 10.638*L4 + 6.240*L5 + 4.719*L6;
 64.3*Theta >=  64.3*L1 +  99.0*L2 +   99.6*L3 +   96.0*L4 +  96.2*L5 +  79.9*L6;
       25.2 <=  25.2*L1 +  28.2*L2 +   29.4*L3 +   26.4*L4 +  27.2*L5 +  25.5*L6;
        223 <=   223*L1 +   287*L2 +    317*L3 +    291*L4 +   295*L5 +   222*L6;
```

두 번째 고등학교에 대한 투입방향 CCR 포락모형의 LINGO code

```
min = Theta;
```

```
8.625*Theta >= 8.939*L1 + 8.625*L2 + 10.813*L3 + 10.638*L4 + 6.240*L5 + 4.719*L6;
 99.0*Theta >=  64.3*L1 +  99.0*L2 +   99.6*L3 +   96.0*L4 +  96.2*L5 +  79.9*L6;
       28.2 <=  25.2*L1 +  28.2*L2 +   29.4*L3 +   26.4*L4 +  27.2*L5 +  25.5*L6;
        287 <=   223*L1 +   287*L2 +    317*L3 +    291*L4 +   295*L5 +   222*L6;
```

위의 LINGO Code를 <그림 2.1>에 나타낸 것과 같이 LINGO Model 윈도우에 입력한 후 을 클릭하여 해를 구할 수 있다. [표 2.17]은 CCR 승수모형으로 구한 6개 고등학교의 투입·산출 가중치와 효율성값을 나타낸 것이다.

[표 2.17] 6개 고등학교에 대한 투입방향 CCR 포락모형의 최적해

DMU	λ_1	λ_2	λ_3	λ_4	λ_5	λ_6	θ
1	1	0	0	0	0	0	1
2	0.420332	0	0	0	0.655139	0	0.909613
3	0.879526	0	0	0	0.409715	0	0.963535
4	0.845809	0	0	0	0.347067	0	0.914305
5	0	0	0	0	1	0	1
6	0	0	0	0	0	1	1

다음은 투입방향 CCR 포락모형에 대한 LINGO code를 @for와 @sum 등의 기능을 활용하여 나타낸 것이다.

6개 고등학교에 대한 투입방향 CCR 포락모형의 LINGO code

```
sets:
Dmus/1..6/: L;
Inputs/1..2/;
Outputs/1..2/;
DxI(Dmus,Inputs): X;
DxO(Dmus,Outputs): Y;
endsets

data:
X =
 8.939 64.3
 8.625 99.0
```

```
10.813 99.6
10.638 96.0
 6.240 96.2
 4.719 79.9;
Y =
25.2 223
28.2 287
29.4 317
26.4 291
27.2 295
25.5 222;
enddata

k=1;

min = Theta;

@for(Inputs(i):
   X(k,i)*Theta >= @sum(Dmus(j): X(j,i)*L(j) );
);

@for(Outputs(r):
   Y(k,r) <= @sum(Dmus(j): Y(j,r)*L(j) );
);
```

제6절 가치판단

DEA 모형은 [표 2.1]에 나타낸 것과 같은 DMU 별 투입・산출 자료가 주어진 상태에서 각 DMU 의 효율성을 평가하기 위한 가중치를 찾는다. 이 가중치는 평가대상 DMU의 효율성이 가장 유리하게 평가되도록 하는 상대적가치체계(相對的價値體系, relative value system)라고 할 수 있다.

CCR모형은 평가대상 DMU의 효율성이 가장 유리하게 평가되도로 하는 가중치를 찾는다. 따라서 CCR모형으로 평가한 결과 비효율적으로 나타난 DMU의 경영자는 가중치의 불공정함을 탓할 수 없게 된다. CCR모형의 이러한 특성은 평가도구로서 CCR모형이 갖는 장점이라 할 수 있다. 한편 CCR모형으로 추정한 가중치가 투입·산출의 상대적 가치에 비추어 수용가능한 범위를 벗어나거나 또는 사전 지식과 모순될 수도 있다. 예를 들어 CCR승수모형으로 계산한 6 개 고등학교의 투입·산출 가중치와 효율성을 나타낸 [표 2.15]를 살펴보면 효율적으로 평가된 3 개의 고등학교(DMU 1, DMU 5, DMU 6) 중 2 개(DMU 1, DMU 5)가 산출가중치를 과학(u_2)에만 두고 있다 이러한 문제점은 의사결정자의 가치판단(價値判斷, value judgement)을 효율성 평가과정에 반영함으로서 개선할 수 있다 의사결정자의 가치판단을 효율성 평가과정에 반영하는 방법은 확신영역으로 불리우는 가중치에 대한 제약조건을 사용하는 방법[3]과 투입·산출자료를 변환하는 원추비율 CCR 모형을 사용하는 방법[4]이 있다.

1. 확신영역

Thompson et al.(1990)은 확신영역(確信領域, assurance region: AR)을 합리적이지 않은 투입·산출 가중치가 제외된 가중치들의 집합으로 정의하고 AR을 다음과 같은 식 (2.18)과 식 (2.19)의 부등식 제약조건으로 나타낼 수 있음을 제시하였다.

$$\alpha_{ii'} \le v_i \,/\, v_{i'} \le \beta_{ii'}, \quad i < i',\ i,i' = 1,2,\ldots,m \tag{2.18}$$

$$A_{rr'} \le u_r \,/\, u_{r'} \le B_{rr'}, \quad r < r',\ r,r' = 1,2,\ldots,s \tag{2.19}$$

여기서 v_i 는 i 번째 투입의 가중치이고 m 은 투입요소의 수이다. u_r 은 r 번째 산출의 가중치이고 s 는 산출물의 수이다. 식 (2.18)에서 아래첨자 i 와 i' 는 $i < i'$, $i,i' = 1,2,\ldots,m$ 의 조건을 만족해야 하므로 식 (2.18)은 $m(m-1)/2$ 개의 부등식이 된다. 마찬가지로 식 (2.19)에서 아래첨자 r 과 r' 는 $r < r'$, $r,r' = 1,2,\ldots,s$ 의 조건을 만족해야 하므로 식 (2.19)는 $s(s-1)/2$ 개의 부등식이 된다. 예를 들어 투입요소가 3 개이고 산출물이 4 개이면 식 (2.18)은

$$\alpha_{12} \le v_1 \,/\, v_2 \le \beta_{12}$$

---

[3] 이 방법은 Thompson et al.(1986)이 처음 제시하였고 Thompson et al.(1990)에서 체계적으로 정리하였다.

[4] 이 방법은 Charnes et al.(1989)이 제시한 원추비율 CCR모형(圓錐比率 CCR 模型, cone-ratio CCR model)으로 의사결정자의 가치판단을 효율성 평가과정에 반영하는 방법으로 Charnes et al.(1990)에 체계적으로 제시되어 있다.

$$\begin{aligned} &\alpha_{13} \le v_1 / v_3 \le \beta_{13} \\ &\alpha_{23} \le v_2 / v_3 \le \beta_{23} \end{aligned} \tag{2.20}$$

의 3 개 부등식이 되고, 식 (2.19)는

$$\begin{aligned} &A_{12} \le u_1 / u_2 \le B_{12} \\ &A_{13} \le u_1 / u_3 \le B_{13} \\ &A_{14} \le u_1 / u_4 \le B_{14} \\ &A_{23} \le u_2 / u_3 \le B_{23} \\ &A_{24} \le u_2 / u_4 \le B_{24} \\ &A_{34} \le u_3 / u_4 \le B_{34} \end{aligned} \tag{2.21}$$

의 6 개 부등식이 된다.

식 (2.18)의 부등식은

$$\begin{aligned} -v_i + \alpha_{ii'} v_{i'} \le 0\,, \quad i < i'\,,\ i, i' = 1, 2, \ldots, m \\ v_i - \beta_{ii'} v_{i'} \le 0\,, \quad i < i'\,,\ i, i' = 1, 2, \ldots, m \end{aligned} \tag{2.22}$$

으로 다시 나타낼 수 있고, 식 (2.19)의 부등식은

$$\begin{aligned} -u_r + A_{rr'} u_{r'} \le 0\,, \quad r < r'\,,\ r, r' = 1, 2, \ldots, s \\ u_r - B_{rr'} u_{r'} \le 0\,, \quad r < r'\,,\ r, r' = 1, 2, \ldots, s \end{aligned} \tag{2.23}$$

으로 다시 나타낼 수 있다. 즉 식 (2.20)은

$$\begin{aligned} -v_1 + \alpha_{12} v_2 \le 0 \\ v_1 - \beta_{12} v_2 \le 0 \\ -v_1 + \alpha_{13} v_3 \le 0 \\ v_1 - \beta_{13} v_3 \le 0 \\ -v_2 + \alpha_{23} v_3 \le 0 \\ v_2 - \beta_{23} v_3 \le 0 \end{aligned}$$

으로 다시 나타낼 수 있고, 식 (2.21)은

$$\begin{aligned} -u_1 + A_{12} u_2 \le 0 \\ u_1 - B_{12} u_2 \le 0 \end{aligned}$$

$$
\begin{aligned}
-u_1 + A_{13}u_3 &\le 0 \\
u_1 - B_{13}u_3 &\le 0 \\
-u_1 + A_{14}u_4 &\le 0 \\
u_1 - B_{14}u_4 &\le 0 \\
-u_2 + A_{23}u_3 &\le 0 \\
u_2 - B_{23}u_3 &\le 0 \\
-u_2 + A_{24}u_4 &\le 0 \\
u_2 - B_{24}u_4 &\le 0 \\
-u_3 + A_{34}u_4 &\le 0 \\
u_3 - B_{34}u_4 &\le 0
\end{aligned}
$$

으로 다시 나타낼 수 있다.

투입가중치 비율 $v_i / v_{i'}$ 의 하한 $\alpha_{ii'}$ 과 상한 $\beta_{ii'}$ 그리고 산출가중치 비율 $u_r / u_{r'}$ 의 하한 $A_{rr'}$ 과 상한 $B_{rr'}$ 은 관찰된 사회경제적자료 또는 전문가의 의견 등으로부터 추정되거나 규정될 수 있다. CCR 모형에서 투입가중치와 산출가중치는 각각 $v_i \ge 0$, $i = 1,2,...,m$ 와 $u_r \ge 0$, $r = 1,2,...,s$ 을 만족해야 한다. 따라서 CCR 모형은 투입가중치 비율 $v_i / v_{i'}$ 의 하한 $\alpha_{ii'}$ 과 상한 $\beta_{ii'}$ 을 각각 $\alpha_{ii'} = 0$ 과 $\beta_{ii'} = \infty$ 으로 그리고 산출가중치 비율 $u_r / u_{r'}$ 의 하한 $A_{rr'}$ 과 상한 $B_{rr'}$ 을 각각 $A_{rr'} = 0$ 과 $B_{rr'} = \infty$ 으로 설정한 경우에 해당된다. 비아르키메데스 CCR 모형의 경우에는 CCR 모형에서 0 을 ε 으로 대체하면 된다.

식 (2.18)과 식 (2.19)의 부등식으로 나타낸 확신영역은 CCR 승수모형의 추가적 제약조건의 형태로 사용될 수 있다. 의사결정자의 가치판단이 확신영역으로 반영된 CCR/AR 모형(CCR/AR 模型, CCR/AR model)은 다음과 같이 나타낼 수 있다.

CCR/AR 모형

Maximize $E_k = \sum_{r=1}^{s} y_{kr} u_r$

Subject to

$$\sum_{i=1}^{m} x_{ki} v_i = 1$$

$$\sum_{r=1}^{s} y_{jr} u_r - \sum_{i=1}^{m} x_{ji} v_i \le 0 \quad , \quad j = 1,2,...,n \tag{2.24}$$

$$\alpha_{ii'} \le v_i \,/\, v_{i'} \le \beta_{ii'}\,, \quad i < i'\,,\; i, i' = 1, 2, \ldots, m$$

$$A_{rr'} \le u_r \,/\, u_{r'} \le B_{rr'}\,, \quad r < r'\,,\; r, r' = 1, 2, \ldots, s$$

Thompson et al.(1990)은 CCR모형으로 평가한 효율성과 구별하여 CCR/AR 모형으로 평가한 효율성을 AR효율성(AR效率性, AR efficiency)으로 지칭하였다. CCR/AR 모형으로 효율성을 평가할 경우 항상 적어도 하나 이상의 효율적인 DMU가 존재한다. 한편 식 (2.24)에 나타낸 CCR/AR 모형은 투입방향 CCR 승수모형에 식 (2.18)과 식 (2.19)의 확신영역을 추가한 것이다. 산출방향 CCR 승수모형에 확신영역을 추가하여 CCR/AR 모형을 구성할 수도 있다. 투입방향 CCR 승수모형으로 구성한 CCR/AR 모형과 산출방향 CCR 승수모형으로 구성한 CCR/AR 모형으로 계산된 AR 효율성은 항상 같은 값을 갖는다. 즉 CCR/AR 모형을 구성하는데 사용된 승수모형의 방향에 관계없이 AR 효율성은 같은 값을 갖는다.

예 ……………………………………………………………………………………

[표 2.15]는 투입방향 CCR 승수모형으로 계산한 6 개 고등학교의 투입・산출 가중치와 효율성을 나타낸 것이다. 투입・산출 가중치를 살펴보면 효율성 평가과정에서 작문 (u_1)은 대부분 무시되었음을 알 수 있다.

두 번째 투입(비 저소득가정 비율)의 가중치에 대한 첫 번째 투입(학생 1 인당 교육비)의 가중치 비율이 적어도 0.3 배 이상이고 3배 이하이어야 한다는 가치판단은 $0.3 \le v_1 \,/\, v_2 \le 3$ 으로 나타낼 수 있다. 두 번째 산출(과학)의 가중치에 대한 첫 번째 산출(작문)의 가중치 비율이 적어도 0.3 배 이상이고 3 배 이하이어야 한다는 가치판단은 $0.3 \le u_1 \,/\, u_2 \le 3$ 으로 나타낼 수 있다. 이러한 가치판단을 반영한 CCR/AR 모형은

$$\text{Maximize} \quad E_k = \sum_{r=1}^{2} y_{kr} u_r$$

Subject to

$$\sum_{i=1}^{2} x_{ki} v_i = 1$$

$$\sum_{r=1}^{2} y_{jr} u_r - \sum_{i=1}^{2} x_{ji} v_i \le 0 \;, \quad j = 1, 2, \ldots, 6$$

$$-v_1 + 0.3 v_2 \le 0$$

$$v_1 - 3v_2 \leq 0$$
$$-u_1 + 0.3u_2 \leq 0$$
$$u_1 - 3u_2 \leq 0$$

으로 나타낼 수 있다. 첫 번째 고등학교와 두 번째 고등학교에 대한 CCR/AR 모형의 해를 구하기 위한 LINGO code 는 다음과 같다.

첫 번째 고등학교에 대한 투입방향 CCR/AR 모형의 LINGO code

```
Max = 25.2*u1 + 223*u2;
(25.2*u1 + 223*u2) - ( 8.939*v1 + 64.3*v2) <= 0;
(28.2*u1 + 287*u2) - ( 8.625*v1 + 99.0*v2) <= 0;
(29.4*u1 + 317*u2) - (10.813*v1 + 99.6*v2) <= 0;
(26.4*u1 + 291*u2) - (10.638*v1 + 96.0*v2) <= 0;
(27.2*u1 + 295*u2) - ( 6.240*v1 + 96.2*v2) <= 0;
(25.5*u1 + 222*u2) - ( 4.719*v1 + 79.9*v2) <= 0;
(8.939*v1 + 64.3*v2) = 1;
-v1 + 0.3*v2 <= 0;
 v1 -   3*v2 <= 0;
-u1 + 0.3*u2 <= 0;
 u1 -   3*u2 <= 0;
```

두 번째 고등학교에 대한 투입방향 CCR/AR 모형의 LINGO code

```
Max = 28.2*u1 + 287*u2;
(25.2*u1 + 223*u2) - ( 8.939*v1 + 64.3*v2) <= 0;
(28.2*u1 + 287*u2) - ( 8.625*v1 + 99.0*v2) <= 0;
(29.4*u1 + 317*u2) - (10.813*v1 + 99.6*v2) <= 0;
(26.4*u1 + 291*u2) - (10.638*v1 + 96.0*v2) <= 0;
(27.2*u1 + 295*u2) - ( 6.240*v1 + 96.2*v2) <= 0;
(25.5*u1 + 222*u2) - ( 4.719*v1 + 79.9*v2) <= 0;
(8.625*v1 + 99.0*v2) = 1;
-v1 + 0.3*v2 <= 0;
```

```
 v1 -   3*v2 <= 0;
-u1 + 0.3*u2 <= 0;
 u1 -   3*u2 <= 0;
```

[표 2.18]은 CCR/AR모형으로 계산한 6 개 고등학교의 투입·산출 가중치와 CCR/AR 효율성 및 CCR 효율성을 함께 나타낸 것이다.

[표 2.18] CCR/AR 모형으로 계산한 6 개 고등학교의 투입 · 산출 가중치와 효율성

DMU	투입		산출		CCR/AR	CCR
	v_1	v_2	u_1	u_2	효율성	효율성
1	0.025404	0.012020	0.001301	0.004337	1.000000	1.000000
2	0.018028	0.008530	0.000923	0.003078	0.909417	0.909613
3	0.017259	0.008166	0.000884	0.002947	0.960080	0.963531
4	0.017837	0.008440	0.000914	0.003045	0.910327	0.914301
5	0.033014	0.008254	0.000990	0.003299	1.000000	1.000000
6	0.040496	0.010124	0.012151	0.003038	0.984207	1.000000

[표 2.18]을 살펴보면 작문(u_1)에 부여된 가중치가 [표 2.15]에 나타나 있는 값보다 상대적으로 높아져 있음을 알 수 있다. CCR/AR 효율성은 CCR 효율성의 값보다 대부분 작아져 있음을 알 수 있다. DMU 6 은 CCR 효율성은 효율적인 것으로 평가된 반면에 CCR/AR 효율성은 비효율적인 것으로 나타났다. 이러한 결과는 가중치에 대한 가치판단을 확신영역으로 반영한 결과로 볼 수 있다.

다음은 [표 2.18]의 계산을 편리하게 하기 위한 LINGO code 이다.

6 개 고등학교에 대한 투입방향 CCR/AR 모형의 LINGO Code

```
sets:
Dmus/1..6/;
Inputs/1..2/: v;
Outputs/1..2/: u;
DxI(Dmus,Inputs): X;
DxO(Dmus,Outputs): Y;
endsets

data:
```

```
X =
 8.939  64.3
 8.625  99.0
10.813  99.6
10.638  96.0
 6.240  96.2
 4.719  79.9;
Y =
25.2  223
28.2  287
29.4  317
26.4  291
27.2  295
25.5  222;
enddata

k=1;

max = @sum(Outputs(r): Y(k,r)*u(r));

@for(Dmus(j):
   @sum(Outputs(r): Y(j,r)*u(r))
   - @sum(Inputs(i): X(j,i)*v(i)) <= 0;
);

@sum(Inputs(i): X(k,i)*v(i)) = 1;

-v(1) + 0.3*v(2) <= 0;
 v(1) -    4*v(2) <= 0;
-u(1) + 0.3*u(2) <= 0;
 u(1) -    4*u(2) <= 0;
```

··◁

2. 가격정보를 활용한 확신영역 구성

식 (2.18) 및 식 (2.19)의 확신영역은 의사결정자의 개인적 판단, 집단의사결정, 투입요소 및 산출물의 가격에 관한 정보 등 다양한 원천으로부터 결정될 수 있다. 투입·산출 가격의 하한과 상한이 주어진 경우 확신영역

$$\alpha_{ii'} \le v_i \,/\, v_{i'} \le \beta_{ii'}, \quad i < i', \ i, i' = 1, 2, \ldots, m$$

$$A_{rr'} \le u_r \,/\, u_{r'} \le B_{rr'}, \quad r < r', \ r, r' = 1, 2, \ldots, s$$

은

$$\alpha_{ii'} = \frac{\min\left\{p_i^l, p_i^u\right\}}{\max\left\{p_{i'}^l, p_{i'}^u\right\}},\ \beta_{ii'} = \frac{\max\left\{p_i^l, p_i^u\right\}}{\min\left\{p_{i'}^l, p_{i'}^u\right\}}$$

$$A_{rr'} = \frac{\min\left\{q_r^l, q_r^u\right\}}{\max\left\{q_{r'}^l, q_{r'}^u\right\}},\ B_{rr'} = \frac{\max\left\{q_r^l, q_r^u\right\}}{\min\left\{q_{r'}^l, q_{r'}^u\right\}}$$

여기서 $p_i^l = i$ 번째 투입요소 가격의 하한, $p_i^u = i$ 번째 투입요소 가격의 상한
$q_r^l = r$ 번째 산출물 가격의 하한, $q_r^u = r$ 번째 산출물 가격의 상한

와 같이 구성할 수 있다.

예

Thompson et al.(1996)은 다양한 원천으로부터 [표 2.4]에 나타낸 투입요소와 산출물의 가격에 관한 정보를 [표 2.19]와 같이 수집하였다. 투입요소 총비용(x1)의 가격의 하한과 상한 1.0은 총비용 1 달러의 가치가 1 달러임을 의미한다. 전년도 원유 자사매장량(x2)의 가격의 하한과 상한은 1 년전(즉 1990년도)의 추가된 원유의 자사매장량(y1)의 최소값과 최대값에 (Economic Report of the President 에 보고된) 월간기업채권 AAA 이자율을 곱한 값이다. 전년도 천연가스 자사매장량(x3)의 가격의 하한과 상한은 전년도 원유 자사매장량(x2)의 가격의 하한과 상한에, 연평균 미국내 원유가격에 대한 연평균 천연가스 가격의 비율을 곱하여 유도된 것이다.

[표 2.19] 1991 년도 미국 대규모 석유회사의 투입 · 산출가격 범위

		하한	상한
투입요소	x1	1.00	1.00
	x2	0.095	0.365
	x3	0.009	0.037
산출물	y1	1.1	4.04
	y2	14.68	19.6
	y3	0.104	0.412
	y4	1.34	2.00

자료: Thompson, Dharmapala, Rothenberg, and Thrall (1996)

여기서 x1 = 총비용(백만달러), x2 = 전년도 원유 자사매장량(백만배럴), x3 = 전년도 천연가스 자사매장량(십억입방피트), y1 = 추가된 원유의 자사매장량(백만배럴), y2 = 판매를 위한 원유 생산량(백만배럴), y3 = 추가된 천연가스의 자사매장량(십억입방피트), y4 = 판매를 위한 천연가스 생산량(십억입방피트)

산출물 추가된 원유의 자사매장량(y1)의 가격의 하한과 상한은 아더앤더슨(Arther Andersen)에서 평가한 원유 1 배럴의 할인세후순현금흐름(割引稅後純現金흐름, discounted after-tax net cash flows)의 최소값과 최대값을 사용하여 추정한 값이다. 판매를 위한 원유 생산량(y2)의 가격의 하한과 상한은 미국에너지국(美國에너지局, Department of Energy: DOE)에서 월간에너지리뷰(Monthly Energy Review)에 발표한 월간원유가격의 최소값과 최대값이다. 판매를 위한 천연가스 생산량(y4)의 가격의 하한과 상한은 미국에너지국에서 월간에너지리뷰에 발표한 천연가스가격의 최소값과 최대값이다. 추가된 천연가스의 자사매장량(y3)의 가격의 하한과 상한은 y1 가격의 하한과 상한에 계산된 비율(연평균 미국내 원유가격에 대한 연평균 천연가스 가격의 비율)을 곱하여 구한 것이다.

[표 2.20]과 [표 2.21]은 [표 2.19]의 투입·산출가격 범위로부터 구성한 확신영역의 범위이다.

[표 2.20] 투입가중치 확신영역의 범위

i	i'	p_i^l	p_i^u	$p_{i'}^l$	$p_{i'}^u$	$\alpha_{ii'}$	$\beta_{ii'}$
1	2	1.00	1.00	0.095	0.365	$\frac{1.00}{0.365}$	$\frac{1.00}{0.095}$
1	3	1.00	1.00	0.009	0.037	$\frac{1.00}{0.037}$	$\frac{1.00}{0.009}$
2	3	0.095	0.365	0.009	0.037	$\frac{0.095}{0.037}$	$\frac{0.365}{0.009}$

[표 2.21] 산출가중치 확신영역의 범위

r	r'	q_r^l	q_r^u	$q_{r'}^l$	$q_{r'}^u$	$A_{rr'}$	$B_{rr'}$
1	2	1.1	4.04	14.68	19.6	$\frac{1.1}{19.6}$	$\frac{4.04}{14.68}$
1	3	1.1	4.04	0.104	0.412	$\frac{1.1}{0.412}$	$\frac{4.04}{0.104}$

1	4	1.1	4.04	1.34	2.00	$\frac{1.1}{2.00}$	$\frac{4.04}{1.34}$
2	3	14.68	19.6	0.104	0.412	$\frac{14.68}{0.412}$	$\frac{19.6}{0.104}$
2	4	14.68	19.6	1.34	2.00	$\frac{14.68}{2.00}$	$\frac{19.6}{1.34}$
3	4	0.104	0.412	1.34	2.00	$\frac{0.104}{2.00}$	$\frac{0.412}{1.34}$

투입가중치와 산출가중치의 확신영역을 식 (2.22) 및 식 (2.23)과 같은 형태로 나타내면

$$
\begin{aligned}
&-v_1 + \tfrac{1.00}{0.365} v_2 \le 0, \quad v_1 - \tfrac{1.00}{0.095} v_2 \le 0 \\
&-v_1 + \tfrac{1.00}{0.037} v_3 \le 0, \quad v_1 - \tfrac{1.00}{0.009} v_3 \le 0 \\
&-v_2 + \tfrac{0.095}{0.037} v_3 \le 0, \quad v_2 - \tfrac{0.365}{0.009} v_3 \le 0
\end{aligned}
$$

$$
\begin{aligned}
&-u_1 + \tfrac{1.1}{19.6} u_2 \le 0, \quad u_1 - \tfrac{4.04}{14.68} u_2 \le 0 \\
&-u_1 + \tfrac{1.1}{0.412} u_3 \le 0, \quad u_1 - \tfrac{4.04}{0.104} u_3 \le 0 \\
&-u_1 + \tfrac{1.1}{2.00} u_4 \le 0, \quad u_1 - \tfrac{4.04}{1.34} u_4 \le 0 \\
&-u_2 + \tfrac{14.68}{0.412} u_3 \le 0, \quad u_2 - \tfrac{19.6}{0.104} u_3 \le 0 \\
&-u_2 + \tfrac{14.68}{2.00} u_4 \le 0, \quad u_2 - \tfrac{19.6}{1.34} u_4 \le 0 \\
&-u_3 + \tfrac{0.104}{2.00} u_4 \le 0, \quad u_3 - \tfrac{0.412}{1.34} u_4 \le 0
\end{aligned}
$$

와 같다. 정확한 계산을 위해 부등식 좌변 두 번째 항의 분모값을 양변에 곱하여 다시 나타내면

$$
\begin{aligned}
&-0.365v_1 + 1.00v_2 \le 0, \quad 0.095v_1 - 1.00v_2 \le 0 \\
&-0.037v_1 + 1.00v_3 \le 0, \quad 0.009v_1 - 1.00v_3 \le 0 \\
&-0.037v_2 + 0.095v_3 \le 0, \quad 0.009v_2 - 0.365v_3 \le 0
\end{aligned}
$$

$$
\begin{aligned}
&-19.6u_1 + 1.1u_2 \le 0, \quad 14.68u_1 - 4.04u_2 \le 0 \\
&-0.412u_1 + 1.1u_3 \le 0, \quad 0.104u_1 - 4.04u_3 \le 0 \\
&-2.00u_1 + 1.1u_4 \le 0, \quad 1.34u_1 - 4.04u_4 \le 0 \\
&-0.412u_2 + 14.68u_3 \le 0, \quad 0.104u_2 - 19.6u_3 \le 0 \\
&-2.00u_2 + 14.68u_4 \le 0, \quad 1.34u_2 - 19.6u_4 \le 0 \\
&-2.00u_3 + 0.104u_4 \le 0, \quad 1.34u_3 - 0.412u_4 \le 0
\end{aligned}
$$

와 같다. 다음은 14개 석유회사에 대한 투입방향 CCR/AR모형의 LINGO Code 이다.

14 개 석유회사에 대한 투입방향 CCR/AR 모형의 LINGO Code

줄번호 코드

```
sets:
Dmus/1..14/;
Inputs/1..3/: v;
Outputs/1..4/: u;
DxI(Dmus,Inputs): X;
DxO(Dmus,Outputs): Y;
endsets

data:
  X =
  1177       187   794
  1137      2157  5473
   970      1565  7128
   620       454  2094
  2055      1974  7903
   492       536  2171
   850       874  6030
   326       385  3115
  1248.146 1728  4462
  1222      1576 11192
   785.660 1917  1835
   492       455  1631
  1403      1379  4322
   511       420  2736;

  Y =
    2  26  42  122
  110 241 519  626
   98 176 213  881
   24  41 117  274
   37 253 330  744
   28  52 224  333
  170 107 108  644
  240  48 360  321
  184 180 579  532
   33 142 456  710
   62 286 133  129
```

```
38          36  53 247  270
39          67 175 331  729
40          71  55 237  304;
41        enddata
42
43        k=1;
44
45        max = @sum(Outputs(r): Y(k,r)*u(r));
46
47        @for(Dmus(j):
48           @sum(Outputs(r): Y(j,r)*u(r))
49           - @sum(Inputs(i): X(j,i)*v(i)) <= 0;
50        );
51
52        @sum(Inputs(i): X(k,i)*v(i)) = 1;
53
54        -0.365 * v(1) + 1.00  * v(2) <= 0;
55         0.095 * v(1) - 1.00  * v(2) <= 0;
56        -0.037 * v(1) + 1.00  * v(3) <= 0;
57         0.009 * v(1) - 1.00  * v(3) <= 0;
58        -0.037 * v(2) + 0.095 * v(3) <= 0;
59         0.009 * v(2) - 0.365 * v(3) <= 0;
60
61        -19.6  * u(1) + 1.1   * u(2) <= 0;
62         14.68 * u(1) - 4.04  * u(2) <= 0;
63        -0.412 * u(1) + 1.1   * u(3) <= 0;
64         0.104 * u(1) - 4.04  * u(3) <= 0;
65        -2.0   * u(1) + 1.1   * u(4) <= 0;
66         1.34  * u(1) - 4.04  * u(4) <= 0;
67        -0.412 * u(2) + 14.68 * u(3) <= 0;
68         0.104 * u(2) - 19.6  * u(3) <= 0;
69        -2.0   * u(2) + 14.68 * u(4) <= 0;
70         1.34  * u(2) - 19.6  * u(4) <= 0;
71        -2.0   * u(3) + 0.104 * u(4) <= 0;
72         1.34  * u(3) - 0.412 * u(4) <= 0;
```

54~59번 줄은 투입가중치 확신영역을 나타낸 것이고 61~72번 줄의 산출가중치 확신영역을 나타낸 것이다. 54~72번 줄의 확신영역 제약조건을

```
@for(Inputs(i):  v(i) >= 0.0; );
@for(Outputs(r): u(r) >= 0.0; );
```

으로 대체하면 14 개 석유회사에 대한 투입방향 CCR모형의 LINGO code가 된다.

14개 석유회사에 대한 투입방향 CCR/AR모형의 LINGO Code 에서 43번 줄에 나타낸 k=1 에서 k 의 값을 1부터 14까지 변경시켜 각 DMU의 가중치와 효율성 점수를 계산할 수 있다.

…………………………………………………………………………………◁

3. 벡터와 행렬로 나타낸 CCR 모형

CCR모형과 관련된 이론의 설명을 설명할 때 합계기호 Σ 를 사용하는 것이 효과적일 때가 있으며 경우에 따라서 CCR모형을 벡터(vector)와 행렬(行列, matrix)로 나타내는 것이 효과적일 수 있다.

일반적인 자료의 표현방법은 관측값(觀測값, observation)을 행에 나타내고 변수(變數, variable)를 열에 나타내는 것이다. [표 2.1]에 나타낸 투입・산출자료는 일반적인 자료의 표현방법과 같은 방식으로 관측값에 해당되는 DMU를 행에 나타내었고 투입・산출변수를 열에 나타내었다. [표 2.1]에서 x_{ji} 는 j 번째 DMU의 i 번째 투입요소 사용량을 나타내며 y_{jr} 은 j 번째 DMU의 r 번째 산출물의 양을 나타낸다. 지금까지 설명한 CCR모형들은 모두 [표 2.1]에 나타낸 투입・산출자료의 표현방법 즉 x_{ji} 와 y_{jr} 을 사용해서 나타내었다. CCR모형을 벡터와 행렬로 나타낼 때는 [표 2.1]에 나타낸 투입・산출자료에서 행과 열을 전치시켜 투입자료행렬과 산출자료행렬을 각각 크기가 $m \times n$ 인 $\mathbf{X}$ 와 크기가 $s \times n$ 인 $\mathbf{Y}$

$$\mathbf{X} = \left(x_{ij}\right) = \begin{pmatrix} x_{11} & x_{12} & \cdots & x_{1n} \\ x_{21} & x_{22} & \cdots & x_{2n} \\ \vdots & \vdots & \ddots & \vdots \\ x_{m1} & x_{m2} & \cdots & x_{mn} \end{pmatrix}, \ \mathbf{Y} = \left(y_{rj}\right) = \begin{pmatrix} y_{11} & y_{12} & \cdots & y_{1n} \\ y_{21} & y_{22} & \cdots & y_{2n} \\ \vdots & \vdots & \ddots & \vdots \\ y_{s1} & y_{s2} & \cdots & y_{sn} \end{pmatrix}$$

로 나타낸다.

투입자료행렬 $\mathbf{X}$ 에서 i 번째 행과 j 번째 열의 요소 x_{ij} 는 j 번째 DMU의 i 번째 투입요소 사용량을 나타내며 산출자료행렬 $\mathbf{Y}$ 에서 r 번째 행과 j 번째 열의 요소 y_{rj} 은 j 번째 DMU의 r 번째 산출물의 양을 나타낸다. $\mathbf{X}$ 와 $\mathbf{Y}$ 의 j 번째 열벡터(列벡터, column vector)는 j 번째 DMU의 투입벡터와 산출벡터이며 $\mathbf{x}_j$ 와 $\mathbf{y}_j$ 로 나타낸다.

$$\mathbf{x}_j = \begin{pmatrix} x_{1j} \\ x_{2j} \\ \vdots \\ x_{mj} \end{pmatrix}, \ \mathbf{y}_j = \begin{pmatrix} y_{1j} \\ y_{2j} \\ \vdots \\ y_{sj} \end{pmatrix}$$

예

[표 2.3]에 나타낸 6개 고등학교의 투입·산출자료에서 행과 열을 전치시켜 나타낸 투입자료행렬 $\mathbf{X}$ 와 산출자료행렬 $\mathbf{Y}$ 는

$$\mathbf{X} = \begin{pmatrix} 8.939 & 8.625 & 10.813 & 10.638 & 6.240 & 4.719 \\ 64.3 & 99.0 & 99.6 & 96.0 & 96.2 & 79.9 \end{pmatrix}$$

$$\mathbf{Y} = \begin{pmatrix} 25.2 & 28.2 & 29.4 & 26.4 & 27.2 & 25.5 \\ 223 & 287 & 317 & 291 & 295 & 222 \end{pmatrix} \qquad (2.25)$$

와 같다. 두 번째 고등학교의 투입벡터와 산출벡터는

$$\mathbf{x}_2 = \begin{pmatrix} 8.625 \\ 99.0 \end{pmatrix}, \ \mathbf{y}_2 = \begin{pmatrix} 28.2 \\ 287 \end{pmatrix}$$

이다.

◁

투입가중치벡터 $\mathbf{v}$ 와 산출가중치벡터 $\mathbf{u}$ 를

$$\mathbf{v} = \begin{pmatrix} v_1 \\ v_2 \\ \vdots \\ v_m \end{pmatrix}, \ \mathbf{u} = \begin{pmatrix} u_1 \\ u_2 \\ \vdots \\ u_s \end{pmatrix}$$

로 나타내면 투입방향 CCR 승수모형을

투입방향 CCR 승수모형

Maximize $E_k = \mathbf{u}^T \mathbf{y}_k$

Subject to $\mathbf{v}^T \mathbf{x}_k = 1$

$$-\mathbf{v}^T\mathbf{X} + \mathbf{u}^T\mathbf{Y} \le \mathbf{0} \tag{2.26}$$

$$\mathbf{v} \ge \mathbf{0}, \ \mathbf{u} \ge \mathbf{0}$$

으로 나타낼 수 있다. 여기서 투입가중치벡터와 산출가중치벡터의 위첨자 T 는 전치(轉置, transpose)를 나타낸다. **0** 은 모든 요소가 0으로 되어 있는 영벡터(零벡터, zero vector)이다. 식 (2.12)의 비아르키메데스 투입방향 CCR 승수모형은

비아르키메데스 투입방향 CCR 승수모형

$$\text{Maximize} \ \ E_k = \mathbf{u}^T\mathbf{y}_k$$

$$\text{Subject to} \ \ \mathbf{v}^T\mathbf{x}_k = 1$$

$$-\mathbf{v}^T\mathbf{X} + \mathbf{u}^T\mathbf{Y} \le \mathbf{0} \tag{2.27}$$

$$\mathbf{v} \ge \varepsilon\mathbf{1}, \ \mathbf{u} \ge \varepsilon\mathbf{1}$$

으로 나타낼 수 있다. 여기서 ε 은 비아르키메데스상수(비아르키메데스상수, non-Archimedean constant)이고 **1** 은 모든 요소가 1 로 되어 있는 일벡터(一벡터, one vector)이다.

예 ....

식 (2.25)에 나타낸 6개 고등학교의 투입·산출자료행렬을 사용해서 두 번째 고등학교의 효율성을 계산하기 위한 투입방향 CCR 승수모형을 나타내면

두 번째 고등학교에 대한 투입방향 CCR 승수모형

$$\text{Maximize} \ \ E_2 = \begin{pmatrix} u_1 & u_2 \end{pmatrix} \begin{pmatrix} 28.2 \\ 287 \end{pmatrix}$$

Subject to

$$\begin{pmatrix} v_1 & v_2 \end{pmatrix} \begin{pmatrix} 8.625 \\ 99.0 \end{pmatrix} = 1$$

$$-\begin{pmatrix} v_1 & v_2 \end{pmatrix} \begin{pmatrix} 8.939 & 8.625 & 10.813 & 10.638 & 6.240 & 4.719 \\ 64.3 & 99.0 & 99.6 & 96.0 & 96.2 & 79.9 \end{pmatrix}$$

$$+\begin{pmatrix} u_1 & u_2 \end{pmatrix}\begin{pmatrix} 25.2 & 28.2 & 29.4 & 26.4 & 27.2 & 25.5 \\ 223 & 287 & 317 & 291 & 295 & 222 \end{pmatrix}$$
$$\leq \begin{pmatrix} 0 & 0 & 0 & 0 & 0 & 0 \end{pmatrix}$$

$$\begin{pmatrix} v_1 \\ v_2 \end{pmatrix} \geq \begin{pmatrix} 0 \\ 0 \end{pmatrix}, \quad \begin{pmatrix} u_1 \\ u_2 \end{pmatrix} \geq \begin{pmatrix} 0 \\ 0 \end{pmatrix}$$

와 같다. 비아르키메데스 투입방향 CCR 승수모형은 세 번째와 네 번째 제약조건을

$$\begin{pmatrix} v_1 \\ v_2 \end{pmatrix} \geq \varepsilon\begin{pmatrix} 1 \\ 1 \end{pmatrix}, \quad \begin{pmatrix} u_1 \\ u_2 \end{pmatrix} \geq \varepsilon\begin{pmatrix} 1 \\ 1 \end{pmatrix}$$

으로 대체하면 된다.

◁

포락모형의 결정변수 λ_j, $j = 1, 2, ..., n$ 를 벡터

$$\boldsymbol{\lambda} = \begin{pmatrix} \lambda_1 \\ \lambda_2 \\ \vdots \\ \lambda_n \end{pmatrix}$$

로 나타내자. 그리고 식 (2.26)에서 첫 번째 제약조건 $\mathbf{v}^T\mathbf{x}_k = 1$ 에 대응하는 쌍대변수를 θ 로나타내고 두 번째 제약조건 $-\mathbf{v}^T\mathbf{X} + \mathbf{u}^T\mathbf{Y} \leq \mathbf{0}$ 에 대응하는 쌍대변수 벡터를 $\boldsymbol{\lambda}$ 로 나타낸 후 [표 2.16]의 원본모형과 쌍대모형간의 관계를 이용하면 식 (2.26)의 투입방향 CCR 승수모형의 쌍대모형 즉 투입방향 CCR 포락모형은

투입방향 CCR 포락모형

$$\begin{aligned} &\text{Minimize} \quad \theta \\ &\text{Subject to} \quad \theta\mathbf{x}_k - \mathbf{X}\boldsymbol{\lambda} \geq \mathbf{0} \\ &\qquad\qquad \mathbf{Y}\boldsymbol{\lambda} \geq \mathbf{y}_k \\ &\qquad\qquad \boldsymbol{\lambda} \geq \mathbf{0} \end{aligned} \tag{2.28}$$

으로 나타낼 수 있다.

예

식 (2.25)에 나타낸 6개 고등학교의 투입·산출자료행렬을 사용해서 두 번째 고등학교의 효율성을 계산하기 위한 투입방향 CCR 포락모형을 나타내면

두 번째 고등학교에 대한 투입방향 CCR 포락모형

Maximize θ

Subject to

$$\theta\begin{pmatrix}8.625\\99.0\end{pmatrix}-\begin{pmatrix}8.939 & 8.625 & 10.813 & 10.638 & 6.240 & 4.719\\64.3 & 99.0 & 99.6 & 96.0 & 96.2 & 79.9\end{pmatrix}\begin{pmatrix}\lambda_1\\\lambda_2\\\lambda_3\\\lambda_4\\\lambda_5\\\lambda_6\end{pmatrix}\geq\begin{pmatrix}0\\0\end{pmatrix}$$

$$\begin{pmatrix}25.2 & 28.2 & 29.4 & 26.4 & 27.2 & 25.5\\223 & 287 & 317 & 291 & 295 & 222\end{pmatrix}\begin{pmatrix}\lambda_1\\\lambda_2\\\lambda_3\\\lambda_4\\\lambda_5\\\lambda_6\end{pmatrix}\geq\begin{pmatrix}28.2\\287\end{pmatrix}$$

$$\begin{pmatrix}\lambda_1\\\lambda_2\\\lambda_3\\\lambda_4\\\lambda_5\\\lambda_6\end{pmatrix}\geq\begin{pmatrix}0\\0\\0\\0\\0\\0\end{pmatrix}$$

와 같다.

◁

투입여유변수 s_i^-, $i=1,2,...,m$ 와 산출여유변수 s_r^+, $r=1,2,...,s$ 를 벡터

$$\mathbf{s}^- = \begin{pmatrix} s_1^- \\ s_2^- \\ \vdots \\ s_m^- \end{pmatrix}, \ \mathbf{s}^+ = \begin{pmatrix} s_1^+ \\ s_2^+ \\ \vdots \\ s_s^+ \end{pmatrix}$$

로 나타내자. 식 (2.28)의 투입방향 CCR 포락모형은 부등식 제약조건에 여유변수를 넣어 등식 제약조건으로 바꾸고

여유변수를 갖는 투입방향 CCR 포락모형

$$\begin{aligned} &\text{Minimize} \quad \theta \\ &\text{Subject to} \quad \theta \mathbf{x}_k - \mathbf{X}\boldsymbol{\lambda} - \mathbf{s}^- = \mathbf{0} \\ &\qquad\qquad \mathbf{Y}\boldsymbol{\lambda} - \mathbf{s}^+ = \mathbf{y}_k \\ &\qquad \boldsymbol{\lambda} \geq \mathbf{0}, \ \mathbf{s}^- \geq \mathbf{0}, \ \mathbf{s}^+ \geq \mathbf{0} \end{aligned}$$

로 나타낼 수 있다. 식 (2.16)의 비아르키메데스 투입방향 CCR 포락모형은

비아르키메데스 투입방향 CCR 포락모형

$$\begin{aligned} &\text{Minimize} \quad \theta - \varepsilon \mathbf{1}^T \mathbf{s}^- - \varepsilon \mathbf{1}^T \mathbf{s}^+ \\ &\text{Subject to} \quad \theta \mathbf{x}_k - \mathbf{X}\boldsymbol{\lambda} - \mathbf{s}^- = \mathbf{0} \\ &\qquad\qquad \mathbf{Y}\boldsymbol{\lambda} - \mathbf{s}^+ = \mathbf{y}_k \\ &\qquad \boldsymbol{\lambda} \geq \mathbf{0}, \ \mathbf{s}^- \geq \mathbf{0}, \ \mathbf{s}^+ \geq \mathbf{0} \end{aligned}$$

으로 나타낼 수 있다.

4. 볼록집합과 유한원추

유클리드공간의 p 개의 점들의 집합 $S = \left\{\mathbf{a}_1, \mathbf{a}_2, \cdots, \mathbf{a}_p\right\}$ 을 사용해서

$$\mathbf{v} = \alpha_1 \mathbf{a}_1 + \alpha_2 \mathbf{a}_2 + \cdots + \alpha_p \mathbf{a}_p$$

여기서 $\alpha_1, \alpha_2, \ldots, \alpha_p$ 는 스칼라

의 형태로 표현될 수 있는 $\mathbf{v}$ 를 S 의 선형결합(線型結合, linear combination)이라고 한다. 그리고 S 의 모든 가능한 선형결합의 집합을 S 의 선형포체(線形包體, linear hull) 또는 스팬(span)이라 부른다.

예 ……………………………………………………………………………………………

<그림 2.4> (a)는 2 차원 유클리드공간 $\mathbb{R}^2$ 의 $\{\mathbf{a}_1\}$ 의 스팬을 그림으로 나타낸 것이다. 이 그림에서검정색 점은 $\mathbf{a}_1$ 을 나타내며 흰색 점 $\{\mathbf{a}_1\}$ 의 일차결합으로 $\mathbf{v} = \alpha_1\mathbf{a}_1$ 에서 α_1 의 값으로 -2, -1, 1/2, 2 를 대입한 경우이다. α_1 의 값으로 다른 모든 실수값을 대입하면 원점과 $\mathbf{a}_1$ 을 통과하는 직선이 되며 이것이 $\{\mathbf{a}_1\}$ 의 스팬이 된다. <그림 2.4> (b)는 $\mathbb{R}^3$ 의 $\{\mathbf{a}_1, \mathbf{a}_2\}$ 의 스팬을 그림으로 나타낸 것이다. 이 그림에서 검정색 점은 $\mathbf{a}_1$ 과 $\mathbf{a}_2$ 를 나타내며 흰색 점 A , B , C 는 $\mathbf{v} = \alpha_1\mathbf{a}_1 + \alpha_2\mathbf{a}_2$ 에서 α_1 과 α_2 에 적절한 값을 대입하여 만들어낸 점이다. A 는 $\alpha_1 = 1$, $\alpha_2 = 1$ 을 대입한 점이고, B 는 $\alpha_1 = 0.5$, $\alpha_2 = 0$ 을 대입한 점이고, C 는 $\alpha_1 = 0.5$, $\alpha_2 = 1$ 을 대입한 점이다. α_1 과 α_2 에 다른 모든 실수값을 대입하면 원점, $\mathbf{a}_1$, $\mathbf{a}_2$ 를 통과하는 평면이 되며 이것이 $\{\mathbf{a}_1, \mathbf{a}_2\}$ 의 스팬이 된다.

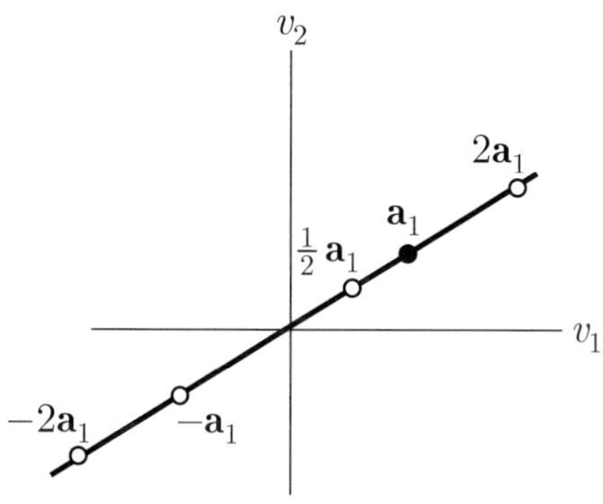

(a)

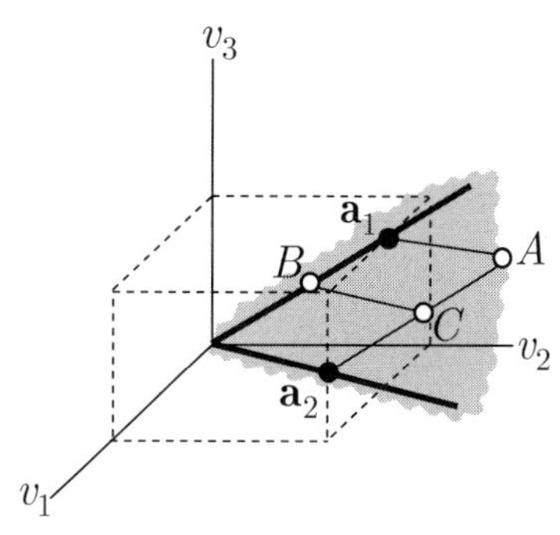

(b)

<그림 2.4> 선형결합과 선형포체

……………………………………………………………………………………………◁

유클리드공간의 p 개의 점들의 집합 $S = \{\mathbf{a}_1, \mathbf{a}_2, \cdots, \mathbf{a}_p\}$ 을 사용해서

$$\mathbf{v} = \alpha_1\mathbf{a}_1 + \alpha_2\mathbf{a}_2 + \cdots + \alpha_p\mathbf{a}_p$$
$$\alpha_1 + \alpha_2 + \cdots + \alpha_k = 1$$

$$\alpha_1 \geq 0, \alpha_2 \geq 0, \cdots, \alpha_k \geq 0 \tag{2.29}$$

여기서 $\alpha_1, \alpha_2, ..., \alpha_k$ 는 스칼라

의 형태로 표현될 수 있는 $\mathbf{v}$를 S 의 볼록결합(볼록結合, convex combination)이라고 한다. 그리고 S 의 모든 가능한 볼록결합의 집합을 S 의 볼록포체(볼록包體, convex hull)라 부른다. 볼록결합의 조건 (2.29)에서 가중치 값이 0 보다 크거나 같다는 조건식 $\alpha_1 \geq 0,\ \alpha_2 \geq 0, \cdots, \alpha_k \geq 0$ 을 가중치 값이 0 보다 크다는 조건식 $\alpha_1 > 0, \alpha_2 > 0, \cdots,\ \alpha_k > 0$ 으로 대체하여

$$\mathbf{v} = \alpha_1\mathbf{a}_1 + \alpha_2\mathbf{a}_2 + \cdots + \alpha_p\mathbf{a}_p$$

$$\alpha_1 + \alpha_2 + \cdots + \alpha_k = 1,$$

$$\alpha_1 > 0, \alpha_2 > 0, \cdots, \alpha_k > 0$$

여기서 $\alpha_1, \alpha_2, ..., \alpha_k$ 는 스칼라

의 형태로 표현할 수 있는 $\mathbf{v}$ 를 S 의 강볼록결합(强볼록結合, strict convex combination)이라고 한다. 그리고 S 의 모든 가능한 강볼록결합의 집합을 S 의 강볼록포체(强볼록包體, strict convex hull)라 부른다.

예 ……………………………………………………………………………………

<그림 2.5>은 2 차원 유클리드공간 $\mathbb{R}^2$ 의 두 점 $\{\mathbf{a}_1, \mathbf{a}_2\}$ 의 볼록포체를 그림으로 나타낸 것이다.

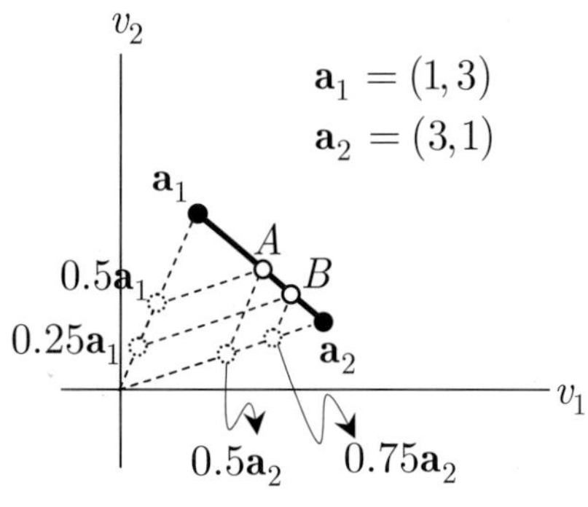

<그림 2.5> 볼록결합과 볼록포체

이 그림에서 검정색 점은 $\mathbf{a}_1$ 과 $\mathbf{a}_2$ 를 나타내며 흰색 점은 검은색 점들의 볼록결합

이다. 점 A는 $\mathbf{v}=\alpha_1\mathbf{a}_1+\alpha_2\mathbf{a}_2$, $\alpha_1+\alpha_2=1$, $\alpha_1\geq 0$, $\alpha_2\geq 0$에서 α_1의 값으로 0.5 를 대입하고 α_2의 값으로 0.5 를 대입한 경우이다. 점 B는 α_1의 값으로 0.25 를 대입하고 α_2의 값으로 0.75 를 대입한 경우이다. α_1과 α_2의 값으로 $\alpha_1+\alpha_2=1$, $\alpha_1\geq 0,\alpha_2\geq 0$을 만족하는 다른 모든 실수값을 대입하면 $\mathbf{a}_1$과 $\mathbf{a}_2$의 두 점을 포함하는 $\mathbf{a}_1$과 $\mathbf{a}_2$를 연결하는 선분이 되며 이것이 $\{\mathbf{a}_1,\mathbf{a}_2\}$의 볼록포체가 된다. α_1과 α_2의 값으로 $\alpha_1+\alpha_2=1$, $\alpha_1>0,\alpha_2>0$을 만족하는 다른 모든 실수값을 대입하면 $\mathbf{a}_1$과 $\mathbf{a}_2$의 두 점을 제외하는 $\mathbf{a}_1$과 $\mathbf{a}_2$를 연결하는 선분이 되며 이것이 $\{\mathbf{a}_1,\mathbf{a}_2\}$의 강볼록포체가 된다.

…………………………………………………………………………………◁

유클리드공간의 부분집합 V 안에 들어 있는 임의의 두 점의 모든 볼록결합이 V에 포함되면, 즉

$$\mathbf{a}_1\in V,\ \mathbf{a}_2\in V\ \Rightarrow\ \alpha\mathbf{a}_1+(1-\alpha)\mathbf{a}_2\in V \quad \text{for all } 0\leq\alpha\leq 1 \tag{2.30}$$

이면 V를 볼록집합(볼록集合, convex set)이라고 한다. V가 볼록집합이면 V 안에 들어 있는 임의의 두 점을 연결한 선분(線分, line segment) 전체가 V에 포함된다.

예 …………………………………………………………………………………

<그림 2.7>은 볼록집합이 아닌 경우의 예를 나타낸 것이다. <그림 2.7>의 (a)를 살펴보면 점$\mathbf{a}_1$과 점$\mathbf{a}_2$를 연결하는 선분 중 일부가 포함되지 않고 있다. <그림 2.6>에 나타낸 예에서는 이러한 경우를 찾을 수 없다.

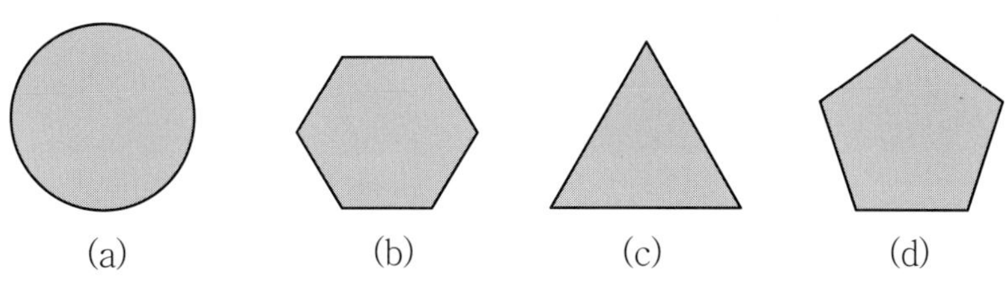

<그림 2.6> 볼록집합의 예

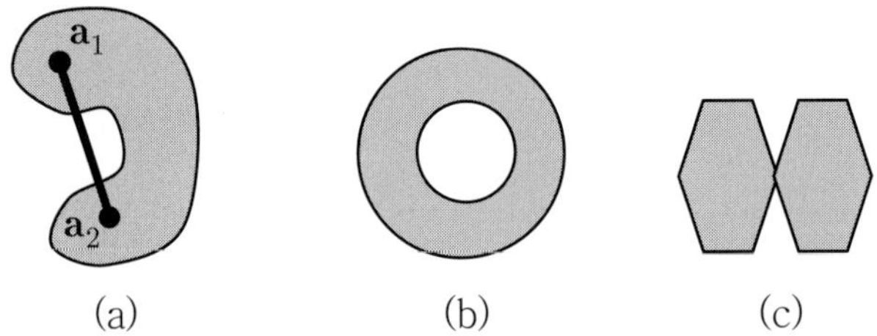

<그림 2.7> 볼록집합이 아닌 경우의 예

유클리드공간의 점 $\mathbf{a}_0$ 과 $\mathbf{a}$ 를 사용해서

$$\mathbf{v} = \mathbf{a}_0 + \alpha\mathbf{a}\,,\ \ \alpha \geq 0$$

여기서 α 는 스칼라

의 형태로 표현될 수 있는 모든 점 $\mathbf{v}$ 의 집합을 $\mathbf{a}$ 가 생성하는 반직선(半直線, halfline)이라고 한다. 그리고 $\mathbf{a}_0$ 은 반직선의 정점(頂点, vertex)이라고 하며 $\mathbf{a}$ 는 반직선의 방향(方向, direction)이라고 부른다. 반직선은 조건 (2.30)를 만족시키는 볼록집합이다. 원점을 정점으로 하는 반직선 즉

$$\mathbf{v} = \alpha\mathbf{a}\,,\ \ \alpha \geq 0$$

의 집합을 $\mathbf{a}$ 가 생성하는 사선(射線, ray)이라고 한다.

예

<그림 2.8>에서 굵은 실선은 $\mathbf{a}$ 를 방향으로 하는 반직선을 그림으로 나타낸 것이다.

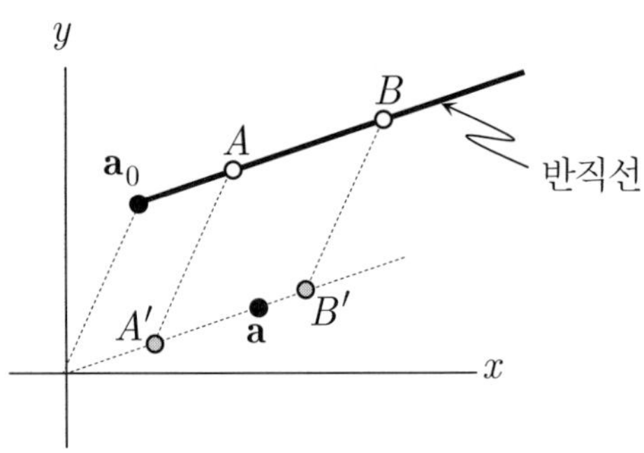

<그림 2.8> 반직선

이 그림에서 정점 $\mathbf{a}_0$ 과 방향벡터 $\mathbf{a}$ 는 검정색 점으로 나타내었다. $\mathbf{a}$ 의 스칼라곱 A' 과 B' 는 회색 점으로 나타내었다. A' 는 $\alpha\mathbf{a}$ 에서 α 의 값으로 1 보다 작은 값을 대입한 경우이고 B' 는 1 보다 큰 값을 대입한 경우이다. $\mathbf{a}$ 의 스칼라곱 $\alpha\mathbf{a}$ 에 $\mathbf{a}_0$ 을 합한 A 와 B 는 흰색 점으로 나타내었다. α 의 값으로 다른 실수값을 대입하여 구한 점들의 집합을 구하면 굵은 실선으로 나타낸 반직선이 된다.

··◁

유클리드공간의 어떤 집합 V 에 대하여

$$\{\mathbf{v} \mid \forall \mathbf{a} \in V, \mathbf{v} = \alpha\mathbf{a}, \alpha \geq 0\} \subset V$$

이면 즉 V 에 속하는 점 $\mathbf{a}$ 가 생성하는 사선(射線, ray)이 모두 V 에 포함되면 V 를 원추(圓錐, cone)라고 한다. 원추 V 가 볼록집합(볼록集合, convex set)이면 V 를 볼록원추(볼록圓錐, convex cone)이라고 한다.

예 ··

<그림 2.9>(a)는 볼록원추의 예를 나타낸 것이고 (b)는 볼록이 아닌 원추의 예를 나타낸 것이다.

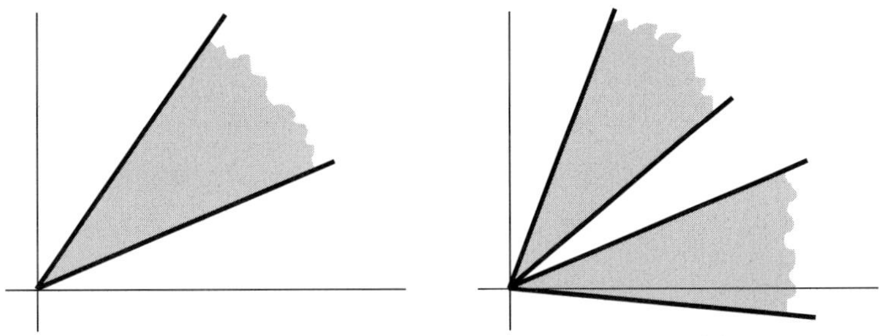

(a) (b)

<그림 2.9> 원추의 예

··◁

볼록원추 $V \subset \mathbb{R}^m$ 가

$$V = \left\{\mathbf{v} \mid \mathbf{v} = \sum_{l=1}^{p} \alpha_l \mathbf{a}_l,\ \alpha_l \geq 0, l = 1, 2, \ldots, p\right\} \tag{2.31}$$

여기서 $\mathbf{a}_1, \mathbf{a}_2, \ldots, \mathbf{a}_p \in \mathbb{R}^m$

이면 즉 V 가 유한개의 사선의 합으로 정의된 집합이면 V 를 유한원추(有限圓錐,

finite cone)라고 하고 $\mathbf{a}_1, \mathbf{a}_2, \ldots, \mathbf{a}_p$ 을 V 의 생성자(生成者, generator)라고 한다.

식 (2.26)의 투입방향 CCR 승수모형에서 투입가중치벡터 $\mathbf{v}$ 의 제약조건 $\mathbf{v} \geq \mathbf{0}$ 를 만족하는 공간은 $\mathbb{R}^m$ 의 표준단위벡터

$$\mathbf{a}_1 = \begin{pmatrix} 1 \\ 0 \\ \vdots \\ 0 \end{pmatrix}, \ \mathbf{a}_2 = \begin{pmatrix} 0 \\ 1 \\ \vdots \\ 0 \end{pmatrix}, \ldots, \ \mathbf{a}_m = \begin{pmatrix} 0 \\ 0 \\ \vdots \\ 1 \end{pmatrix}$$

이 생성하는 유한원추와 같다. 따라서 식 (2.31)의 유한원추는 투입가중치벡터 $\mathbf{v}$ 의 제약조건 $\mathbf{v} \geq \mathbf{0}$ 를 만족하는 공간을 일반화시킨 것이라고 할 수 있다. 식 (2.26)의 투입방향 CCR 승수모형에서 산출가중치벡터 $\mathbf{u}$ 의 제약조건 $\mathbf{u} \geq \mathbf{0}$ 를 만족하는 공간을 일반화시킨 유한원추는

$$U = \left\{ \mathbf{u} \mid \mathbf{u} = \sum_{l=1}^{q} \beta_l \mathbf{b}_l, \ \beta_l \geq 0, \ l = 1, 2, \ldots, q \right\} \tag{2.32}$$

여기서 $\mathbf{b}_1, \mathbf{b}_2, \ldots, \mathbf{b}_q \in \mathbb{R}^s$

로 나타낼 수 있다.

예 ……………………………………………………………………………………

<그림 2.10> (a)는 $m = 2$ 일 때 투입방향 CCR 승수모형에서 투입가중치벡터 $\mathbf{v}$ 의 제약조건 $\mathbf{v} \geq \mathbf{0}$ 를 만족하는 공간을 나타낸 것이고, <그림 2.10> (b)는 $m = 2$ 일 때 벡터 $\mathbf{a}_1, \mathbf{a}_2 \in \mathbb{R}^2$ 이 생성하는 유한원추를 나타낸 것이다.

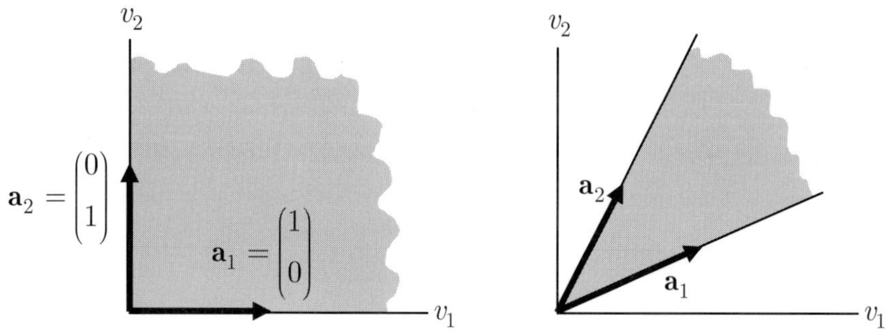

(a) (b)

<그림 2.10> 유한원추의 예

……………………………………………………………………………………◁

식 (2.31)와 식 (2.32)의 유한원추 V 와 U 는 각각 벡터와 행렬을 사용하여

$$V = \left\{\mathbf{v} \mid \mathbf{v} = \mathbf{A}^T \boldsymbol{\alpha}, \boldsymbol{\alpha} \geq \mathbf{0}\right\} \tag{2.33}$$

여기서 $\mathbf{A}$ 는 생성자 $\mathbf{a}_1, \mathbf{a}_2, \ldots, \mathbf{a}_p \in \mathbb{R}^m$ 을 행벡터로 갖는 행렬이고
$\boldsymbol{\alpha}$ 는 $\alpha_1, \alpha_2, \cdots, \alpha_p$ 를 요소로 갖는 벡터임. 즉

$$\mathbf{A} = \begin{pmatrix} \mathbf{a}_1 \\ \mathbf{a}_2 \\ \vdots \\ \mathbf{a}_p \end{pmatrix}, \quad \boldsymbol{\alpha} = \begin{pmatrix} \alpha_1 \\ \alpha_2 \\ \vdots \\ \alpha_p \end{pmatrix}$$

$$U = \left\{\mathbf{u} \mid \mathbf{u} = \mathbf{B}^T \boldsymbol{\beta}, \boldsymbol{\beta} \geq \mathbf{0}\right\} \tag{2.34}$$

여기서 $\mathbf{B}$ 는 생성자 $\mathbf{b}_1, \mathbf{b}_2, \ldots, \mathbf{b}_q \in \mathbb{R}^s$ 을 행벡터로 갖는 행렬이고
$\boldsymbol{\beta}$ 는 $\beta_1, \beta_2, \cdots, \beta_q$ 를 요소로 갖는 벡터임. 즉

$$\mathbf{B} = \begin{pmatrix} \mathbf{b}_1 \\ \mathbf{b}_2 \\ \vdots \\ \mathbf{b}_q \end{pmatrix}, \quad \boldsymbol{\beta} = \begin{pmatrix} \beta_1 \\ \beta_2 \\ \vdots \\ \beta_q \end{pmatrix}$$

로 나타낼 수 있다.

5. 원추비율 CCR 모형

Charnes et al.(1989)은 식 (2.26) 또는 식 (2.27)의 CCR모형에서 가중치에 대한 제약조건 $\mathbf{v} \geq \mathbf{0}$, $\mathbf{u} \geq \mathbf{0}$ 또는 $\mathbf{v} \geq \varepsilon \mathbf{1}$, $\mathbf{u} \geq \varepsilon \mathbf{1}$ 을 식 (2.33)과 식 (2.34)의 유한원추 $\mathbf{v} \in V$, $\mathbf{u} \in U$ 으로 일반화시킨 원추비율 CCR모형(圓錐比率 CCR 모형, cone-ratio CCR model)

원추비율 CCR 모형

Maximize $E_k = \mathbf{u}^T \mathbf{y}_k$

$$\begin{aligned}\text{Subject to}\quad & \mathbf{v}^T\mathbf{x}_k = 1 \\ & -\mathbf{v}^T\mathbf{X} + \mathbf{u}^T\mathbf{Y} \le \mathbf{0} \\ & \mathbf{v} \in V\,,\ \mathbf{u} \in U\end{aligned} \tag{2.35}$$

을 소개하였다. 식 (2.35)의 원추비율 CCR모형에 식 (2.33)과 식 (2.34)의 조건식 $\mathbf{v} = \mathbf{A}^T\boldsymbol{\alpha}$, $\boldsymbol{\alpha} \ge \mathbf{0}$ 와 $\mathbf{u} = \mathbf{B}^T\boldsymbol{\beta}$, $\boldsymbol{\beta} \ge \mathbf{0}$ 를 대입하면

$$\begin{aligned}\text{Maximize}\quad & E_k = \left(\mathbf{B}^T\boldsymbol{\beta}\right)^T \mathbf{y}_k \\ \text{Subject to}\quad & \left(\mathbf{A}^T\boldsymbol{\alpha}\right)^T \mathbf{x}_k = 1 \\ & -\left(\mathbf{A}^T\boldsymbol{\alpha}\right)^T \mathbf{X} + \left(\mathbf{B}^T\boldsymbol{\beta}\right)^T \mathbf{Y} \le \mathbf{0} \\ & \boldsymbol{\alpha} \ge \mathbf{0},\ \boldsymbol{\beta} \ge \mathbf{0}\end{aligned}$$

이고 전치(轉置, transpose)를 나타내는 T 를 정리하여 다시 나타내면

$$\begin{aligned}\text{Maximize}\quad & E_k = \boldsymbol{\beta}^T\mathbf{B}\mathbf{y}_k \\ \text{Subject to}\quad & \boldsymbol{\alpha}^T\mathbf{A}\mathbf{x}_k = 1 \\ & -\boldsymbol{\alpha}^T\mathbf{A}\mathbf{X} + \boldsymbol{\beta}^T\mathbf{B}\mathbf{Y} \le \mathbf{0} \\ & \boldsymbol{\alpha} \ge \mathbf{0},\ \boldsymbol{\beta} \ge \mathbf{0}\end{aligned} \tag{2.36}$$

이 된다. 여기서 $\boldsymbol{\alpha} = \mathbf{v}$, $\boldsymbol{\beta} = \mathbf{u}$, $\mathbf{AX} = \mathbf{X}$, $\mathbf{BY} = \mathbf{Y}$, $\mathbf{A}\mathbf{x}_k = \mathbf{x}_k$, $\mathbf{B}\mathbf{y}_k = \mathbf{y}_k$ 로 놓으면 식 (2.36)의 원추비율 CCR 모형은 식 (2.26)의 투입방향 CCR 승수모형과 일치한다. 이는 식 (2.33)과 식 (2.34)의 유한원추 V 와 U 를 생성하는 행렬 $\mathbf{A}$ 와 $\mathbf{B}$ 로 투입자료행렬 $\mathbf{X}$ 와 산출자료행렬 $\mathbf{Y}$ 를 $\mathbf{AX} = \mathbf{X}$ 와 $\mathbf{BY} = \mathbf{Y}$ 처럼 변환시키면 투입방향 CCR승수모형으로 원추비율 CCR 모형의 해를 계산할 수 있음을 의미한다. 식 (2.36)의 쌍대모형은

$$\begin{aligned}\text{Minimize}\quad & \theta \\ \text{Subject to}\quad & \theta\mathbf{A}\mathbf{x}_k - \mathbf{AX}\boldsymbol{\lambda} \ge \mathbf{0} \\ & \mathbf{BY}\boldsymbol{\lambda} \ge \mathbf{B}\mathbf{y}_k \\ & \boldsymbol{\lambda} \ge \mathbf{0}\end{aligned}$$

으로 나타낼 수 있다.

참고문헌

1. Banker, R. D., and R. C. Morey (1986), "The Use of Categorical Variables in Data Envelopment Analysis," *Management Science*, Vol. 32, No. 12, pp. 1613-1627.

2. Charnes, A., W. W. Cooper, Z. M. Huang, and D. B. Sun (1990), "Polyhedral Cone-Ratio DEA Models with an Illustrative Application to Large Commercial Banks," *Journal of Econometrics*, Vol. 46, No. 1/2, pp. 73-91.

3. Charnes, A., W. W. Cooper, and E. L. Rhodes (1978), "Measuring the Efficiency of Decision Making Units," *European Journal of Operational Research*, Vol. 2, No. 6, pp. 429-444.

4. Charnes, A., W. W. Cooper, Q. L. Wei, and Z. M. Huang (1989), "Cone Ratio Data Envelopment Analysis and Multi-objective Programming," *International Journal of Systems Science*, Vol. 20, No. 7, pp. 1099-1118.

5. Färe, R., S. Grosskopf, and E. C. Kokkelenberg (1989), "Measuring Plant Capacity, Utilization and Technical Change: A Nonparametric Approach," *International Economic Review*, Vol. 30, pp. 655-666.

6. Schrage, L. (2000), *Optimization Modeling with LINGO*, 5th edition, Lindo Systems.

7. Thompson, R. G., P. S. Dharmapala, L. J. Rothenberg, and R. M. Thrall (1996), "DEA/AR Efficiency and Profitability of 14 Major Oil

Companies in U.S. Exploration and Production," *Computers and Operations Research*, Vol. 23, No. 4, pp. 357-373.

8. Thompson, R. G., L. N. Langemeier, C.-T. Lee, E. Lee, and R. M. Thrall (1990), "The Role of Multiplier Bounds in Efficiency Analysis with Application to Kansas Farming," *Journal of Econometrics*, Vol. 46, No. 1/2, pp. 93-108.

9. Thompson, R. G., F. D. Singleton, Jr., R. M. Thrall, and B. A. Smith (1986), "Comparative Site Evaluation for Locating a High-Energy Physics Lab in Texas," *Interfaces*, Vol. 16, No. 6, pp. 35-49.

제3장 생산기술과 자료포락분석

CCR승수모형의 쌍대모형인 CCR포락모형은 Farrell이 정의한 기술효율성(技術效率性, technical efficiency)을 관찰된 자료로부터 계산할 수 있는 방법이라고 할 수 있다. 효율성을 측정하고자 하는 시도는 Koopmans(1951)와 Debreu(1951)의 영향을 받은 Farrell(1957)의 연구에서 시작되었다 Koopmans는 파레토최적성 개념을 기업의 생산활동에 도입하여 효율성의 개념을 정의하였다. Koopmans의 효율성 정의는 효율적 상태와 비효율적 상태를 구별할 수 있는 체계적인 방법을 제공하지만 효율성의 정도에 관한 정보는 제공하지 못한다. Farrell 은 효율성의 개념을 체계적으로 정의하고 이를 측정할 수 있는 방법을 제시하였다. CCR 포락모형은 Farrell이 정의한 기술효율성을 관찰된 자료로부터 계산할 수 있는 방법이라 할 수 있으며 Farrell 자신이 제시한 효율성 측정방법의 발전된 형태라 할 수 있다.

제1절 Farrell 효율성과 CCR 포락모형

1. Koopmans 의 효율성 정의

전통적인 생산이론에서 가장 핵심적인 개념은 생산함수(生産函數, production function)이다. 생산함수는 효율적 경영자 의 존재를 사전에 가정하고 있는 개념이라는 측면에서 지나치게 제약적이라는 인식은 이미 오래전부터 있어왔다 (Koopmans 1951, Takayama 1985). 효율적 경영자(效率的 經營者, efficient manager) 는 주어진 투입요소를 사용해서 생산할 수 있는 최대 산출량을 만들어

내는 경영자를 의미한다. Koopmans은 효율적 경영자의 존재를 가정한 생산함수를 대체하기 위한 수단으로 일련의 공리를 부여한 집합에서 투입·산출 관계를 나타내는 활동분석(活動分析, activity analysis)을 통해 이론적 개혁을 시도하였다. 이 집합을 생산가능집합(生産可能集合, production possibility set)[1]이라 하는데 이 집합에서는 생산함수에서 다룰 수 없었던 다수산출(多數産出, multiple outputs) 상황을 쉽게 다룰 수 있으며 또한 비효율적 경영자의 존재가 허용된다. 이러한 관점에서 Koopmans는 생산기술(生産技術, production technology)을 표현하는 기존의 방법을 크게 일반화하였다고 볼 수 있다.

생산가능집합(生産可能集合, production possibility set)은 생산가능성(生産可能性, production possibilities)들의 집합을 의미한다. 생산가능성은 기술적(물리적)으로 실행가능한 생산계획(生産計劃, production plan)[2]을 의미한다. 투입벡터(input vector)를 $\mathbf{x} = (x_1, x_2, \ldots, x_m) \in \mathbb{R}^m_+$, 산출벡터(output vector)를 $\mathbf{y} = (y_1, y_2, \ldots, y_s) \in \mathbb{R}^s_+$ 이라 하자. 투입 $\mathbf{x}$를 사용해서 산출 $\mathbf{y}$를 생산하는 것이 기술적으로 실행가능할 때 생산계획 $(\mathbf{x}, \mathbf{y})$는 하나의 생산가능성이 된다. 생산가능집합은 기술적으로 실행가능한 모든 생산계획 즉 모든 생산가능성들의 집합이며 다음과 같이 정의할 수 있다.

생산가능집합

$$T = \{(\mathbf{x}, \mathbf{y}) : \mathbf{x}\text{로 } \mathbf{y}\text{를 생산 가능함 }\} \tag{3.1}$$

생산가능집합은 효율적인 생산가능성과 비효율적인 생산가능성들을 모두 원소로 가지고 있으며 Koopmans는 효율적 생산가능성을 다음과 같이 정의하였다. 생산가능집합 T에 속해 있는 임의의 점 $(\mathbf{x}, \mathbf{y})$에 대해서 $\mathbf{x}' \leq \mathbf{x}$, $\mathbf{y}' \geq \mathbf{y}$을 만족하는 점 $(\mathbf{x}', \mathbf{y}')$이 T에 존재하지 않으면 $(\mathbf{x}, \mathbf{y})$을 효율적이라고 한다(Koopmans 1951, p. 60). 이러한 Koopmans의 효율성 정의를 만족하는 T의 효율적 부분집

---

[1] Koopmans(1951)는 선형계획법(linear programming)에 관한 최초의 학술대회에서 발표한 Analysis of Production as an Efficient Combination of Activities 라는 제목의 논문에서 이 집합을 상품공간(commodity space)으로 불렀다. 최근 생산이론 및 효율성 측정 관련 문헌에서 Koopmans의 상품공간은 생산가능집합 또는 생산집합(production set)으로 불리우고 있다.

[2] 생산계획은 문헌에 따라 투입·산출결합(input-output combinations) 또는 청사진(blueprint)라는 용어로 지칭되기도 한다.

합(效率的 部分集合, efficient subset)은 다음과 같이 나타낼 수 있다.

효율적 부분집합

$$\left\{(\mathbf{x},\mathbf{y}):(\mathbf{x},\mathbf{y})\in T,\left(\mathbf{x}',\mathbf{y}'\right)\notin T,\mathbf{x}'\leq\mathbf{x},\mathbf{y}'\geq\mathbf{y}\right\} \tag{3.2}$$

어떤 생산자가 Koopmans 의 효율성을 만족한다는 것은 이 생산자가 (1) 『산출 y_1, y_2, ⋯ , y_s 중 어떤 산출의 생산량을 증가시키고자 할 경우 다른 산출의 생산량을 줄이거나 또는 x_1, x_2, ⋯ , x_m 중 적어도 하나 이상의 투입요소의 사용량을 증가시켜야 하는 상황』 그리고 『투입 x_1, x_2, ⋯ , x_m 중 어떤 투입의 사용량을 감소시키고자 할 경우 다른 투입요소의 사용량을 증가시키거나 또는 y_1, y_2, ⋯ , y_s 중 적어도 하나 이상의 산출의 생산량을 감소시켜야 하는 상황』에 직면해 있음을 의미한다. Koopmans 효율성은 파레토 최적성 개념을 생산가능집합에서 재해석한 것으로 볼 수 있으며 이 때문에 Pareto-Koopmans 효율성 이라고 지칭 하기도 한다(Charnes, Cooper, Golany, Seiford and Stutz 1985).

2. Farrell 효율성

Farrell(1957)은 Koopmans(1951)과 Debreu(1951)의 영향을 받아 효율성을 실증적으로 측정하기 위한 연구를 시도하였다. Koopmans 는 생산기술을 생산가능집합으로 표현하고 생산가능집합의 효율적 부분집합을 정의하였다. Farrell 은 기업(=생산가능집합의 하나의 원소)의 효율성을 그 기업이 효율적 집합에서 떨어져 있는 거리로 측정할 수 있다는 생각을 하고 거리개념을 기초로 하는 효율성 측정 방법을 제시하였다. 이와 더불어 Farrell은 기업의 효율성이 물리적 요소와 경제적 요소에 의해 결정되는 것으로 생각하였다. 물리적 요소는 기업이 주어진 투입량에서 최대의 산출을 생산하는 능력을 나타내는 기술효율성(技術效率性, technical efficiency)이고 경제적 요소는 기업이 요소 가격의 관점에서 최적 투입결합을 결정하는 능력을 나타내는 가격효율성(價格效率性, price efficiency)이며 이 두 가지의 효율성이 결합하여 기업의 총체적 효율성인 총괄효율성(總括效率性, overall efficiency)을 결정한다는 것이다.

1) Farrell의 투입효율성

Farrell은 <그림 3.1>에 나타낸 등량도(等量圖, isoquant diagram)를 이용해서 기술효율성, 가격효율성 및 총괄효율성의 개념을 정의하였다. Farrell은 효율성 개념을 정의하면서 다음과 같은 두 가지 내용을 가정하였다. 첫째 생산가능집합은 불변규모수익(不變規模收益, constant return to scale)의 성격을 갖는다는 것이다. Farrell은 산출량을 일정한 값으로 고정시킨 상태에서 <그림 3.1>과 같은 투입공간(投入空間, input space)에서 효율성을 정의하였다. 따라서 자신이 정의한 효율성 개념을 모든 산출수준에 적용하기 위해서는 불변규모수익 가정이 필요했다. 둘째 미지의 실재(unknown true underlying) 생산가능집합의 효율적 집합이 주어져 있는 것으로 가정하였다.

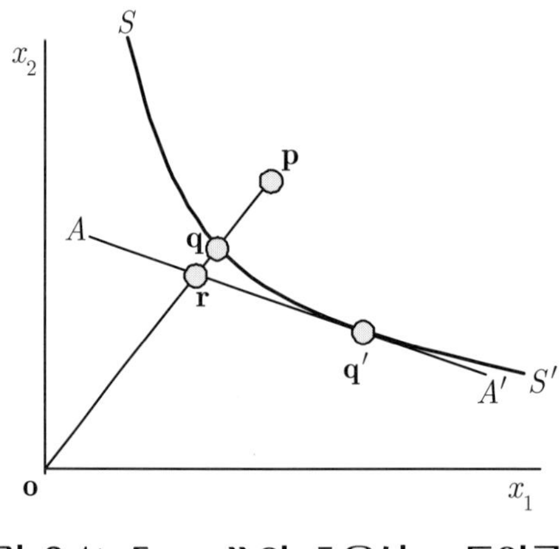

<그림 3.1> Farrell의 효율성 - 투입공간 -

<그림 3.1>은 산출량을 1단위로 고정시킨 투입공간이다. 점 **p**는 효율성을 측정하고자 하는 기업을 나타내며 이 점의 좌표는 이 기업이 1단위 산출을 생산하기 위해서 사용한 첫 번째 투입요소 x_1의 사용량과 두 번째 투입요소 x_2의 사용량이다. 다른 점들의 좌표도 같은 방식으로 해석하면 된다. <그림 3.1>에서 곡선 SS'의 우상향 부분은 산출수준이 1단위로 고정된 생산가능집합이며 곡선 SS'은 Koopmans의 효율성 조건을 만족하는 효율적 부분집합이다. 효율적 부분집합 SS'은 생산가능집합의 경계(boundary or frontier)를 형성하기 때문에 생산프론

티어(生産프론티어, production frontier) 또는 프론티어(frontier) 라고 한다.

원점 **o** 와 점 **p** 를 연결하는 직선에 놓여있는 기업들은 모두 투입요소 사용량의 비율이 **p** 와 동일하다. **q** 는 두 생산요소를 **p** 가 사용하는 양의 **oq** / **op** 수준만을 사용하면서 같은 양의 산출을 생산하고 있다. 따라서 비율 **oq** / **op** 을 기업 **p** 의 기술효율성으로 정의할 수 있다. 이 비율은 **p** 가 프론티어 SS' 에 접근할수록 1 에 가까워 지고 멀어질수록 0에 가까워지는 특성을 갖는다. 즉 $0 \leq \mathbf{oq}/\mathbf{op} \leq 1$ 을 만족한다.

<그림 3.1>에서 생산요소의 가격을 고려해 보자. 요소가격은 주어져 있는 것으로 가정하고 직선 AA' 의 기울기가 두 생산요소 가격의 비율을 나타내는 등비용선(等費用線, iso-cost line)이라 하자. 등비용선은 위쪽으로 이동할수록 비용이 높아진다. **q**′ 의 비용은 **q** 의 비용보다 저렴하다. 프론티어 SS' 에 속해 있는 모든 점들은 100%의 기술효율성을 가지고 있지만 등비용선 AA' 과 접해있는 **q**′ 의 비용이 가장 저렴하다. 따라서 경제적 관점에서 볼 때 **q**′ 이 최적의 투입결합이다. **q**′ 이 지불하는 비용은 **q** 이 지불하는 비용의 **or** / **oq** 배이다. 이 비율은 자연스럽게 **q** 의 가격효율성으로 정의될 수 있다. 효율성 측정대상인 **p** 가 자신의 기술효율성은 일정한 상태로 유지하면서 투입요소 사용량의 비율을 **q**′ 의 비율과 같도록 조정한다면 요소가격이 일정함을 전제로 했을 때 **p** 가 지불하는 비용은 현재 수준의 **or** / **oq** 배로 줄어들게 된다. 따라서 이 비율은 **p** 의 가격효율성으로도 정의될 수 있다.

p 가 기술적인 측면 및 경제적인 측면에서 모두 완전한 효율성을 갖기 위해서는 지출비용이 현재 지불하고 있는 비용의 **or** / **op** 배로 줄어들어야 한다. Farrell 은 이 비율을 **p** 의 총괄효율성으로 정의하고 총괄효율성, 기술효율성, 가격효율성 간에 다음과 같은 관계가 있음을 제시하였다.

$$\frac{\mathbf{or}}{\mathbf{op}} = \frac{\mathbf{oq}}{\mathbf{op}} \times \frac{\mathbf{or}}{\mathbf{oq}}$$

2) Farrell 의 산출효율성

<그림 3.1>는 투입공간에서 Farrell 이 정의한 효율성 개념을 나타내고 있으며

이 내용을 산출공간에 대칭적으로 적용하여 동일한 개념들을 정의할 수 있다.

<그림 3.2>는 투입량을 1 단위로 고정시킨 산출공간(産出空間, output space)이다. 이 그림에서 사용된 기호들은 수직축과 수평축에서 산출물을 나타내는 y_1, y_2 만을 제외하면 <그림 3.1>의 기호와 동일하다. <그림 3.2>에서 곡선 SS' 와 수직축 및 수평축으로 형성되는 부분은 투입수준이 1 단위로 고정된 생산가능집합이고 곡선 SS' 은 생산프론티어이다.

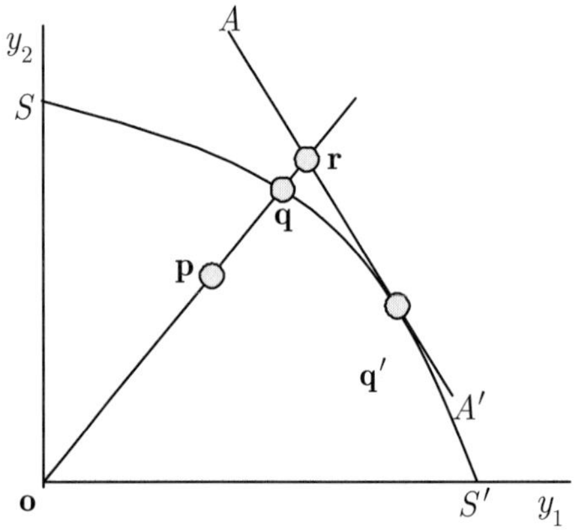

<그림 3.2> Farrell의 효율성 - 산출공간 -

원점 **o**에서 시작해 **p**를 통과하는 직선상에 놓여있는 기업들은 모두 산출량의 비율이 **p**와 동일하다. **q**는 **p**와 같은 투입량으로 **p**의 산출량의 **oq** / **op** 배를 생산하고 있다. 따라서 비율 **oq** / **op** 을 기업 **p**의 기술효율성으로 정의할 수 있다. 이 비율은 **p**가 프론티어 SS' 에 접근할수록 1 에 가까워 지고 멀어질수록 ∞에 가까워지는 특성을 갖는다. 즉 $1 \leq \mathbf{oq} / \mathbf{op} \leq \infty$ 을 만족한다.

<그림 3.2>에서 산출물의 가격을 고려해 보자. 산출물의 가격은 주어져 있는 것으로 가정하고 직선 AA' 의 기울기가 두 산출물의 가격의 비율을 나타내는 등수익선(等收益線, iso-revenue line)이라 하자. **q'** 의 수익은 **q**의 수익보다 높다. 따라서 **q'** 및 **q**를 포함한 프론티어 SS' 에 속해 있는 모든 점들이 100%의 기술효율성을 가지고 있지만 이들 중 경제적인 관점에서 볼 때 **q'** 이 최적의 산출결합이 된다. **q'** 의 수익은 **q**의 수익의 **or** / **oq** 배가 되며 이 비율은 자연스럽게 **q**의

가격효율성으로 정의될 수 있다. 효율성 측정 대상 **p** 가 자신의 기술효율성은 일정한 상태로 유지하면서 산출물 생산량의 비율을 **q′** 의 비율과 같도록 조정한다면 산출물의 가격이 일정함을 전제로 했을 때 **p** 의 수익은 현재 수준의 **or / oq** 배로 증가하게 된다. 따라서 이 비율은 **p** 의 가격효율성으로도 정의될 수 있다.

p 가 기술적인 측면 및 경제적인 측면에서 모두 완전한 효율성을 갖기 위해서는 총수익이 현재 수익의 **or / op** 배로 수준으로 높아져야 한다. 이 비율을 **p** 의 총괄효율성으로 정의할 수 있다. 총괄효율성, 기술효율성, 가격효율성간에 다음과 같은 관계가 성립한다.

$$\frac{\mathbf{or}}{\mathbf{op}} = \frac{\mathbf{oq}}{\mathbf{op}} \times \frac{\mathbf{or}}{\mathbf{oq}}$$

즉 『총괄효율성 = 기술효율성 × 가격효율성』의 관계가 성립된다.

Farrell은 기술효율성, 가격효율성, 총괄효율성 등을 구별하여 정의하였으나 그의 주된 관심은 기술효율성을 측정하는데 있었다. 실제로 그는 자신이 제안한 효율성 개념의 유용성을 증명하기 위해 미국의 농업생산자료를 이용한 실증분석을 실시하면서 기술효율성을 측정한 바 있다. 가격 및 총괄효율성의 측정은 기업의 경제적 목적(비용최소화, 수익최대화, 이윤최대화 등)을 사전에 가정해야 하며 또한 투입요소 및 산출물의 시장가격에 관한 정보를 필요로 한다. 기업의 총체적 효율성을 측정하기 위한 노력의 일환으로 기술효율성과 더불어 가격효율성을 함께 고려하기 위한 연구(Kopp and Diewert 1982, Byrnes and Valdmannis 1994)도 이루어지고 있으나 대부분은 기술효율성 측정에 초점을 두고 있다.

3. Farrell 효율성과 CCR 포락모형

여기서는 지금까지 설명한 Farrell효율성과 CCR포락모형의 관계에 대해서 설명한다. 결론부터 말하자면 CCR 포락모형은 Farrell 효율성을 표본자료로부터 계산하기 위한 선형계획법 모형이다.

Farrell 효율성은 생산가능집합의 효율적 부분집합 즉 생산프론티어를 알고 있음을 전제로 한다. 그러나 현실에서 생산프론티어를 알수 있는 경우는 거의 없으며 표본자료로부터 추정해야 한다. Farrell(1957)은 표본자료로부터 생산프론티어를 추정할 때 다음의 <그림 3.3>에 나타낸 것 처럼 투입공간의 경우 표본자료를 왼쪽에서 오른쪽 방향으로 그리고 아래쪽에서 위쪽 방향으로 감싸는 비모수적 부분선형볼록프론티어(部分線形볼록프론티어, piecewise linear convex frontier) 또는 부분선형프론티어(部分線形프론티어, piecewise linear frontier)를 사용하거나 또는 같은 방식으로 표본자료를 감싸도록 맞추어진 모수적 콥더글라스형 함수를 사용할 것을 제안한 바 있다. 산출공간의 경우에는 표본자료를 감싸는 방향이 투입공간의 경우와는 반대방향을 바뀐다.

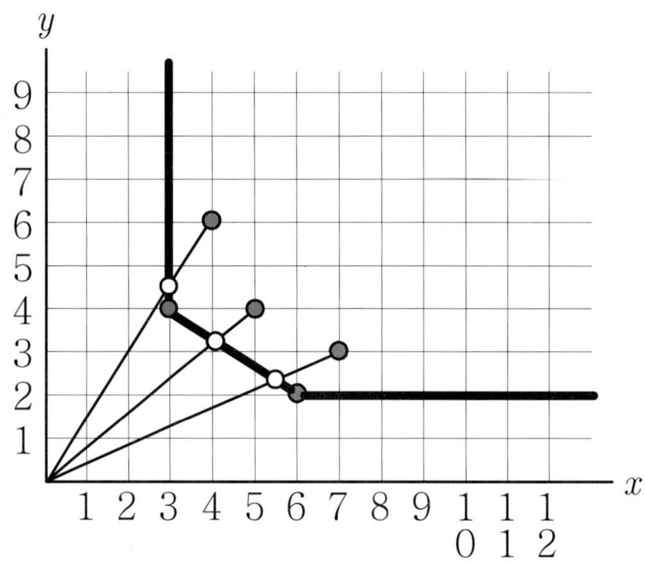

<그림 3.3> 부분선형프론티어

투입방향의 CCR포락모형(CCR 包絡模型, CCR envelopment model)은 표본자료를 왼쪽에서 오른쪽 방향으로 그리고 아래쪽에서 위쪽 방향으로 감싸는 부분선형프론티어를 구성하고 이렇게 구성한 프론티어와 비교하여 효율성을 계산하는 선형계획법 모형이라고 할 수 있다. 산출방향의 CCR포락모형도 자료를 감싸는 방향이 다르지만 표본자료로부터 프론티어를 구성하고 이를 기초로 효율성을 계산하는 선형계획법 모형이라는 의미를 부여 할 수 있다.

Charnes, Cooper, and Rhodes(1978)가 소개한 CCR 포락모형은 생산가능집합에 강처분성(강처분성, strong disposability), 볼록성(볼록性, convexity), 그리고 불변규모수익(constant return to scale)을 가정한 모형이다. CCR 포락모형 이외에 여러 가지 다른 DEA 모형들이 제시되고 활용되어 왔는데 이들 중 많은 수의 DEA 모형을 생산가능집합에 부여한 가정을 기준으로 분류해 볼 수 있다. 예를 들어 Banker, Charnes, and Cooper(1984)가 소개한 BCC모형은 생산가능집합에 강처분성과 볼록성 가정만을 부여한 모형이다. 다음 장에서는 생산가능집합에 부여한 가정들의 의미에 대해서 살펴보고 이들 가정을 기준으로 분류한 DEA 모형들에 대해서 살펴볼 것이다.

4. Farrell 효율성의 대수적 표현

<그림 3.1>의 투입공간과 <그림 3.2>의 산출공간에서 다소 직관에 의존하여 정의된 Farrell효율성은 일반적인 기호로 생산기술을 표현하여 다음과 같이 대수적으로 정의할 수 있다. 투입벡터를 $\mathbf{x} = (x_1, x_2, \dots, x_m) \in \mathbb{R}^m_+$ 를 산출벡터 $\mathbf{y} = (y_1, y_2, \dots, y_s) \in \mathbb{R}^s_+$ 로 변환시키는 생산기술(生産技術, production technology)은 아래와 같은 생산가능집합 T 로 나타낼 수 있다.

$$T = \{(\mathbf{x}, \mathbf{y}) : \mathbf{x} \text{ 로 } \mathbf{y} \text{ 를 생산 가능함}\}$$

다른 표현방법으로 투입대응(投入對應, input correspondence) $\mathbf{y} \rightarrow L(\mathbf{y}) \subseteq \mathbb{R}^m_+$ 또는 산출대응(産出對應, output correspondence) $\mathbf{x} \rightarrow P(\mathbf{x}) \subseteq \mathbb{R}^s_+$ 으로 생산기술을 나타낼 수 있다(Shephard 1970, Fare, Grosskopf, and Lovell 1985, 1994, Fare and Grosskopf 1994). 여기서 투입요구집합(投入要求集合, input requirement set) $L(\mathbf{y})$ 은 적어도 산출결합 $\mathbf{y}$ 이상($\geq$)을 생산하기 위해 필요한 모든 실행가능한 투입결합(投入結合, input combinations)들의 집합이다. 산출가능집합(産出可能集合, output possibilities Set) $P(\mathbf{x})$ 은 주어진 투입결합 $\mathbf{x}$ 이하($\leq$)로 투입물을 사용하여 생산가능한 모든 산출결합(産出結合, output combinations)의 집합이다. 투입대응과 산출대응은

$$\mathbf{y} \in P(\mathbf{x}) \Leftrightarrow \mathbf{x} \in L(\mathbf{y})$$

의 관계, 즉 『$\mathbf{x}$가 $\mathbf{y}$의 투입요구집합의 원소』일 때에만 『$\mathbf{y}$가 $\mathbf{x}$의 산출가능집합의 원소』가 되는 관계를 갖는다.

생산가능집합 T, 투입요구집합 $L(\mathbf{y})$, 산출가능집합 $P(\mathbf{x})$ 간의 관계를 m(투입요소의 수) = s(산출물의 수) = 1인 상황의 그림에서 다음과 같이 설명할 수 있다. <그림 3.4>에서 생산가능집합 T는 x축과 곡선으로 형성되는 영역이다.

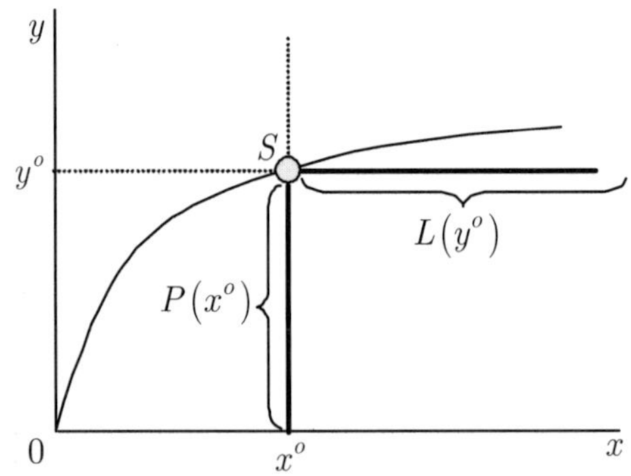

<그림 3.4> 생산기술의 대체적 표현방법

투입량이 x^o으로 주어지는 경우 여기에 대응되는 산출가능집합 $P(x^o)$은 y축상의 유계폐구간(有界閉區間, bounded and closed interval) $[0, y^o]$이 된다. y^o를 생산하기 위한 투입요구집합 $L(y^o)$은 x축 상의 반유계폐구간(半有界閉區間, half-bounded and closed interval) $[x^o, \infty]$이 된다. 이러한 관계를 기초로 생산가능집합을 다음과 같이 다른 형태로 표현할 수 있다.

$$T = \left\{(\mathbf{x}, \mathbf{y}) \in \mathbb{R}_+^{m+s} : \mathbf{y} \in P(\mathbf{x}), \mathbf{x} \in \mathbb{R}_+^m\right\}$$
$$= \left\{(\mathbf{x}, \mathbf{y}) \in \mathbb{R}_+^{m+s} : \mathbf{x} \in L(\mathbf{y}), \mathbf{y} \in \mathbb{R}_+^s\right\}$$

따라서 생산가능집합 T, 투입요구집합$L(\mathbf{y})$, 산출가능집합 $P(\mathbf{x})$은

$$\mathbf{y} \in P(\mathbf{x}) \Leftrightarrow \mathbf{x} \in L(\mathbf{y}) \Leftrightarrow (\mathbf{x}, \mathbf{y}) \in T$$

의 관계를 만족하며(대수적 증명은 Fare, Grosskopf, and Lovell 1994, pp. 25~32

참조), 동일한 생산기술을 표현하는 서로 다른 3 가지 방법이 된다.

<그림 3.1>과 <그림 3.2>에서 논의된 개념들은 <그림 3.4>에 쉽게 대응시킬 수 있다. <그림 3.4>에서 고정된 투입량 x^o 과 고정된 산출량 y^o 을 각각 투입 1 단위와 산출 1 단위라고 하자. <그림 3.1>에서 산출수준이 1 단위로 고정된 생산가능집합은 <그림 3.4>에서 $L\left(y^o\right)$ 에 대응되며 생산가능집합의 프론티어 SS' 은 점 S 에 대응된다. <그림 3.2>에서 투입수준이 1 단위로 고정된 생산가능집합은 <그림 3.4>에서 $P\left(x^o\right)$ 에 대응되며 생산가능집합의 프론티어 SS' 은 점 S 에 대응된다.

<그림 3.1>에서 정의된 Farrell 투입효율성 $\mathbf{oq}/\mathbf{op}$ 은 투입요구집합 $L(\mathbf{y})$ 에서 다음과 같이 나타낼 수 있다.

Farrell 투입효율성 - 투입요구집합 -

$$\text{Minimum } \{\theta : \theta\mathbf{x} \in L(\mathbf{y})\} \tag{3.3}$$

<그림 3.2>에서 정의된 Farrell 산출효율성 $\mathbf{oq}/\mathbf{op}$ 은 산출가능집합 $P(\mathbf{x})$ 에서 다음과 같이 나타낼 수 있다.

Farrell 산출효율성 - 산출가능집합 -

$$\text{Maximum } \{\phi : \phi\mathbf{y} \in P(\mathbf{x})\} \tag{3.4}$$

식 (3.3)의 Farrell 투입효율성은 생산가능집합 T 에서 다음과 같이 나타낼 수 있다.

Farrell 투입효율성 - 생산가능집합 -

$$\text{Minimum } \{\theta : (\theta\mathbf{x}, \mathbf{y}) \in T\} \tag{3.5}$$

식 (3.4)의 Farrell 산출효율성은 생산가능집합 T 에서 다음과 같이 나타낼 수 있다.

Farrell 산출효율성 - 생산가능집합 -

$$\text{Maximum } \{\phi : (\mathbf{x}, \phi\mathbf{y}) \in T\} \tag{3.6}$$

Farrell 은 생산가능집합의 프론티어의 형태를 알고 있으며 생산가능집합은 불변규모수익의 성격을 갖고 있음을 가정하고 <그림 3.1>의 등량도에서 효율성의 개념 **oq / op** 을 정의하였다. 식 (3.3), 식 (3.4), 식 (3.5), 식 (3.6)은 일반화된 생산기술 $L(\mathbf{y})$, $P(\mathbf{x})$, T 에서 정의된 Farrell 의 효율성이다.

제2절 생산가능집합에 부여되는 가정

DEA모형은 Charnes, Cooper, Seiford, and Stutz(1982), Färe and Grosskopf(1983), Banker, Charnes, and Cooper(1984), Byrnes, Färe, and Grosskopf(1984), Deprintz, Simar, and Tulkens(1984), Charnes, Cooper, Golany, Seiford, and Stutz(1985), Färe, Grosskopf, and Lovell(1985), Grosskopf(1986) 등에 의해 이론이 정교화되고 그 과정에서 다양한 변형 모형들이 제시되었다.

다양한 DEA모형들이 등장함에 따라 각 모형의 특성을 비교하고(Seiford and Thrall 1990, Ali and Seiford 1993, Charnes Cooper, Lewin and Seiford 1994, Ali, Lerme, and Seiford 1995) 일반화하는 노력(Färe, Grosskopf, and Njinkeu 1988, Yu, Wei, Brockett, and Zhou 1996, Wei and Yu 1997)이 이루어졌으며, 이는 효율성을 측정하기 위한 하나의 분석틀로서 DEA 모형을 체계화하는 노력이라 할 수 있다. 최근 응용연구에서 활용되는 DEA 모형의 약칭과 해당 모형이 발표된 논문은 [표 3.1]에 나타낸 것과 같다. [표 3.1]에서 제시한 DEA모형의 약칭은 FDH 모형을 제외하면 해당 모형이 발표된 논문의 저자들의 이름의 첫글짜를 모아서 만든 것이다.

[표 3.1] DEA 모형의 약칭과 해당 모형이 발표된 논문

논문	DEA 모형의 약칭
Charnes, Cooper, and Rhodes(1978)	CCR 모형
Fare and Grosskopf(1983)	FG 모형
Banker, Charnes, and Cooper(1984)	BCC 모형
Byrnes, Fare, and Grosskopf(1984)	BFG1 모형
Byrnes, Fare, and Grosskopf(1984)	BFG2 모형
Deprint, Simar, and Tulkens(1984)	FDH 모형

DEA모형에서 생산가능집합에 부여하는 가정은 Koopmans(1951), Shephard (1970) 등이 생산이론을 발전시키는 과정에서 신고전파 이론과의 일관성을 유지하기 위한 목적 그리고 논리적 또는 논의전개의 편의성을 목적으로 도입된 것들이다. 여기서는 기술적으로 도입된 일부 가정[3]은 생략하고 생산가능집합의 형태에 영향을 주는 처분성(處分性, disposability), 볼록성(볼록性, convexity), 규모수익(規模收益, return to scale)에 관한 가정에 대해서 논의한다. CCR 모형을 중심으로 각 가정이 의미하는 바를 검토하고 다른 DEA모형에서 사용되는 가정들을 이와 비교하는 방식으로 설명할 것이다.

CCR 모형[4]은 생산가능집합에 강처분성, 생산가능집합의 볼록성, 불변규모수익 등의 가정을 부여한다.

투입강처분성(投入强處分性, Strong Disposability of Inputs: SDI)

$$\mathbf{x} \in L(\mathbf{y}),\ \mathbf{x}' \geq \mathbf{x} \ \Rightarrow\ \mathbf{x}' \in L(\mathbf{y}) \tag{3.7}$$

---

3 예를 들어 Shephard(1970)는 극치(極値, extreme value)의 존재를 보장하기 위한 목적으로 투입요구집합(또는 산출가능집합)이 폐집합(閉集合, closed set)이며 유계집합(有界集合, bounded set) 즉 compact 집합임을 가정하였다. 여기서는 이러한 가정을 묵시적 가정(implicit assumption)으로 간주하고 이에 대한 논의는 생략한다.

4 Charnes, Cooper, and Rhodes(1978)는 DEA모형을 제시하면서 생산가능집합에 명시적으로 가정을 부여하지는 않았다. 그러나 Färe and Grosskopf(1983)는 이들의 모형이 강처분성, 볼록성, 불변규모수익 가정을 부여한 생산가능집합을 묵시적으로 전제하고 있다는 점을 지적한 바 있으며 Banker, Charnes, and Cooper(1984)는 Charnes, Cooper, and Rhodes(1978)에서 제시한 모형을 명시적 가정에서 유도하는 과정을 밝히고 있다.

산출강처분성(產出强處分性, Strong Disposability of Outputs: SDO)

$$\mathbf{y} \in P(\mathbf{x}),\ \mathbf{y}' \le \mathbf{y} \ \Rightarrow \ \mathbf{y}' \in P(\mathbf{x}) \tag{3.8}$$

생산가능집합 T 의 볼록성

$$\begin{aligned}&(\mathbf{x},\mathbf{y}) \in T,\ (\mathbf{x}',\mathbf{y}') \in T \\ &\quad \Rightarrow \ \lambda(\mathbf{x},\mathbf{y}) + (1-\lambda)(\mathbf{x}',\mathbf{y}') \in T,\ 0 \le \lambda \le 1\end{aligned} \tag{3.9}$$

불변규모수익(不變規模收益, Constant Return to Scale: CRS)

$$(\mathbf{x},\mathbf{y}) \in T \ \Rightarrow \ (\eta\mathbf{x},\eta\mathbf{y}) \in T,\ \eta \ge 0 \tag{3.10}$$

1. 처분성

CCR모형에서 가정한 강처분성[5]을 나타낸 식 (3.7)과 식 (3.8)은 과잉투입(過剩投入, surplus inputs) 또는 바람직하지 않은 산출(undesirable outputs)을 자유롭게[6] 처분할 수 있음을 의미한다. FDH 모형, BCC 모형, BFG1 모형도 강처분성을 가정하고 있다. 투입강처분성을 나타내는 식 (3.7)은 어떤 생산계획 $(\mathbf{x},\mathbf{y})$ 이 실행가능할 경우 $\mathbf{x}' \ge \mathbf{x}$ 을 만족하는 모든 생산계획 $(\mathbf{x}',\mathbf{y})$ 도 실행가능함을 의미한다.

---

[5] 기존 문헌에서는 강처분성을 자유처분성(自由處分性, free disposability)(Koopmans 1951; Deprint, Simar, and Tulkens 1984; Varian 1992), 단조성(單調性, monotonicity)(Varian 1992), 비효율성공준(非效率性公準, inefficiency postulate)(Banker, Charnes, and Cooper 1984) 등과 같은 다양한 명칭으로 부른다. Banker, Charnes, and Cooper(1984)는 강처분성이 과잉투입 $(\mathbf{x}'-\mathbf{x})$ 및 부족산출 $(\mathbf{y}-\mathbf{y}')$ 형태의 비효율성이 항상 가능함을 의미하는 가정이라는 점을 강조하기 위해 강처분성을 비효율성공준으로 부르고 있다.

[6] 과잉투입을 처분하는데 따른 추가비용을 지불하지 않는다는 의미에서의 자유로움을 뜻한다. 산출의 경우에도 주어진 투입수준에서 가능한 최대산출을 생산하지 않고 그 보다 작은 수준에서 생산함으로 인한 비용이 없음을 의미한다.

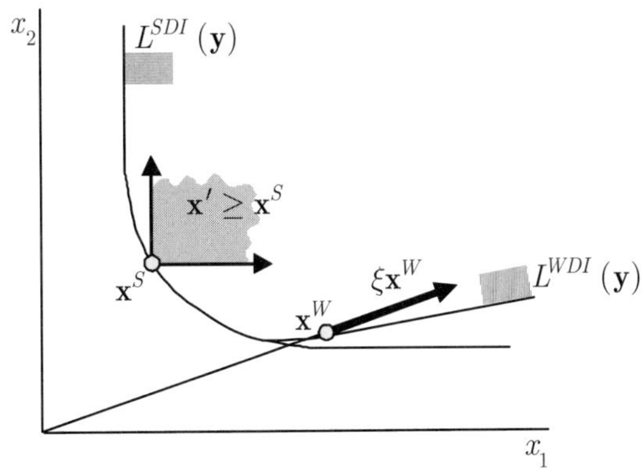

(a) 투입요구집합

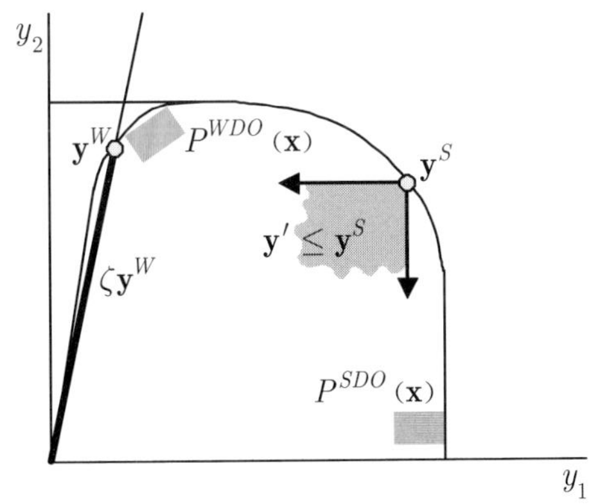

(b) 산출가능집합

<그림 3.5> 강처분성(SD)과 약처분성(WD)

<그림 3.5>의 (a)에서 실행가능한 생산계획이 $\left(\mathbf{x}^S, \mathbf{y}\right)$일 때 $\mathbf{x}' \geq \mathbf{x}^S$ 을 만족하는 생산계획은 점 $\mathbf{x}^S$ 에서 위로 수직인 화살표와 오른쪽으로 수평인 화살표로 형성되는 부분이 된다. 따라서 투입강처분성이 가정된 투입요구집합 $L^{SDI}(\mathbf{y})$ 의 프론티어는 접선의 기울기가 항상 음수가 되는 등량선이 되며 투입요구집합 $L^{SDI}(\mathbf{y})$ 는 <그림 3.5>의 (a)에서 영역으로 나타낼 수 있다.

산출강처분성은 생산계획$(\mathbf{x}, \mathbf{y})$ 이 실행가능할 경우 $\mathbf{y}' \leq \mathbf{y}$ 을 만족하는 모든 생산계획 $\left(\mathbf{x}, \mathbf{y}'\right)$ 도 실행가능함을 의미하며 <그림 3.5>의 (b)에서 실행가능한 생산계획이 $\left(\mathbf{x}, \mathbf{y}^S\right)$ 일 때 $\mathbf{y}' \leq \mathbf{y}^S$ 을 만족하는 생산계획은 점 $\mathbf{y}^S$ 에서 아래로 수직

인 화살표와 왼쪽으로 수평인 화살표에 의해 형성되는 부분이 된다. 따라서 산출강처분성이 가정된 산출가능집합 $P^{SDO}(\mathbf{x})$ 의 프론티어는 접선의 기울기가 항상 음수인 등량선이 되며 산출가능집합 $P^{SDO}(\mathbf{x})$ 은 <그림 3.5>의 (b)에서 영역으로 나타낼 수 있다.

Färe and Grosskopf(1983)는 강처분성에서 배제되는 기술[7]이 존재함을 제시하고 강처분성을 대체할 수 있는 가정으로 다음과 같은 약처분성(弱處分性, weak disposability) 가정을 제시하였다.

투입약처분성(投入弱處分性, Weak Disposability of Inputs: WDI)

$$\mathbf{x} \in L(\mathbf{y}) \ \Rightarrow \ \xi\mathbf{x} \in L(\mathbf{y}), \ \xi \geq 1 \tag{3.11}$$

산출약처분성(産出弱處分性, Weak Disposability of Outputs: WDO)

$$\mathbf{y} \in P(\mathbf{x}) \ \Rightarrow \ \zeta\mathbf{y} \in P(\mathbf{x}), \ 0 \leq \zeta \leq 1 \tag{3.12}$$

투입약처분성을 나타내는 식 (3.11)은 생산계획 $(\mathbf{x}, \mathbf{y})$ 이 실행가능할 경우 투입벡터 $\mathbf{x}$ 를 비례확장(比例擴張, radial extension)한 모든 생산계획 $(\xi\mathbf{x}, \mathbf{y})$, $\xi \geq 1$ 이 실행가능함을 의미한다. 투입약처분성 식 (3.11)은 <그림 3.5>의 (a)에서 $(\mathbf{x}^W, \mathbf{y})$ 이 실행가능하면 원점과 점 $\mathbf{x}^W$ 을 통과하는 직선에서 굵은 화살표 위의 점들이 실행가능함을 의미한다. 따라서 투입약처분성이 가정된 투입요구집합 $L^{WDI}(\mathbf{y})$ 의 프론티어는 접선의 기울기가 양수인 부분을 갖는 등량선이 되며 투입요구집합 $L^{WDI}(\mathbf{y})$ 는 <그림 3.5>의 (a)에서 부분으로 나타낼 수 있다.

산출약처분성 식 (3.12)는 생산계획 $(\mathbf{x}, \mathbf{y})$ 이 실행가능할 경우 산출벡터 $\mathbf{y}$ 를 비례축소(比例縮小, radial contraction)시킨 모든 생산계획 $(\mathbf{x}, \zeta\mathbf{y})$, $0 \leq \zeta \leq 1$ 이 실행가능함을 의미한다. 산출약처분성 식 (3.12)는 <그림 3.5>의 (b)에서 $(\mathbf{x}, \mathbf{y}^W)$ 이 실행가능하면 원점과 점 $\mathbf{y}^W$ 을 연결하는 굵은 선분위의 점들이 실행가능함을 의미한다. 따라서 산출약처분성이 가정된 산출가능집합 $P^{WDO}(\mathbf{x})$ 의 프론

[7] Färe and Grosskopf(1983)는 강처분성이 배제하는 기술의 예로 화력발전소의 사례를 들고 있다. 화력발전소는 전력과 공해물질을 동시에 생산하며 이 때 생산되는 공해물질은 강처분성 가정 하에서는 임의로 처분이 가능하지만 실제로는 비용을 들이지 않는 임의처분이 어렵다.

티어는 접선의 기울기가 양수인 부분을 갖는 등량선이 되며 산출가능집합 $P^{WDO}(\mathbf{x})$ 은 <그림 3.5>의 (b)에서 부분으로 나타낼 수 있다.

BFG2 모형과 FG 모형은 약처분성을 가정하고 있다. <그림 3.5>에서 알 수 있듯이 강처분성(SD)과 약처분성(WD)은 『WD ⇒ SD 이지만, SD not⇒ WD』의 관계를 갖는다.

2. 볼록성

CCR 모형은 생산가능집합 T 를 볼록집합(볼록集合, convex set)으로 가정하고 있으며 FDH 모형을 제외한 다른 DEA 모형들 즉 BCC 모형, BFG1 모형, BFG2 모형, FG 모형 등도 생산가능집합 T 의 볼록성을 가정하고 있다. 일반적으로 전통적 생산이론에서는 분석의 편의를 위해(McFadden 1978, pp. 8~9), 또는 『투입요구집합 $L(\mathbf{y})$ 과 비용함수간의 쌍대성(Duality) 및 산출가능집합 $P(\mathbf{x})$ 과 수익함수간의 쌍대성』을 보장하기 위해(Shephard 1970, p. 180; Hasenkamp 1976), 투입요구집합 $L(\mathbf{y})$ 과 산출가능집합 $P(\mathbf{x})$ 에 각각 볼록성을 가정하거나 또는 생산가능집합 T 의 볼록성을 가정한다. 생산가능집합 T 가 볼록집합이면 당연히 투입요구집합 $L(\mathbf{y})$ 과 산출가능집합 $P(\mathbf{x})$ 은 볼록집합이 된다(대수적 증명은 Varian 1992 p. 9 참조). 그러나 투입요구집합 $L(\mathbf{y})$ 과 산출가능집합 $P(\mathbf{x})$ 이 볼록집합이라고 해서 반드시 생산가능집합 T 가 볼록집합이 되지는 않는다.

생산가능집합 T 의 볼록성은 생산기술의 규모수익과 밀접한 관련성을 갖는다(Varian 1992 pp. 14~17). 볼록성을 가정한 생산가능집합 T 는 체증규모수익(遞增規模收益, increasing return to scale)을 나타낼 수 없다. 따라서 생산가능집합 T 의 볼록성을 가정하고 있는 대부분의 DEA 모형들은 생산가능집합의 체증규모수익을 반영하지 못한다. Petersen(1990)과 Bogetoft(1996)는 체증규모수익의 성격을 갖는 기술을 나타낼 수 있도록 생산가능집합 T 의 볼록성을 완화하는 문제에 대해서 논의한 바 있다. Petersen(1990)은 아래와 같이 『생산가능집합 T 의 볼록성』을 『투입요구집합 $L(\mathbf{y})$ 의 볼록성 및 산출가능집합 $P(\mathbf{x})$ 의 볼록성』으로 대체하는 방안을 제시하고 이렇게 대체한 가정 하에서 효율성을 계산하기 위한 DEA 모형을 제시한 바 있다.

투입요구집합의 볼록성

$$\mathbf{x} \in L(\mathbf{y}), \mathbf{x}' \in L(\mathbf{y}) \Rightarrow \lambda\mathbf{x} + (1-\lambda)\mathbf{x}' \in L(\mathbf{y}), \lambda \in [0,1] \quad (3.13)$$

산출가능집합의 볼록성

$$\mathbf{y} \in P(\mathbf{x}), \mathbf{y}' \in P(\mathbf{x}) \Rightarrow \lambda\mathbf{y} + (1-\lambda)\mathbf{y}' \in P(\mathbf{x}), \lambda \in [0,1] \quad (3.14)$$

Bogetoft(1996)는 볼록성을 완화시킴으로서 체증규모수익의 성격을 갖는 기술을 다룰 수 있으며 이는 분명 가치있고 발전시켜야할 방향이지만 Petersen(1990)이 유도한 DEA 모형은 오류를 범하고 있으며 완화된 볼록성이 가정된 DEA 모형을 유도하기란 매우 어렵다는 점을 지적한 바 있다. Banker and Maindiratta (1986)도 체증규모수익을 갖는 기술을 다루기 위한 DEA 모형을 제시한 바 있는데 이들의 모형은 투입요구집합 $L(\mathbf{y})$과 산출가능집합 $P(\mathbf{x})$ 모두 볼록성을 갖지 않음을 전제로 하고 있다.

3. 규모수익

CCR 모형은 생산가능집합이 불변규모수익의 성격을 갖는 것으로 가정하고 있다. 그런데 불변규모수익가정 식 (3.10)은 전통적 생산이론에서 일반적으로 사용되는 규모수익의 표현방법과 다른 형태로 제시되어 있다.

생산기술의 규모수익(規模收益, return to scale)은 모든 투입요소를 비례적으로 (즉 투입요소 사용량의 비율을 일정하게 유지시키면서) 증가시킬 때 나타나는 산출의 반응을 의미한다(Henderson and Quandt 1980 p. 150). 전통적 생산이론에서는 편리한 방법으로 생산기술의 규모수익특성을 정의하기 위해 생산함수 $f(\mathbf{x})$를

$$f(\eta\mathbf{x}) = \eta^{r} f(\mathbf{x})$$

의 관계를 만족하는 동차함수(同次函數, homogeneous function)로 가정하고 (i) $r > 1$이면 체증규모수익(遞增規模收益, increasing return to scale), (ii) $r = 1$이면 불변규모수익(不變規模收益, constant return to scale), (iii) $r < 1$이면 체

감규모수익(遞減規模收益, decreasing return to scale)으로 정의한다. <그림 3.6>의 (a), (b), (c)는 각각 규모수익이 체증, 불변, 체감일 경우의 전형적인 생산함수의 형태를 나타내고 있다. (a)에서 생산함수는 $\eta=2$ 에서 $f(\eta x)>\eta f(x)$ 의 관계를 나타내고 있으며 이러한 관계는 η 가 어떤 값을 갖더라도 유지된다. 따라서 r 이 1 보다 크게 되며 체증규모수익이다.

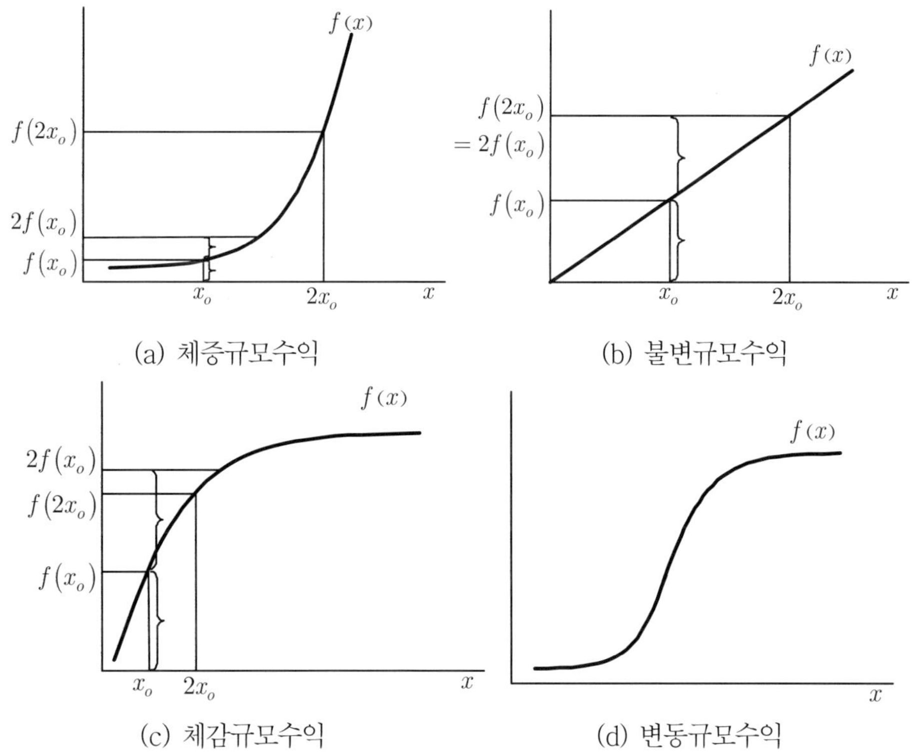

(a) 체증규모수익 (b) 불변규모수익

(c) 체감규모수익 (d) 변동규모수익

<그림 3.6> 전통적 생산이론에서의 규모수익

<그림 3.6>의 (b)에서 생산함수는 $\eta=2$ 에서 $f(\eta x)=\eta f(x)$ 의 관계를 나타내고 있으며 이러한 관계는 η 가 어떤 값을 갖더라도 유지된다. 따라서 $r=1$ 이 되며 불변규모수익이다. (c)에서 생산함수는 $\eta=2$ 에서 $f(\eta x)<\eta f(x)$ 의 관계를 나타내고 있으며 이러한 관계는 η 가 어떤 값을 갖더라도 유지된다. 따라서 $r<1$ 이 되며 체감규모수익이다. 어떤 경제학자들은 투입규모가 작을 때는 체증규

모수익을 나타내고 투입규모가 커짐에 따라 불변규모수익의 단계를 거쳐 결국에는 체감규모수익을 나타내는 변동규모수익(變動規模收益, variable return to scale) 특성을 갖는 S 자형 생산함수를 가정하기도 한다. (d)는 S 자형 생산함수를 나타내고 있다. 전통적 생산이론의 규모수익정의는 생산기술을 모수적 함수로 표현함을 전제로 하고 있으며 따라서 다수투입·단일산출상황에 국한된다.

DEA모형은 생산기술을 나타내는 수단으로 모수적 함수를 사용하지 않는다. 따라서 생산기술의 규모수익특성을 나타내기 위한 비모수적 방법이 필요하며 비례축소(比例縮小, radial contration) 및 비례확장(比例擴張, radial extension)의 개념을 이용하면 동차생산함수에 의존하지 않고 생산가능집합에서 규모수익을 정의할 수 있다. 이 때 동차생산함수로 정의되는 체증규모수익과 체감규모수익은 비례축소 · 확장의 특성으로 인해 각각 비체감규모수익 및 비체증규모수익으로 정의된다. 생산가능집합에서 비체감규모수익, 불변규모수익, 비체증규모수익, 변동규모수익은 각각 다음과 같이 정의된다.

비체감규모수익(非遞減規模收益, **Non-Decreasing Return to Scale: NDRS)**

$$(\mathbf{x},\mathbf{y}) \in T \;\Rightarrow\; (\eta\mathbf{x},\eta\mathbf{y}) \in T, \eta \geq 1 \tag{3.15}$$

불변규모수익(不變規模收益, **Constant Return to Scale: CRS)**

$$(\mathbf{x},\mathbf{y}) \in T \;\Rightarrow\; (\eta\mathbf{x},\eta\mathbf{y}) \in T, \eta \geq 0 \tag{3.16}$$

비체증규모수익(非遞增規模收益, **Non-Increasing Return to Scale: NIRS)**

$$(\mathbf{x},\mathbf{y}) \in T \;\Rightarrow\; (\eta\mathbf{x},\eta\mathbf{y}) \in T, 0 \leq \eta \leq 1 \tag{3.17}$$

변동규모수익(變動規模收益, **Variable Return to Scale: VRS)**

$$(\mathbf{x},\mathbf{y}) \in T \;\Rightarrow\; (\eta\mathbf{x},\eta\mathbf{y}) \in T, \eta = 1 \tag{3.18}$$

<그림 3.7>는 위에서 정의된 각 규모수익을 갖는 생산가능집합의 전형적인 형태를 나타낸 것이다. 이 그림에서 굵은 직선이나 곡선부분과 ▭ 영역은 생산가능집합을 나타낸다.

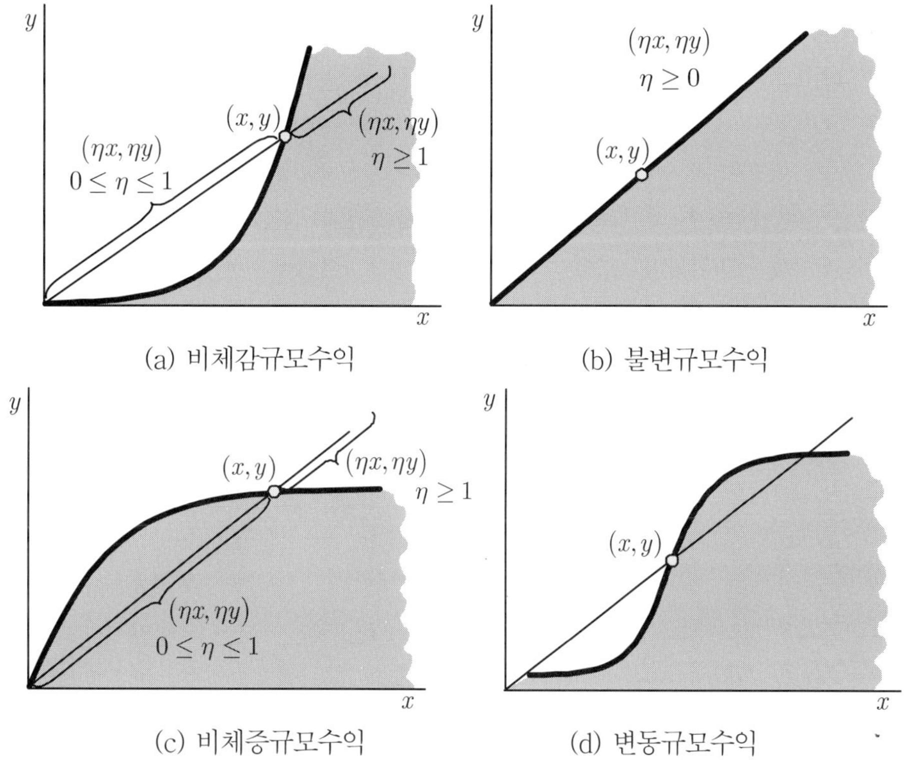

<그림 3.7> 생산가능집합의 규모수익

<그림 3.7>의 (a)에 나타낸 생산가능집합은 이 집합에 포함되어 있는 어떤 생산계획 (x,y) 을 비례확장한 $(\eta x, \eta y)$, $\eta \geq 1$ 이 이 집합에 포함되며 따라서 비체감규모수익(NDRS)의 정의 식 (3.15)를 만족한다. (b), (c), (d)의 생산가능집합은 각각 불변규모수익, 비체증규모수익, 변동규모수익의 정의 식 (3.16), 식 (3.17), 식 (3.18)을 만족한다.

앞에서 볼록성이 가정된 생산가능집합 T 는 비체감규모수익(=체증규모수익)을 나타낼 수 없음을 밝힌바 있는데 이러한 사실은 <그림 3.7>의 (a)에서 확인할 수 있다. 비체감규모수익 정의를 만족하는 <그림 3.7>의 (a)의 생산가능집합은 볼록집합이 아니며 따라서 생산가능집합 T 의 볼록성을 만족하지 않는다. <그림 3.7>의 (d)에서 나타내고 있는 변동규모수익이 가정된 생산가능집합 역시 T 의 볼록성

과 모순된다. 결국 생산가능집합 T 의 볼록성과 모순되지 않는 것은 불변규모수익과 비체증규모수익 가정 뿐이다.

FDH 모형을 제외한 다른 DEA 모형들은 모두 생산가능집합 T 의 볼록성을 가정하고 있다. 따라서 이들 DEA 모형들은 불변규모수익 또는 비체증규모수익 중에서 하나를 가정할 수 밖에 없다. CCR 모형과 FG 모형은 불변규모수익을 가정하고 있으며 BFG1 모형은 비체증규모수익을 가정하고 있다. BCC모형, BFG2모형의 생산가능집합에는 특정한 규모수익가정이 부여되지 않는데 생산가능집합 T 의 볼록성으로 인해 비체증규모수익과 유사한 형태의 규모수익특성을 갖게 된다. 대부분의 DEA 문헌에서 BCC모형, BFG2모형의 생산가능집합은 변동규모수익을 갖는 것으로 표현되고 있는데 이는 위에서 정의된 것과는 구별되는 국지적 변동규모수익을 지칭하는 것이다(Lovell 1993, p.30).

지금까지 논의한 규모수익은 투입의 전 범위에서 생산프론티어가 갖는 특성을 정의한 전역적 규모수익 개념이다. 한편 Banker(1984)는 최적 생산규모의 추정방법을 제시하면서 생산프론티어의 한 점에서 규모수익을 정의하는 국지적 규모수익 개념을 사용하였다. 생산프론티어의 한 점에서 국지적 규모수익은 한계생산(限界生産, marginal product)과 평균생산(平均生産, average product)의 관계 즉 탄력성 개념으로 정의된다. 국지적규모수익(局地的規模收益, local returns to scale)은 한계생산이 평균생산보다 크면 체증규모수익, 한계생산과 평균생산이 같으면 불변규모수익, 한계생산이 평균생산보다 작으면 체감규모수익으로 정의된다(Varian 1992, p. 17).

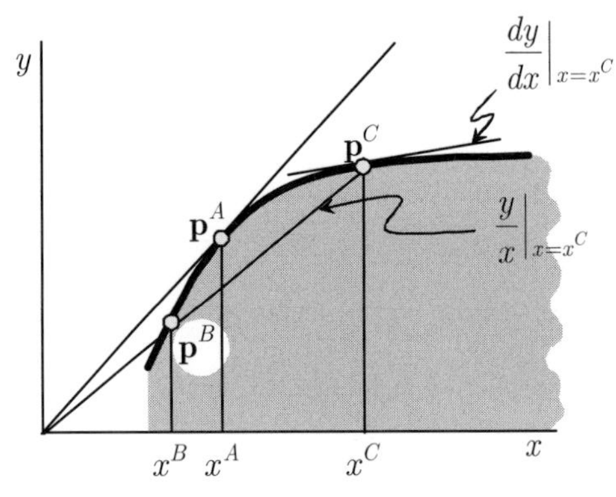

<그림 3.8> 생산가능집합의 국지적 규모수익

<그림 3.8>의 점 $\mathbf{p}^A$ 에서는 $dy / dx |_{x=x^A}$ (한계생산)과 $y / x |_{x=x^A}$ (평균생산)이 같게되며 따라서 이 점은 국지적 불변규모수익의 성격을 갖는 점이다. $\mathbf{p}^B$ 에서는 $dy / dx |_{x=x^A}$ (한계생산)이 $y / x |_{x=x^A}$ (평균생산)보다 큰 값을 갖게 되며 따라서 이 점은 국지적 체증규모수익의 성격을 갖는다. 점 $\mathbf{p}^C$ 에서는 $dy / dx |_{x=x^A}$ (한계생산)이 $y / x |_{x=x^A}$ (평균생산)보다 작은 값을 갖게되며 따라서 이 점은 국지적 체감규모수익의 성격을 갖는다.

지금까지 CCR모형을 중심으로 각 가정이 의미하는 내용을 살펴보면서 다른 DEA모형들과 비교하였다. 생산가능집합에 부여되는 가정으로 각 DEA모형을 구별해 보면 다음의 [표 3.2]와 같이 나타낼 수 있다.

[표 3.2] DEA 모형에서 생산가능집합에 부여되는 가정

가정 \ DEA 모형	생산가능집합에 부여되는 가정						국지적 규모수익
	처분성		볼록성		규모수익		
	강 처분성	약 처분성	생산 가능 집합의 볼록성	완화된 볼록성	불변 규모 수익	비체증 규모 수익	
CCR 모형	O		O		O		불변
FG 모형		O	O		O		불변
BCC 모형	O		O				체증·불변·체감(변동)
BFG1 모형	O		O			O	불변·체감
BFG2 모형		O	O				체증·불변·체감(변동)
FDH 모형	O						

FDH 모형은 생산가능집합에 강처분성만을 가정하고 있다. BFG2 모형과 BCC 모형은 모두 생산가능집합에 처분성과 볼록성을 가정하고 있는데 두 모형의 차이점은 BFG2모형의 경우 약처분성을 가정하고 있으며 BCC모형의 경우 강처분성을 가정하고 있다는점이다. CCR 모형, FG 모형, BFG1모형은 생산가능집합에 처분성,

볼록성, 규모수익특성을 모두 가정하고 있는데 CCR 모형과 FG 모형의 경우 볼록성과 불변규모수익 특성을 가정한다는 점에서는 동일하지만 처분성에 있어서 CCR 모형은 강처분성을 FG 모형은 약처분성을 가정하고 있다는 점에서 다르다. BFG1 모형은 강처분성, 볼록성을 가정하는 점에서는 CCR 모형과 같으며 규모수익특성으로 비체증규모수익을 가정한다는 점에서 다르다.

제3절 실증생산가능집합의 구축

효율성을 측정하기 위해서는 관찰된 자료에서 실증생산가능집합(實證生産可能集合, empirical production possibilities set) $\hat{T}$ 을 구축해야 한다. 관찰된 자료로부터 구축된 생산가능집합임을 강조하기 위해 T 위에 ^를 붙였다. 실증생산가능집합의 구축은 관찰된 투입 · 산출 자료와 생산가능집합에 부여된 제 가정으로 이루어진다. 즉 관찰된 투입 · 산출 자료에 가정을 적용하여 관찰되지는 않았지만 각 가정을 만족할 경우 실행가능한 생산계획들을 생성하여 이들의 집합으로 실증생산가능집합을 구축한다.

실증생산가능집합은 계산을 위한 수리계획법 모형을 유도할 수 있도록 대수적으로 표현되어야 한다. 앞 절에서 논의된 가정들을 조합하면 매우 많은 가정들의 조합을 만들어 낼 수 있다. 물론 이렇게 만들어진 가정조합들이 모두 의미를 갖는 것은 아니다. 그러나 아직 DEA 모형이 개발되지 않은 유용한 가정조합을 찾는 것은 어렵지 않다. Petersen(1990)과 Bogetoft(1996)의 연구는 그 대표적인 예라 할 수 있으며 또한 특정한 가정조합에서 실증생산가능집합을 대수적으로 표현하고 그로부터 DEA 모형을 유도한다는 것이 쉽지 않음을 보여주는 연구라 할 수 있다.

1. FDH 모형의 실증생산가능집합

FDH모형은 관찰치와 강처분성이 생성하는 실증생산가능집합에서 유도된

DEA모형이다. 관찰치와 강처분성이 생성하는 FDH모형의 실증생산가능집합 $\hat{T}^{FDH}$ 은 단일투입 · 단일산출 상황에서 그래프로 설명할 수 있다.

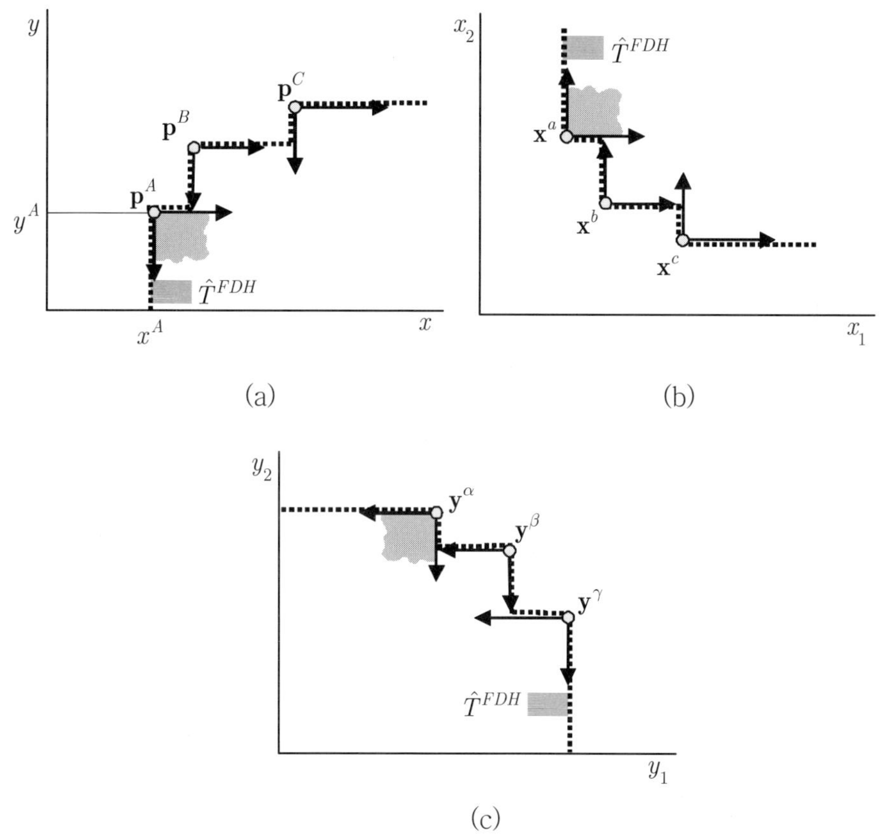

<그림 3.9> 관찰치+강처분성 이 생성하는 실행가능영역: $\hat{T}^{FDH}$

<그림 3.9>의 (a)에서 점 $\mathbf{p}^A = \left(x^A, y^A\right)$, $\mathbf{p}^B$, $\mathbf{p}^C$ 를 A, B, C 3 개의 기업에서 관찰한 투입 · 산출 자료라고 하자. $\mathbf{p}^A$, $\mathbf{p}^B$, $\mathbf{p}^C$ 는 기업이 생산을 실행한 결과이므로 당연히 실행가능한 생산계획(투입 · 산출결합)이다. 강처분성을 나타내는 식 (3.7)과 식 (3.8)은 생산계획 $(\mathbf{x}, \mathbf{y})$ 이 실행가능할 경우 $\mathbf{x}' \geq \mathbf{x}$, $\mathbf{y}' \leq \mathbf{y}$ 의 관계를 만족하는 $\left(\mathbf{x}', \mathbf{y}'\right)$도 실행가능함을 의미한다. 즉 강처분성은 점 $\mathbf{p}^A$ 이 실행가능하다는 사실로부터 $x \geq x^A$, $y \leq y^A$ 의 관계를 만족하는 모든 점 (x, y) 즉 <그림 3.9>의 (a)에서 $\mathbf{p}^A$ 의 아래쪽으로 수직인 화살표와 오른쪽으로 수평인 화살

표에 의해 형성되는 영역 내의 모든 점이 실행가능하도록 해 주는 역할을 한다. 관찰치 $\mathbf{p}^B$, $\mathbf{p}^C$ 도 같은 방식으로 실행가능영역을 생성한다. 결과적으로 관찰치 $\mathbf{p}^A$, $\mathbf{p}^B$, $\mathbf{p}^C$ 와 강처분성은 <그림 3.9>의 (a)에서 굵은 점선과 수평축(x 축)으로 둘러싸여 있는 영역을 실행가능영역 즉 실증생산가능집합으로 생성한다.

<그림 3.9>의 (b)는 산출량을 일정한 수준으로 고정시킨 투입공간이며 (c)는 투입량을 일정한 수준으로 고정시킨 산출공간이다. 각각 투입공간과 산출공간에서 관찰치와 강처분성이 생성하는 실행가능영역을 보여주고 있다. 그림 (b)의 점 $\mathbf{x}^a$, $\mathbf{x}^b$, $\mathbf{x}^c$ 는 두 종류의 투입요소 x_1, x_2 를 사용하여 한 가지 산출 y 를 생산하는 기업 a, b, c 에서 관찰한 투입 · 산출 자료에서 각 투입량을 산출량으로 나누고 이를 투입공간에 나타낸 것이다. 투입강처분성을 나타내는 식 (3.7)을 (a)에서와 같은 방식으로 점 $\mathbf{x}^a$, $\mathbf{x}^b$, $\mathbf{x}^c$ 에 적용하면 (b)에서 굵은 점선에 의해 형성되는 영역이 실행가능영역으로 생성된다.

<그림 3.9>의 (c)의 점 $\mathbf{y}^\alpha$, $\mathbf{y}^\beta$, $\mathbf{y}^\gamma$ 는 한 가지 투입을 사용하여 두 종류의 산출을 생산하는 기업 α, β, γ 의 투입 · 산출 자료에서 각 산출량을 투입량으로 나누고 이를 산출공간에 나타낸 것이다. 산출강처분성을 나타내는 식 (3.8)을 (a)에서와 같은 방식으로 점 $\mathbf{y}^\alpha$, $\mathbf{y}^\beta$, $\mathbf{y}^\gamma$ 에 적용하면 (c)에서 굵은 점선에 의해 형성되는 영역이 실행가능영역으로 생성된다.

<그림 3.9>에서 설명한 내용을 다수투입 · 다수산출 및 n 개 기업의 상황으로 일반화하여 대수적으로 표현할 수 있다. 이러한 대수적 표현은 다음 소절에서 설명할 DEA 모형의 유도에 직접적으로 사용된다. m 종류의 투입요소를 사용해서 s 종류의 산출물을 생산하는 n 개 기업에서 관찰한 투입 · 산출 자료를

$$\left(\mathbf{x}_j, \mathbf{y}_j\right), \quad j = 1, 2, \ldots, n$$

여기서

$$\mathbf{x}_j = \begin{pmatrix} x_{j1} \\ x_{j2} \\ \vdots \\ x_{jm} \end{pmatrix}, \quad \mathbf{y}_j = \begin{pmatrix} y_{j1} \\ y_{j2} \\ \vdots \\ y_{js} \end{pmatrix}$$

이라 하자. 기업 j 의 관찰치와 강처분성이 생성하는 실행가능영역은

$$\hat{F}\left(\mathbf{x}_j, \mathbf{y}_j\right) = \left\{(\mathbf{x}, \mathbf{y}) : \mathbf{x} \geq \mathbf{x}_j, \mathbf{y} \leq \mathbf{y}_j\right\}$$

으로 표현할 수 있으며 이를 자유처분포체(自由處分包體, free disposal hull: FDH)라 부른다. n 개의 관찰치와 강처분성이 생성하는 실행가능영역 $\hat{T}^{FDH}$ 은 관찰치 j 와 강처분성이 생성하는 n 개의 자유처분포체 $\hat{F}\left(\mathbf{x}_j, \mathbf{y}_j\right)$ 들의 합집합이며 이는 다음과 같은 식 (3.19)로 나타낼 수 있다.

FDH 모형의 실증생산가능집합: $\hat{T}^{FDH}$

$$\hat{T}^{FDH} = \left\{\bigcup_{j=1}^{n} \hat{F}\left(\mathbf{x}_j, \mathbf{y}_j\right) : j = 1, 2, \ldots n\right\} \tag{3.19}$$

식 (3.19)은 0 또는 1 의 값을 갖는 이가변수(二價變數, binary variable) λ_j 를 도입하여 다음과 같은 식 (3.20)로 나타낼 수 있다.

FDH 모형의 실증생산가능집합: $\hat{T}^{FDH}$

$$\left\{\begin{array}{l}(\mathbf{x}, \mathbf{y}) : \mathbf{x} \geq \sum_{j=1}^{n} \mathbf{x}_j \lambda_j, \mathbf{y} \leq \sum_{j=1}^{n} \mathbf{y}_j \lambda_j, \\ \qquad \sum_{j=1}^{n} \lambda_j = 1, \lambda_j \in \{0, 1\}, j = 1, 2, \ldots, n\end{array}\right\} \tag{3.20}$$

식 (3.20)은 투입여유벡터(投入餘裕벡터, input slack vector) $\mathbf{s}^-$ 및 산출여유벡터(産出餘裕벡터, output slack vector) $\mathbf{s}^+$ 를 도입하여 다음과 같은 식 (3.21)로 나타낼 수도 있다.

FDH 모형의 실증생산가능집합: $\hat{T}^{FDH}$

$$\left\{\begin{array}{l}(\mathbf{x}, \mathbf{y}) : \mathbf{x} = \sum_{j=1}^{n} \mathbf{x}_j \lambda_j + \mathbf{s}^-, \mathbf{y} = \sum_{j=1}^{n} \mathbf{y}_j \lambda_j - \mathbf{s}^+, \\ \qquad \sum_{j=1}^{n} \lambda_j = 1, \lambda_j \in \{0, 1\}, j = 1, 2, \ldots, n\end{array}\right\} \tag{3.21}$$

여기서

$$\mathbf{s}^- = \begin{pmatrix} s_1^- \\ s_2^- \\ \vdots \\ s_m^- \end{pmatrix}, \ \mathbf{s}^+ = \begin{pmatrix} s_1^+ \\ s_2^+ \\ \vdots \\ s_s^+ \end{pmatrix}, \ s_i^- \geq 0 \, , \ i = 1,2,...,m \, , \ s_r^+ \geq 0 \, , \ r = 1,2,...,s$$

2. BCC 모형의 실증생산가능집합

BCC 모형은 강처분성과 볼록성을 가정한다. 이러한 가정과 관찰치가 생성하는 BCC 모형의 실증생산가능집합 $\hat{T}^{BCC}$ 은 단일투입 · 단일산출 상황에서 그래프로 설명할 수 있다.

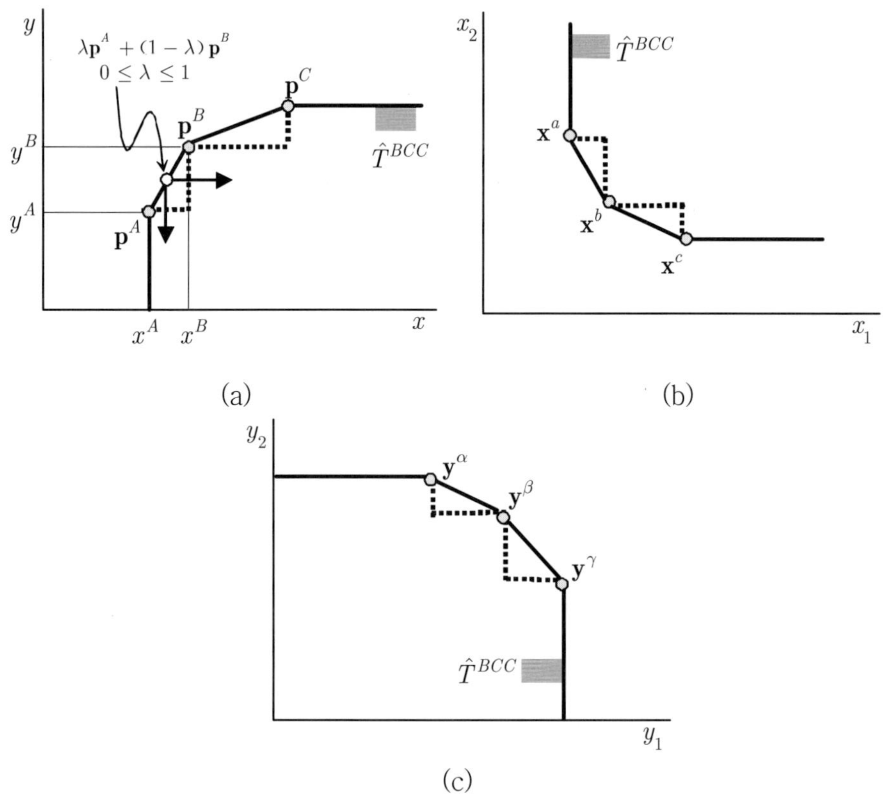

<그림 3.10> 관찰치+강처분성+볼록성 이 생성하는 실행가능영역: $\hat{T}^{BCC}$

<그림 3.10>의 (a)는 기업 A, B, C 로부터 관찰한 점 $\mathbf{p}^A = \left(x^A, y^A\right)$, $\mathbf{p}^B = \left(x^B, y^B\right)$, $\mathbf{p}^C$ 에 식 (3.7)과 식 (3.8)로 표현되는 강처분성과 식 (3.9)로 표현되는 생산가능집합 T 의 볼록성을 적용하여 생성되는 실행가능영역을 보여주고 있다. 생산가능집합 T 의 볼록성 식 (3.9)는 점 $\mathbf{p}^A$ 과 점 $\mathbf{p}^B$ 을 연결하는 직선위에 놓여있는 모든 생산계획들 $\lambda\mathbf{p}^A + (1-\lambda)\mathbf{p}^B$, $0 \le \lambda \le 1$ 이 실행가능함을 의미한다. $\mathbf{p}^B$ 와 $\mathbf{p}^C$ 을 연결하는 직선 그리고 $\mathbf{p}^A$ 와 $\mathbf{p}^C$ 를 연결하는 직선 위의 모든 생산계획들 역시 실행가능하다. 이렇게 생성된 생산계획에 대해서 강처분성을 나타내는 식 (3.7)과 식 (3.8)을 적용하면 실행가능영역은 (a)에서 굵은 실선에 의해 형성되는 영역이 된다. 이렇게 구성된 생산가능집합의 전역적 규모수익은 그림에서 확인할 수 있듯이 비체증규모수익과 일치하지는 않지만 유사한 특성을 갖는다. 그리고 국지적 규모수익은 체증, 불변, 체감 규모수익이 모두 나타나는 특성을 갖는다.

<그림 3.10>의 (b)의 점 $\mathbf{x}^a$, $\mathbf{x}^b$, $\mathbf{x}^c$ 와 (c)의 점 $\mathbf{y}^\alpha$, $\mathbf{y}^\beta$, $\mathbf{y}^\gamma$ 는 <그림 3.9>의 (b)와 (c)와 같은 의미의 점들이다. <그림 3.10>의 (b)에서 굵은 실선에 의해 형성되는 영역이 관찰된 점 $\mathbf{x}^a$, $\mathbf{x}^b$, $\mathbf{x}^c$ 와 강처분성 및 볼록성이 생성하는 실행가능영역이다. <그림 3.10>의 (c)에서 굵은 실선에 의해 형성되는 영역이 관찰된 점 $\mathbf{y}^\alpha$, $\mathbf{y}^\beta$, $\mathbf{y}^\gamma$ 와 강처분성 및 볼록성이 생성하는 실행가능영역이다.

<그림 3.10>의 (a)에서 $\hat{T}^{FDH}$ 와 $\hat{T}^{BCC}$ 을 비교해 보면 $\hat{T}^{FDH} \subseteq \hat{T}^{BCC}$ 의 관계를 가지고 있음을 알 수 있다. 따라서 동일한 관찰자료집합에 대해서 $\hat{T}^{FDH}$ 와 $\hat{T}^{BCC}$ 을 구성했을 때 $\hat{T}^{FDH}$ 에서는 프론티어에 포함되는 관찰치가 $\hat{T}^{BCC}$ 에서는 포함되지 않는 경우가 나타나게 되며 결과적으로 FDH 모형을 적용했을 때 효율적으로 평가되는 관찰치의 수가 BCC 모형의 경우보다 많아지게 됨을 알 수 있다.

<그림 3.10>에서 논의한 내용을 m 투입 · s 산출 및 n 개 기업의 상황으로 일반화하여 대수적으로 표현할 수 있다. n 개의 관찰치와 강처분성 및 볼록성이 생성하는 실행가능영역 $\hat{T}^{BCC}$ 은 다음의 식 (3.22)로 나타낼 수 있다(Banker, Charnes, and Cooper 1984; Banker 1984).

BCC 모형의 실증생산가능집합: $\hat{T}^{BCC}$

$$\left\{\begin{aligned}&(\mathbf{x},\mathbf{y}):\mathbf{x}\geq\sum_{j=1}^{n}\mathbf{x}_j\lambda_j,\mathbf{y}\leq\sum_{j=1}^{n}\mathbf{y}_j\lambda_j,\\&\qquad\sum_{j=1}^{n}\lambda_j=1,\lambda_j\geq 0,j=1,2,\ldots,n\end{aligned}\right\} \tag{3.22}$$

식 (3.22)에 투입여유벡터 $\mathbf{s}^-$ 및 산출여유벡터 $\mathbf{s}^+$를 도입하여 다음과 같은 식 (3.23)으로 나타낼 수도 있다.

BCC 모형의 실증생산가능집합: $\hat{T}^{BCC}$

$$\left\{\begin{aligned}&(\mathbf{x},\mathbf{y}):\mathbf{x}=\sum_{j=1}^{n}\mathbf{x}_j\lambda_j+\mathbf{s}^-,\mathbf{y}=\sum_{j=1}^{n}\mathbf{y}_j\lambda_j-\mathbf{s}^+,\\&\qquad\sum_{j=1}^{n}\lambda_j=1,\lambda_j\geq 0,j=1,2,\ldots,n\end{aligned}\right\} \tag{3.23}$$

$\hat{T}^{FDH}$을 나타내는 식 (3.20)과 $\hat{T}^{BCC}$을 나타내는 식 (3.22)을 비교해 보면 두 식간의 유일한 차이점은 변수 λ_j, $j=1,2,\ldots,n$가 식 (3.20)에서는 0 또는 1의 값을 갖는 이가변수인 반면 식 (3.22)에서는 음수가 아닌 실수라는 점 뿐이다.

3. CCR 모형의 실증생산가능집합

CCR 모형은 생산가능집합에 강처분성과 볼록성 그리고 불변규모수익을 가정한다. BCC 모형과 비교해보면 불변규모수익이 추가되어 있음을 알 수 있다. 이러한 가정과 관찰치가 생성하는 CCR 모형의 실증생산가능집합 $\hat{T}^{CCR}$은 단일투입·단일산출 상황에서 그래프로 설명할 수 있다.

BCC 모형의 실증생산가능집합 $\hat{T}^{BCC}$의 구축과정을 설명한 <그림 3.10>(a)의 상황을 그대로 사용하고 여기에 불변규모수익을 나타내는 식 (3.10)을 가정해 보자.

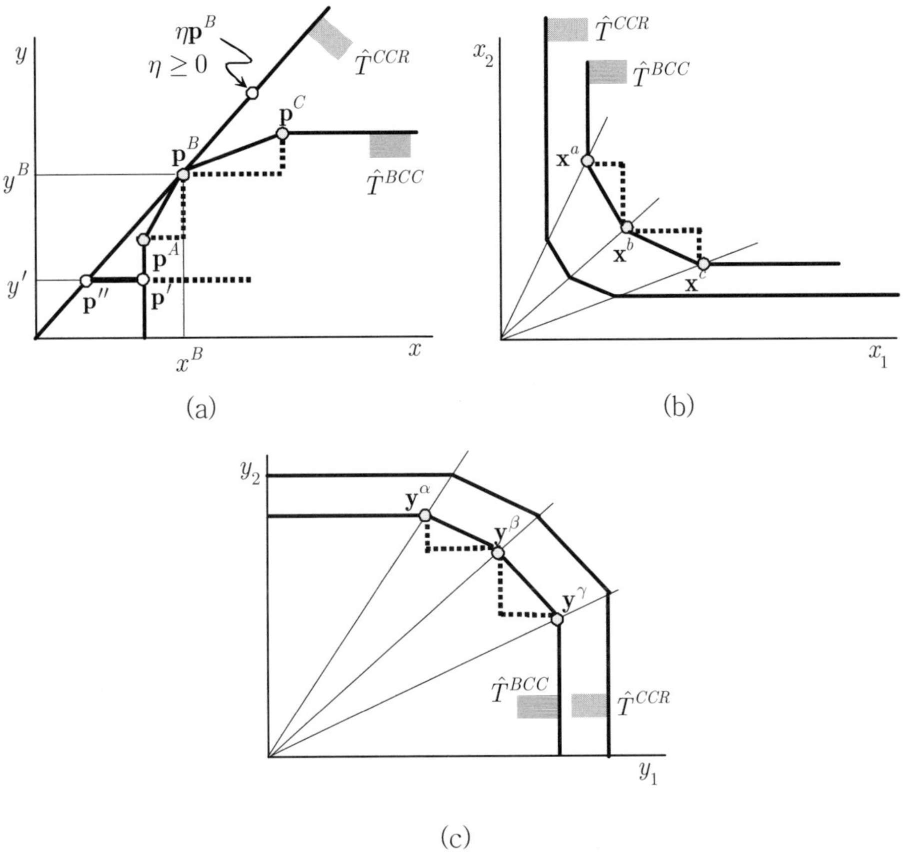

<그림 3.11> 관찰치+강처분성+볼록성+불변규모수익 이 생성하는 실행가능영역: $\hat{T}^{CCR}$

<그림 3.11>의 (a)에서 불변규모수익 식 (3.10)은 점 $\mathbf{p}^B$ 가 실행가능할 경우 원점에서 점 $\mathbf{p}^B$ 를 통과하는 직선 $\eta \mathbf{p}^B$, $\eta \geq 0$ 위의 모든 점들이 실행가능함을 의미한다. <그림 3.11>의 (a)에서 $\hat{T}^{BCC}$ 내의 모든 점에 대해 불변규모수익 식 (3.10)을 적용하면 원점과 점 $\mathbf{p}^B$ 를 통과하는 굵은 실선에 의해 형성되는 ▒ 영역이 CCR 모형의 실증생산가능집합 $\hat{T}^{CCR}$ 이 됨을 알 수 있다. 불변규모수익 가정에 의해 실행가능영역이 ▒ 여역에서 ▒ 영역으로 확대되었음을 알 수 있다.

<그림 3.11>의 (b)와 (c)는 각각 투입공간과 산출공간에서 불변규모수익 가정이 미치는 영향을 보여주고 있다. <그림 3.11>의 (b)와 (c)에서 점 $\mathbf{x}^a$, $\mathbf{x}^b$, $\mathbf{x}^c$ 와 점 $\mathbf{y}^\alpha$, $\mathbf{y}^\beta$, $\mathbf{y}^\gamma$ 는 <그림 3.10>의 (b)와 (c)에서 사용된 것과 같은 의미의 점들이

다. <그림 3.11>의 (b)의 투입공간에서 관찰된 점 $\mathbf{x}^a$, $\mathbf{x}^b$, $\mathbf{x}^c$ 와 투입강처분성을 나타내는 식 (3.7)및 볼록성을 나타내는 식 (3.9)이 생성하는 굵은 점선에 의해 형성되는 실행가능영역 부분은 불변규모수익을 나타내는 식 (3.10)을 추가함으로 인해 굵은 실선에 의해 형성되는 영역으로 확대된다. 이는 <그림 3.11>의 (a)에서 산출규모가 y'일 때 불변규모수익 가정에 의해 실행가능영역이 점 $\mathbf{p}'$와 이 점의 오른쪽 수평선으로 그려진 굵은 점선 부분 에서 점 $\mathbf{p}''$와 점 $\mathbf{p}'$를 연결하는 굵은 실선이 추가된 부분 으로 확장되는 상황을 2 차원 투입공간에 나타낸 것이다. 실행가능영역이 확장되는 정도는 산출수준에 따라 달라진다. <그림 3.11>의 (a)에서 산출수준이 y' 에서 y^B 로 접근함에 따라 실행가능영역의 확장정도는 감소한다. 그리고 산출수준이 y^B 에 이르면 불변규모수익 가정에 의한 실행가능영역의 확장은 없다.

<그림 3.11>의 (c)는 산출공간에서 관찰된 점 $\mathbf{y}^\alpha$, $\mathbf{y}^\beta$, $\mathbf{y}^\gamma$ 와 산출강처분성을 나타내는 식 (3.8) 및 볼록성을 나타내는 식 (3.9)가 생성하는 굵은 점선에 의해 형성되는 실행가능영역 부분은 불변규모수익을 나타내는 식 (3.10)을 추가함으로 인해 굵은 실선에 의해 형성되는 영역으로 확대됨을 보여주고 있다. 확장되는 정도는 투입공간의 경우와 동일한 방식으로 설명될 수 있다.

<그림 3.11>의 (a)에서 $\hat{T}^{BCC}$ 와 $\hat{T}^{CCR}$ 을 비교해 보면 $\hat{T}^{BCC} \subseteq \hat{T}^{CCR}$ 의 관계를 가지고 있음을 알 수 있다. 따라서 동일한 관찰자료집합에 대해서 $\hat{T}^{BCC}$ 와 $\hat{T}^{CCR}$ 을 구성하면 $\hat{T}^{BCC}$ 의 프론티어에 포함되는 관찰치가 $\hat{T}^{CCR}$ 의 프론티어에는 포함되지 않는 경우가 발생할 수 있으며 이는 BCC 모형을 적용했을 때 효율적으로 평가되는 관찰치의 수가 CCR 모형을 적용했을 때 효율적으로 평가되는 관찰치의 수보다 많아 질 수 있음을 의미한다.

$\hat{T}^{CCR}$ 을 m 투입 · s 산출 및 n 관찰치의 일반적 상황에서 대수적으로 표현하면 다음과 같이 나타낼 수 있다(Charnes, Cooper, and Rhodes 1978).

CCR 모형의 실증생산가능집합: $\hat{T}^{CCR}$

$$\left\{(\mathbf{x},\mathbf{y}) : \mathbf{x} \geq \sum_{j=1}^{n} \mathbf{x}_j\lambda_j, \mathbf{y} \leq \sum_{j=1}^{n} \mathbf{y}_j\lambda_j, \lambda_j \geq 0, j = 1,2,\ldots,n\right\} \tag{3.24}$$

식 (3.24)에 투입여유벡터 $\mathbf{s}^-$ 및 산출여유벡터 $\mathbf{s}^+$ 를 도입하여 다음과 같은 식 (3.25)로 나타낼 수도 있다.

CCR 모형의 실증생산가능집합: $\hat{T}^{CCR}$

$$\left\{ \begin{array}{l} (\mathbf{x}, \mathbf{y}) : \mathbf{x} = \sum_{j=1}^{n} \mathbf{x}_j \lambda_j + \mathbf{s}^-, \mathbf{y} = \sum_{j=1}^{n} \mathbf{y}_j \lambda_j - \mathbf{s}^+, \\ \qquad \lambda_j \geq 0, j = 1, 2, \dots, n \end{array} \right\} \tag{3.25}$$

$\hat{T}^{BCC}$ 을 나타낸 식 (3.22)와 $\hat{T}^{CCR}$ 을 나타낸 식 (3.24)를 비교해 보면 식 (3.22)에 포함되어 있는 $\sum_{j=1}^{n} \lambda_j = 1$ 부분이 식 (3.24)에서는 없음을 알 수 있다. 불변규모수익 가정 식 (3.10)이 실증생산가능집합의 대수적 표현에서 $\sum_{j=1}^{n} \lambda_j = 1$ 을 제거하는 역할을 하고 있는 것이다. 실증생산가능집합의 규모수익특성과 변수 λ_j , $j = 1, 2, \dots, n$ 와의 관련성은 여러 문헌에서 지적된 바 있다 (Seiford and Thrall 1990; Ali and Seiford 1993).

4. BFG1 모형의 실증생산가능집합

BFG1 모형은 생산가능집합에 강처분성과 볼록성 그리고 비체증규모수익을 가정한다. BCC 모형과 비교해보면 비체증규모수익 가정이 추가되어 있음을 알 수 있다. 이러한 가정과 관찰치가 생성하는 BFG1 모형의 실증생산가능집합 $\hat{T}^{BFG1}$ 은 단일투입 · 단일산출 상황에서 그래프로 설명할 수 있다. BFG1 모형의 실증생산가능집합$\hat{T}^{BFG1}$ 은 생산가능집합에 강처분성과 볼록성을 가정하는 BCC 모형의 실증생산가능집하 $\hat{T}^{BCC}$ 에 비체증규모수익을 나타내는 식 (3.17)을 추가하면 바로 얻을 수 있다.

$\hat{T}^{BCC}$ 의 구축과정을 설명하는데 사용된 <그림 3.11>(a)의 상황을 그대로 사용하고 여기에 비체증규모수익 식 (3.17)을 가정해 보자. <그림 3.12>의 (a)에서 비체증규모수익 식 (3.17)은 $\mathbf{p}^B$ 가 실행가능할 경우 원점에서 점 $\mathbf{p}^B$ 를 연결하는 굵은 실선 $\eta \mathbf{p}^B$, $0 \leq \eta \leq 1$ 위의 모든 점들이 실행가능함을 의미한다. <그림 3.11> (a)에서 굵은 점선에 의해 형성되는 $\hat{T}^{BCC}$ 내의 모든 점에 대해 같은 방식

으로 비체증규모수익 식 (3.17)을 적용할 수 있으며 이렇게 구축되는 $\hat{T}^{BFG1}$ 은 <그림 3.12>의 (a)에서 굵은 실선에 의해 형성되는 영역이 된다.

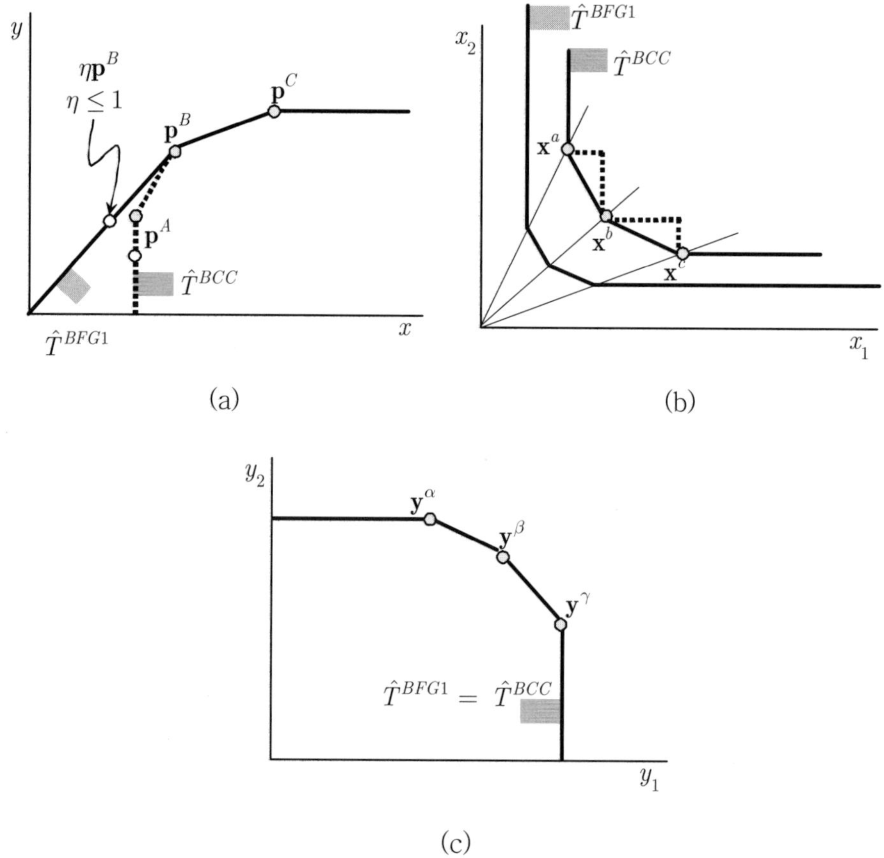

<그림 3.12> 관찰치+강처분성+볼록성+비체증규모수익 이 생성하는 실행가능영역: $\hat{T}^{BFG1}$

<그림 3.12>의 (b)와 (c)에서 점 $\mathbf{x}^a$, $\mathbf{x}^b$, $\mathbf{x}^c$ 와 점 $\mathbf{y}^\alpha$, $\mathbf{y}^\beta$, $\mathbf{y}^\gamma$ 는 <그림 3.10>의 (b)와 (c)에서 사용된 것과 같은 의미의 점들이다. <그림 3.12>의 (b)와 (c)는 각각 투입공간과 산출공간에 BFG1 모형의 실증생산가능집합이 구축되는 과정을 보여주고 있다. <그림 3.12> 의 (b)의 투입공간에서는 <그림 3.11>의 (b)에서와 같은 현상이 나타나지만 <그림 3.12>의 (c)의 산출공간에서는 실행가능영역

의 변화가 없다.

<그림 3.11>의 (a)와 <그림 3.12>의 (a)에서 $\hat{T}^{BCC}$, $\hat{T}^{BFG1}$, $\hat{T}^{CCR}$의 형태를 비교해 보면 각 실증생산가능집합이 $\hat{T}^{BCC} \subseteq \hat{T}^{BFG1} \subseteq \hat{T}^{CCR}$의 관계를 가지고 있음을 알 수 있다. 따라서 동일한 관찰자료집합에 대해서 BCC 모형, BFG1 모형, CCR 모형을 적용했을 때 효율적으로 평가되는 관찰치의 수는 BCC 모형에서 가장 많고 BFG1 모형과 CCR 모형의 순서로 그 수가 줄어들 수 있음을 알 수 있다.

$\hat{T}^{BFG1}$을 m 투입 · s 산출 및 n 관찰치의 일반적 상황에서 대수적으로 표현하면 다음과 같이 나타낼 수 있다(Byrnes, Fare, and Grosskopf 1984; Byrnes, Fare, Grosskopf, and Lovell 1988; Seiford and Thrall 1990).

BFG1 모형의 실증생산가능집합: $\hat{T}^{BFG1}$

$$\left\{ \begin{array}{l} (\mathbf{x},\mathbf{y}) : \mathbf{x} \geq \sum_{j=1}^{n} \mathbf{x}_j \lambda_j, \mathbf{y} \leq \sum_{j=1}^{n} \mathbf{y}_j \lambda_j, \sum_{j=1}^{n} \lambda_j \leq 1, \\ \qquad \lambda_j \geq 0, j = 1, 2, ..., n \end{array} \right\} \tag{3.26}$$

식 (3.26)은 투입여유벡터(input slack vector) $\mathbf{s}^-$ 및 산출여유벡터(output slack vector) $\mathbf{s}^+$를 도입하여 다음과 같은 식 (3.27)로 나타낼 수도 있다.

BFG1 모형의 실증생산가능집합: $\hat{T}^{BFG1}$

$$\left\{ \begin{array}{l} (\mathbf{x},\mathbf{y}) : \mathbf{x} = \sum_{j=1}^{n} \mathbf{x}_j \lambda_j + \mathbf{s}^-, \mathbf{y} = \sum_{j=1}^{n} \mathbf{y}_j \lambda_j - \mathbf{s}^+, \\ \qquad \sum_{j=1}^{n} \lambda_j \leq 1, \lambda_j \geq 0, j = 1, 2, ..., n \end{array} \right\} \tag{3.27}$$

5. BFG2 모형의 실증생산가능집합

BFG2 모형은 생산가능집합에 약처분성과 볼록성을 가정한다. 단일투입 · 단일산출상황의 그래프에서 BFG2 모형의 생산가능집합 $\hat{T}^{BFG2}$을 구축할 수 있다. <그림 3.13>의 (a)에서 관찰된 점 $\mathbf{p}^A$, $\mathbf{p}^B$, $\mathbf{p}^C$에 볼록성 식 (3.9)를 적용하면 실행가능영역은 점 $\mathbf{p}^A$, $\mathbf{p}^B$, $\mathbf{p}^C$ 에 의해 형성되는 삼각형 부분 영역이 된다. 투입약처분성 식 (3.11)은 점 $\mathbf{p}^C = \left(x^C, y^C\right)$가 실행가능할 경우 이 점을 오른쪽 수평방향으로 확장해서 만들어지는 모든 점 $\left(\xi x^C, y^C\right)$, $\xi \geq 1$ 도 실행가능함을 의미한다. 관찰치와 볼록성으로 생성된 영역 내의 모든 점에 투입약처분성을 적용하면 점 $\mathbf{p}^A$, $\mathbf{p}^B$, $\mathbf{p}^C$ 에 의해 형성되는 삼각형부분 에 그 삼각형의 오른쪽에 형성되는 부분이 실행가능영역에 추가된다.

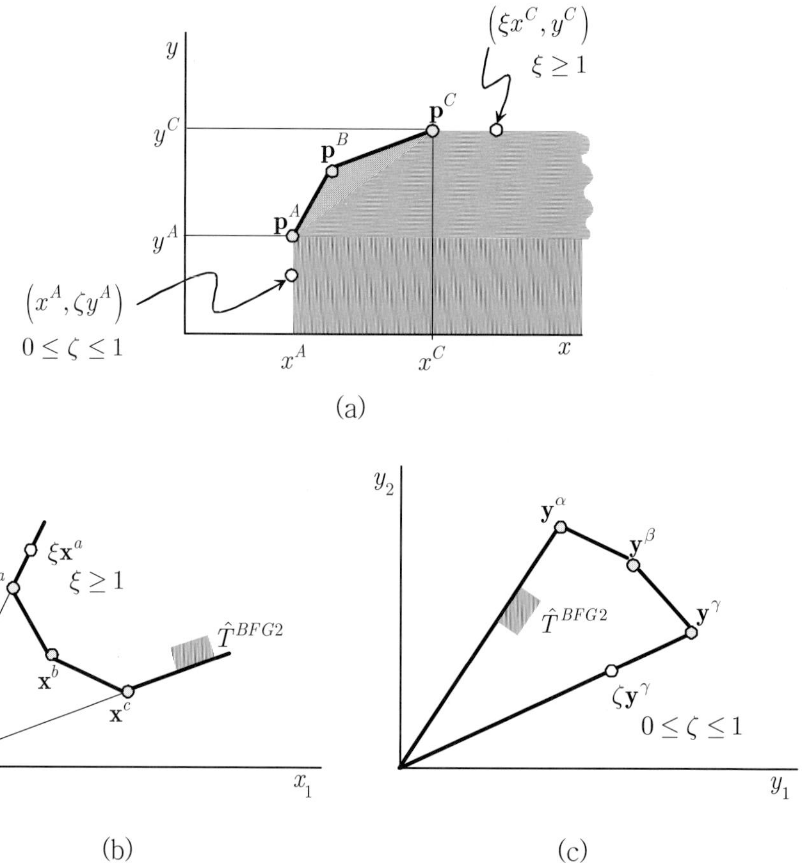

<그림 3.13> 관찰치+약처분성+볼록성 이 생성하는 실행가능영역: $\hat{T}^{BFG2}$

산출약처분성 식 (3.12)는 점 $\mathbf{p}^A = \left(x^A, y^A\right)$이 실행가능할 경우 이 점을 아래쪽 수직방향으로 축소해서 만들어지는 모든 점 $\left(x^C, \zeta y^C\right)$, $0 \leq \zeta \leq 1$도 실행

가능함을 의미한다. 관찰치, 볼록성 그리고 투입약처분성으로 생성된 영역내의 모든 점에 산출약처분성을 적용하면 부분이 실행가능영역에 추가된다.

이렇게 구성된 BFG2 모형의 실증생산가능집합 $\hat{T}^{BFG2}$ 은 <그림 3.13>의 (a)에서 볼 수 있는 것처럼 <그림 3.10> (a)의 BCC 모형의 실증생산가능집합과 동일한 형태를 갖고 있다. 그러나 이는 단일투입 · 단일산출이 가정된 투입 · 산출 공간에서 그렇게 보일 뿐이며 다수투입 · 다수산출 상황에서는 다른 형태를 갖게 된다. 다수투입 · 다수산출 상황에서 $\hat{T}^{BFG2}$ 의 형태는 <그림 3.13>의 (b)의 2 차원 투입공간 및 <그림 3.13>의 (c)의 2 차원 산출공간을 통해서 살펴볼 수 있다. <그림 3.13> 의 (b)와 (c)에서 점 $\mathbf{x}^a$, $\mathbf{x}^b$, $\mathbf{x}^c$ 와 점 $\mathbf{y}^\alpha$, $\mathbf{y}^\beta$, $\mathbf{y}^\gamma$ 는 <그림 3.9>의 (b)와 (c)와 같은 의미의 점들이다. <그림 3.13>의 (b)의 투입공간에서 투입약처분성은 점 $\mathbf{x}^a$ 가 실행가능할 경우 이 점의 비례확장으로 만들어지는 모든 점 $\xi\mathbf{x}^a$, $\xi \geq 1$ 도 실행가능함을 의미하며 점 $\mathbf{x}^a$, $\mathbf{x}^b$, $\mathbf{x}^c$ 와 볼록성 식 (3.9)로 만들어지는 영역내의 모든 점에 대해 투입약처분성이 적용되면 실행가능영역은 <그림 3.13>의 (b)에서 굵은 실선에 의해 형성되는 부분이 된다.

마찬가지로 <그림 3.13>의 (c)의 산출공간에서 산출약처분성은 점 $\mathbf{y}^\gamma$ 이 실행가능할 경우 이 점의 비례축솔 만들어지는 모든 점 $\zeta\mathbf{y}^\gamma$, $0 \leq \zeta \leq 1$ 도 실행가능함을 의미하며 점 $\mathbf{y}^\alpha$, $\mathbf{y}^\beta$, $\mathbf{y}^\gamma$ 와 볼록성 식 (3.9)로 만들어지는 영역내의 모든 점에 대해 산출약처분성을 적용하면 그 실행가능영역은 <그림 3.13>의 (c)에서 굵은 실선에 의해 형성되는 부분이 된다.

<그림 3.13>의 (a), (b), (c)의 $\hat{T}^{BFG2}$ 과 <그림 3.10>의 (a), (b), (c)의 $\hat{T}^{BCC}$ 을 비교해 보면 두 실증생산가능집합은 $\hat{T}^{BFG2} \subseteq \hat{T}^{BCC}$ 의 관계를 만족함을 알 수 있다. 따라서 동일한 관찰자료집합에 대해서 BFG2 모형과 BCC 모형을 적용하면 효율적으로 평가되는 관찰치의 수가 BCC 모형보다 BFG2 모형에서 많이 나타날 수 있음을 알 수 있다.

$\hat{T}^{BFG2}$ 을 m 투입 · s 산출 및 n 관찰치의 일반적 상황에서 대수적으로 표현하면 다음과 같이 나타낼 수 있다(Byrnes, Fare, and Grosskopf 1984, Fare, Grosskopf, and Lovell 1985, Byrnes, Fare, Grosskopf, and Lovell 1988).

BFG2 모형의 실증생산가능집합: $\hat{T}^{BFG2}$

$$\left\{\begin{array}{l}(\mathbf{x},\mathbf{y}) : \dfrac{1}{\xi}\mathbf{x} \geq \sum_{j=1}^{n}\mathbf{x}_j\lambda_j, \dfrac{1}{\zeta}\mathbf{y} \leq \sum_{j=1}^{n}\mathbf{y}_j\lambda_j, \sum_{j=1}^{n}\lambda_j = 1, \\ \qquad \lambda_j \geq 0, j = 1,2,\ldots,n, \xi \geq 1, 0 \leq \zeta \leq 1\end{array}\right\} \tag{3.28}$$

6. FG 모형의 실증생산가능집합

FG 모형의 실증생산가능집합 $\hat{T}^{FG}$ 는 BFG2 모형의 실증생산가능집합 $\hat{T}^{BFG2}$ 에 불변규모수익을 추가하면 쉽게 구축할 수 있다. $\hat{T}^{BFG2}$ 을 m 투입 · s 산출 및 n 관찰치의 일반적 상황에서 대수적으로 표현하면 다음과 같이 나타낼 수 있다 (Fare and Grosskopf 1983). 식 (3.29)은 식 (3.28)에서 $\sum_{j=1}^{n}\lambda_j = 1$ 부분만을 제거한 형태이다.

FG 모형의 실증생산가능집합: $\hat{T}^{FG}$

$$\left\{\begin{array}{l}(\mathbf{x},\mathbf{y}) : \dfrac{1}{\xi}\mathbf{x} \geq \sum_{j=1}^{n}\mathbf{x}_j\lambda_j, \dfrac{1}{\zeta}\mathbf{y} \leq \sum_{j=1}^{n}\mathbf{y}_j\lambda_j, \\ \qquad \lambda_j \geq 0, j = 1,2,\ldots,n, \xi \geq 1, 0 \leq \zeta \leq 1\end{array}\right\} \tag{3.29}$$

7. 실증생산가능집합의 비교

지금까지 FDH 모형, BCC 모형, CCR 모형, BFG1 모형, BFG2 모형, FG 모형 등 6 개 DEA 모형의 실증생산가능집합을 단일투입 · 단일산출 상황의 그래프에서 구축하였다. 그리고 단일투입 · 단일산출 상황에서는 파악할 수 없는 각 모형의 실증생산가능집합의 차이점을 분석하기 위해 산출량이 공정된 2 차원 투입공간과 투입량이 고정된 2 차원 산출공간의 그래프에서 각 모형의 실증생산가능집합을 구축하였다. 이와 더불어 각 모형의 실증생산가능집합을 다수투입 · 다수산출의 일반적 상황에서 대수적으로 표현하였다. 여기서는 앞에서 분석한 결과를 종합하여 6 개 DEA 모형의 실증생산가능집합의 차이점을 요약한다.

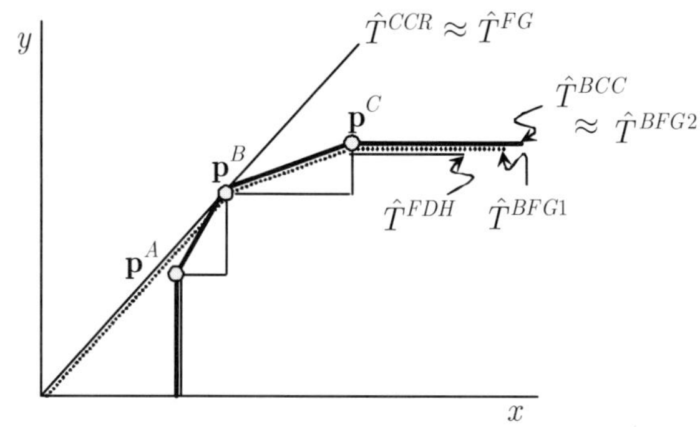

<그림 3.14> DEA 모형의 실증생산가능집합 비교

[표 3.3] DEA 모형의 가정 비교

DEA 모형	실증생산 가능집합	포함관계	가정
FDH 모형	$\hat{T}^{FDH}$	$\subseteq \hat{T}^{BFG2}$	관찰치 + 강처분성
BFG2 모형	$\hat{T}^{BFG2}$	$\subseteq \hat{T}^{BCC}$	관찰치 + 약처분성 + 볼록성
BCC 모형	$\hat{T}^{BCC}$	$\subseteq \hat{T}^{BFG1}$	관찰치 + 강처분성 + 볼록성
BFG1 모형	$\hat{T}^{BFG1}$	$\subseteq \hat{T}^{FG}$	관찰치 + 강처분성 + 볼록성 + 비체증규모수익
FG 모형	$\hat{T}^{FG}$	$\subseteq \hat{T}^{CCR}$	관찰치 + 약처분성 + 볼록성 + 불변규모수익
CCR 모형	$\hat{T}^{CCR}$		관찰치 + 강처분성 + 볼록성 + 불변규모수익

<그림 3.14>은 A, B, C 세 기업으로부터 관찰된 투입·산출자료 $\mathbf{p}^A$, $\mathbf{p}^B$, $\mathbf{p}^C$과 각 DEA 모형의 가정이 생성하는 실증생산가능집합을 동시에 나타낸 것이다. <그림 3.14>에서 쉽게 파악할 수 있듯이 $\mathbf{p}^A$, $\mathbf{p}^B$, $\mathbf{p}^C$ 에서 구축되는 각 DEA 모형들의 실증생산가능집합은 다음과 같은 포함관계를 갖는다(Grosskopf 1986).

DEA 모형들의 실증생산가능집합은 다음과 같은 포함관계

$$\hat{T}^{FDH} \subseteq \hat{T}^{BFG2} \subseteq \hat{T}^{BCC} \subseteq \hat{T}^{BFG1} \subseteq \hat{T}^{FG} \subseteq \hat{T}^{CCR} \tag{3.30}$$

식 (3.30)이 나타내는 각 실증생산가능집합의 포함관계는 각 DEA 모형의 실증생산가능집합의 프론티어에 포함되는 기업의 수와 관련되며 이는 결과적으로 각 DEA 모형의 효율성 측정결과와 관련된다.

제4절 DEA 모형의 유도

DEA 모형은 관찰치와 여러 가정에 따라 구축한 실증생산가능집합으로부터 유도할 수 있다. Farrell 효율성은 투입요구집합에서 정의된 투입효율성과 산출가능집합에서 정의된 산출효율성으로 구별할 수 있으며 각각은 생산가능집합에서 정의할 수도 있다. n 개의 기업에서 관찰한 투입 · 산출자료 $\left(\mathbf{x}_j, \mathbf{y}_j\right)$, $j = 1, 2, \ldots, n$ 와 가정조합으로 구축한 실증생산가능집합 $\hat{T}$ 에서 기업 k $\left(\mathbf{x}_k, \mathbf{y}_k\right)$ 의 투입효율성과 산출효율성을 측정하기 위한 DEA 모형은 다음과 같이 나타낼 수 있다.

DEA 모형 - 투입방향 -

$$\text{Minimize} \quad \theta_k \quad \text{subject to} \quad \left(\theta_k \mathbf{x}_k, \mathbf{y}_k\right) \in \hat{T} \tag{3.31}$$

DEA 모형 - 산출방향 -

$$\text{Maximize} \quad \phi_k \quad \text{subject to} \quad \left(\mathbf{x}_k, \phi_k \mathbf{y}_k\right) \in \hat{T} \tag{3.32}$$

식 (3.31)와 식 (3.32)에서 실증생산가능집합 $\hat{T}$ 을 앞에서 논의한 실증생산가능집합으로 대체하면 기업 k 의 효율성을 측정하는 DEA 모형이 된다.

1. FDH 모형

FDH 모형 - 투입방향 -

Minimize θ_k

Subject to

$$\theta_k \mathbf{x}_k \geq \sum_{j=1}^{n} \mathbf{x}_j \lambda_j \tag{3.33}$$

$$\mathbf{y}_k \leq \sum_{j=1}^{n} \mathbf{y}_j \lambda_j$$

$$\sum_{j=1}^{n} \lambda_j = 1$$

$$\lambda_j \in \{0,1\}, \ \ j = 1,2,\ldots,n$$

FDH 모형 - 산출방향 -

Maximize ϕ_k

Subject to

$$\mathbf{x}_k \geq \sum_{j=1}^{n} \mathbf{x}_j \lambda_j \tag{3.34}$$

$$\phi_k \mathbf{y}_k \leq \sum_{j=1}^{n} \mathbf{y}_j \lambda_j$$

$$\sum_{j=1}^{n} \lambda_j = 1$$

$$\lambda_j \in \{0,1\}, \ \ j = 1,2,\ldots,n$$

2. BCC 모형

BCC 모형 - 투입방향 -

Minimize θ_k

Subject to

$$\theta_k \mathbf{x}_k \geq \sum_{j=1}^{n} \mathbf{x}_j \lambda_j \tag{3.35}$$

$$\mathbf{y}_k \leq \sum_{j=1}^{n} \mathbf{y}_j \lambda_j$$

$$\sum_{j=1}^{n} \lambda_j = 1$$

$$\lambda_j \geq 0\,,\ \ j = 1, 2, \ldots, n$$

BCC 모형 - 산출방향 -

Maximize ϕ_k

Subject to

$$\mathbf{x}_k \geq \sum_{j=1}^{n} \mathbf{x}_j \lambda_j \tag{3.36}$$

$$\phi_k \mathbf{y}_k \leq \sum_{j=1}^{n} \mathbf{y}_j \lambda_j$$

$$\sum_{j=1}^{n} \lambda_j = 1$$

$$\lambda_j \geq 0\,,\ \ j = 1, 2, \ldots, n$$

3. CCR 모형

CCR 모형 - 투입방향 - [8]

Minimize θ_k

Subject to

---

[8] Slack변수를 제거한 투입방향 CCR포락모형을 벡터를 이용하여 다시 나타낸 것이라고 할 수 있다.

$$\theta_k \mathbf{x}_k \geq \sum_{j=1}^{n} \mathbf{x}_j \lambda_j \tag{3.37}$$

$$\mathbf{y}_k \leq \sum_{j=1}^{n} \mathbf{y}_j \lambda_j$$

$$\lambda_j \geq 0\ ,\ \ j = 1, 2, ..., n$$

CCR 모형 - 산출방향 - [9]

Maximize ϕ_k

Subject to

$$\mathbf{x}_k \geq \sum_{j=1}^{n} \mathbf{x}_j \lambda_j \tag{3.38}$$

$$\phi_k \mathbf{y}_k \leq \sum_{j=1}^{n} \mathbf{y}_j \lambda_j$$

$$\lambda_j \geq 0\ ,\ \ j = 1, 2, ..., n$$

4. BFG1 모형

BFG1 모형 - 투입방향 -

Minimize θ_k

Subject to

$$\theta_k \mathbf{x}_k \geq \sum_{j=1}^{n} \mathbf{x}_j \lambda_j \tag{3.39}$$

$$\mathbf{y}_k \leq \sum_{j=1}^{n} \mathbf{y}_j \lambda_j$$

$$\sum_{j=1}^{n} \lambda_j \leq 1$$

---

[9] Slack변수를 제거한 산출방향 CCR포락모형을 벡터를 이용하여 다시 나타낸 것이라고 할 수 있다.

$$\lambda_j \geq 0\,,\;\; j = 1,2,...,n$$

BFG1 모형 - 산출방향 -

Maximize ϕ_k

Subject to

$$\mathbf{x}_k \geq \sum_{j=1}^{n} \mathbf{x}_j \lambda_j \tag{3.40}$$

$$\phi_k \mathbf{y}_k \leq \sum_{j=1}^{n} \mathbf{y}_j \lambda_j$$

$$\sum_{j=1}^{n} \lambda_j \leq 1$$

$$\lambda_j \geq 0\,,\;\; j = 1,2,...,n$$

5. BFG2 모형

강처분성을 가정하는 FDH모형, BCC모형, CCR모형, BFG1모형의 경우는 DEA모형을 유도하는데 특별한 난점이 없다. 그러나 약처분성을 가정하는 BFG2 모형 및 FG모형의 경우에는 식 (3.31)과 식 (3.32)에서 $\hat{T}$ 을 $\hat{T}^{BFG2}$ 과 $\hat{T}^{FG}$ 으로 대체하면 비선형계획모형이 되며 이 때문에 일반적으로 투입모형에서는 산출약처분성만 가정하고 산출모형에서는 투입약처분성만을 가정하여 선형계획모형으로 유도된 DEA 모형(Byrnes, Fare, and Grosskopf 1984)이 사용된다. 이렇게 유도된 BFG2 모형과 FG 모형의 투입모형 및 산출모형은 다음과 같다.

BFG2 모형 - 투입방향 -

Minimize θ_k

Subject to

$$\theta_k \mathbf{x}_k \geq \sum_{j=1}^{n} \mathbf{x}_j \lambda_j \tag{3.41}$$

$$\delta \mathbf{y}_k \le \sum_{j=1}^{n} \mathbf{y}_j \lambda_j$$

$$\sum_{j=1}^{n} \lambda_j = 1$$

$$\lambda_j \ge 0\,,\;\; j = 1, 2, \ldots, n$$

$$\delta \ge 1$$

BFG2 모형 - 산출방향 -

Maximize ϕ_k

Subject to

$$\gamma \mathbf{x}_k \ge \sum_{j=1}^{n} \mathbf{x}_j \lambda_j \tag{3.42}$$

$$\phi_k \mathbf{y}_k \le \sum_{j=1}^{n} \mathbf{y}_j \lambda_j$$

$$\sum_{j=1}^{n} \lambda_j = 1$$

$$\lambda_j \ge 0\,,\;\; j = 1, 2, \ldots, n$$

$$0 \le \gamma \le 1$$

FG 모형 - 투입방향 -

Minimize θ_k

Subject to

$$\theta_k \mathbf{x}_k \ge \sum_{j=1}^{n} \mathbf{x}_j \lambda_j \tag{3.43}$$

$$\delta \mathbf{y}_k \le \sum_{j=1}^{n} \mathbf{y}_j \lambda_j$$

$$\lambda_j \ge 0\,,\;\; j = 1, 2, \ldots, n$$

$$\delta \ge 1$$

FG 모형 - 산출방향 -

$$
\begin{aligned}
&\text{Maximize } \phi_k \\
&\text{Subject to} \\
&\qquad \gamma \mathbf{x}_k \geq \sum_{j=1}^{n} \mathbf{x}_j \lambda_j \qquad (3.44) \\
&\qquad \phi_k \mathbf{y}_k \leq \sum_{j=1}^{n} \mathbf{y}_j \lambda_j \\
&\qquad \lambda_j \geq 0, \ j = 1,2,\ldots,n \\
&\qquad 0 \leq \gamma \leq 1
\end{aligned}
$$

유도된 DEA 모형의 특징을 살펴보면 FDH 모형은 혼합정수계획법 모형이며 나머지 모형들은 선형계획법 모형의 형태로 되어 있다. 그리고 투입모형은 최소화 모형으로 산출모형은 최대화 모형의 형태로 되어 있다. 투입모형의 최적해 θ_k^* 은 기업 k 의 투입효율성 측정치를 제공하며 항상 $0 \leq \theta_k^* \leq 1$ 을 만족한다. $\theta_k^*=1$ 의 경우 기업 k 는 표본기업의 투입 · 산출 자료로부터 구축한 실증생산가능집합의 프론티어에 위치한 기업이며 표본기업 중 상대적으로 효율적인 기업으로 해석된다. $\theta_k^*<1$ 의 경우 기업 k 는 실증생산가능집합의 내부에 위치한 기업이며 비효율성을 가진 기업으로 해석된다.

참고문헌

1. Ali, A. I., C. S. Lerme, and L. M. Seiford (1995), "Components of Efficiency Evaluation in Data Envelopment Analysis," *European Journal of Operational Research* Vol.80, No.3, pp. 462-473.

2. Ali, A. I., and L. M. Seiford (1993), "The Mathematical Programming Approach to Efficiency Analysis". In *The Measurement of Productive*

Efficiency: Techniques and Applications (H. O. Fried, C. A. K. Lovell, and S. S. Schmidt, Eds.), pp. 120-159. Oxford University Press, Oxford.

3. Banker, R. D. (1984), "Estimating Most Productive Scale Size using Data Envelopment Analysis," *European Journal of Operational Research* Vol.17, pp. 35-44.

4. Banker, R. D., A. Charnes, and W. W. Cooper (1984), "Some Models for Estimating Technical and Scale Inefficiencies in Data Envelopment Analysis," *Management Science* Vol.30, No.9, pp. 1078-1092.

5. Banker, R. D., and A. Maindiratta (1986), "Piecewise Loglinear Estimation of Efficient Production Surfaces," *Management Science* Vol.32, No.1, pp. 126-135.

6. Bogetoft, P. (1996), "DEA on Relaxed Convexity Assumptions," *Management Science* Vol.42, No.3, pp. 457-465.

7. Byrnes, P., R. Fare, and S. Grosskopf (1984), "Measuring Productive Efficiency: An Application to Illinois Strip Mines," *Management Science* Vol.30, No.6, pp. 671-681.

8. Byrnes, P., R. Fare, S. Grosskopf, and C. A. K. Lovell (1988), "The Effect of Unions on Productivity: U.S. Surface Mining of Coal," *Management Science* Vol.34, No.9, pp. 1037-1053.

9. Byrnes, P., and V. Valdmanis (1994), "Analyzing Technical and Allocative Efficiency of Hospitals". In *Data envelopment analysis: Theory, Methodology, and Applications* (A. Charnes, W. W. Cooper, A. Y. Lewin, and L. M. Seiford, Eds.), pp. 129-44. Kluwer Academic Publishers, Boston.

10. Charnes, A., W. W. Cooper, B. Golany, L. Seiford, and J. Stutz (1985), "Foundations of Data Envelopment Analysis for Pareto-Koopmans Efficient Empirical Production Functions," *Journal of Econometircs*

Vol.30, No.1/2, pp. 91-107.

11. Charnes, A., W. W. Cooper, A. Y. Lewin, and L. M. Seiford (1994), "Basic DEA Models". In *Data Envelopment Analysis: Theory, Methodology, and Application* (A. Charnes, W. W. Cooper, A. Y. Lewin, and L. M. Seiford, Eds.), pp. 23-47. Kluwer Academic Publisher, Boston.

12. Charnes, A., W. W. Cooper, and E. L. Rhodes (1978), "Measuring the Efficiency of Decision Making Units," *European Journal of Operational Research* Vol.2, No.6, pp. 429-444.

13. Charnes, A., W. W. Cooper, L. Seiford, and J. Stutz (1982), "A Multiplicative Model for Efficiency Analysis," *Socio-Economic Planning Science* Vol.16, No.5, pp. 223-224.

14. Debreu, G. (1951), "The Coefficient of Resource Utilization," *Econometrica* Vol.19, pp. 273-292.

15. Deprins, D., L. Simar, and H. Tulkens (1984), "Measuring Labor Inefficiency in Post Offices". In *The Performance of Public Enterprises: Concepts and Measurements* (M. Marchand, P. Pestieau, and H. Tulkens, Eds.), pp. 243-267. North-Holland, Amsterdam.

16. Fare, R., and S. Grosskopf (1983), "Measuring Output Efficiency," *European Journal of Operational Research* Vol.13, pp. 173-179.

17. Fare, R., and S. Grosskopf (1994), *Cost and Revenue Constrained Production*, Springer-Verlag, New York.

18. Fare, R., S. Grosskopf, and C. A. K. Lovell (1985), *The Measurement of Efficiency of Production*, Kluwer Academic Publishers, Boston.

19. Fare, R., S. Grosskopf, and C. A. K. Lovell (1994), *Production Frontiers*, University Press, Cambridge, England.

20. Fare, R., S. Grosskopf, and D. Njinkeu (1988), "On Piecewise Reference Technologies," *Management Science* Vol.34, No.12, pp. 1507-1511.

21. Farrell, M. J. (1957), "The Measurement of Productive Efficiency," *Journal of the Royal Statistical Society, Series A, General* Vol.120, No.3, pp. 253-281.

22. Grosskopf, S. (1986), "The Role of the Reference Technology in Measuring Productive Efficiency," *Economic Journal* Vol.96, No.382, pp. 499-513.

23. Handerson, J. M., and R. E. Quandt (1980), *Microeconomic Theory: A Mathematical Approach*, Third Edition, McGraw-Hill Book Company, New York.

24. HasenKamp, G. (1976), "A Study of Multiple-Output Production Functions," *Journal of Econometrics* Vol.4, pp. 253-262.

25. Koopmans, T. C. (1951), "An Analysis of Production as an Efficient Combination of Activities". In *Activity Analysis of Production and Allocation* (T. C. Koopmans, Ed.), pp. 33-97. Wiley, New York.

26. Kopp, R. J., and W. E. Diewert (1982), "The Decomposition of Frontier Cost Function Deviations into Measures of Technical and Allocative Efficiency," *Journal of Econometrics* Vol.19, No.2/3, pp. 319-332.

27. Lovell, C. A. K. (1993), "Production Frontiers and Productive Efficiency." In *The Measurement of Productive Efficiency: Techniques and Applications* (H. O. Fried, C. A. K. Lovell, and S. S. Schmidt, Eds.), pp. 3-67. Oxford University Press, Oxford.

28. Petersen, N. C. (1990), "Data Envelopment Analysis on a Relaxed Set of Assumptions," *Management Science* Vol.36, No.3, pp. 305-314.

29. Seiford, L. M., and R. M. Thrall (1990), "Recent Developments in DEA: The Mathematical Programming Approach to Frontier Analysis," *Journal of Econometrics* Vol.46, No.1-2, pp. 7-38.

30. Shephard, R. W. (1970), *Theory of Cost and Production Functions*,

Princeton University Press, Princeton, NJ.

31. Takayama, A. (1985), *Mathematical Economics*, 2nd Edition, Cambridge University Press, Cambridge, England.

32. Varian, H. R. (1992), *Microeconomic Analysis, Third Edition*, W. W. Norton & Company, New York.

33. Wei, Q., and G. Yu (1997), "Analyzing Properties of K-cones in the Generalized Data Envelopment Analysis Model," *Journal of Econometrics* Vol.80, No.1, pp. 63-84.

34. Yu, G., Q. Wei, P. Brockett, and L. Zhou (1996), "Construction of All DEA Efficient Surfaces of the Production Possibility Set under the Generalized Data Envelopment Analysis Model," *European Journal of Operational Research* Vol.95, pp. 491-510.

제4장 자료포락분석의 실행

제1절 EMS 의 활용

EMS(Efficiency Measurement System)는 Scheel(2000)이 개발한 DEA 전용 소프트웨어로 학문 목적을 위해서는 비용 부담 없이 EMS 홈페이지에서 다운로드하여 사용할 수 있는 Freeware 이다.

1. EMS 의 다운로드 및 설치

<그림 4.1>은 EMS의 홈페이지의 모습을 보여주고 있다.

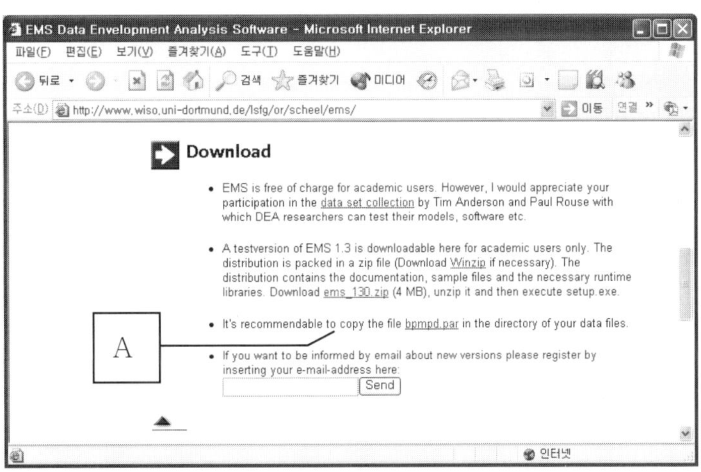

<그림 4.1> EMS 홈페이지의 모습

EMS 홈페이지의 주소는

http://www.wiso.uni-dortmund.de/lsfg/or/scheel/ems/

이다. 여기서 EMS를 다운로드할 수 있다. <그림 4.1>에서 'A'라고 표시한 부분을 마우스로 클릭하면 <그림 4.2>에 나타낸 것과 같은 '파일 다운로드' 대화상자가 나타난다.

<그림 4.2> '파일 다운로드' 대화상자

여기서 '저장'을 선택하면 <그림 4.3>에 나타낸 것과 같은 '다른 이름으로 저장' 대화상자가 나타난다.

<그림 4.3> '다른 이름으로 저장' 대화상자

여기서 적당한 디렉토리를 선택하고 '저장' 단추를 클릭하면 <그림 4.4>에 나타낸 것과 같은 저장 상태 표시상자가 나타며 파일이 다운로드되는 상태를 화면에 표시해준다.

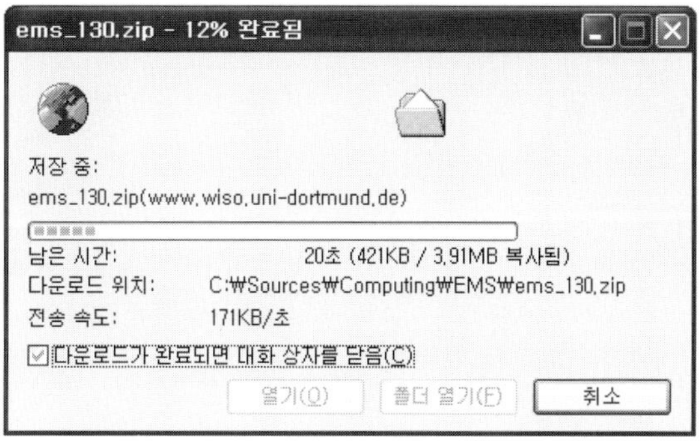

<그림 4.4> 저장 상태 표시 표시 상자

다운로드한 ems_130.zip을 적당한 디렉토리에 저장한 후 압축을 풀면 <그림 4.5>와 같은 3 개의 파일이 만들어진다.

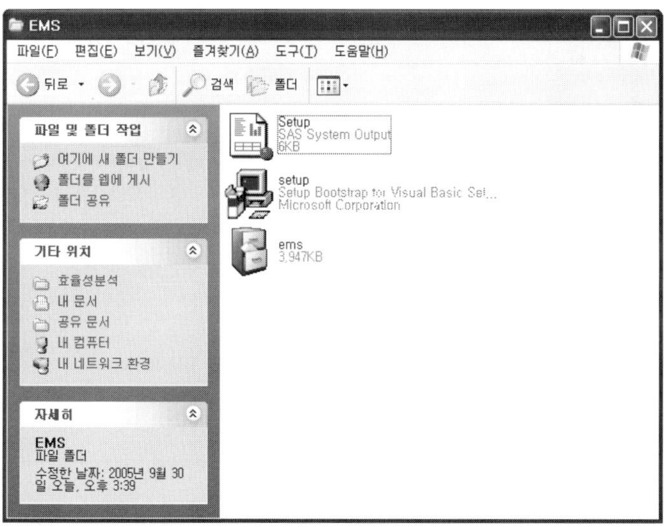

<그림 4.5> ems130.zip의 압출을 푼 상태

EMS를 설치하려면 <그림 4.5>에서 setup을 클릭해야 한다. setup을 클릭하면 <그림 4.6>에 나타낸 것과 같은 설치 초기 화면이 나타난다.

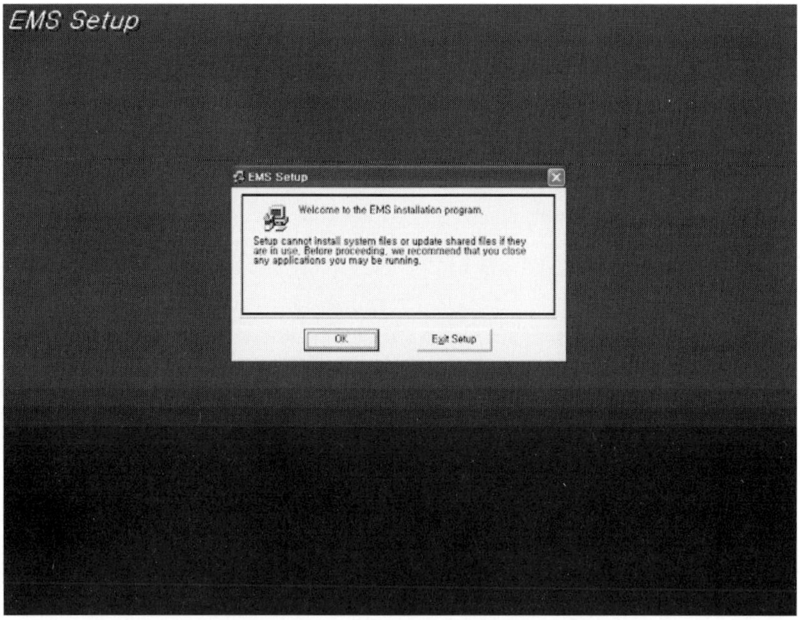

<그림 4.6> EMS 설치 초기 화면

여기서 OK를 클릭하면 <그림 4.7>에 나타낸 것과 같은 'EMS Setup' 대화상자가 나타난다.

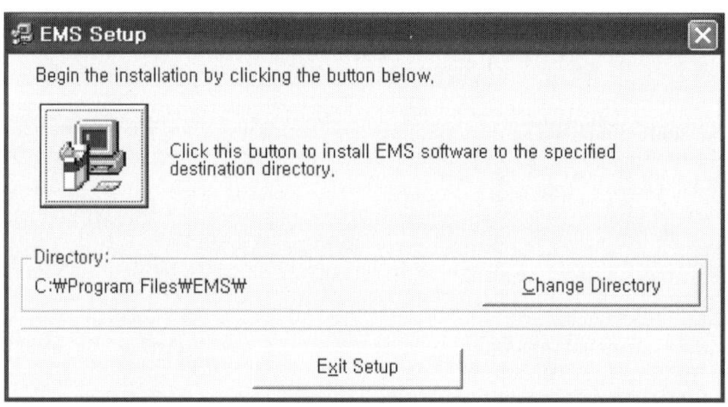

<그림 4.7> 'EMS Setup' 대화상자

<그림 4.7>에서 을 클릭하면 EMS가 설치된다.

2. 투입 · 산출 자료의 준비

EMS 는 MS Excel 로 작성된 투입 산출 자료를 처리할 수 있다. EMS 는 표준적인 투입 산출 변수뿐 아니라 DMU 가 통제할 수 없는 투입 산출 변수도 처리할 수 있다. EMS는 처리할 수 있는 DMU의 수, 투입변수의 수, 산출변수의 수에 제한이 없어 대규모 DEA 모형의 계산을 수행하는데 매우 적합한 소프트웨어이다. EMS 개발자의 계산 실험에 의하면 EMS 는 5,000 개의 DMU 를 갖고 투입 산출 변수의 수가 40 개인 DEA 모형의 계산을 문제없이 처리할 수 있었다.

투입 산출 자료를 입력하는 워크시트는 워크시트 이름을 'Data'로 설정해야 한다.

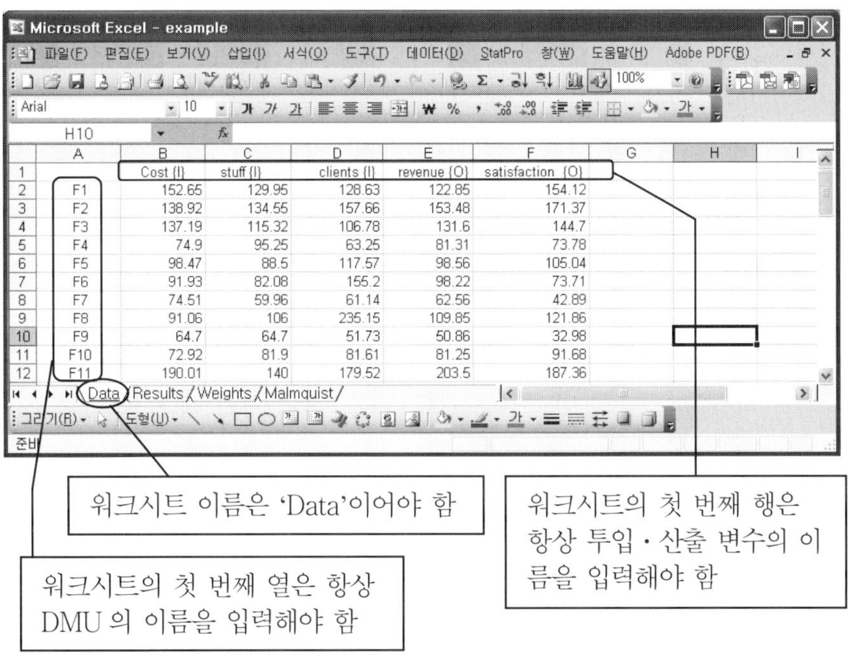

<그림 4.8> 투입 · 산출 자료파일의 예

워크시트의 이름을 'data' 처럼 모두 소문자로 입력하거나 'DATA' 처럼 모두 대문자로 입력해도 무방하다. 그러나 'Data'이외에 다른 것 예를 들면 'Data1' 또는 'InOut' 등으로 워크시트의 이름을 설정하면 투입 산출 자료가 EMS 에 Load 되지 않는다.

'Data' 워크시트의 첫 번째 행에는 항상 투입 · 산출 변수의 이름을 입력해야 하며 입력하는 순서는 투입 변수의 이름을 먼저 입력하고 산출 변수의 이름을 그 다음 순서로 입력해야 한다. <그림 4.8>에 나타나 있듯이 투입 변수의 이름 옆에는 '{I}'라고 투입 변수임을 알려주는 내용을 함께 입력해야 한다. 산출 변수의 이름 옆에는 '{O}'라고 산출 변수임을 알려주는 내용을 함께 입력해야 한다.

3. DMU 가 통제할 수 없는 투입 · 산출 변수의 처리

EMS 는 투입 변수의 이름 끝에 '{I}' 대신에 '{IN}'이 포함되어 있거나 산출 변수의 이름 끝에 '{O}' 대신에 '{ON}'이 포함되어 있을 경우 이들 투입 또는 산출 변수를 DMU 가 통제할 수 없는 투입 · 산출 변수 즉 Non-discretionary 변수로 인식한다.

4. 가중치 제약 자료의 준비

앞의 DEA이론에서는 설명하지 않았으나 DEA모형 중 승수모형(multiplier model)에서 가중치에 대한 추가적 제약을 부여한 상태에서 효율성을 계산하는 모형에 관한 이론들이 제시된 바 있다.[1] EMS 에서는 가중치에 대해서 $W(\mathbf{v}, \mathbf{u}) \geq \mathbf{0}$ 의 형태로 제약을 부여할 수 있다. 여기서 $\mathbf{v}$ 은 투입가중치 벡터이고 $\mathbf{u}$ 은 산출가중치 벡터이다. 즉 EMS 에서는 Cone Ratio 제약조건과 Assurance Region 제약조건 모두를 반영할 수 있다.

예를 들어 투입요소의 종류가 3 가지이고 산출물의 종류가 2 가지인 상황에서 첫 번째 투입가중치 v_1 과 두 번째 투입가중치 v_2 에 대해서 $v_1 \geq v_2$ 와 같은 제약을 부여하고 싶다면 가중치제약행렬(weights restriction matrix) W 에 [1 -1 0 0 0]와 같은 행을 추가하면 된다. 첫 번째 산출가중치 u_1 와 두 번째 산출가중치 u_2 의 비율 u_1 / u_2 에 대하여 $0.3 \leq u_1 / u_2 \leq 3$ 과 같은 제약을 부여하고 싶다면

---

[1] DEA 모형의 가중치 제약에 관한 이론 정리는 Allen et al (1997)을 참조하기 바람.

이를 $u_1 - 0.3u_2 \geq 0$과 $-u_1 + 3u_2 \geq 0$으로 변환한 후 이를 [0 0 0 1 -0.3]과 [0 0 0 -1 3]의 형태로 W에 추가하면 된다. 그러면 W는

$$W = \begin{pmatrix} 1 & -1 & 0 & 0 & 0 \\ 0 & 0 & 0 & 1 & -0.3 \\ 0 & 0 & 0 & -1 & 3 \end{pmatrix}$$

와 같이 된다.

<그림 4.9>는 가중치 제약 자료 파일의 예를 나타낸 것이다. 가중치 제약 자료를 MS Excel파일로 준비할 경우에는 'Data' 워크시트가 있는 Excel파일에 'Weights'라는 이름의 워크시트를 만들어 함께 작성해야 한다. 그리고 첫 번째 행은 'Data' 워크시트의 첫 번째 행과 동일한 내용이어야 한다. 'Weights' 워크시트의 첫 번째 열에는 각 제약조건의 이름을 적으면 된다.

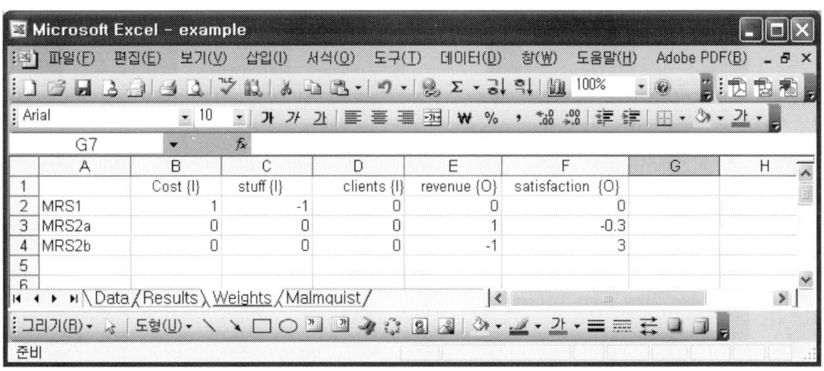

<그림 4.9> 가중치 제약 자료 파일의 예

5. EMS의 실행과 자료의 Load

앞에서 설명한 것처럼 자료를 준비한 후에는 EMS 을 클릭하여 EMS를 실행시킨다. EMS를 실행시켜면 <그림 4.10>과 같은 EMS의 초기화면이 나타난다.

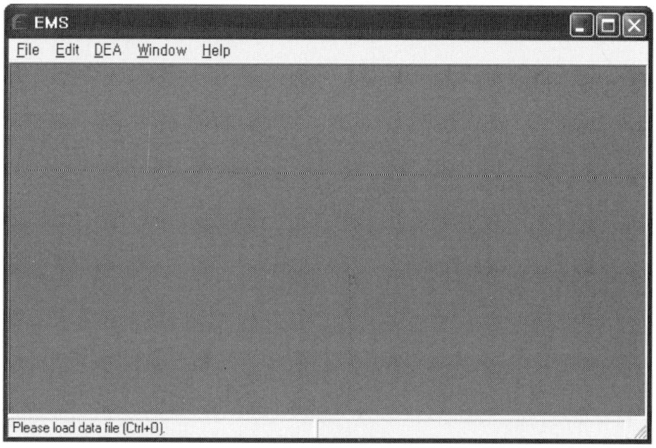

<그림 4.10> EMS 의 초기화면

여기서 'File'메뉴에 있는 'Load data (Ctrl + O)'를 선택하면 <그림 4.11>와 같은 '열기' 대화상자가 나타난다.

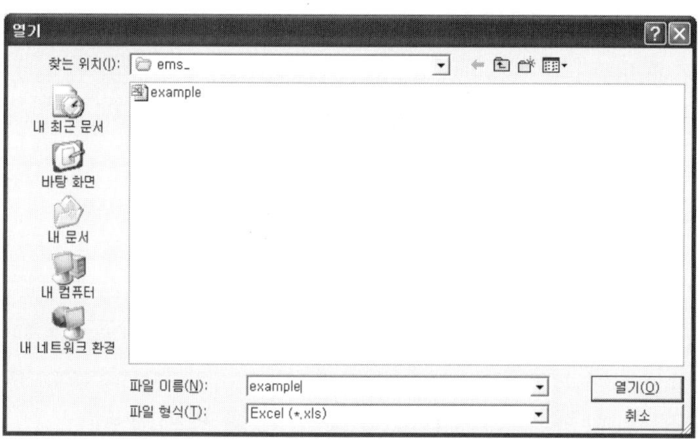

<그림 4.11> '열기' 대화상자

여기서 자료파일을 선택하여 Load 시키면 된다. 자료 파일이 성공적으로 Load 되면 EMS 화면의 하단에

Input Output Data C:\Program Files\EMS\example.xls

와 같은 메시지가 나타난다. 만약 이러한 메시지가 나타나지 않는다면 자료 파일이 성공적으로 Load 되지 못했다는 의미이다. 가중치 제약 자료를 사용하려면 EMS

의 ‘File’메뉴에 있는 ‘Load Weight Restr (Ctrl + W)’를 선택하면 된다. 이를 선택하면 <그림 4.11>와 같은 ‘열기’ 대화상자가 다시 나타나며 여기서 ‘Weights’ 워크시트가 들어 있는 MS Excel 파일을 선택하여 Load 하면 된다. 자료 파일이 성공적으로 Load 되었다면 EMS 화면의 하단 오른쪽에

Weight Restriction C:\Program Files\EMS\example.xls

와 같은 메시지가 나타난다.

6. 출력형식 설정

EMS 의 메뉴에서 ‘DEA’에 속해 있는 항목 중 ‘Format (Ctrl + F)’을 선택하면 <그림 4.12>에 나타낸 것과 같은 ‘Format’대화상자가 나타난다.

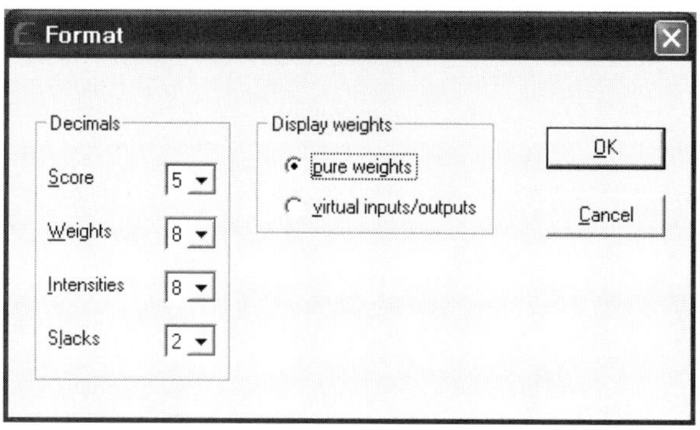

<그림 4.12> EMS 의 ‘Format’ 대화상자

‘Format’대화상자에서는 EMS 가 만들어 내는 출력결과에 대한 소수점 이하의 자리수를 지정할 수 있다. 소수점 이하의 자리수는 Score, Weights, Intensities, Slacks 등으로 구분하여 설정할 수 있는데 Score는 효율성 값을 의미하며, Weights는 승수모형의 결정변수, Intensities는 포락모형의 결정변수, Slacks 는 포락모형에서의 잔여변수를 의미한다. 이와 더불어 출력되는 가중치를 pure weights 로 할 것인지 아니면 virtual inputs/outputs으로 할 것인지를 선택할 수 있다. 여기서 pure weights는 승수모형(multiplier model)의 결정변수 자체를 의미하며 virtual inputs/outputs는 승수모형의 결정변수 값에 대응되는 투입량 또는 산출량

을 곱한 값을 의미한다.

7. 준거기술 및 효율성 계산 방법의 선택

EMS 의 메뉴에서 'DEA'에 속해 있는 'Run model (Ctrl + M)'을 선택하면 <그림 4.13>에 나타낸 것과 같은 'Run model' 대화상자가 나타난다.

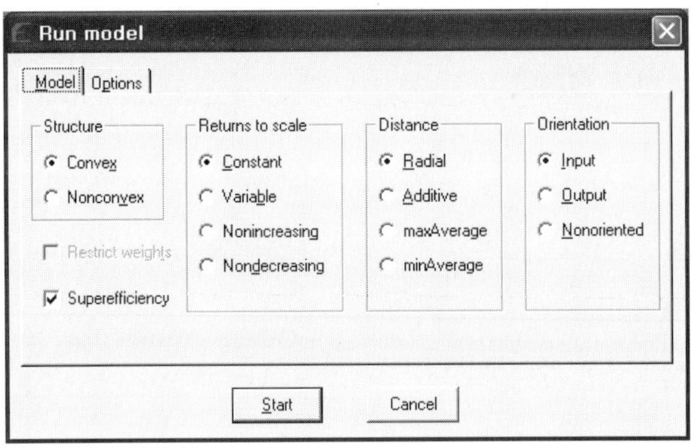

<그림 4.13> EMS 의 'Run model' 대화상자

<그림 4.13>의 'Run model' 대화상자에서 준거기술은 Structure 와 Return to Scale 에서 선택할 수 있고 효율성 계산 방법은 Distance와 Orientation에서 선택할 수 있다. Structure에서 Convex는 생산가능집합에 대해 볼록성을 가정하는 것이고 Nonconvex는 이 가정을 부여하지 않음을 의미한다. Return to Scale에서 Constnat는 불변규모수익, Variable은 변동규모수익, Nonincreasing은 비체증규모수익, Nondecreasing은 비체감규모수익을 의미한다.

제2절 DEAP 의 활용

DEAP(Data Envelopment Analysis Program)는 Coelli(1996)에 의해 FORTRAN으로 작성된 자료포락분석을 수행하기 위한 프로그램이다.

1. DEAP 의 다운로드 및 설치

<그림 4.14>는 http://www.uq.edu.au/economics/cepa/deap.htm을 나타낸 것이며 DEAP는 여기서 다운로드할 수 있다.

<그림 4.14> DEAP 를 다운로드 할 수 있는 곳의 화면 모습

<그림 4.14>에서 'deap-xp.zip'을 클릭하면 <그림 4.2>에 나타낸 것과 같은 '파일 다운로드' 대화상자가 나타나고 여기서 '저장'을 선택하면 <그림 4.3>에 나타낸 것과 같은 '다른 이름으로 저장' 대화상자가 나타난다. 여기서 적당한 디렉토리를 선택하고 '저장' 단추를 클릭하면 <그림 4.4>에 나타낸 것과 같은 저장 상태 표시상자가 나타며 파일이 다운로드되는 상태를 화면에 표시해준다. 다운로드한 'deap-xp.zip'을 적당한 디렉토리에 저장한 후 압축을 풀면 <그림 4.15>와 같이 18 개의 파일이 만들어진다.

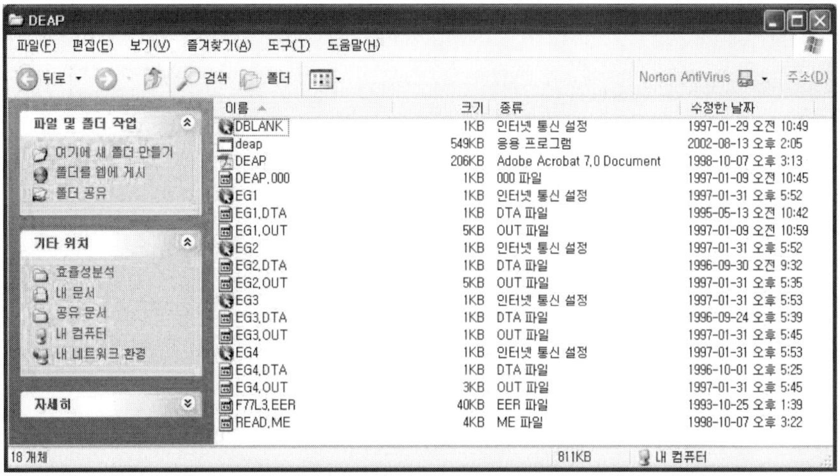

<그림 4.15> 'deap-xp.zip'의 압축을 푼 상태

2. 투입 · 산출 자료의 준비

[표 4.1]은 [표 2.3]에 나타내었던 6개 고등학교의 투입·산출 자료를 다시 나타낸 것이다.

[표 4.1] 6 개 고등학교의 투입 · 산출 자료

고등학교	투입		산출	
	학생 1 인당 교육비	비 저소득 가정 비율	작문	과학
	1	2	1	2
1	8.939	64.3	25.2	223
2	8.625	99.0	28.2	287
3	10.813	99.6	29.4	317
4	10.638	96.0	26.4	291
5	6.240	96.2	27.2	295
6	4.719	79.9	25.5	222

<그림 4.16>은 '메모장'에서 [표 4.1]의 6개 고등학교의 투입·산출 자료를 '6hs.txt' 파일로 작성한 것이다. 투입·산출 자료 파일을 작성할 때 주의할 점은

변수의 순서이다. DEAP 프로그램은 자료파일에 산출변수가 먼저 입력되어 있는 것으로 가정한다. 따라서 <그림 4.16>에 나타나 있듯이 산출인 '작문'과 '과학' 점수를 먼저 입력하고 투입인 '학생 1 인당 교육비'와 '비 저소득가정 비율'을 입력해야 한다.

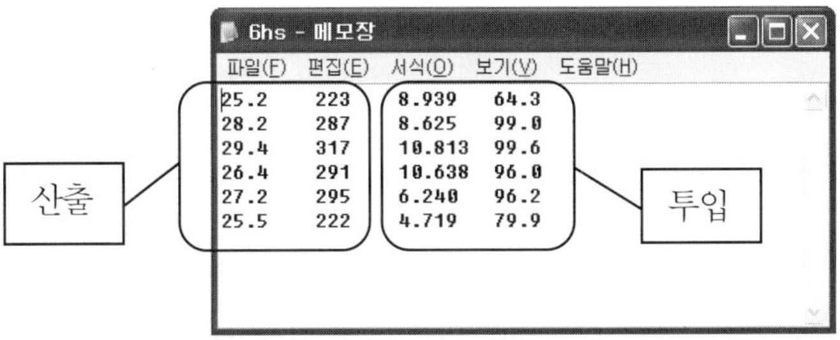

<그림 4.16> '메모장'으로 작성한 투입 · 산출 자료 파일

3. 명령어 파일의 작성

DEAP 로 효율성 분석을 수행하기 위해서는 명령어 파일을 작성해야 한다. <그림 4.17>은 <그림 4.16>에 나타낸 6 개 고등학교의 투입 · 산출 자료로 자료포락분석을 수행하기 위해 '메모장'으로 작성한 명령어 파일 '6hs.prg'이다.

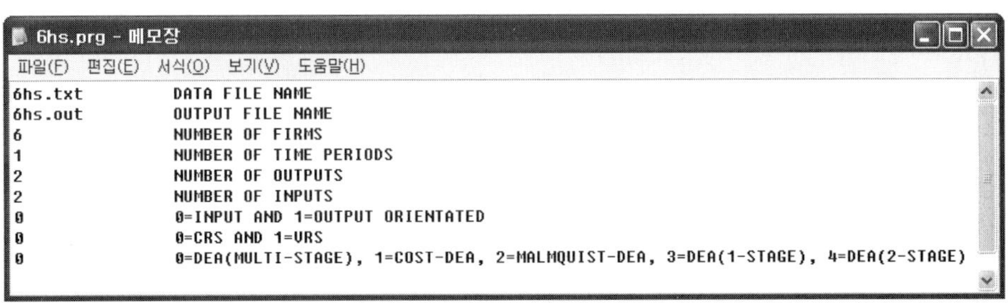

<그림 4.17> '메모장'으로 작성한 DEAP 의 명령어 파일

명령어 파일의 내용은 일정한 순서에 맞게 작성되어야 한다. 첫 번째 줄의 '6hs.txt'는 투입 · 산출 자료파일의 이름이다. 두 번째 줄의 '6hs.out'은 자료포락분석의 결과를 저장할 파일 이름이다. DEAP 를 실행하고 나면 여기서 정해놓은 이름의 파일이 새로 만들어 진다. 세 번째 줄의 '6'은 투입 · 산출 자료 파일에 입력된 DMU 의 수이다. 네 번째 줄의 '1'은 자료의 기간이 단일 기간임을 나타낸다. 다수의 기간에 걸친 자료의 경우 즉 패널 자료인 경우 여기에 기간 수를 적으면 된다. 다섯 번째 줄의 '2'는 산출 변수의 수이고 여섯 번째 줄의 '2'는 투입 변수의 수이다. 일곱 번째 줄의 '0'은 투입방향임을 나타낸다. 산출방향의 분석을 수행하려면 '1'을 입력하면 된다. 여덟 번째 줄의 '0'은 CCR 모형임을 나타낸다. BCC 모형으로 분석을 수행하려면 여기에 '1'을 입력하면 된다.

4. DEAP 의 실행

<그림 4.18>의 DEAP디렉토리에서 deap 을 더블클릭하면 DEAP 가 실행된다. 이 때 주의해야 할 점은 분석하고자 하는 투입 · 산출 자료 파일과 명령어 파일이 DEAP 디렉토리에 있어야 한다는 것이다. <그림 4.18>를 살펴보면 6 개 고등학교의 투입 · 산출 자료 파일 '6hs.txt'와 명령어 파일 '6hs.prg'가 있는 것을 알 수 있다.

<그림 4.18> DEAP 디렉토리

<그림 4.18>에서 deap 을 더블클릭하면 <그림 4.19>에 나타낸 것과 같은 화면이 나타난다. 화면의 가장 아래쪽 줄에 있는 'Enter the instruction file name:'의 오른쪽 옆에 명령어 파일을 입력하고 Enter 키를 누르면 분석이 수행되고 결과 파일인 '6hs.out'이 만들어진다.

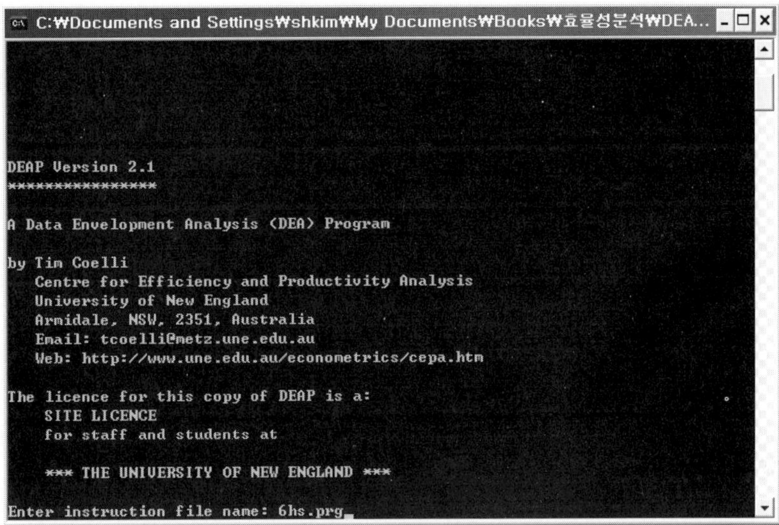

<그림 4.19> DEAP를 실행한 상태의 모습

5. 결과

다음은 '6hs.out'의 내용을 나타낸 것이다.

```
Results from DEAP Version 2.1

Instruction file = 6hs.prg
Data file        = 6hs.txt

 Input orientated DEA

 Scale assumption: CRS

 Slacks calculated using multi-stage method


 EFFICIENCY SUMMARY:

  firm    te
    1  1.000
    2  0.910
    3  0.964
```

```
  4  0.914
  5  1.000
  6  1.000

mean  0.965


SUMMARY OF OUTPUT SLACKS:

firm  output:           1          2
  1                 0.000      0.000
  2                 0.212      0.000
  3                 3.908      0.000
  4                 4.355      0.000
  5                 0.000      0.000
  6                 0.000      0.000

mean                1.413      0.000


SUMMARY OF INPUT SLACKS:

firm  input:            1          2
  1                 0.000      0.000
  2                 0.000      0.000
  3                 0.000      0.000
  4                 0.000      0.000
  5                 0.000      0.000
  6                 0.000      0.000

mean                0.000      0.000


SUMMARY OF PEERS:

 firm  peers:
  1      1
  2      5    1
  3      5    1
  4      5    1
  5      5
  6      6


SUMMARY OF PEER WEIGHTS:
```

```
 (in same order as above)

 firm  peer weights:
   1   1.000
   2   0.655 0.420
   3   0.410 0.880
   4   0.347 0.846
   5   1.000
   6   1.000


PEER COUNT SUMMARY:
 (i.e., no. times each firm is a peer for another)

 firm  peer count:
   1      3
   2      0
   3      0
   4      0
   5      3
   6      0



SUMMARY OF OUTPUT TARGETS:

firm  output:           1          2
   1             25.200    223.000
   2             28.412    287.000
   3             33.308    317.000
   4             30.755    291.000
   5             27.200    295.000
   6             25.500    222.000


SUMMARY OF INPUT TARGETS:

firm  input:            1          2
   1              8.939     64.300
   2              7.845     90.052
   3             10.419     95.968
   4              9.726     87.773
   5              6.240     96.200
   6              4.719     79.900
```

```
 FIRM BY FIRM RESULTS:


Results for firm:      1
Technical efficiency = 1.000
 PROJECTION SUMMARY:
  variable              original          radial          slack       projected
                           value        movement       movement           value
 output      1            25.200           0.000          0.000          25.200
 output      2           223.000           0.000          0.000         223.000
 input       1             8.939           0.000          0.000           8.939
 input       2            64.300           0.000          0.000          64.300
 LISTING OF PEERS:
  peer    lambda weight
    1        1.000


Results for firm:      2
Technical efficiency = 0.910
 PROJECTION SUMMARY:
  variable              original          radial          slack       projected
                           value        movement       movement           value
 output      1            28.200           0.000          0.212          28.412
 output      2           287.000           0.000          0.000         287.000
 input       1             8.625          -0.780          0.000           7.845
 input       2            99.000          -8.948          0.000          90.052
 LISTING OF PEERS:
  peer    lambda weight
    5        0.655
    1        0.420


Results for firm:      3
Technical efficiency = 0.964
 PROJECTION SUMMARY:
  variable              original          radial          slack       projected
                           value        movement       movement           value
 output      1            29.400           0.000          3.908          33.308
 output      2           317.000           0.000          0.000         317.000
 input       1            10.813          -0.394          0.000          10.419
 input       2            99.600          -3.632          0.000          95.968
 LISTING OF PEERS:
  peer    lambda weight
```

```
   5      0.410
   1      0.880


Results for firm:     4
Technical efficiency = 0.914
 PROJECTION SUMMARY:
  variable            original       radial        slack     projected
                         value     movement     movement         value
 output     1           26.400        0.000        4.355        30.755
 output     2          291.000        0.000        0.000       291.000
 input      1           10.638       -0.912        0.000         9.726
 input      2           96.000       -8.227        0.000        87.773
 LISTING OF PEERS:
  peer   lambda weight
    5      0.347
    1      0.846


Results for firm:     5
Technical efficiency = 1.000
 PROJECTION SUMMARY:
  variable            original       radial        slack     projected
                         value     movement     movement         value
 output     1           27.200        0.000        0.000        27.200
 output     2          295.000        0.000        0.000       295.000
 input      1            6.240        0.000        0.000         6.240
 input      2           96.200        0.000        0.000        96.200
 LISTING OF PEERS:
  peer   lambda weight
    5      1.000


Results for firm:     6
Technical efficiency = 1.000
 PROJECTION SUMMARY:
  variable            original       radial        slack     projected
                         value     movement     movement         value
 output     1           25.500        0.000        0.000        25.500
 output     2          222.000        0.000        0.000       222.000
 input      1            4.719        0.000        0.000         4.719
 input      2           79.900        0.000        0.000        79.900
 LISTING OF PEERS:
  peer   lambda weight
    6      1.000
```

제3절 SAS/IML 의 활용

SAS에 포함되어 있는 SAS/IML 은 행렬을 기본적인 연산의 대상으로 하며 구문이 행렬代數와 매우 유사하여 프로그램을 읽거나 작성하기 편리한 모형구축 언어이다. 여기서는 CCR포락모형을 SAS/IML언어로 작성하는 과정을 소개한다. 먼저 선형계획법문제의 최적해를 구하는 mlinprog 모쥴을 소개하고 CCR 포락모형을 SAS/IML 언어로 번역한 ccrie 모쥴을 소개한다.

1. mlinprog 모쥴

SAS/IML의 예제프로그램 라이브러리에는 여러 가지 예제프로그램이 들어 있는데 그 중에서 'linear programming'이라는 예제프로그램에는 'linprog'라는 모쥴이 포함되어 있다. 'linprog'는 SAS/IML에 내장되어 있는 선형계획법 서브루틴 'lp'를 호출하여 선형계획법문제의 최적해를 이국면법(二局面法, two-phase method)으로 계산하도록 작성된 모쥴이다. 여기서는 'linprog'의 일부를 수정하여 'mlinprog'를 만들고 이를 ccrie 모쥴에서 사용한다.

1) mlinprog 모쥴의 작성과 저장

아래의 모쥴은 SAS의 예제프로그램 라이브러리에 들어있는 선형계획법 예제프로그램 'linear programming'의 일부분인 'linprog'모쥴을 다시 적어놓은 것이다. 여기서는 ccrie 모쥴에서 사용하기 위해 'linprog'를 수정하여 'mlinprog'를 작성하는 방법과 이를 목록파일에 저장하는 방법, 그리고 선형계획법문제의 계산과정에서 사용되는 가상 0(假想零, virtual zero)의 값을 변경시키는 방법을 소개한다.

(1) linprog 모듈

줄번호 코드

```
start linprog( names, obj, maxormin, coef, rel, rhs, activity);
bound = 1.0e10;
m = nrow(coef);
n = ncol(coef);
 /*--------------------convert to maximization------------------*/
if upcase(maxormin)='MIN' then o=-1; else o=1;
  /*--------------------build logical variables-------------------*/
 rev = ( rhs < 0 );
 adj = (-1 * rev) + ^rev ;
 ge  = (( rel = '>=' ) & ^rev) | (( rel = '<=' ) & rev);
 eq  =  ( rel = '='  );
 if max(ge)=1 then do;
    sr = I(m);
    logicals = -sr[,loc(ge)] || I(m);
    artobj   = repeat(0,1,ncol(logicals)-m) || (eq + ge)` ;
    end;
 else do;
    logicals = I(m); artobj = eq` ;
    end;
 nl = ncol(logicals);
 nv = n + nl + 2;
  /*--------------------build coef matrix---------------------*/
 a = ( (o*obj)       || repeat(0,1,nl)   || { -1  0 } ) //
     ( repeat(0,1,n) || -artobj          || {  0 -1 } ) //
     ( (adj # coef)  || logicals         || repeat(0,m,2) );
  /*-- rhs, lower bounds and basis --*/
```

```
b = {0,0} // (adj # rhs);

l = repeat(0,1,nv-2) || -bound || -bound ;

basis = nv - (0:nv-1);

 /*---------------phase 1 - primal feasibility---------------*/

call lp(rc,x,y,a,b,nv,,l,basis);
reset noname;
print ( { ' ',
          '**********Primal infeasible problem************',
          ' ',
          '*********Numerically unstable problem**********',
          '*********Singular basis encountered************',
          '*******Solution is numerically unstable********',
          '***Subroutine could not obtain enough memory***',
          '**********Number of iterations exceeded********'}[rc+1]);


if x[nv]^=0 then do;
   print '**********Primal infeasible problem************';
   stop;
   end;
if rc>0 then stop;

 /*--------------phase 2 - dual feasibility------------------*/

u = repeat(.,1,nv-2) || { . 0 }     ;
l = repeat(0,1,nv-2) || -bound || 0 ;

call lp(rc,x,y,a,b,nv-1,u,l,basis);

 /*--------------- report the solution-----------------------*/

print ( { '*************Solution is optimal***************',
          '*********Numerically unstable problem**********',
          '**************Unbounded problem****************',
          '*******Solution is numerically unstable********',
          '*********Singular basis encountered************',
          '*******Solution is numerically unstable********',
          '***Subroutine could not obtain enough memory***',
          '**********Number of iterations exceeded********'}[rc+1]);
```

```
83 reset name;
84 value = o*x[nv-1];
85 print ,'Objective Value ' value;
86
87 activity = x[1:n];
88 print ,'Decision Variables ' activity[r=names];
89
90
91 lhs = coef*x[1:n]; dual = y[3:m+2];
92 print ,'Constraints ' lhs rel rhs dual,
93          '********************************************';
94
95 finish;
```

(2) linprog 의 수정

ccrie모쥴에서 'linprog'를 사용하기 위해 수정해야 할 항목들을 요약하면 다음과 같다. 1번 줄에서 'linprog'를 수정한 것임을 나타내기 위해 모쥴 이름을 'mlinprog'로 변경한다. ( )안의 인수 중에서 'names'를 삭제하고 새로운 인수 'value'와 'dual'을 추가한다. 즉 1번 줄을 다음과 같이 변경한다.

```
start mlinprog(obj,maxormin,coef,rel,rhs,value,activity,dual);
```

49 번부터 57 번 줄까지, 61 번, 75 번부터 83 번 줄까지, 85 번, 88 번, 92 번부터 93 번 줄까지를 삭제한다.

(3) 가상 0 의 재설정

'linprog'는 SAS/IML 자체에 내장되어 있는 선형계획법문제를 풀기 위한 서브루틴 'lp'를 호출해서 사용한다.[2] 앞의 ' linprog' 코드를 살펴보면 48 번 줄과 71 번 줄에서 각각 'lp'를 호출하고 있다. 48 번 줄은 실행가능해를 찾기 위한 제 1 국면 문제를 풀기 위한 것이고 71 번 줄은 최적해를 찾기 위한 제 2 국면 문제를 풀기 위한 것이다. 'lp'에서는 가상 0 의 값을 1.0E-8로 사용한다. 즉 계산과정에서

---

[2] 'lp'에 대한 자세한 내용은 SAS Institute Inc.(1990, pp. 370-373) 참조

나타나는 수치가 1.0E-8 보다 작으면 0 으로 간주한다. 이 값은 사용자가 변경시킬 수 있는데, 예를 들면 제 2 국면 문제의 계산에서 가상 0 을 1.0E-15 로 변경시키고자 할 때는 71 번 줄을

```
cntl = nv-1||{9999 9999 1.0E-15}; call lp(rc,x,y,a,b,cntl,u.l,basis);
```

으로 교체하면 된다.

(4) mlinprog 의 저장

'mlinprog'를 호출하기 위해서는 SAS/IML 환경 內에서 'mlinprog'가 정의되어 있어야 한다. SAS/IML의 PROGRAM EDITOR 에서 'mlinprog'를 타이핑 한 후 이를 한번 실행하면 'mlinprog'가 정의된다. 정의된 모쥴을 목록파일에 저장하지 않으면 사용할 때마다 새로 정의해야 한다. 'mlinprog'가 정의된 상태에서 이를 목록파일에 저장하는 절차는 다음과 같다.

아래의 명령어는 드라이브 'c'에 있는 디렉토리 'work'를 SAS/IML에서 'mlib'라는 이름의 라이브러리로 설정한다.

```
libname mlib 'c:₩work';
```

다음 명령어는 SAS/IML에서 정의된 모쥴이나 행렬을 저장하거나 인출 또는 호출하기 위한 목록파일의 이름을 'dea'로 설정한다.

```
reset storage=mlib.dea;
```

다음 명령어는 'mlinprog'를 앞에서 설정한 목록파일에 저장한다.

```
store module=mlinprog;
```

2) mlinprog 의 사용방법

'mlinprog'는 다음과 같은 선형계획법문제의 최적해를 이국면법으로 계산한다.

Maximize $\mathbf{c}^T \mathbf{v}$

subject to $\mathbf{Av} \ \le, \ =, \ \ge \ \mathbf{b}$

and $\mathbf{v} \ge 0$

여기서

$\mathbf{c}$ = 기여계수벡터

$\mathbf{A}$ = 기술계수행렬

$\mathbf{b}$ = 우변상수벡터

$\mathbf{v}$ = 결정변수벡터

'mlinprog'의 사용방법과 기본적인 SAS/IML구문을 살펴보기 위해 다음과 같은 선형계획법문제를 예로 사용해보자.

Maximize $38v_1 + 50v_2 + 35v_3$

Subject to

$$\begin{aligned} 2v_1 + 2v_2 + v_3 &\le 132 \\ 2v_2 + 3v_3 &\le 140 \\ 3v_1 + v_2 + 2v_3 &\le 144 \\ 0.5v_1 + 0.5v_2 + 0.5v_3 &\le 40 \end{aligned}$$

and $v_1, v_2, v_3 \ge 0$

다음은 위의 선형계획법문제의 최적해를 구하기 위한 프로그램이다.

선형계획법문제의 최적해를 구하기 위한 SAS/IML code

줄번호 코드

```
proc iml;
reset storage=mlib.dea;
c = { 38 50 35 };
A = {  2  2  1, 0  2  3, 3  1  2, 0.5 0.5 0.5 };
b = { 132, 140, 144, 40 };
rel = j(4,1,'<=');
call mlinprog(c, 'max', A, rel, b, obj_val, primal, dual);
print obj_val primal dual;
```

1 번 줄에 있는 'proc iml;'은 SAS/IML언어를 사용할 수 있는 환경으로 전환시켜준다.

2 번 줄에 있는 명령어는 'mlinprog'를 불러오기 위한 SAS라이브러리 이름을 'mlib'로, 그리고 SAS목록파일(SAS Catalog)이름을 'dea'로 지정해 준다. 이 명령이 정상적으로 작동하기 위해서는 'mlib'라는 이름의 라이브러리와 'dea'라는 이름의 목록파일이 이미 만들어져 있어야 한다. 7 번 줄에서 'mlinprog'모쥴을 불러오기위한 명령어 'call'이 사용되었는데, 이 명령이 정상적으로 작동하려면 2 번 줄에서 지정한 목록파일에 'mlinprog'가 저장되어 있어야 한다. 라이브러리 'mlib'를 설정하고, 라이브러리 'mlib'내의 목록파일 'dea'에 'mlinprog'모쥴을 저장하는 방법은 앞에서 제시하였다.

3 번, 4 번, 5 번 줄에 있는 명령어들은 각각 $\mathbf{c}$, $\mathbf{A}$, $\mathbf{b}$ 라는 이름의 다음과 같은 행렬을 구성한다.

$$\mathbf{c}^T = \begin{pmatrix} 38 & 50 & 35 \end{pmatrix}$$

$$\mathbf{A} = \begin{pmatrix} 2 & 2 & 1 \\ 0 & 2 & 3 \\ 3 & 1 & 2 \\ 0.5 & 0.5 & 0.5 \end{pmatrix} \quad \mathbf{b} = \begin{pmatrix} 132 \\ 140 \\ 144 \\ 40 \end{pmatrix} \quad rel = \begin{pmatrix} \le \\ \le \\ \le \\ \le \end{pmatrix}$$

6 번 줄에 있는 명령어는 4 행 1 열 크기를 갖고 행렬요소로 모두 '<='를 갖는 'rel'이라는 이름의 행렬을 구성한다.

7 번 줄에 있는 명령어는 'mlinprog'를 불러오고 이를 실행시킨다. 'mlinprog'를 사용하려면 8개의 인수를 지정해 주어야 하는데 앞에서부터 순서대로 5개는 'mlinprog'에게 자료를 전달하는 인수이고 그 다음에 있는 3 개는 'mlinprog'로부터 자료를 전달받는 인수이다. 첫 번째 인수는 기여계수행렬이어야 한다. 두 번째 인수는 최대화를 나타내는 'max'이거나 최소화를 나타내는 'min'이어야 한다. 세 번째 인수는 기술계수행렬이어야 한다. 네 번재 인수는 제약조건의 부등호나 등호를 요소로 갖는 행렬이어야 한다. 다섯 번째 인수는 우변상수행렬이어야 한다. 여섯

번째 인수는 목적함수값을 되돌려 받는다. 일곱 번째 인수는 결정변수의 최적해 값을 되돌려 받는다. 마지막 인수는 쌍대변수의 최적해 값을 되돌려 받는다.

8 번 줄에 있는 명령어는 'obj_val', 'primal', 'dual'라는 이름의 행렬이 갖고 있는 요소값들을 출력시킨다. 그 출력결과는 다음과 같다.

```
OBJ_VAL    PRIMAL     DUAL
   3340         0       20
               64        5
                4        0
                         0
```

여기서 'OBJ_VAL' 아래의 숫자는 목적함수값을 의미한다. 'PRIMAL' 아래의 숫자들은 순서대로 결정변수 v_1, v_2, v_3의 최적해를 의미한다. 'DUAL' 아래의 숫자들은 순서대로 첫 번째 제약조건부터 네 번째 제약조건까지의 쌍대변수의 최적해를 의미한다.

2. ccrie 모쥴

아래의 표는 6 개 고등학교의 투입·산출 자료를 다시 나타낸 것이다.

고등학교	투입		산출	
	학생 1 인당 교육비	비 저소득 가정 비율	작문	과학
1	8.939	64.3	25.2	223
2	8.625	99.0	28.2	287
3	10.813	99.6	29.4	317
4	10.638	96.0	26.4	291
5	6.240	96.2	27.2	295
6	4.719	79.9	25.5	222

1) 투입 · 산출 자료의 행렬 표현

위의 6 개 고등학교의 투입 · 산출 자료를 행렬로 표현할 수 있다. 투입자료를 행렬 $\mathbf{X}$ 로 산출자료를 행렬 $\mathbf{Y}$ 로 다음과 같이 나타낼 수 있다.

$$\mathbf{X}_{\{m\times n\}} = \begin{pmatrix} 8.939 & 8.625 & 10.813 & 10.638 & 6.240 & 4.719 \\ 64.3 & 99.0 & 99.6 & 96.0 & 96.2 & 79.9 \end{pmatrix}$$

$$\mathbf{Y}_{\{s\times n\}} = \begin{pmatrix} 25.2 & 28.2 & 29.4 & 26.4 & 27.2 & 25.5 \\ 223 & 287 & 317 & 291 & 295 & 222 \end{pmatrix}$$

여기서, 아래첨자로 붙어 있는 { }안은 행렬의 크기를 나타낸다.

2) CCR 포락모형의 행렬 표현

투입자료행렬 $\mathbf{X}$ 와 산출자료행렬 $\mathbf{Y}$ 의 k 번째 열, 즉 DMUk 의 투입과 산출을 각각 $\mathbf{x}_k$ 와 $\mathbf{y}_k$ 로 나타내자. 그리고 포락모형의 결정변수 λ_{jk}, $j = 1, 2, ..., n$ 를 벡터 $\boldsymbol{\lambda}_k = (\lambda_{1k}, \lambda_{2k}, \cdots, \lambda_{nk})$ 로 나타내자. 그러면 투입 · 산출자료 $\mathbf{X}$, $\mathbf{Y}$ 로부터 DMUk 의 효율성 점수 θ_k 와 $\boldsymbol{\lambda}_k$ 를 계산하는 투입방향 CCR 포락모형 ccrie$k$ (θ_k, $\boldsymbol{\lambda}_k$; $\mathbf{X}$, $\mathbf{Y}$)은 투입방향 CCR포락모형을 행렬로 다시 나타내어 다음과 같은 선형계획법문제로 표현할 수 있다.

투입방향 CCR 포락모형

ccrie$k$ (θ_k, $\boldsymbol{\lambda}_k$; $\mathbf{X}$, $\mathbf{Y}$) $\equiv$

$$\begin{aligned} &\text{Minimize} \quad \theta_k \\ &\text{Subject to} \quad \theta \mathbf{x}_k - \mathbf{X}\boldsymbol{\lambda}_k \geq \mathbf{0} \\ &\qquad\qquad\quad \mathbf{Y}\boldsymbol{\lambda}_k \geq \mathbf{y}_k \\ &\qquad\qquad\quad \boldsymbol{\lambda}_k \geq \mathbf{0} \end{aligned} \tag{4.1}$$

식 (4.1)의 계산 결과 θ_k, $\boldsymbol{\lambda}_k$ ($k = 1, 2, \cdots, n$)를 보관하기 위한 행렬을 각각

$$\boldsymbol{\Theta} = \begin{pmatrix} \theta_1 \\ \theta_2 \\ \vdots \\ \theta_n \end{pmatrix} \qquad \boldsymbol{\Lambda} = \begin{pmatrix} \boldsymbol{\lambda}_1 \\ \boldsymbol{\lambda}_2 \\ \vdots \\ \boldsymbol{\lambda}_n \end{pmatrix}$$

로 나타내자.

모든 DMUs 를 평가하려면 각 DMU 에 대해 구성한 n 개의 선형계획법문제를 반복해서 각각 계산해야 하며 이 과정은 <그림 4.20>과 같은 흐름도로 요약할 수 있다.

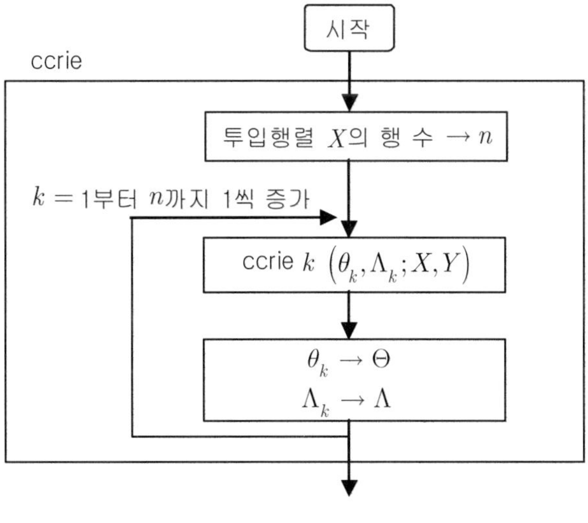

<그림 4.20> CCR 포락모형의 계산 흐름도

'mlinprog'를 호출해서 사용하려면 선형계획법문제 식 (4.1)의 기여계수 $\mathbf{c}$, 기술계수행렬 $\mathbf{A}$, 우변상수 $\mathbf{b}$ 가 필요하다. 이 행렬들은 다음과 같이 나타낼 수 있다.

$$\mathbf{c}_{\{1\times(1+n)\}} = \begin{pmatrix} 1 & 0 & \cdots & 0 \end{pmatrix}$$

$$\mathbf{A}_{\{(s+m)\times(1+n)\}} = \begin{pmatrix} \mathbf{x}_{k\,\{m\times1\}} & -\mathbf{X}_{\{m\times n\}} \\ \mathbf{0}_{\{s\times1\}} & \mathbf{Y}_{\{s\times n\}} \end{pmatrix}$$

$$\mathbf{b}_{\{(s+m)\times 1\}} = \begin{pmatrix} \mathbf{0}_{\{m\times 1\}} \\ \mathbf{y}_{k\,\{s\times 1\}} \end{pmatrix}$$

아래의 모쥴 ccrie는 <그림 4.20>에서 ccrie로 나타낸 부분을 SAS/IML언어로 번역한 것이다. 여기서 /*과 */사이에 나타낸 문자는 각 줄에서 만들어지는 행렬을 위에서 나타낸 행렬표기문자에 대응시킨 것이다.

CCRIE 모쥴

```
줄번호  코드
  1     start ccrie(Theta,Lambda,X,Y);
  2        n = nrow(X);
  3        m = ncol(X);
  4        s = ncol(Y);
  5        X = t(X);    /*  X  */
  6        Y = t(Y);    /*  Y  */
  7        Theta=j(n,1,0.);
  8        Lambda=j(n,n,0.);
  9        do k = 1 to n;
 10           C = { 1 } || j(1,n,0);       /*  c  */
 11           A = ( X[,k]    || -X) //     /*  A  */
 12               ( j(s,1,0) ||  Y);
 13           B = j(m,1,0) // Y[,k];        /*  b  */
 14           rel = j(s+m,1,'>=');
 15           call mlinprog(C,'min',A,rel,B,Eff,Z,Zd);
 16           Theta[k] = Z[1];              /*  Θ  */
 17           Lambda[k,] = t(Z[2:n+1]);     /*  Λ  */
 18        end;
 19        X = t(X);
 20        Y = t(Y);
 21     finish;
```

1번 줄에서 ‘start’는 모쥴의 시작을 나타낸다. 모쥴의 끝은 21번 줄에 있는 ‘finish’로 나타낸다. ‘start’의 오른쪽에 있는 ccrie(Theta,Lambda,X,Y)에서 ‘ccrie’은 사용자가 지정해 주는 모쥴의 이름이다. ‘ccrie’을 호출하는 방법은 ‘mlinprog’의 경우와 마찬가지로 명령어 ‘call’ 또는 ‘run’을 사용하면 된다.

2 번 줄에 있는 명령어는 투입행렬 의 행數, 즉 DMUs 의 數를 'n'에 저장한다. 여기서 저장된 'n'은 9 번 줄과 17 번 줄에서 사용된다.

3 번 줄과 4 번 줄은 <그림 4.20>의 흐름도에는 나타내지 않았지만 9 번 줄과 12 번 줄에서 필요한 투입요소의 數 'm'과 산출물의 數 's'를 저장한다.

9번 줄에 있는 명령어는 'k'의 값을 1 부터 'n'까지 1 씩 증가시키면서 10번 줄부터 17번 줄까지의 명령어들을 반복수행한다. 18번 줄에 있는 'end'는 반복할 명령어집합의 끝부분을 나타낸다. 10번 줄부터 15번 줄까지가 <그림 4.20>의 ccrie$k(\theta_k, \boldsymbol{\lambda}_k ; \mathbf{X}, \mathbf{Y})$에 대응되는 부분이다. 16번 줄과 17번 줄에 있는 명령어는 θ_k, $\boldsymbol{\lambda}_k (k = 1, 2, \cdots, n)$를 행렬 $\boldsymbol{\Theta}$, Λ 에 보관한다.

모쥴 'ccrie'을 저장하는 방법은 'mlinprog'을 저장하는 방법과 같다. 다음 명령은 드라이브 'c'의 'work'디렉토리를 SAS/IML에서 'mlib'라는 이름의 라이브러리로 설정하고 여기에 'dea'라는 이름의 목록파일을 설정한다. 그리고 모쥴 'ccrie'을 정한다.

```
libname mlib 'c:₩work';
reset storage=mlib.dea;
store module=ccrie;
```

3. 실행예제

앞절에서 작성한 모쥴 'ccrie'의 사용규칙을 요약하면 다음과 같다.

call ccrie(Theta, Lambda, X, Y);

입력인수

X : 크기 n×m 의 투입자료 행렬

Y : 크기 n×s 의 산출자료 행렬

출력인수

Theta : 크기 n×1 의 효율성점수 행렬 Θ

Lambda : 크기 n×n 의 행렬 Λ

아래의 자료는 25 개 미국사립대학연구도서관의 1997-98학년도 투입 및 산출 자료이다.[3] 총장서수(X1)는 도서관이 소장하고 있는 volume의 수를 의미하며 volume 은 인쇄, 타이프 또는 손으로 직접 쓴 물리적으로 구별되는 자료의 단위로 정의된다. 노동력(X2)은 도서관에 고용된 종업원의 수를 의미한다. 운영비용(X3)은 도서관의 예산에서 자료구입비용, 제본비용, 종업원임금을 제외한 모든 비용을 의미한다. 總대출건수(Y1)는 최초대출건수와 대출연기건수를 모두 합한 수를 의미한다. 도서관간 자료협조건수(Y2)는 他도서관이 요청한 자료를 보내준 건수와 他도서관에 요청해서 자료를 받은 건수를 합한 수를 의미한다. 자료관련 상담건수(Y3)는 도서관의 종업원이 자료의 출처를 알려주거나 자료를 해석해 주거나 추천해 주는 것 등과 같은 상담을 해준 건수를 의미한다.

데이터셋 ARL

```
data ARL;
input DMU $ 1-22 X1 X2 X3 Y1 Y2 Y3;
label DMU='도서관' X1='총장서數' X2='노동력' X3='운영비용'
Y1='총대출건수' Y2='도서관간 자료협조건수' Y3='자료관련 상담건수';
cards;
Boston U               2129423  289  1842734   456571   35172   66185
Brigham Young          2500849  304  1821800   733720   45880  398718
Brown                  2978970  241  3621081   272192   30727   63341
Case Western Reserve   1996479  172  1252339   179170  130145   83223
Chicago                6271045  336  3757486   724930   53253   69004
Columbia               7018408  516  3194047   798503   52160  150475
Cornell                6260779  562  4052863  1105680   49962  193650
Duke                   4764033  359  3896238   522942   82546  137037
Emory                  2442504  297  4560948   386109   53166  108293
George Washington      1848636  246  2148307   388245   72248  179404
Georgetown             2363799  262  2979320   530208   24942  147644
Howard                 2372112  188  5229215   216351   11530   95900
Johns Hopkins          3275082  316  4001586   634903   44489  132058
MIT                    2532175  217  1828445   564119   37099   79651
Miami                  2165040  221  1615182   184067   58822  190782
Northwestern           3954204  351  2029635   366614   63729  123857
Notre Dame             2644486  237  2405703   375760   31819   56516
Pennsylvania           4672777  393  7544145   497286   56736  394240
```

[3] 이 자료는 Kwak and Kim(2000)에서 사용되었던 투입・산출자료임.

```
Rochester                 2992304  214  2223800   387131  43216   62975
Southern California       3480853  339  5844566   643330  24713  162706
Stanford                  6997003  601  9023677  1111611  32426  114247
Tulane                    2148660  203  2079857   357693  25513   57867
Vanderbilt                2512072  291  2152493   345503  28582   92528
Washington-St. Louis      3296358  287  5258647   412624  50201  123062
Yale                     10108371  611  6827000   741583  34753  325216
;
run;
```

다음 명령어는 SAS/IML 환경으로 전환시키고 데이터셋 'ARL'을 SAS/IML 환경에서 사용할 수 있도록 해준다.

```
proc iml;
use ARL;
```

다음 명령어는 데이터셋 'ARL'에 들어있는 변수 'dmu'로 행렬 'dmuname'를, 'X1', 'X2', 'X3'로 행렬 'X'를, 'Y1', 'Y2', 'Y3'로 행렬 'Y'를 만든다.

```
read all var {dmu} into dmuname;
read all var {X1 X2 X3} into X;
read all var {Y1 Y2 Y3} into Y;
```

다음 명령어는 라이브러리 'mlib'내에 있는 목록파일 'dea'를 모쥴 또는 행렬을 불러오거나 저장하기 위한 장소로 재설정한다.

```
reset storage=mlib.dea;
```

다음 명령어는 모쥴 "CCR"을 불러온 다음 이를 실행한다.

```
call ccrie(Theta, Lambda, X, Y);
```

아래의 명령어는 행렬 'Theta'의 각 요소에 대한 평균을 계산하여 이를 'ATheta'에 입력하고, 'Theta'와 'ATheta'를 출력한다.

```
ATheta = Theta[:];  /* 평균계산 */
print dmuname Theta[f=10.4] ATheta;
```

다음은 출력결과이다.

```
DMUNAME                       THETA    ATHETA

Boston U                      0.7649 0.7352345
Brigham Young                 1.0000
Brown                         0.4870
Case Western Reserve          1.0000
Chicago                       0.8444
Columbia                      0.6406
Cornell                       0.7848
Duke                          0.6860
Emory                         0.6725
George Washington             1.0000
Georgetown                    0.8238
Howard                        0.4683
Johns Hopkins                 0.8043
MIT                           1.0000
Miami                         0.8084
Northwestern                  0.5850
Notre Dame                    0.6434
Pennsylvania                  0.7909
Rochester                     0.7681
Southern California           0.7519
Stanford                      0.7119
Tulane                        0.7037
Vanderbilt                    0.5094
Washington-St. Louis          0.6380
Yale                          0.4935
```

여기서 'THETA'아래에 있는 숫자들은 각 DMU의 효율성 점수를 의미하며 'ATHETA'아래에 있는 숫자는 25 개 DMU 의 효율성의 평균을 의미한다. 25 개 미국 사립대학연구도서관의 1997-98학년도 효율성은 평균 73.52%(0.7352)로 나타났다. 'Brigham Young', 'Case Western Reserve', 'George Washington', 'MIT' 등 4 개 도서관은 100%의 효율성 점수를 받아 다른 도서관에 비해 상대적으로 효율적인 것으로 나타났다. 'Howard'는 46.83%의 효율성 점수를 받아 상대적으로 가장 비효율적인 것으로 나타났다.

다음은 행렬 'Lambda'의 요소 중 0 이 아닌 요소를 DMU의 이름과 함께 출력하도록 작성한 명령어이다. 'Lambda'의 요소를 ( )안에 나타나도록 하였고 그 앞에 DMU 번호를 출력하도록 하였다. 가상 0(virtual zero)의 값은 0.0001을 사용하였다.

```
n = nrow(X);
file print;
do k = 1 to n;
   dmunamek = dmuname[k];
```

```
    put k 3. '  ' dmunamek 22. @;
    do kk = 1 to n;
       if Lambda[k,kk] > 0.0001 then
          do;
             Lambdakk = Lambda[k,kk];
             put kk 3. '(' Lambdakk 5.2 ')' @;
          end;
    end;
    put;
end;
```

출력결과는 다음과 같다.

```
 1  Boston U                2( 0.55) 10( 0.14)
 2  Brigham Young           2( 1.00)
 3  Brown                   2( 0.06)  4( 0.11) 14( 0.37)
 4  Case Western Reserve    4( 1.00)
 5  Chicago                 4( 0.05) 14( 1.27)
 6  Columbia                2( 0.99)  4( 0.02) 14( 0.12)
 7  Cornell                 2( 0.72) 14( 1.02)
 8  Duke                    2( 0.13)  4( 0.41) 14( 0.62)
 9  Emory                   2( 0.32)  4( 0.10) 10( 0.35)
10  George Washington      10( 1.00)
11  Georgetown              2( 0.55) 14( 0.23)
12  Howard                  2( 0.22) 14( 0.10)
13  Johns Hopkins           2( 0.32)  4( 0.03) 14( 0.70)
14  MIT                    14( 1.00)
15  Miami                   2( 0.41)  4( 0.31)
16  Northwestern            2( 0.42)  4( 0.34)
17  Notre Dame              2( 0.07)  4( 0.06) 14( 0.55)
18  Pennsylvania            2( 0.97)  4( 0.09)
19  Rochester               4( 0.15) 14( 0.64)
20  Southern California     2( 0.34) 14( 0.70)
21  Stanford                2( 0.01) 14( 1.96)
22  Tulane                  2( 0.15)  4( 0.02) 14( 0.44)
23  Vanderbilt              2( 0.43)  4( 0.06) 14( 0.04)
24  Washington-St. Louis    2( 0.18)  4( 0.20) 14( 0.43)
25  Yale                    2( 0.75) 14( 0.34)
```

위의 출력결과를 살펴보면 각 도서관 이름이 나타나 있고 그 왼쪽에 일련번호가 붙어 있다. 도서관 이름의 오른쪽에 나타난 내용에서 ( )앞의 수는 해당 도서관의 효율성 점수를 평가함에 있어서 비교대상으로 참조된 도서관의 번호이다. 그리고 ( )안의 수는 비교대상으로 참조함에 있어서 어느정도로 중요하게 고려하였는가를 나타내는 중요도를 나타낸다. 예를들어 24번 "Washington-St. Louis"의 효율성은 2번 "Brigham Young", 4번 "Case Western Reserve", 14번 "MIT"을 비교대상으로 참조하여 평가되었으며 이중 14번 "MIT"를 가장 중요하게 고려하였다.

제4절 Excel 의 활용

여기서는 Excel을 활용하여 DEA모형의 계산을 수행하는 방법을 설명한다. Excel의 메뉴에서 '도구'에 속해 있는 항목들을 살펴보면 '해찾기'라는 항목을 찾을 수 있다.[4] 이 항목을 선택하면 <그림 4.21>에 나타낸 것과 같은 Excel 해찾기(Excel Solver)를 사용하기 위한 '해 찾기 모델 설정' 대화상자가 나타난다.

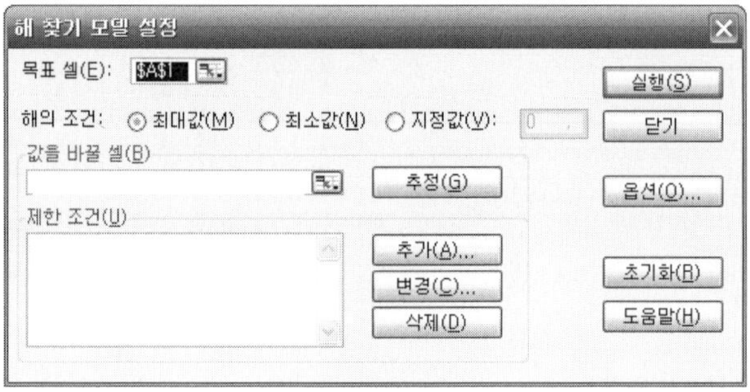

<그림 4.21> Excel 의 '해 찾기 모델 설정' 대화상자

Excel 해찾기는 선형계획법모형(線型計劃法模型, linear programming model)의 최적해를 계산하기 위한 알고리듬을 포함하고 있으며 이 때문에 DEA모형의 계산을 수행하는데 활용할 수 있다. <그림 4.21>에서 볼 수 있듯이 Excel Solver 를 사용하기 위해서는 '목표 셀', '해의 조건', '값을 바꿀 셀', '제한 조건' 등을 설정해야 한다. '목표 셀'은 목적함수가 입력되어 있는 셀을 의미한다. '해의 조건'은 '최대값', '최소값', '지정값' 중 하나를 선택하도록 되어 있는데 목적함수의 방향에 맞추어 선택하면 된다. '값을 바꿀 셀'은 결정변수의 역할을 하는 셀을 의미한다. '제한

---

[4] '해찾기'라는 항목이 없다면 Microsoft Excel을 설치할 때 추가기능으로 선택하도록 되어 있는 '해 찾기'를 선택하지 않은 것이다. 이 경우 '프로그램 추가/제거'를 통해 '해 찾기'를 다시 설치해야 한다.

조건'에는 제약조건들을 설정해야 한다.

DEA 모형은 평가대상에 따라서 별도의 선형계획법모형을 구성해야 한다. 따라서 전체 평가대상에 대한 DEA 계산을 Excel 을 활용하여 한번에 수행하려면 단순한 Excel공식을 활용하는 수준 이상의 방법이 필요하다. 여기서는 6개 고등학교의 효율성을 Excel Solver를 활용하여 계산하는 사례를 제시한다. 6개 고등학교의 투입・산출 자료를 아래에 다시 나타내었다.

고등학교	투입		산출	
	학생 1 인당 교육비 1	비 저소득 가정 비율 2	작문 1	과학 2
1	8.939	64.3	25.2	223
2	8.625	99.0	28.2	287
3	10.813	99.6	29.4	317
4	10.638	96.0	26.4	291
5	6.240	96.2	27.2	295
6	4.719	79.9	25.5	222

6개 고등학교의 투입・산출 자료를 가지고 첫 번째 고등학교의 효율성을 평가하기 위한 가중치 v_{11} v_{11}, v_{12}, u_{11}, u_{12} 를 계산하는 투입방향 CCR승수모형을 나타내면 다음과 같다. 여기서 ε 의 값은 0.000001 을 사용하였다.

첫 번째 고등학교에 대한 투입방향 CCR 승수모형

Maximize $(25.2\,u_{11} + 223\,u_{12})$ } 1 번째 고등학교의 '총괄산출'
Subject to

$(8.939\,v_{11} + 64.3\,v_{12}) = 1$ } 1 번째 고등학교의 '총괄투입 = 1'

$(25.2\,u_{11} + 223\,u_{12}) - (8.939\,v_{11} + 64.3\,v_{12}) \leq 0$ } 1 번째 고등학교의 '총괄산출 – 총괄투입 $\leq$ 0'

$$(28.2u_{11} + 287u_{12}) - (8.625v_{11} + 99.0v_{12}) \leq 0 \quad \Big\}$$ 2 번째 고등학교의 '총괄산출 – 총괄투입≤ 0'

$$(29.4u_{11} + 317u_{12}) - (10.813v_{11} + 99.6v_{12}) \leq 0 \quad \Big\}$$ 3 번째 고등학교의 '총괄산출 – 총괄투입≤ 0'

$$(26.4u_{11} + 291u_{12}) - (10.638v_{11} + 96.0v_{12}) \leq 0 \quad \Big\}$$ 4 번째 고등학교의 '총괄산출 – 총괄투입≤ 0'

$$(27.2u_{11} + 295u_{12}) - (6.240v_{11} + 96.2v_{12}) \leq 0 \quad \Big\}$$ 5 번째 고등학교의 '총괄산출 – 총괄투입≤ 0'

$$(25.5u_{11} + 222u_{12}) - (4.719v_{11} + 79.9v_{12}) \leq 0 \quad \Big\}$$ 6 번째 고등학교의 '총괄산출 – 총괄투입≤ 0'

and $v_{11}, v_{12}, u_{11}, u_{12} \geq 0.000001$ '양수조건'

위의 CCR승수모형을 살펴보면 '총괄산출 – 총괄투입 ≤ 0' 형태의 제약조건이 각 DMU(=고등학교)별로 1개씩 모두 n 개(=6 개)가 있고 평가대상이 되는 DMU k (=1 번째 고등학교)의 '총괄투입 = 1'인 제약조건이 1개가 있어 모두 $n+1$ 개(=7 개)의 제약조건이 있다. 그리고 각 결정변수에 대하여 '양수조건'이 부여되어 있다.

1. Excel Solver 설정 준비

<그림 4.22>는 6개 고등학교에 대한 CCR승수모형을 Excel Solver를 이용하여 계산하기 위해 필요한 Excel 공식들을 입력해 놓은 상태를 보여주고 있다. <그림 4.22>에서 셀 B11부터 E11까지는 투입과 산출의 가중치 v_{11}, v_{12}, u_{11}, u_{12}를 나타낸다. 즉 범위 B11:E11는 CCR승수모형의 결정변수의 역할을 하는 셀들이며 이 셀들을 <그림 4.21>에서 '값을 바꿀 셀'로 설정하면 된다.

1) 총괄산출

각 고등학교의 총괄산출(總括産出, aggregated output)을 G 열에 다음과 같은 방법으로 계산한다.

G4 에

=SUMPRODUCT(D4:E4,$D$11:$E$11)

와 같은 공식을 입력하고 이 공식을 G5:G9 에 복사

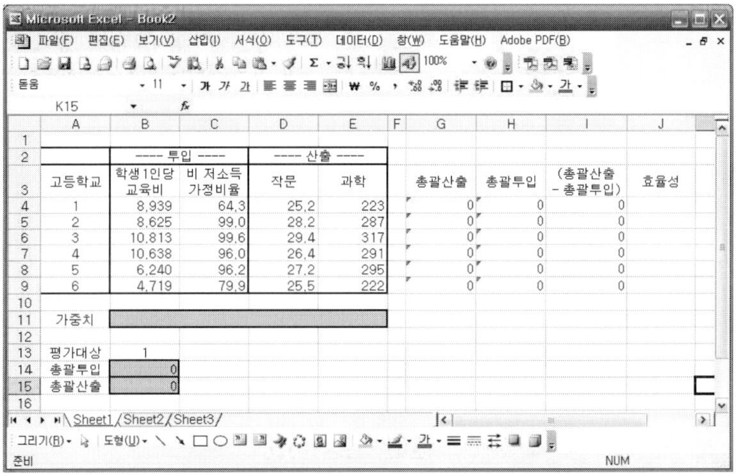

<그림 4.22> Excel 을 활용한 6 개 고등학교의 효율성 계산

Cell	공식	복사
G4	=SUMPRODUCT(D4:E4,$D$11:$E$11)	G5:G9
H4	=SUMPRODUCT(B4:C4,$B$11:$C$11)	H5:H9
I4	=G4-H4	I5:I9
B14	=INDEX(G4:G9,B13,1)	
B15	=INDEX(H4:H9,B13,1)	

2) 총괄투입

각 고등학교의 총괄투입(總括投入, aggregated input)을 H 열에 다음과 같은 방법으로 계산한다.

H4 에

=SUMPRODUCT(B4:C4,$B$11:$C$11)

와 같은 공식을 입력하고 이 공식을 H5:H9 에 복사

3) (총괄산출 – 총괄투입)

총괄산출과 총괄투입의 차이를 다음과 같은 방법으로 I 열에 계산한다.

I4 에

=G4-H4

와 같은 공식을 입력하고 이 공식을 I5:I9 에 복사

이 셀들은 CCR 승수모형의 두 종류의 제약조건 중 한가지인 '총괄산출 – 총괄투입 ≤ 0'을 설정하는데 사용된다.

4) 평가대상의 총괄산출

첫 번째 고등학교의 경우에는 G4 에 계산되어 있는 총괄산출이 목표셀로 설정되어야 하고 H4 에 계산되어 있는 총괄투입이 '총괄투입 = 1'로 제약되어야 한다. 그런데 6 개 고등학교 별로 목표셀로 설정될 총괄투입이 계산되어 있는 위치가 다르며 '총괄투입=1'로 제약되어야 할 총괄투입이 계산되어 있는 위치가 다르다. 예를 들어 두 번째 고등학교의 총괄산출은 G5 에 계산되어 있고 총괄투입은 H5 에 계산되어 있다. 평가대상이 되는 고등학교가 달라질 때 마다 목표셀로 설정될 셀의 위치와 '총괄투입=1'의 제약에 설정될 셀의 위치가 바뀌는 것 보다는 그 위치가 고정되어 있는 것이 편리하다. 이러한 관점에서 B14 에 평가대상이 되는 고등학교의 총괄산출을 나타내도록 다음과 같이 Excel 공식을 입력하였다.

B14 에

=INDEX(G4:G9,B13,1)

와 같이 공식을 입력

=INDEX(array,row_num,col_num)은 array로 지정된 배열에서 row_num으로 지정된 행과 col_num 으로 지정된 열에 있는 값을 반환한다. B14 에 입력한 공식을 살펴보면 array 에 해당되는 범위는 G4:G9이며 따라서 이 배열의 크기는 6 행

1 열이다. array 로 입력된 배열에서 열의 크기가 1 이므로 col_num 은 1 이 입력되어야 한다. row_num 으로 지정된 B13은 평가대상이 되는 고등학교를 나타내는 번호가 입력된 셀이다. 따라서 B13에 입력된 번호에 따라 그에 해당되는 고등학교의 총괄산출이 B14에 계산된다.

5) 평가대상의 총괄투입

B15에는 평가대상이 되는 고등학교의 총괄투입을 나타내도록 다음과 같이 Excel 공식을 입력하였다.

B14 에

=INDEX(H4:H9,B13,1)

와 같이 공식을 입력

2. Excel Solver 설정

<그림 4.22>와 같이 필요한 Excel공식들을 입력해 놓은 상태에서 Excel Solver 의 '목표 셀', '해의 조건', '값을 바꿀 셀', '제한 조건' 및 '옵션'을 설정한다. <그림 4.23>은 '목표 셀', '해의 조건', '값을 바꿀 셀', '제한 조건'에 대한 설정 내용을 보여주고 있다.

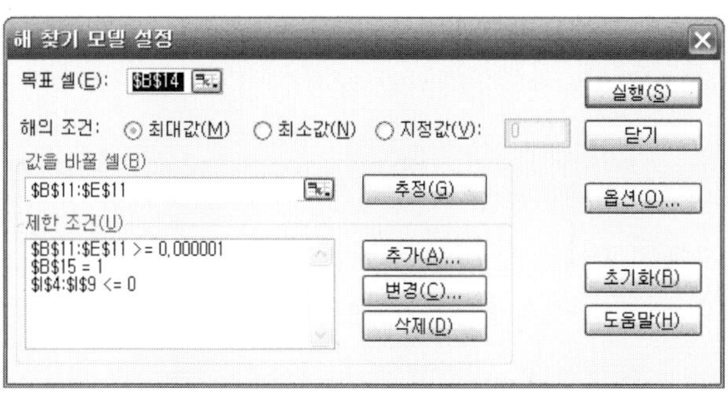

<그림 4.23> CCR 승수모형을 위한 Excel Solver 설정 내용

1) 목표 셀

'목표 셀'은 목적함수가 입력되어 있는 셀을 의미한다. 목적함수가 평가대상의 총괄산출이므로 이 값을 계산하기 위한 공식이 입력되어 있는 B14로 설정하였다.

2) 해의 조건

'해의 조건'은 '최대값', '최소값', '지정값' 중 하나를 선택하도록 되어 있으며 목적함수의 방향에 맞추어 선택하면 된다. 목적함수의 방향은 최대화(maximize)이므로 '최대값'을 선택하였다.

3) 값을 바꿀 셀

'값을 바꿀 셀'은 결정변수의 역할을 하는 셀을 의미한다. B11부터 E11까지가 CCR승수모형의 결정변수의 역할을 하는 셀들이므로 B11:E11로 설정하였다.

4) 제한 조건

'제한 조건'에는 제약조건을 설정해야 한다. CCR승수모형의 제약조건은 다음과 같은 3 가지 종류이다.

총괄산출 - 총괄투입 $\leq$ 0

총괄투입 = 1

가중치 $\geq$ 0.000001

첫번째 고등학교에 대한 CCR 승수모형에는 각 고등학교에 대해서 '총괄산출 - 총괄투입 $\leq$ 0'와 같은 제약조건이 6 개 있다. 이 제약조건은 '$I$4:$I$9 <= 0'으로 설정하였다. 평가대상 고등학교의 '총괄산출 = 1'은 '$B$15 = 1'로 설정하였다. 그리고 각 결정변수에 대한 양수조건은 '$B$11:$E$11 >= 0.000001'로 설정하였다.

5) 옵션

<그림 4.23>의 '해 찾기 모델 설정' 대화상자에서 [옵션(O)...]을 클릭하면 <그

림 4.24>와 같은 '해 찾기 옵션' 대화상자가 나타난다. 선형계획법모형의 최적해를 구하기 위한 알고리듬을 사용하려면 여기서 '선형 모델 가정'을 체크해야 한다.

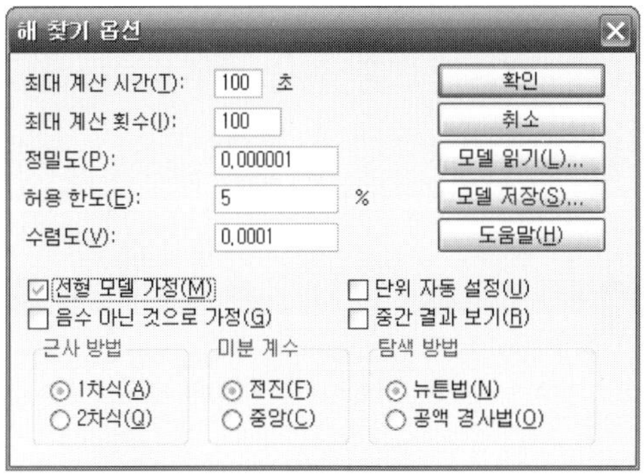

<그림 4.24> '해 찾기 옵션' 대화상자

<그림 4.24>에서 확인 을 클릭하면 <그림 4.23>으로 복귀한다. 그리고 여기서 실행(S) 을 클릭하면 <그림 4.25>와 같은 '해 찾기 결과' 대화상자가 나타난다. 여기서 '구한 해로 바꾸기'를 선택하고 확인 을 클릭하면 <그림 4.26>에 나타낸 것처럼 가중치와 평가대상의 총괄산출 등의 계산결과가 나타난다.

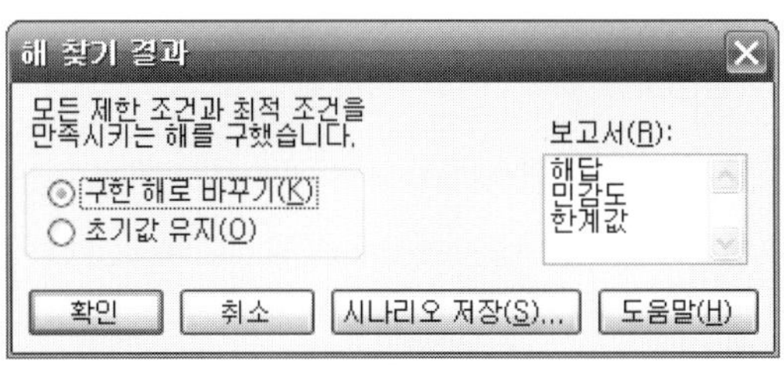

<그림 4.25> '해 찾기 결과' 대화상자

6) 첫번째 고등학교에 대한 CCR 승수모형의 계산 결과

CCR승수모형의 최적해는 효율적으로 평가된 DMU의 경우에는 복수의 최적해가 존재하고 비효율적으로 평다된 DMU의 경우에는 단일 최적해가 존재한다. <그

림 4.26>에 나타나 있는 첫번째 고등학교에 대한 CCR승수모형의 계산결과를 보면 총괄투입에 대한 총괄산출의 비율이 1이 되어 효율성이 1이며 따라서 복수의 최적해 존재한다. 화면에 나타난 가중치 0.037671, 0.010315, 0.015562, 0.002726은 복수의 최적해 중 하나라 할 수 있다. LINGO 의 계산결과에서 첫번째 고등학교의 가중치를 살펴보면 <그림 4.26>에 나타나 있는 값과 다르다. 이는 LINGO 의 계산 알고리듬과 Excel Solver의 계산 알고리듬의 차이 때문에 복수의 최적해 중 서로 다른 것을 찾아낸 결과이다.

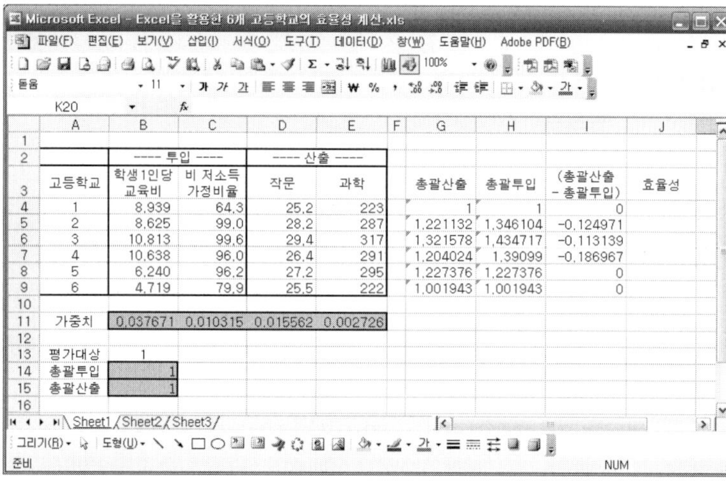

<그림 4.26> 첫번째 고등학교에 대한 CCR 승수모형의 계산 결과

3. 명령단추와 VBA Code

두번째 고등학교부터 여섯번째 고등학교까지 나머지 DMU에 대한 CCR승수모형의 계산을 수행하려면 B13에 2, 3, … , 6을 차례로 입력하면서 매번 Excel Solver를 실행시켜 최적화 계산을 수행해야 한다.

DMU의 수가 6개 정도인 경우에는 이와 같은 방식으로 큰 문제없이 계산을 수행할 수 있으나 DMU의 수가 커지면 이는 매우 번거로운 일이 된다. 이러한 번거로움을 명령 단추(Command Button)를 클릭하여 실행되는 간단한 매크로를 작성하여 해결할 수 있다. 이를 위해 <그림 4.27>에 나타낸 것처럼 컨트롤 도구 상자(Control Toolbox)를 화면에 나타내고 여기서 명령 단추(Command Button)를 워크시트에 만들어 둔다.

<그림 4.27>에 나타낸 절차를 순서대로 다시 나타내면 다음과 같다.

1. 메뉴에서 '보기'를 선택함
2. '보기'의 항목들 중 '도구 모음'을 선택함
3. '도구 모음'의 항목들 중 '컨트롤 도구 상자'를 선택함

   그러면 화면에 '컨트롤 도구상자'가 나타남

4. '컨트롤 도구 상자'에서 '명령 단추'를 클릭함
5. 워크시트에서 마우스를 드래그하여 '명령 단추'를 작성함

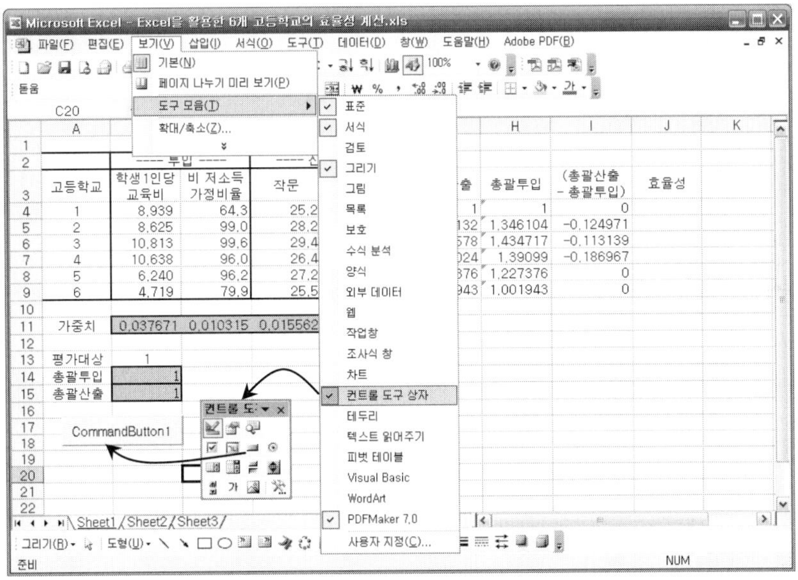

<그림 4.27> 컨트롤 도구 상자를 활용하여 명령 단추 작성하기

<그림 4.28>에 나타낸 것처럼 명령 단추를 선택한 상태에서 컨트롤 도구 상자의 '속성'을 클릭하여 '속성' 대화상자를 화면에 나타낸 뒤 여기서 속성의 값을 다음과 같이 변경한다.

속성	속성값
(이름)	CCR_Multiplier_Model
Caption	Run
TakeFocusOnClick	False

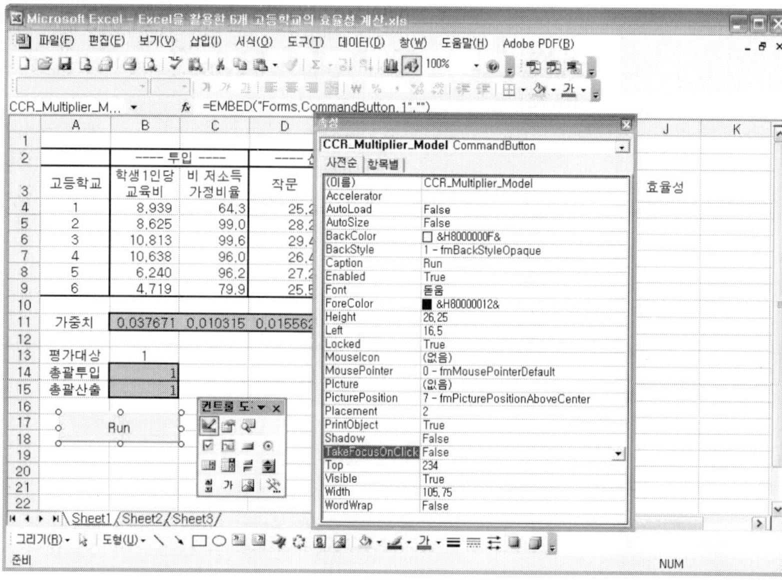

<그림 4.28> 명령 단추의 속성 변경

속성을 변경한 후 '명령 단추'를 이중클릭하면 Excel 의 Visual Basic 편집기가 실행되고 '명령 단추'가 클릭되었을 때 실행할 코드를 기록할 수 있는 상태로 된다. 이 상태에서 <그림 4.29>에서 'A'부분에 나타낸 것과 같은 VBA(Visual Basic Application) code 를 입력한다. 이 code 들이 '명령 단추'가 클릭되었을 때 실행되게 된다.

<그림 4.29>에서 'A'부분에 나타낸 VBA code 의 내용은 다음과 같다.

```
For … Next
```

'For'와 'Next'는 그 사이에 있는 code 를 반복실행하며 반복회수는 6 번이다. 첫번째 반복할 때 'j'의 값이 1 이 된다. 두번째 반복할 때 'j'의 값은 2 가 되며 같은 방식으로 반복이 진행된다.

```
Range( "B13" ) = j
```

'j'가 현재 취하고 있는 값을 워크시트의 B13 셀에 기록한다.

```
SolverSolve UserFinish:=True
```

Excel Solver에게 <그림 4.25>와 같은 '해 찾기 결과' 대화상자를 화면에 나타내지 말고 모형에 대한 계산을 수행하라는 지시를 전달한다.

```
Range( "J" & 3 + j) = Range( "B14" )
```

워크시트의 B14 셀에 있는 내용을 워크시트의 'J'열의 '3+ j'행에 기록한다.

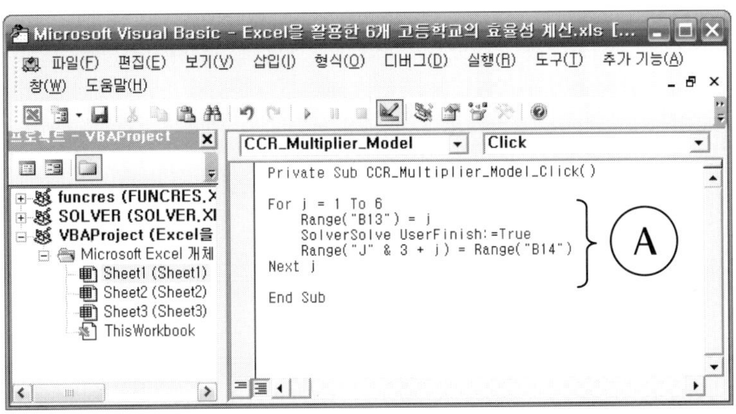

<그림 4.29> '명령 단추'를 클릭했을 때 실행할 VBA code

Excel 의 VBA code 에서 Solver를 사용하기 위해서는 Excel Solver에 대한 참조(Reference)를 설정해야 한다. Excel Solver에 대한 참조를 설정하지 않으면 <그림 4.29>에 나타낸 VBA code가 제대로 작동하지 않게 된다. <그림 4.30>에 나타낸 것처럼 Visual Basic 편집기의 메뉴에서 '도구'를 선택하고 '도구'메뉴의 항목 중에서 '참조'를 선택한다. 그러면 <그림 4.31>에 나타낸 것과 같은 '참조 - VBAProject' 선택상자가 나타난다. 여기서 'SOLVER'를 선택하면 된다.

<그림 4.32>는 '명령 단추'를 클릭하여 CCR승수모형에 대한 계산을 수행하기 위한 VBA code가 실행된 결과를 나타내고 있는 화면이다.

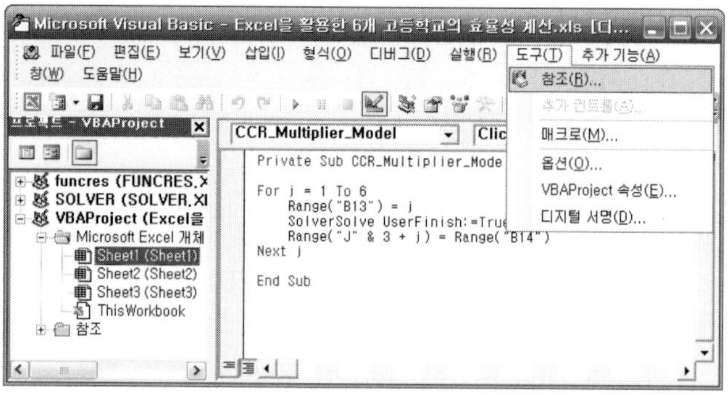

<그림 4.30> Excel Solver 에 대한 참조 설정

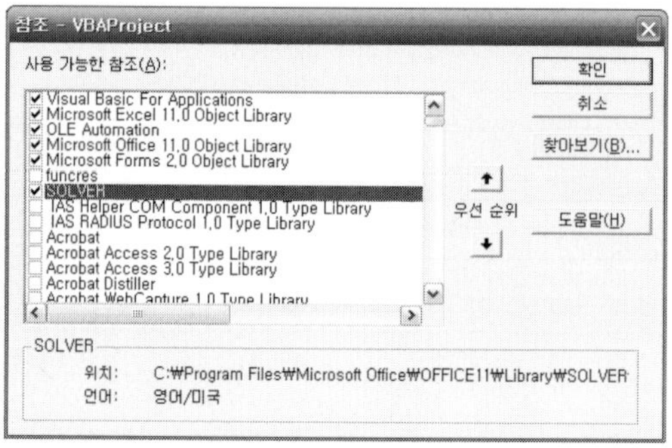

<그림 4.31> '참조 – VBAProject' 선택상자

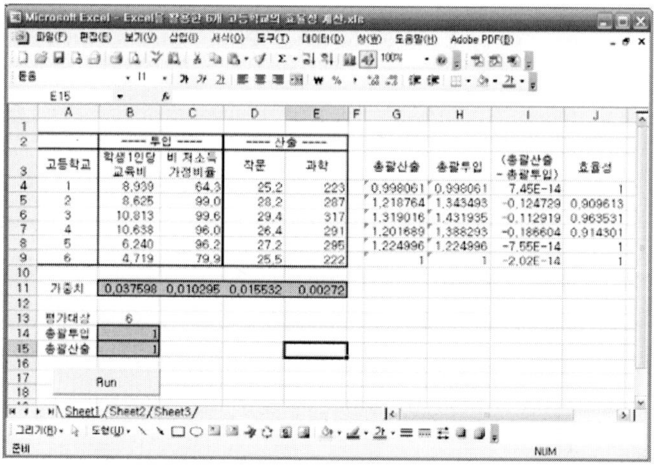

<그림 4.32> 6 개 고등학교에 대한 CCR 승수모형의 계산 결과

참고문헌

1. Allen, R., A. Athanassopoulos, R. G. Dyson, and E. Thanassoulis (1997), "Weights Restrictions and Value Judgements in Data Envelopment Analysis: Evolution, Development and Future Directions". In *Annals of Operations Research, Volume 73, From efficiency calculations to a new approach for organizing and analyzing: DEA fifteen years later* (A. Y. Lewin, and L. M. Seiford, Eds.), pp. 13-34. Baltzer Science Publishers, Bussum, Netherlands.
2. Coelli, T. (1996), A Guide to DEAP Version 2.1: A Data Envelopment Analysis (Computer) Program, Centre for Efficiency and Productivity Analysis, Department of Econometrics, University of New England.
3. Kwak, N. K. and Seongho Kim (2000), "Data Envelopment Analysis: Concepts, Applications, and Perspectives," in S. B. Dahiya (ed.), *The Current Status of Business Disciplines, Volume Two*, Spellbound Publications, Ltd., Rohtak, India, pp. 519-535.
4. SAS Institute Inc. (1990), *SAS/IML Software: Usage and Reference, Version 6, First Edition*, Cary, NC: SAS Institute.
5. Scheel, H. (2000), *EMS: Efficiency Measurement System User's Manual.*

제5장 자료포락분석의 활용

제1절 병원 효율성의 결정요인 분석

1. 투입 · 산출 변수

Chang(1998)은 대만정부가 소유한 병원의 효율성을 자료포락분석과 회귀분석을 사용하여 분석하고 있다. Chang(1998)은 PHYS(의사의 수), NURS(간호사 및 의료보조원 수), ADM(일반 및 행정직원 수)를 투입변수로 선택하고 CLIN(응급수술을 포함한 외래환자 수)와 WPAT(입원환자의 입원일수의 가중합계)를 산출변수로 선택하였다. WPAT는 GENE(일반입원환자의 입원일수), A&I(중환자 및 집중치료환자의 입원일수), CHRO(만성질환환자의 입원일수) 등을 가중합계한 것이다. 가중치는 병원경영자의 주관적 판단으로 결정하였다. [표 5.1]은 1990년부터 1994년까지 년도별 평균 투입 · 산출수준을 나타낸 것이다. 이 표에서 알 수 있듯이 산출수준이 매년 증가하고 있다.

[표 5.1] 평균 투입 · 산출

변수	1990	1991	1992	1993	1994
Panal A :	Inputs	Units :	100 FTEs		
PHYS	4.50	4.18	4.41	4.62	4.79
NURS	12.73	11.56	11.82	12.23	12.91
ADM	4.69	4.51	4.96	5.13	5.06

Panal B :	Outputs	Units :	10,000 v		
CLIN	89.8379	84.5143	94.6678	98.8540	104.9737
WPAT	33.0126	30.6426	34.7914	36.6095	38.9161
Case mix*					
GENE	28.6968	26.6250	30.2317	31.7686	33.8277
A&I	1.4350	1.3385	1.5187	1.6127	1.6945
CHRO	2.0652	1.9149	2.1746	2.3077	2.4277

2. 변원운영의 특성변수

병원운영의 특성은 4가지 변수로 나타내었다. SCOPE(scope of services)는 병원에서 제공하는 서비스 종류의 수로 측정하였고 병원운영의 복잡성을 나타낸다. 복잡성이 높아지면 효율성에 부정적 영향을 미칠 것으로 예상된다. OCCUP는 병원점유율을 나타내며 bed days(=침상수×365 일)에 대한 patient days(입원환자의 입원일수)의 비율로 측정하였다. PCRET는 퇴역군인의 비율을 나타내며 총환자에 대한 퇴역군인의 비율로 측정하였다. PCRET가 높을수록 효율성이 낮아질 것이다. YEAR는 시간을 나타낸다. [표 5.2]는 SCOPE, OCCUP, PCRET의 평균을 각 년도별로 나타낸 것이다.

[표 5.2] 병원운영특성변수의 평균값

변수	1990	1991	1992	1993	1994
SCOPE	21.00	23.32	23.33	23.67	24.00
OCCUP	74.38%	71.32%	76.39%	72.01%	73.91%
PCRET	19.98%	27.60%	26.31%	25.42%	27.60%

3. 표본 및 자료

대만의 공공병원은 정부소유, 주정부소유 및 군정부소유병원으로 구분된다. 표본은 정부소유병원 6개로 구성하였고 1990년부터 1994년까지 5개년의 년도별 자료를 분석에 포함시켰다.

4. 결과

1) 효율성의 추세

[표 5.3]은 각 병원의 DEA 효율성 점수 및 승수를 나타낸 것이다. 6 개 병원의 평균 DEA 효율성은 1991 년에 크게 낮아졌다가 1992 년에 다시 큰 폭으로 증가했고 1993 년에는 높은 수준을 유지하였다. 5 개의 기존 병원에 비해 규모가 상대적으로 적은 1개 병원이 1991년에 새로 운영을 시작하였고 그 영향으로 [표 5.1]에 나타나 있듯이 1991년의 평균 투입·산출 수준이 큰 폭으로 감소하였다. 1991년에 효율성이 크게 낮아진 원인은 운영경험이 부족한 신규 병원이 추가되었기 때문이다.

[표 5.3] DEA 효율성 점수 및 승수

DMU	e	V1	V2	V3	U1	U2
A1990	0.819	0.001	0.077	0.007	0.008	0.001
B1990	0.863	0.063	0.001	0.792	0.001	0.035
C1990	0.929	0.060	0.001	0.120	0.004	0.001
D1990	0.989	0.039	0.066	0.038	0.001	0.028
E1990	0.989	0.376	0.001	0.001	0.001	0.001
평균	0.918					
A1991	0.832	0.001	0.073	0.006	0.007	0.001
B1991	0.970	0.068	0.001	0.758	0.001	0.038
C1991	0.954	0.031	0.001	0.175	0.004	0.001

D1991	0.912	0.058	0.061	0.004	0.001	0.027
E1991	0.994	0.140	0.001	0.202	0.001	0.033
F1991	0.653	0.001	0.103	0.405	0.019	0.001
평균	0.886					
A1992	0.923	0.001	0.090	0.001	0.008	0.001
B1992	0.977	0.001	0.001	0.109	0.001	0.037
C1992	1.000	0.032	0.001	0.175	0.004	0.011
D1992	0.956	0.129	0.031	0.001	0.008	0.001
E1992	1.000	0.001	0.343	0.185	0.042	0.001
F1992	0.936	0.018	0.077	0.286	0.012	0.008
평균	0.965					
A1993	0.956	0.001	0.084	0.001	0.001	0.020
B1993	0.984	0.001	0.001	0.123	0.001	0.038
C1993	1.000	0.031	0.001	0.175	0.004	0.001
D1993	1.000	0.127	0.031	0.003	0.008	0.025
E1993	1.000	0.200	0.302	0.162	0.054	0.001
F1993	0.984	0.223	0.001	0.289	0.001	0.035
평균	0.987					
A1994	1.000	0.055	0.042	0.001	0.001	0.019
B1994	1.000	0.071	0.001	0.087	0.001	0.037
C1994	1.000	0.018	0.001	0.123	0.012	0.018
D1994	0.972	0.001	0.038	0.165	0.007	0.001
E1994	1.000	0.001	0.391	0.162	0.048	0.001
F1994	1.000	0.206	0.079	0.289	0.001	0.033
평균	0.9656					

A1990, 1990년 병원 A; B1990, 1990년 병원 B 등

e, DEA 효율성 점수

Vi, 투입 i의 승수, i = 1 (의사 FTEs), 2 (간호사 및 의료보조원 FTEs), 3 (일반 및 행정직원 FTEs); Ur, 산출 r의 승수, r = 1 (응급수술을 포함한 외래환자 수), 2 (입원환자의 입원일수의 가중합계)

전반적으로 평균 DEA 효율성 점수는 1991 년 이후 증가하였다. 이러한 효율성의 증가는 실행이 예정된 국가건강보험(National Health Insurance: NHI) 프로그램의 효과로 판단된다. NHI 프로그램 하에서는 정부소유병원이 재정부족을 해소하기 위한 자금을 정부로부터 받을 가능성이 적다. 그 결과 정부소유병원이 자신의 효율성을 개선한 것으로 보인다.

2) 효율성과 운영특성

DEA 효율성 점수를 종속변수로 하고 병원의 운영특성을 독립변수로 하는 다중회귀분석을 수행하였다. 오차항의 정규분포가정에 대한 위반문제를 다루기 위해 OLS 와 더불어 L1-metric 회귀분석도 함께 수행하였고 [표 5.4]에 결과를 나타내었다.

[표 5.4] 회귀분석 결과

$$e = \beta_0 + \beta_1 \text{SCOPE} + \beta_2 \text{OCCUP} + \beta_3 \text{PCRET} + \beta_4 \text{YEAR} + \varepsilon$$

변수	계수추정치	
	OLS	L1 회귀
절편	-60.4844 (-3.233***)	-26.4427 (-3.517***)
SCOPE	-0.0082 (-1.870**)	-0.0014 (-0.980)
OCCUP	0.0018 (1.444*)	0.0056 (3.209***)
PCRET	-0.0011 (-1.565*)	-0.0004 (-1.650*)
YEAR	0.0308 (3.215***)	0.0137 (3.654***)

모든 변수의 회귀계수의 크기와 부호는 예상과 부합되는 결과를 나타내었고 통상적 수준에서 유의적인 t 통계량 값을 나타내었다. 서비스의 복잡도를 나타내는 SCOPE의 계수는 음수로 나타나서 운영복잡도가 효율성을 감소시킨다는 가설을 뒷받침해주고 있다. 이는 운영복잡도가 높아질수록 효율성이 낮아진다는 관리회계 분야의 연구결과와 일치하는 것이다. 점유율을 나타내는 OCCUP는 효율성에 유의적인 정의 영향을 주는 것으로 나타났다. 높은 점유율이 높은 효율성을 가져온다고 할 수 있다. 퇴역군인비율을 나타내는 PCRET는 유의적인 부의 영향을 주는 것으

로 나타났다. YEAR는 유의적인 정의 영향을 주는 것으로 나타났다. 이는 모든 병원에 있어서 시간이 지남에 따라 효율성이 개선되고 있음을 의미한다.

L1(최소절대오차)회귀분석 결과는 SCOPE를 제외한 다른 변수의 경우 OLS와 매우 유사한 것으로 나타났으며 이는 OLS의 분석결과가 robust 함을 의미한다.

제2절 연구도서관의 효율성 분석

Shim(2003)은 미국에 있는 95개 연구도서관의 효율성을 자료포락분석을 사용하여 분석하였다.

1. 분석대상 및 변수

Shim(2003)은 연구도서관협회(association of research libraries: ARL)에서 발간하는 연간통계자료로부터 미국에 있는 95개 연구도서관의 자료를 선택하여 분석하였다. 분석대상 도서관의 동질성을 확보하기 위해 자금원천을 기준으로 공공기금도서관과 민간기금도서관으로 분류하여 분석하였다. 산출변수는 도서관이 제공하는 도서관간대여, 도서관간대출, 참조서비스, 자료대출, 도서관교육 등 5가지 서비스와 관련된 변수로 선택하였다. 투입변수는 4가지 처분변수(도서관경영자가 통제할 수 있는 변수)와 3가지 비처분변수(도서관경영자가 통제할 수 없는 변수)로 선택하였다. 3가지 비처분변수는 도서관이 제공하는 서비스의 양에 영향을 주기 때문에 투입변수로 포함시켰다. 투입·산출변수 및 대학특성변수는 다음과 같다.

산출변수

ILLTOT : 도서관간대여건수
ILBTOT : 도서관간대출건수
REFTRANS : 참조서비스건수

TOTCIRC : 기간연장을 포함한 총대출건수
PRESPTCP : 발표 및 교육에 참여한 총인원

투입변수

처분변수

VOLS : 총장서수
VOLSADN : 해당연도추가장서수
MONO : 구매한 모노그래프수
CURRSER : 논문집총수

비처분변수

PRFSTF : 전문직원수
NPRFSTF : 비전문보조직원수
STUDAST : 근로학생수

대학특성변수

TOTSTU : 등록학부생수
GRADSTU : 등록대학원생수
FAC : 교수수

2. 가중치제약

DEA는 평가대상 도서관에게 가장 유리한 가중치를 결정하기 때문에 결정된 가중치가 의미를 갖지 못할 수 있다. 투입·산출변수의 가중치가 의미있는 범위에서 선택되도록 하기 위한 방법은 Dyson and Thanassoulis(1988), Thompson, Langemeier, Lee, Lee, Thrall(1990) 등에 의해 제안된 바 있다. 여기서는 Thompson 등이 제안한 방법을 사용한다. 이 방법은 단일 가중치세트를 적용하는 대신 가중치의 비율이 일정한 범위에 있도록 제약하는 방법이다. 이 방법은 가중치가 의미있는 값을 갖도록 효과적으로 제약을 가하여 DEA 분석의 타당성을 높여준다. 가중치제약은 상대적 효율성값이 100%인 DMU의 수를 줄이는 효과를 나타낸다. Halme, Joro, Korhonen, Salo, and Wallenius(1999)는 가중치제약 대신 DMUs에 대한 명시적 선호도의 사용을 제안하였다. 이 방법은 평가대상의 모든 DMUs가 본부의 통제하에 있을 경우 사용가능하다.

직원의 연봉이 $40,000 이고 책 한권의 구매가격이 $50라고 하면 DEA에서 가상투입(virtual input)을 계산하는데 이들 두 투입요소의 가중치를 같게 놓는 것은 바람직하지 않다. 직원연봉과 책구매가격의 비율은 40,000/50 = 800이다. 이 비율이 200(=800의 1/4배)부터 3,200(=800 의 4배) 사이의 값이 되도록 4배수범위(four fold range)로 가중치를 제약할 수 있다. 2배수범위는 400~1,600이 된다.

[표 5.5]는 문헌에 제시되어 있는 도서관 서비스의 비용을 요약한 것이다. 이 논문에서는 이 값을 사용하여 산출변수 가중치의 범위를 제약하였다.

[표 5.5] 문헌에 제시된 도서관 서비스의 비용

문헌	설명	문헌에 제시된 비용	년도	1997년으로 조정*
(1) 참조서비스				
Cable(1980)	평균탐색비용	$5.18	1980	$16.36
Spencer(1980)	참고자료조회	$2.25	1980	$7.96
	광범위 참고자료조회	$4.57	1980	$14.44
	컨설팅, 교육, 투어	$9.09	1980	$28.71
Kantor(1986)	조회	$14.00	1982/3	$37.34
Cochrane & Warmann(1989)	참조서비스	$9.22	1989	$15.84
Robinson & Robinson(1994)	참조처리건당 평균비용	$6.84	1994	$8.38
				$18.43 (평균)
(2) 도서관간대출·대여				
Roche(1993)	대출	$18.62	1992	$26.12
	대여	$10.93	1992	$15.33
(3) 자료대출				
Kantor(1986)	대출비용	$3.72	1982/3	$6.13
(4) 그룹발표				
	전문가의 시간당 임률	$34.96	1996	$37.41
	14 명이 참여하고 2 시간	$4.99	1996	$5.34

*: 매년 7%증가한 것으로 계산하였음(도서관간대출·대여는 3.5%)

[표 5.6]은 ARL 통계로부터 구한 투입의 비용을 나타낸 것이다.

[표 5.6] 투입의 비용

연도	투입	수량*	총비용	단위비용
1996	전문직원	8,242	$332,752,579	$40,373
	비전문직원	14,705	$313,687,653	$21,332
	근로학생	7,469	$74,137,023	$9,926
	모노그래프	2,889,585	$173,567,824	$60
	논문집	2,762,558	$319,589,674	$116
1997	전문직원	8,349	$350,265,615	$41,953
	비전문직원	14,702	$326,773,412	$22,226
	근로학생	7,667	$76,831,246	$10,021
	모노그래프	2,815,990	$176,298,928	$63
	논문집	2,783,810	$346,120,125	$124

* : 95개 도서관의 합계

3. 결과

1) 효율성점수

[표 5.7]은 각각 다른 평가상황에서 나타난 비효율적인 도서관수와 평균효율성점수를 요약한 것이다.

[표 5.7] 비효율적으로 평가된 도서관수와 평균효율성점수

연도	그룹	무제약	가중치제약	
			4 배수범위	2 배수범위
1996	공공	18 (0.96)	34 (0.90)	43 (0.83)
	민간	3 (0.98)	7 (0.94)	11 (0.91)
1997	공공	16 (0.96)	33 (0.90)	41 (0.84)
	민간	1 (0.99)	7 (0.94)	12 (0.89)

공공(n=65), 민간(n=30). 괄호안의 수는 평균효율성점수

가중치제약이 없는 상황과 가중치제약을 부여한 상황에서의 평가결과는 크게 차이가 나타남을 알 수 있다. 비효율적인 도서관의 수는 증가하였고 평균효율성점수는 낮아졌다. 예를 들어 1996년도 공공도서관의 경우 가중치제약이 없는 상황에서는 28%(=18/65*100)가 비효율적인 도서관으로 평가된 반면 2배수범위의 가중치제약이 부여된 상황에서는 약 2/3(=43/65)가 비효율적인 도서관으로 평가되었다. 평균효율성점수도 0.96에서 0.83으로 낮아졌다.

앞에서 예상한 바와 같이 2배수범위의 가중치제약이 부여된 경우는 4배수범위의 가중치제약이 부여된 경우보다 비효율적으로 평가된 도서관수가 크게 나타났다. 예를 들어 1997년도 공공도서관의 경우 4배수범위의 가중치제약이 부여된 경우 33개가 비효율적인 도서관으로 평가된 반면 2배수범위의 가중치제약이 부여된 경우에는 41개가 비효율적인 도서관으로 평가되었다.

2배수범위의 가중치제약이 부여된 경우가 평가도구로서 필요한 판별력을 갖는 것으로 판단된다. 한편 2배수범위에서도 여전히 공공도서관과 민간도서관간의 차이가 나타난다. 공공도서관의 약 3분의 2는 나머지 3분의 1의 도서관들을 준거 도서관으로 갖고있다. 반면 민간도서관의 경우는 약 3분의 2의 도서관이 효율적인 것으로 나타났다. 이러한 차이점을 민간도서관이 공공도서관보다 잘 경영되고 있는 것으로 해석할 수는 없다. 이러한 차이점이 단순히 분석에 포함된 도서관의 수 또는 관측자료의 변동이 작기 때문일 수 있다. 분석에 포함된 도서관의 수가 커지면 도서관들간의 경쟁이 더 치열해질 것이다. 또한 관측값의 변동이 커지면 독특한 도서관의 수가 늘어나고 준거도서관의 역할을 하지 못하는 효율적 도서관의 수가 증가할 것이다. 이러한 관점에서 관측자료의 값이 공공도서관의 경우가 민간도서관의 경우보다 더 동질적이라고 할 수 있다.

[표 5.8]과 [표 5.9]는 효율성점수로 결정한 ARL도서관들의 순위를 나타낸 것이다. 이 표에서 도서관 이름을 명시하지 않은 것은 DEA 효율성점수만으로 순위를 부여했기 때문이다. DEA 분석결과는 현장방문 또는 도서관직원인터뷰 등과 같은 다른 자료의 분석결과와 함께 제시될 필요가 있다.

분석에 포함된 변수들이 효율성점수에 미치는 영향의 민감도를 분석하였다. 산출변수에서는 참조서비스와 자료대출이 효율성점수의 변화에 가장 크게 영향을 주었다. 투입변수는 모두 비슷한 정도로 효율성점수에 영향을 주었다.

[표 5.8] 공공도서관의 효율성점수 순위 (1996)

순위	도서관	효율성 점수	순위	도서관	효율성 점수	순위	도서관	효율성 점수
1	L01	1.00	23	L26	0.99	45	L42	0.74
1	L02	1.00	24	L04	0.99	46	L37	0.73
1	L03	1.00	25	L90	0.97	47	L84	0.72
1	L08	1.00	26	L22	0.97	48	L83	0.72
1	L10	1.00	27	L19	0.96	49	L12	0.71
1	L17	1.00	28	L46	0.96	50	L18	0.71
1	L20	1.00	29	L25	0.94	51	L38	0.71
1	L23	1.00	30	L09	0.93	52	L72	0.70
1	L28	1.00	31	L62	0.93	53	L44	0.69
1	L30	1.00	32	L69	0.88	54	L35	0.67
1	L31	1.00	33	L50	0.87	55	L75	0.66
1	L34	1.00	34	L81	0.85	56	L32	0.61
1	L47	1.00	35	L15	0.85	57	L85	0.60
1	L48	1.00	36	L70	0.83	58	L71	0.59
1	L65	1.00	37	L16	0.83	59	L07	0.56
1	L68	1.00	38	L45	0.80	60	L40	0.55
1	L73	1.00	39	L27	0.79	61	L41	0.52
1	L78	1.00	40	L33	0.78	62	L63	0.50
1	L79	1.00	41	L57	0.78	63	L89	0.48
1	L87	1.00	42	L55	0.77	64	L51	0.48
1	L92	1.00	43	L64	0.77	65	L91	0.44
1	L94	1.00	44	L21	0.75			

[표 5.9] 민간도서관의 효율성점수 순위 (1996)

순위	도서관	효율성 점수	순위	도서관	효율성 점수	순위	도서관	효율성 점수
1	L05	1.0	1	L61	1.00	21	L52	0.94
1	L06	1.0	1	L66	1.00	22	L82	0.89
1	L11	1.0	1	L67	1.00	23	L49	0.83
1	L13	1.0	1	L76	1.00	24	L39	0.81
1	L29	1.0	1	L77	1.00	25	L74	0.81
1	L43	1.0	1	L80	1.00	26	L93	0.73
1	L56	1.0	1	L86	1.00	27	L53	0.65
1	L58	1.0	1	L88	1.00	28	L14	0.64
1	L59	1.0	1	L95	1.00	29	L54	0.57
1	L60	1.0	20	L24	0.94	30	L36	0.40

그러나 특정 변수를 분석에서 제외하는 것은 개별 도서관의 효율성점수와 순위에 크게 영향을 줄 수 있다. 변수의 선택은 순순하게 분석기법상의 결정사항은 아니다.

투입·산출변수의 효율성점수에 대한 민감도분석과 더불어 이 연구에서는 확률오차가 효율성점수와 순위에 미치는 영향을 분석하였다. 각 연도별로 4번의 확률오차 시뮬레이션을 수행하였다. 각 시뮬레이션에서 확률오차는 변수값을 평균으로 갖고 변수값의 5%를 표준편차로 하는 정규분포에서 생성하였다. 평균효율성점수는 공공도서관의 경우 0.02~0.03만큼 변하였고 민간도서관의 경우는 0.01~0.05만큼 변하였다. 순위가 바뀐 도서관은 공공도서관의 경우 4~4개였고 민간도서관의 경우 1~5 개였다.

결론적으로 DEA 기법은 미국의 연구도서관에 대하여 성공적으로 실행되었다고 할 수 있으며 도서관의 효율성 측정문제에 대한 유사한 기법을 사용한 후속연구로 발전시킬 수 있을 것이다.

2) 효율성점수의 시간에 따른 변화

도서관의 투입·산출변수값은 매우 안정적이다. 15개 변수들 중 1996년과 1997년에 가장 큰 중앙값 변화는 5%정도이다. 모든 투입변수는 평균적으로 3%이하의 변화를 나타내고 있으며 대부분은 1%이하의 변화를 나타내고 있다. 따라서 효율성점수도 안정적일 것으로 기대할 수 있다. 만약 효율성점수가 큰 변화를 나타낸다면 이는 효율성분석기법의 신뢰성과 타당성을 회손하는 증거가 될 것이다.

[표 5.10]은 1996년과 1997년 사이의 효율성점수와 순위의 변화를 요약하여 나타낸 것이다.

[표 5.10] 효율성점수의 시간에 따른 변화

	공공 (n=65)	민간 (n=30)
평균효율성점수변화	0.06	0.07
0.05 이하의 변화를 나타낸 도서관 수	52	22
효율성순위 변화를 나타낸 도서관 수	14	7

평균효율성점수는 공공도서관의 경우 평균적으로 6%변하였고 민간도서관의

경우 평균적으로 7%변하였다. 대부분의 도서관은 변화가 없거나 5%미만의 변화를 나타내었다.

제3절 정부투자기관의 효율성 평가

1. 투입 · 산출 변수

일반적으로 정부투자기관의 목표는 공익성의 추구와 기업성을 증진시키는 것이라고 정의된다. 공익성은 설립목적을 잘 수행함으로서 달성되며 기업성은 공익사업을 수행하는 과정에서 생산성 향상 등을 통하여 이룩된다. 공익성과 기업성은 재화와 용역의 창출과정과 이를 사회공중에게 제공하는 과정에서 달성되어야 할 목표라 할 수 있다. 이러한 관점에서 정부투자기관의 성과를 공중성과 기업성 목표의 달성 수준으로 정의하고 투입은 목표 수행과정에 투입된 제반 설비와 비용을 정의할 수 있다.[1]

정부투자기관은 공기업으로서 민간기업의 장점인 신속성, 창의성, 효율성 등의 장점을 살리면서 공공적 목표를 수행하기 위하여 설립 운영되고 있기 때문에 공기업의 공익성과 기업성이라는 양대 목표를 조화있게 충족시킬 수 있도록 관리되어야 한다. 이러한 관리적 양면에서의 효율성을 평가하려면 투자기관의 경영성과는 공익성과 기업성을 나타낼 수 있는 변수로 나타내어야 하며 다음과 같이 설정할 수 있다.

성과변수

- 산출물의 양
- 산출물의 질
- 수익성

---

[1] 이 절의 내용은 양정식(1989)의 내용을 기반으로 작성한 것임.

- 성장성
- 안전성

산출물의 양 은 정부투자기관이 사회공중에게 제공하는 재화와 용역의 양을 나타내며 일반적으로 물적단위로 측정된 크기를 의미한다. 물적단위로 측정된 투자기관별 산출물의 양을 상호 비교한다는 것은 산출물의 형태와 단위가 상이하기 때문에 무의미하다. 따라서 산출물의 양을 가치적인 측면에서 고려하면 매출액으로 측정할 수 있다. 산출물의 질 이란 산출물의 품질을 의미하는 것으로 산출물 소비를 통하여 사회공중이 얻은 만족으로 설명된다. 정부투자기관의 산출물은 그 형태가 상이함으로 산출물에 따른 질도 동일한 차원에서 비교되어지기 어렵다. 즉 공중의 산출 소비로 인한 질적 효용의 증대는 공중 개개인에 따라 질적 만족감이 다르기 때문에 절대적 개념으로 측정하기 어렵다. 만약 동일한 양의 재화를 이전보다 저렴하게 소비할 수 있다면 상대적으로 산출물의 소비를 통한 공중의 질적 효용이 증대되었다고 볼 수 있으므로 산출물의 가격의 증감이 정부투자기관의 산출물의 질에 대한 경영성과로 측정될 수 있을 것이다. 매출원가율이란 매출원가를 매출액으로 나눈 것으로 매출단위당 매출원가를 의미한다. 매출원가율은 내외적 요인으로 인해 매년 상승되는데 타기관에 비하여 매출원가율이 상대적으로 적게 상승하였거나 혹은 하락하였다면 그 기관의 경영성과가 높다고 볼 수 있다. 이러한 관점에서 산출물의 질을 매출원가율로 측정할 수 있으며 구체적으로 금년도 매출원가율에 대한 전년도 매출원가율의 비율로 측정한다. 수익성 은 총자본에 대한 경상이익의 비율로 측정할 수 있다. 성장성 은 전기매출액에 대한 당기매출액의 비율에서 100을 제한 값으로 측정할 수 있다. 안정성 은 부채비율의 역수로 측정할 수 있으며 부채비율은 자기자본에 대한 유동부채 및 고정부채의 비율을 의미한다.

정부투자기관의 효율서을 평가함에 있어서 중요한 요소중의 하나가 투입변수를 선정하는 것이다. 여기서는 다음과 같은 변수를 투입변수로 선정하였다.

투입변수

- 노동투입량
- 자본투입량
- 부가비용투입량

노동투입량 으로 활용할 수 있는 지표로는 총종업원수(상근 및 임시직 포함), 연노동시간, 인건비 등이 있다. 이들 세가지 지표 중 노동투입량과 노동의 질을 가장 정확하게 반영해 줄 수 있는 지표는 인건비라고 할 수 있다. 자본투입량 은 고정자산투자액으로 측정할 수 있다. 부가비용투입량 은 산출물 생산과정에서 인건비와 설비자산 투입액을 제외한 자본경비와 산출물의 판매과정에서 발생하는 비용의 합으로 산출물과 관련된 총경비를 의미한다.

2. 표본 및 자료

[표 5.11]과 [표 5.12]는 각각 1985년도의 17개 정부투자기관의 투입 · 산출 자료를 나타낸 것이다.

[표 5.11] 17 개 정부투자기관의 투입요소 사용량 - 1985 년

	노동투입량	자본투입량	부가비용투입량
한국산업은행	2.15	7.76	78.92
국민은행	7.83	12.18	34.92
중소기업은행	5.70	13.67	26.69
한국주택은행	4.93	8.21	26.66
한국조폐공사	0.22	3.79	3.96
한국전력공사	6.09	1043.83	219.29
대한석탄공사	0.41	9.59	18.93
전기통신공사	2.73	485.48	121.19
광업진흥공사	0.10	0.32	1.57
석유개발공사	0.09	2.14	0.81
국정교과서	0.10	0.49	2.01
대한주택공사	1.11	32.03	41.96
토지개발공사	0.41	0.37	22.39
한국철로공사	0.38	16.13	9.81
수자원공사	0.25	116.40	26.82
무역진흥공사	1.06	0.15	1.67
한국관광공사	0.45	3.82	3.66

[표 5.12] 17개 정부투자기관의 산출물 생산량 - 1985년

	산출물의 양	산출물의 질	수익성	성장성	안전성
한국산업은행	82.46	1.03087	0.06777	1.17514	0.05554
국민은행	45.25	1.11397	0.55803	1.16335	0.02017
중소기업은행	33.47	0.98791	0.22233	1.21642	0.05841
한국주택은행	32.69	1.08549	0.41573	1.12661	0.03529
한국조폐공사	4.67	0.97936	7.95860	1.02037	1.87864
한국전력공사	342.53	1.02672	3.78061	1.07576	0.53467
대한석탄공사	17.90	1.08945	0.33799	1.03065	0.38533
전기통신공사	160.57	0.99366	2.05728	1.15670	1.54811
광업진흥공사	1.84	1.03787	2.09851	1.04905	13.22367
석유개발공사	0.80	0.97746	0.29821	1.07248	1.25640
국정교과서	2.40	0.80160	13.85735	0.83019	1.95920
대한주택공사	45.61	0.97850	0.68625	0.92870	0.27276
토지개발공사	39.95	1.32485	14.93246	2.20672	0.70590
한국철로공사	17.08	0.79885	31.72868	1.43707	2.01986
수자원공사	29.79	1.00221	2.22884	1.90298	1.07623
무역진흥공사	2.67	1.12851	3.04774	0.92092	0.85498
한국관광공사	4.36	1.05132	5.23262	1.10598	1.51177

3. 결과

[표 5.13]은 17개 정부투자기관의 투입·산출 자료를 사용하여 투입방향CCR 모형을 적용하여 효율성을 계산한 결과이다. [표 5.13]을 살펴보면 1985년도 정부투자기관의 효율성 점수에 비하여 1986년과 1987 년의효율성 점수가 높은 것으로 나타나 정부투자기관의 경영효율성이 점차 개선되어 가고 있음을 보여주고 있다.

[표 5.13] 17 개 정부투자기관에 대한 효율성 평가 결과

	1985 년	1986 년	1987 년
한국산업은행	0.59	0.73	0.70
국민은행	0.73	0.85	0.82
중소기업은행	0.70	0.79	0.74
한국주택은행	0.69	0.81	0.78
한국조폐공사	0.77	1.00	0.82
한국전력공사	0.87	1.00	0.90
대한석탄공사	0.55	0.81	1.00
전기통신공사	0.74	0.82	0.74
광업진흥공사	1.00	1.00	1.00
석유개발공사	1.00	1.00	1.00
국정교과서	1.00	1.00	1.00
대한주택공사	0.61	0.76	0.76
토지개발공사	1.00	1.00	1.00
한국철로공사	1.00	1.00	1.00
수자원공사	1.00	1.00	1.00
무역진흥공사	1.00	1.00	1.00
한국관광공사	0.76	0.94	0.93

제4절 은행지점의 효율성 평가

1. 투입 · 산출 변수

여기서는 국내의 한 상업은행(이하 S 은행이라 칭함)의 특정 지역본부 산하 12

개 지점의 효율성을 CCR 모형을 이용하여 평가해 본다. 은행지점은 노동과 자본을 투입요소로 사용하여 서비스를 산출물로 생산한다. 투입요소의 측정을 위한 변수로 노동은 종업원수 를 사용하여 자본은 은행지점의 면적 을 사용할 수 있다. 서비스의 생산량은 각 지점에서 처리되는 각종 유형의 거래행위의 수를 이용하여 측정할 수 있다. S 은행에서 처리되는 거래의 유형은 99 종류이며 각 거래의 복잡도 및 자원요구량을 반영하는 1 인당 적정 처리건수를 기준으로 4 가지 형태의 거래로 분류할 수 있다. 분류된 각 거래유형의 복잡도 및 자원요구량의 관계는 거래 1 > 거래 2 > 거래 3 > 거래 4 의 순서이다.

분석에 사용되 투입 · 산출 변수를 그림으로 나타내면 <그림 5.1>과 같다.

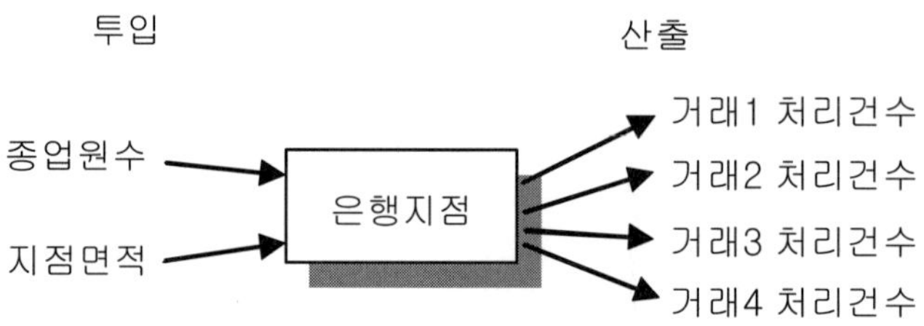

<그림 5.1> 은행지점의 투입 · 산출 변수

2. 표본 및 자료

투입 · 산출 자료는 [표 5.14]에 나타내었다.

[표 5.14] 12 개 은행지점의 투입 · 산출 자료

지점	종업원수	지점면적	거래 1	거래 2	거래 3	거래 4
B1	56	292.14	3,404	2,521	13,045	229,222
B2	88	602.62	4,052	2,516	15,897	381,927
B3	61	487.80	4,599	3,856	12,436	212,409
B4	39	299.56	1,541	990	10,654	205,857

B5	23	226.48	595	499	5,789	112,706
B6	24	212.50	924	827	4,144	88,369
B7	64	869.08	2,226	2,282	16,915	337,826
B8	30	292.06	1,872	1,262	8,263	179,987
B9	19	137.70	598	412	7,405	139,346
B10	24	199.70	1,038	670	7,062	85,780
B11	35	299.24	1,101	1,358	8,516	166,574
B12	57	511.45	3,211	3,014	16,735	196,256

3. 결과

각 지점의 효율성 측정결과 및 준거지점은 [표 5.15]와 같다.

[표 5.15] 각 지점별 효율성 점수와 준거지점

지점	효율성 점수	준거지점
B1	1.00	
B2	0.82	B1, B8, B9
B3	1.00	
B4	0.84	B1, B8, B9
B5	0.73	B8, B9, B12
B6	0.71	B3, B8, B9
B7	0.89	B8, B9
B8	1.00	
B9	1.00	
B10	0.85	B1, B8, B9
B11	0.87	B3, B8, B9
B12	0.98	B3, B8, B9

효율성 측정결과 B1, B3, B8, B9 등은 효율적인 지점으로, B2, B4, B5, B6, B7,

B10, B11, B12 등은 비효율적인 지점으로 나타났다. 이 중 특히 B5, B6은 각각 효율성 값이 0.73, 0.71로 상대적으로 가장 비효율적인 지점으로 나타났다.

경영자가 [표 5.15]의 분석결과를 검토할 때 주의해야 할 점은 여기서 효율적으로 평가된 지점들은 12개의 지점간 비교에서 상대적으로 효율적인 지점으로 평가된 것이지 절대적 의미에서 효율적인 것이 아니라는 점이다. 다시말하면 여기서 효율적으로 평가된 지점들도 그 효율성을 개선할 여지는 있다는 것이다.

효율성 점수가 가장 낮은 것으로 평가된 B5, B6 지점에 대해서 분석결과가 갖는 의미를 검토해 보자. [표 5.16]은 효율성 값이 0.73으로 평가된 B5 지점에 대한 상세분석결과이다. 여기서 준거지점(準據支店, reference branches)은 B5지점의 효율성을 평가할 때 직접적인 비교대상이 되는 효율적 가상 지점(效率的假像支店, efficient hypothetical branch)을 구성하는 지점들을 나타낸다.

[표 5.16] 지점 B5에 대한 상세분석 결과

지점	(효율성값)	B5 (0.73)			
준거지점	(λ_j)	B8 (0.197)	B9 (0.541)	B12(0.009)	
		측정된 변수값	여유 변수	효율적 가상지점의 변수값	개선량
투입	종업원수	23.00	0.00	16.72	-6.28
	지점면적	226.48	27.85	136.75	-89.73
산출	거래1	595.00	126.80	721.80	126.80
	거래2	499.00	0.00	499.00	0.00
	거래3	5789.00	0.00	5789.00	0.00
	거래4	112706.00	0.00	112706.00	0.00

효율적 가상지점은 준거지점들의 선형결합(線型結合, linear combination)으로 만들어지며 이 때 계수는 λ_i 값이 사용된다. 즉 B5 지점의 효율적 가상지점 B5' 는 준거지점인 B8, B9, B12의 선형결합으로 다음과 같이 만들어진다.

$$
\begin{array}{cccc}
\text{B8} & \text{B9} & \text{B12} & \text{B5}
\end{array}
$$

$$
0.1973\times\begin{bmatrix}30\\292.06\\1872\\1262\\8263\\179987\end{bmatrix}+0.5414\times\begin{bmatrix}19\\137.70\\598\\412\\7405\\139346\end{bmatrix}+0.0089\times\begin{bmatrix}57\\511.45\\3211\\3014\\16735\\196256\end{bmatrix}=\begin{bmatrix}16.72\\136.75\\721.80\\499.00\\5789.00\\112706.00\end{bmatrix}
$$

[표 5.16]에 제시한 지점 B5에 대한 분석결과를 살펴보면 준거지점 중에서 특히 B8에 대한 비중($\lambda_j = 0.1978$)이 높아 B5지점의 입장에서 개선을 한다면 B8을 베치마킹 대상으로 선정하는 것이 바람직한 것으로 볼 수 있다. 투입요소 중에서는 지점면적이 과잉인 것으로 나타났고 산출에서는 거래 1 의 거래행위가 상대적으로 부족한 것으로 나타났다. B5 지점이 준거지점만큼의 효율성을 갖기 위해서는 종업원수가 6.28 명, 지점면적이 89.73 평 만큼 감소되어야 하며 거래 1 이 126.80 건 더 증가되어야 하는 것으로 나타났다.

참고문헌

1. 양정식, 「Data Envelopment Analysis 에 의한 정부투자기관의 효율성 평가에 관한 연구」 (1989), 고려대학교 대학원 경영학과 박사학위 논문.

2. Cable, L. G. (1980), "Cost Analysis of Reference Service to Outside Users," Bulletin of the Medical Library Association, Vol.68, No. 2, pp. 247-248.

3. Chang, H.-H. (1998), "Determinants of Hospital Efficiency: The Case of Central Government-owned Hospitals in Taiwan," *Omega*, Vol. 26, No. 2, pp. 307-317.

4. Cochrane, L. S. and C. Warmann (1989), "Cost Analysis of Library Services

at Virginia Polytechnic Institute and State University," in J. C. Fennell (ed.), *Building on the First Century: Proceedings of the Fifth National Conference of the Association of College and Research Libraries*, Chicago, IL: Association of College and Research Libraries, pp. 55-62.

5. Dyson, R. G., and E. Thanassoulis (1988), "Reducing Weight Flexibility in Data Envelopment Analysis," *Journal of the Operational Research Society*, Vol. 39, No. 6, pp. 563-576.

6. Halme, M., T. Joro, P. Korhonen, S. Salo, and J. Wallenius (1999), "A Value Efficiency Approach to Incorporating Preference Information in Data Envelopment Analysis," *Management Science*, Vol. 45, No. 1, pp. 103-115.

7. Kantor, P. B. (1986), "Three Studies of the Economics of Academic Libraries," in G. B. McCabe and B. Kreissman (eds.), *Adnances in Library Administration and Organization, Vol. 5*, Greenwich, CT: JAI Press, pp. 221-286.

8. Robinson, B. M. and S. Robinson (1994), "Strategic Planning and Program Budgeting for Libraries," *Library Trends*, Vol. 42, pp. 420-447.

9. Roche, M. M. (1993), *ARL/RLG Interlibrary Loan Cost Study*, Washington, DC: Association of Research Libraries.

10. Shim, W. (2003), "Applying DEA Technique to Library Evaluation in Academic Research Libraries," *Library Trends*, Vol. 51, No. 3, pp. 312-332.

11. Spencer, C. C. (1980), "Random Time Sampling with Self-Observation for Library Cost Studies," Bulletin of the Medical Library Association, Vol. 68, No. 1, pp. 53-57.

12. Thompson, R. G., L. N. Langemeier, C.-T. Lee, E. Lee, and R. M. Thrall (1990), "The Role of Multiplier Bounds in Efficiency Analysis with Application to Kansas Farming," *Journal of Econometrics*, Vol. 46, No. 1/2, pp. 93-108.

제6장 DEA 활용문헌 분류

여기서는 DEA 를 활용한 문헌들을 적용 분야별로 분류하고 분류된 문헌 목록을 제시하였다.

제1절 재무/금융

1. 은행 (Banks)

Aly, Grabowski, Pasurka, and Rangan (1990) [9]
Siems (1992) [183]
Yue (1992) [215]
Fukuyama (1993) [79]
Miller and Noulas (1996) [137]
Bhattacharyya, Lovell, and Sahay (1997) [28]
Thompson, Brinkmann, Dharmapala, Gonzalez-Lima, and Thrall (1997) [203]
Resti (1997) [168]
Bergendahl (1998) [26]
Chen and Yeh (1998) [50]
Siems and Barr (1998) [184]
Parkan and Wu (1999) [155]
Kuosmanen and Post (2001) [117]
Tortosa-Ausina (2002) [206]

2. 은행지점 (Bank Branches)

Sherman and Gold (1985) [180]
Parkan (1987) [154]
Oral and Yolanan (1990) [147][1]
Vassiloglou and Giokas (1990) [210][2]
Giokas (1991) [84][3]
Oral, Kettani, and Yolalan (1992) [146]
Al-Faraj, Alidi, and Bu-Bshait (1993) [8]
Drake and Howcroft (1994) [64][4]
Athanassopoulos (1995) [11]
Sherman and Ladino (1995) [181]
Athanassopoulos and Curram (1996) [13]
Athanassopoulos (1997) [12]
Lovell and Pastor (1997) [122]
Schaffnit, Rosen, and Paradi (1997) [176]

3. 신용조합 (Credit Unions)

Fried, Lovell, and Eeckaut (1993) [76][5]
Fried, Lovell, and Turner (1996) [77]
Simeone and Li (1997) [186]

---

[1] 이 논문에서는 터키의 한 대형 상업은행의 20 개 지점의 운용효율성을 측정하였다.

[2] 이 논문에서는 그리스 아테네 지방의 한 상업은행의 20 개 지점의 운영효율성을 측정하였다.

[3] 이 논문에서는 그리스의 아테네 지방에서 영업하고 있는 한 상업은행의 17 개 지점의 운영효율성을 측정하였다.

[4] 이 논문에서는 영국내 한 은행의 190 개 지점에 관한 기술효율성 및 규모효율성을 측정하고 비효율성의 원인을 분석하였다.

[5] 이 논문에서는 1990 년도에 미국에서 운영된 8,947 개의 신용조합의 성과를 평가하고 신용조합들간의 성과차이에 대한 원인으로 영업환경 및 조직특성을 분석하였다.

Brown, Brown, and O connor (1999) [31]
Garden and Ralston (1999) [81]

4. 상호기금 (Mutual Funds)

Murthi, Choi, and Desai (1997) [140]
McMullen and Strong (1998) [134]
Morey and Morey (1999) [139]
Basso and Funari (2001) [24]

제2절 의료/보건

1. 병원 (Hospitals)

Sherman (1984) [179] [6]
Banker (1984) [20] [7]
Banker, Conrad, and Strauss (1986) [21]
Grosskopf and Valdmanis (1987) [98]
Borden (1988) [29]
Morey, Fine, and Loree (1990) [138]
Dittman, Capettini, and Morey (1991) [62]
Ozcan, Luke, and Haksever (1992) [151] [8]

---

[6] 미국 Massachusetts 주에 있는 대학병원의 효율성을 측정하고 병원관련 전문가들의 의견을 근거로 DEA 가 효율성 및 비효율성의 소재에 관한 효과적인 정보를 제공하고 있음을 보임.

[7] 미국 North Carolina 주에 있는 117 개 병원의 효율성을 측정하고 최적생산규모를 추정함.

[8] 병원의 소유형태가 효율성에 미치는 영향을 분석하기 위해 미국에 있는 정부소유 공공병원, 민간소유 비영리병원, 민간소유 영리병원 등의 효율성을 측정하고 이를 비교함.

Valdmanis (1992) [209][9]

Burgess and Wilson (1993) [32]

Chirikos and Alan (1994) [56]

Ehreth (1994) [67]

Färe, Grosskopf, Lindgren, and Roos (1994) [69]

Lynch and Ozcan (1994) [124]

Burgess and Wilson (1995) [33]

Grosskopf, Margaritis, and Valdmanis (1995) [95]

Ozcan (1995) [150]

Burgess and Wilson (1996) [34]

Ferrier and V. Valdmanis (1996) [72]

Magnussen (1996) [126]

Ozcan and McCue (1996) [152]

White and Ozcan (1996) [212]

Parkin and Hollingsworth (1997) [156]

Burgess and Wilson (1998) [35]

Chang (1998) [40]

Dalmau-Matarrodona and Puig-Junoy (1998) [60]

O neil (1998) [145]

Ozcan, Watts, Harris, and Wogen (1998) [153]

Linna (1998) [121]

Athanassopoulos, Gounaris, and Sissouras (1999) [16]

Maniadakis, Hollingsworth, and Thanassoulis (1999) [130]

McCallion, McKillop, Glass, and Kerr (1999) [132]

Rosko (1999) [170]

Chern and Wan (2000) [51]

Puig-Junoy (2000) [162]

Sahin and Ozcan (2000) [172]

---

[9] 미국에 있는 200 병상 이상의 공공병원 및 민간병원의 효율성을 측정하고 이를 비교함.

Sommersguter-Reichmann (2000) [185]

Athanassopoulos and Gounaris (2001) [15]

Giokas (2001) [85]

Grosskopf, Margaritis, and Valdmanis (2001) [96]

Grosskopf, Margaritis, and Valdmanis (2001a) [97]

Jacobs (2001) [104]

Hofmarcher, Paterson, and Riedel (2002) [102]

Kirigia, Emrouznejad, and Sambo (2002) [112]

Olesen and Petersen (2002) [144]

2. 요양소 (Nursing Homes)

Nyman and Bricker (1989) [141][10]

Sexton, Leiken, Sleeper, and Coburn (1989) [178]

Nyman, Bricker, and Link (1990) [142]

Fizel and Hunnikhoven (1992) [73]

Kleinsorge and Karney (1992) [113][11]

Fizel and Nunnikhoven (1993) [74]

Chattopadhyay and Heffley (1994) [47]

Kooreman (1994) [114]

Kooreman (1994a) [115]

Rosko, Chilingerian, Zinn, and Aaronson (1995) [171]

Chattopadhyay and Ray (1996) [48]

Fried, Schmidt, and Yaisawarng (1998) [78]

---

10 미국 Wisconsin 주에 있는 184 개 요양소(Nursing Home)의 효율성을 측정하고 효율성의 결정요인을 탐색함.

11 DEA 를 이용하여 요양소의 효율성을 측정하고 이를 경영에 활용할 수 있음을 보임.

3. 1 차진료기관 (Primary Care)

Pina and Torres (1992) [160]
Szczepura, Davies, Fletcher, and Boussofiane (1993) [198]
Tyler, Ozcan, and Wogen (1995) [207]
Luoma, Jarvio, Suuoniemi, and Hjerppe (1996) [123]
Salinas-Jimenez and Smith (1996) [173]
Garcia, Marcuello, Serrano, and Urbina (1999) [80]
Giuffrida (1999) [87]

4. 약물중독자치료소 (Outpatient Substance Abuse Treatment Providers)

Alexander, Wheeler, Nahra, and Lemak (1998) [7]

5. 약국 (Pharmacies)

Banker and Morey (1986) [22][12]

6. 의사 (Physicians)

Chilingerian and Sherman (1990) [54]
Chilingerian (1994) [52]
Chilingerian (1995) [53]
Chilingerian and Sherman (1997) [55]

---

[12] 미국 Iowa 주에 있는 69 개 약국의 효율성을 측정함. 약국의 산출물로 (1) 조제한 처방전의 수, (2) 조제한 처방의 가격 을 설정하였고 투입요소로는 (1) 임금, (2) 기타 운영비, (3) 약품재고의 평균 가격, (4) 시장규모(인구수) 등을 설정하였음.

제3절 교육/학교 분야

1. 대학교 (Universities)

Ahn, Charnes, and Cooper (1988) [3][13]

Ahn and Seiford (1993) [4]

Glass, McKillop, and Hyndman (1995) [88]

Sarrico, Hogan, Dyson, and Athanassopoulos (1997) [175]

Abbott and Doucouliagos (2003) [1]

2. 대학학과 (University Departments)

Tomkins and Green (1988) [205]

Beasley (1990) [25][14]

Johnes and Johnes (1993) [105]

Johnes and Johnes (1995) [106]

Arcelus and Coleman (1997) [10]

Glass, McKillop, and Rourke (1997) [89]

Madden, Savage, and Kemp (1997) [125]

Glass, McKillop, and O'Rourke (1998) [90]

---

13 미국에서 박사학위를 수여하는 161 개의 공립 및 사립대학의 효율성을 측정함. 의과대학이 있는 대학과 그렇지 않은 대학을 비교함. 가장 생산적인 규모를 추정함.

14 영국에 있는 50 개 대학의 화학과 및 물리학과의 교육 및 연구생산 효율성을 측정함.

3. 대학도서관 (University Libraries)

Chen (1997) [49]
Kao and Liu (2000) [108]
Shim (2003) [182]
Kao and Liu (2003) [109]
Reichmann and Reichmann (2006) [167]

4. 학교도서관 (School Libraries)

Easun (1994) [66]

5. 초등학교 (Elementary Schools)

Bessent, Bessent, Kennington, and Regan (1982) [27][15]

6. 학군 (School Districts)

Färe, Grosskopf, and Weber (1989) [70]
Ray (1991) [164][16]
McCarty and Yaisawarng (1993) [133]
Engert (1996) [68]
Chalos (1997) [40]
Ray and Mukherjee (1998) [166]

---

15 미국 휴스턴의 독립학군에 속해있는 167 개 초등학교의 효율성을 측정함.

16 미국 Connecticut 주에서 고등학교를 운영하고 있는 122 개 학군의 효율성을 측정함.

7. 교육프로그램 (Education Program)

Charnes, Cooper, and Rhodes (1981) [45][17]

제4절 공공서비스

1. 산림구역 (Forest Districts)

Kao and Yang (1991) [110]
Kao and Yang (1992) [111][18]
Kao (1998) [107]

2. 공공도서관 (Public Libraries)

Vitaliano (1998) [211]
Worthington (1999) [214]

3. 경찰서비스 (Police Services)

Thanassoulis (1995) [199]
Carrington, Puthucheary, Rose, and Yaisawarng (1997) [39]
Drake and Simper (2000) [65]

---

17 미국에서 1960 년대 후반부터 실시하여왔던 Program Follow Through 라고 하는 소외계층을 위한 교육프로그램의 효율성을 측정함.

18 대만의 17 개 산림구역의 효율성을 측정함.

4. 교도소 (Jails)

Mensah and Li (1993) [135]

5. 법원 (Courts)

Lewin, Morey, and Cook (1982) [119][19]

6. 상수도 (Water Supply Services)

Aida, Cooper, Pastor, and Sueyoshi (1998) [5]
Thanassoulis (2000) [200]
Thanassoulis (2000a) [201]

7. 지방정부 (Local Governments)

Thanassoulis, Dyson, and Foster (1987) [202][20]

제5절 에너지

1. 발전소/산업 (Electricity Generating Plants/Industry)

---

19 미국의 North Carolina 주에 있는 100 개의 법원의 관리효율성을 측정함.

20 영국 62 개 광역시의 세무담당부서의 효율성을 측정함.

Golany, Roll, and Ryback (1994) [91]

Pollitt (1996) [161]

Criswell and Thompson (1996) [59]

Athanassopoulos, Lambroukos, and Seiford (1999) [17]

Olatubi and Dismukes (2000) [143]

Sueyoshi and Goto (2001) [195]

2. 전기유통/공급업 (Electricity Distribution/Suppliers)

Hjalmarsson and Veiderpass (1992) [100]

Hjalmarsson and Veiderpass (1992a) [101]

Miliotis (1992) [136]

Bagdadioglu (1996) [18]

Bagdadioglu, Price, and Weyman-Jones (1996) [19]

Førsund and Kittelsen (1998) [75]

Zhang and Bartels (1998) [216]

Sueyoshi (1999) [193]

Whiteman (1999) [213]

3. 석유회사 (Petroleum Companies)

Sueyoshi (2000) [194]

4. 광산 (Mines)

Byrnes, Färe, and Grosskopf (1984) [37][21]

Byrnes, Färe, Grosskopf, and Lovell (1988) [38][22]

---

21 미국 Illinois 주에 있는 15 개 노천광산의 생산효율성을 측정함.

제6절 교통

1. 항공사/항공산업 (Airlines/Airline Industry)

Chan and Sueyoshi (1991) [41]
Schefczyk (1993) [177]
Banker and Johnston (1994) [23]
Good, Roller, and Sickles (1995) [94]
Oum and Yu (1995) [149]
Charnes, Gallegos, and Li (1996) [46]
Ray and Hu (1997) [165]
Tofallis (1997) [204]
Alam and Sickles (1998) [6]

2. 공항 (Airports)

Gillen and Lall (1997) [83]
Sarkis (2000) [174]
Adler and Berechman (2001) [2]
Martin and Roman (2001) [131]
Pels, Nijkamp, and Rietveld (2001) [158]
Fernandes and Pacheco (2002) [71]

---

[22] 미국에 있는 113 개 광산의 생산효율성을 측정하고 노조에 가입된 광산과 그렇지 않은 광산을 비교함.

3. 항공기 정비기술 (Aircraft Maintenance Technologies)

Charnes, Clark, Cooper, and Golany (1985) [43]
Roll, Golany, and Seroussy (1989) [169]
Peck, Scheraga, and Boisjoly (1998) [157]

4. 철도 (Railways)

Oum and Yu (1994) [148]
Gathon and Pestieau (1995) [82]
Cowie and Riddington (1996) [58]
Coelli and Perelman (1999) [57]

제7절 기타

1. 대리인 (Attorneys)

DePree, Jude, and Turner (1995) [61]

2. 통신 (Telecommunications)

Sueyoshi (1991) [187]
Sueyoshi (1994) [189]
Majumdar (1995) [127]
Majumdar and Chang (1996) [129]

Sueyoshi (1996) [190]
Sueyoshi (1997) [191]
Athanassopoulos and Giokas (1998) [14]
Majumdar (1998) [128]
Sueyoshi (1998) [192]
Giokas and Pentzaropoulos (2000) [86]
Koski and Majumdar (2000) [116]
Lien and Peng (2001) [120]
Uri (2001) [208]

3. 도시 (Cities/Counties)

Charnes, Cooper, and Li (1989) [44][23]
Sueyoshi (1992) [188][24]
Raab and Lichty (1997) [163]
Zhu (2001) [217]

4. 국가 (Nations)

Golany and Thore (1997) [92]
Golany and Thore (1997a) [93]
Brockett, Golany, and Li (1999) [30]

---

23 중국의 28 개 주요 도시의 효율성을 측정하고 이를 시정부의 경제개발계획의 수립 및 평가에 활용할 수 있음을 보임.

24 DEA/AR 이라는 CCR 변형모형을 사용해서 중국에 있는 35 개 주요 도시의 배분효율성을 측정함. CCR 모형과 BCC 모형을 활용해 각 도시의 규모수익의 정도를 측정함.

5. 농기업 (Agricultural Cooperatives)

Haag, Jaska, and Semple (1992) [99]
Piesse, J. et al. (1996) [159]
Sueyoshi, Hasebe, Ito, Sakai, and Ozawa (1998) [196]

6. 야구선수 (Baseball Players)

Howard and Miller (1993) [103]
Sueyoshi, Ohnishi, and Kinase (1999) [197]

7. 논문집 (Journals)

Burton and Phimister (1995) [36]

8. 중소기업개발센터 (Small Business Development Centers)

Lang and Golden (1989) [118][25]

9. 제품 (Products)

Doyle and Green (1991) [63][26]

---

[25] 미국에 있는 9 개의 중소기업개발센터(SBDC)의 효율성을 측정함.

[26] 컴퓨터잡지인 BYTE 에 수록된 37 종의 컴퓨터 프린터에 관한 자료를 이용해 각 프린터의 효율성을 측정함.

참고문헌

1. Abbott, M., and C. Doucouliagos (2003), "The Efficiency of Australian Universities: A Data Envelopment Analysis," *Economics of Education Review*, Vol. 22, No. 1, pp. 89-97.

2. Adler, N., and J. Berechman (2001), "Measuring Airport Quality from the Airlines' Viewpoint: An Application of Data Envelopment Analysis," *Transport Policy* Vol.8, pp. 171-181.

3. Ahn, T., A. Charnes, and W. W. Cooper (1988), "Some Statistical and DEA Evaluations of Relative Efficiencies of Public and Private Institutions of Higher Learning," *Socio-Economic Planning Science* Vol.22, No.6, pp. 259-269.

4. Ahn, T. S., and L. M. Seiford (1993), "Sensitivity of DEA to Models and Variable Sets in a Hypothesis Test Setting: The Efficiency of University Operations," In *Creative and Innovative Approaches to the Science of Management* (Y. Ijiri, Ed.), pp. 191-208. Quorum Books, New York.

5. Aida, K., W. W. Cooper, J. T. Pastor, and T. Sueyoshi (1998), "Evaluating Water Supply Services in Japan with RAM: A Range-adjusted Measure of Inefficiency," *Omega* Vol.26, No.2, pp. 207-232.

6. Alam, I. M. S., and R. C. Sickles (1998), "The Relationship between Stock Market Returns and Technical Efficiency Innovations: Evidence from the US Airline Industry," *Journal of Productivity Analysis* Vol.9, No.1, pp. 35-51.

7. Alexander, J. A., J. R. C. Wheeler, T. A. Nahra, and C. H. Lemak (1998), "Managed Care and Technical Efficiency in Outpatient Substance Abuse Treatment Units," *Journal of Behavioral Health*

Services & Research Vol.25, No.4, pp. 377-396.

8. Al-Faraj, T. N., A. S. Alidi, and K. A. Bu-Bshait (1993), "Evaluation of Bank Branches by Means of Data Envelopment Analysis," *International Journal of Operations and Production* Vol.13, No.9, pp. 45-52.

9. Aly, H. Y., R. Grabowski, C. Pasurka, and N. Rangan (1990), "Technical, Scale, and Allocative Efficiencies in U.S. Banking: An Empirical Investigation," *Review of Economics and Statistics* Vol.72, No.2, pp. 211-218.

10. Arcelus, F. J., and D. F. Coleman (1997), "An Efficiency Review of University Departments," *International Journal of Systems Science* Vol.28, No.7, pp. 721-729.

11. Athanassopoulos, A. D. (1995), "Performance Improvement Decision Aid Systems (PIDAS) in Retailing Organizations Using Data Envelopment Analysis," *Journal of Productivity Analysis* Vol.6, No.2, pp. 153-70.

12. Athanassopoulos, A. D. (1997), "Service Quality and Operating Efficiency Synergies for Management Control in the Provision of Financial Services: Evidence from Greek Bank Branches," *European Journal of Operational Research* Vol.98, No.2, pp. 300-313.

13. Athanassopoulos, A. D., and S. P. Curram (1996), "A Comparison of Data Envelopment Analysis and Artificial Neural Networks as Tools for Assessing the Efficiency of Decision Making Units," *Journal of the Operational Research Society* Vol.47, No.8, pp. 1000-1016.

14. Athanassopoulos, A. D., and D. Giokas (1998), "Technical Efficiency and Economies of Scale in State Owned Enterprises: the Hellenic Telecommunications Organisation," *European Journal of Operational Research* Vol.107, No.1, pp. 62-75.

15. Athanassopoulos, A., and C. Gounaris (2001), "Assessing the Technical and Allocative Efficiency of Hospital Operations in Greece and Its Resource Allocation Implications," *European Journal of Operational Research* Vol.133, No.2, pp. 416-431.

16. Athanassopoulos, A. D., C. Gounaris, and A. Sissouras (1999), "A Descriptive Assessment of the Production and Cost Efficiency of General Hospitals in Greece," *Health Care Management Science* Vol.2, No.2, pp. 97-106.

17. Athanassopoulos, A. D., N. Lambroukos, and L. Seiford (1999), "Data Envelopment Scenario Analysis for Setting Targets to Electricity Generating Plants," *European Journal of Operational Research* Vol.115, No.3, pp. 413-428.

18. Bagdadioglu, N. (1996), "Privatization, Ownership, and Technical Efficiency in the Turkish Electricity Supply Industry," *Pacific and Asian Journal of Energy* Vol.6, No.1, pp. 25-37.

19. Bagdadioglu, N., C. M. W. Price, and T. G. Weyman-Jones (1996), "Efficiency and Ownership in Electricity Distribution - A Nonparametric Model of the Turkish Experience," *Energy Economics* Vol.18, No.1-2, pp. 1-23.

20. Banker, R. D. (1984), "Estimating Most Productive Scale Size using Data Envelopment Analysis," *European Journal of Operational Research* Vol.17, pp. 35-44.

21. Banker, R. D., R. F. Conrad, and R. P. Strauss (1986), "A Comparative Application of Data Envelopment Analysis and Translog Methods: An Illustrative Study of Hospital Production," *Management Science* Vol.32, No.1, pp. 30-44.

22. Banker, R. D., and R. C. Morey (1986), "The Use of Categorical Variables in Data Envelopment Analysis," *Management Science*

Vol.32, No.12, pp. 1613-1627.

23. Banker, R. D., and H. H. Johnston (1994), "Evaluating the Impacts of Operating Strategies on Efficiency in the U.S. Airline Industry," In *Data Envelopment Analysis: Theory, Methodology and Applications* (A. Charnes, W. Cooper, A. Y. Lewin, and L. M. Seiford, Eds.), pp. 97-128. Kluwer Academic Publishers, Boston/Dordrecht/London.

24. Basso, A., and S. Funari (2001), "A Data Envelopment Analysis Approach to Measure the Mutual Fund Performance," *European Journal of Operational Research* Vol.135, pp. 477-492.

25. Beasley, J. E. (1990), "Comparing University Departments," *Omega* Vol.18, No.2, pp. 171-183.

26. Bergendahl, G. (1998), "DEA and Benchmarks - An Application to Nordic Banks," *Annals of Operations Research* Vol.82, pp. 233-249.

27. Bessent, A. M., E. W. Bessent, J. Kennington, and B. Regan (1982), "An Application of Mathematical Programming to Assess Productivity in the Houston Independent School District," *Management Science* Vol.28, No.12, pp. 1355-1367.

28. Bhattacharyya, A., C. A. K. Lovell, and P. Sahay (1997), "The Impact of Liberalization on the Productive Efficiency of Indian Commercial Banks," *European Journal of Operational Research* Vol.98, No.2, pp. 332-345.

29. Borden, J. P. (1988), "An Assessment of the Impact of Diagnosis-Related Group (DRG)-Based Reimbursement on the Technical Efficiency of New Jersey Hospitals Using Data Envelopment Analysis," *Journal of Accounting & Public Policy* Vol.7, No.2, pp. 77-96.

30. Brockett, P. L., B. Golany, and S. Li (1999), "Analysis of

Intertemporal Efficiency Trends Using Rank Statistics With an Application Evaluating the Macro Economic Performance of OECD Nations," *Journal of Productivity Analysis* Vol.11, No.2, pp. 169-182.

31. Brown, R., R. Brown, and I. O'Connor (1999), "Efficiency, Bond of Association and Exit Patterns in Credit Unions: Australian Evidence," *Annals of Public and Cooperative Economics* Vol.70, No.1, pp. 5-23.

32. Burgess, J. F., and P. W. Wilson (1993), "Technical Efficiency in Veterans Administration Hospitals," in H. O. Fried, C. A. K. Lovell, and S. S. Schmidt, eds., *The Measurement of Productive Efficiency: Techniques and Applications*. Oxford: Oxford University Press, pp. 335-351.

33. Burgess, J. F., and P. W. Wilson (1995), "Decomposing Hospital Productivity Changes, 1985-1988: A Nonparametric Malmquist Approach," *Journal of Productivity Analysis* Vol.6, No.4, pp. 343-363.

34. Burgess, J. F., Jr., and P. W. Wilson (1996), "Hospital Ownership and Technical Inefficiency," *Management Science* Vol.42, No.1, pp. 110-123.

35. Burgess, J. E., and P. W. Wilson (1998), "Variation in Inefficiency among US Hospitals," *INFOR* Vol.36, No.3, pp. 84-102.

36. Burton, M. P., and E. Phimister (1995), "Core Journals: A Reappraisal of the Diamond List," *Economic Journal* Vol.105, No.429, pp. 361-73.

37. Byrnes, P., R. Färe, and S. Grosskopf (1984), "Measuring Productive Efficiency: An Application to Illinois Strip Mines," *Management Science* Vol.30, No.6, pp. 671-681.

38. Byrnes, P., R. Färe, S. Grosskopf, and C. A. K. Lovell (1988), "The

Effect of Unions on Productivity: U.S. Surface Mining of Coal," *Management Science* Vol.34, No.9, pp. 1037-1053.

39. Carrington, R., N. Puthucheary, D. Rose, and S. Yaisawarng (1997), "Performance Measurement in Government Service Provision: The Case of Police Services in New South Wales," *Journal of Productivity Analysis* Vol.8, No.4, pp. 415-430.

40. Chalos, P. (1997), "An Examination of Budgetary Inefficiency in Education using Data Envelopment Analysis," *Financial Accountability & Management* Vol.13, No.1, pp. 55-69.

41. Chan, P. S., and T. Sueyoshi (1991), "Environmental-Change, Competition, Strategy, Structure and Firm Performance - an Application of Data Envelopment Analysis in the Airline Industry," *International Journal of Systems Science* Vol.22, No.9, pp. 1625-1636.

42. Chang, H.-H. (1998), "Determinants of Hospital Efficiency: The Case of Central Government-owned Hospitals in Taiwan," *Omega* Vol.26, No.2, pp. 307-317.

43. Charnes, A., C. T. Clark, W. W. Cooper, and B. Golany (1985), "A Developmental Study of Data Envelopment Analysis in Measuring the Efficiency of Maintenance Units in the U.S. Air Forces," *Annals of Operations Research* Vol.2, No.1, pp. 95-112.

44. Charnes, A., W. W. Cooper, and S. Li (1989), "Using Data Envelopment Analysis to Evaluating Efficiency in the Economic Performance of Chinese Cities," *Socio-Economic Planning Science* Vol.23, No.6, pp. 325-344.

45. Charnes, A., W. W. Cooper, and E. L. Rhodes (1981), "Evaluating Program and Managerial Efficiency: An Application of Data Envelopment Analysis to Program Follow Through," *Management Science* Vol.27, No.6, pp. 668-697.

46. Charnes, A., A. Gallegos, and H. Li (1996), "Robustly Efficient Parametric Frontiers via Multiplicative DEA for Domestic and International Operations of the Latin America Airline Industry," *European Journal of Operational Research* Vol.88, No.3, pp. 525-536.

47. Chattopadhyay, S., and D. Heffley (1994), "Are For-profit Nursing Homes More Efficient? Data Envelopment Analysis with a Case-Mix Constraint," *Eastern Economic Journal* Vol.20, No.2, pp. 171-186.

48. Chattopadhyay, S., and S. C. Ray (1996), "Technical, Scale, and Size Efficiency in Nursing-Home Care - A Nonparametric Analysis of Connecticut Homes," *Health Economics* Vol.5, No.4, pp. 363-373.

49. Chen, T.-Y. (1997), "A Measurement of the Resource Utilization Efficiency of University Libraries," *International Journal of Production Economics* Vol.53, No.1, pp. 71-80.

50. Chen, T.-Y., and T.-L. Yeh (1998), "A Study of Efficiency Evaluation in Taiwan's Banks," *International Journal of Service Industry Management* Vol.9, No.5, pp. 402-415.

51. Chern, J.-Y., and T. T. H. Wan (2000), "The Impact of the Prospective Payment System on the Technical Efficiency of Hospitals," *Journal of Medical Systems* Vol.24, No.3, pp. 159-172.

52. Chilingerian, J. A. (1994), "Exploring Why Some Physicians' Hospital Practices Are More Efficient: Taking DEA Inside the Hospital," In *Data Envelopment Analysis: Theory, Methodology, and Applications* (A. Charnes, W. W. Cooper, A. Y. Lewin, and L. M. Seiford, Eds.), pp. 167-93. Kluwer Academic Publishers, Boston.

53. Chilingerian, J. A. (1995), "Evaluating Physician Efficiency in Hospitals: A Multivariate Analysis of Best Practices," *European Journal of Operational Research* Vol.80, No.3, pp. 548-574.

54. Chilingerian, J. A., and H. D. Sherman (1990), "Managing Physician Efficiency and Effectiveness in Providing Hospital Services," *Health Services Management Resources* Vol.3, No.1, pp. 3-15.

55. Chilingerian, J. A., and H. D. Sherman (1997), "DEA and Primary Care Physician Report Cards: Deriving Preferred Practice Cones from Managed Care Service Concepts and Operating Strategies," In *Annals of Operations Research, Volume 73, From efficiency calculations to a new approach for organizing and analyzing: DEA fifteen years later* (A. Y. Lewin, and L. M. Seiford, Eds.), pp. 35-66. Baltzer Science Publishers, Bussum, Netherlands.

56. Chirikos, T. N., and M. Sear Alan (1994), "Technical Efficiency and the Competitive Behavior of Hospitals," *Socio-Economic Planning Science* Vol.28, No.4, pp. 219-227.

57. Coelli, T., and S. Perelman (1999), "A Comparison of Parametric and Non-parametric Distance Functions: With Application to European Railways," *European Journal of Operational Research* Vol.117, pp. 326-339.

58. Cowie, J., and G. Riddington (1996), "Measuring the Efficiency of European Railways," *Applied Economics* Vol.28, No.8, pp. 1027-1035.

59. Criswell, D. R., and R. G. Thompson (1996), "Data Envelopment Analysis of Space and Terrestrially-based Large Scale Commerical Power Systems for Earth: A Prototype Analysis of Their Relative Economic Advantages," *Solar Energy* Vol.56, No.1, pp. 119-131.

60. Dalmau-Matarrodona, E., and J. Puig-Junoy (1998), "Market Structure and Hospital Efficiency: Evaluating Potential Effects of Deregulation in a National Health Services," *Review of Industrial Organizations* Vol.13, pp. 447-466.

61. DePree, C. M., Jr., R. K. Jude, and L. D. Turner (1995), "A Tool to

Help Insurance Company Management Assess Attorney Efficiency and Productivity," *CPCU Journal* Vol.48, No.3, pp. 155-162.

62. Dittman, D. A., R. Capettini, and R. C. Morey (1991), "Measuring Efficiency in Acute Care Hospitals: An Application of Data Envelopment Analysis," *Journal of Health and Human Resources Administration* Vol.14, No.1, pp. 89-108.

63. Doyle, J. R., and R. H. Green (1991), "Comparing Products using Data Envelopment Analysis," *Omega* Vol.19, No.6, pp. 631-638.

64. Drake, L., and B. Howcroft (1994), "Relative Efficiency in the Branch Network of a UK Bank: An Empirical Study," *Omega* Vol.22, No.1, pp. 83-90.

65. Drake, L., and R. Simper (2000), "Productivity Estimation and the Size-Efficiency Relationship in English and Welsh Police Forces An Application of Data Envelopment Analysis and Multiple Discriminant Analysis," *International Review of Law and Economics* Vol.20, pp. 53-73.

66. Easun, S. (1994), "Biginner's Guide to Efficiency Measurement: An Application of Data Envelopment Analysis to Selected School Libraries in California," *School Library Media Quarterly* Vol.22, No.2, pp. 103-106.

67. Ehreth, J. L. (1994), "The Development and Evaluation of Hospital Performance Measures for Policy Analysis," *Medical Care* Vol.32, No.6, pp. 568-587.

68. Engert, F. (1996), "The Reporting of School District Efficiency: The Adequacy of Ratio Measures," *Public Budgeting & Financial Management* Vol.8, No.2, pp. 247-271.

69. Färe, R., S. Grosskopf, B. Lindgren, and P. Roos (1994),

"Productivity Developments in Swedish Hospitals: A Malmquist Output Index Approach," in A. Charnes, W. W. Cooper, A. Y. Lewin, and L. M. Seiford, eds., *Data Envelopment Analysis: Theory, Methodology, and Application*. Boston: Kluwer Academic Publishers, pp. 253-272.

70. Färe, R., S. Grosskopf, and W. L. Weber (1989), "Measuring School District Performance," *Public Finance Quarterly* Vol.17, No.4, pp. 409-428.

71. Fernandes, E., and R. R. Pacheco (2002), "Efficient Use of Airport Capacity," *Transportation Research: Part A* Vol.36, pp. 225-238.

72. Ferrier, G. D., and V. Valdmanis (1996), "Rural Hospital Performance and Its Correlates," *Journal of Productivity Analysis* Vol.7, No.1, pp. 63-80.

73. Fizel, J. L., and T. S. Hunnikhoven (1992), "Technical Efficiency of For-Profit and Non-Profit Nursing Homes," *Managerial & Decision Economics* Vol.13, No.5, pp. 429-439.

74. Fizel, J. L., and T. S. Nunnikhoven (1993), "The Efficiency of Nursing Home Chains," *Applied Economics* Vol.25, No.1, pp. 49-55.

75. Førsund, F. R., and S. A. C. Kittelsen (1998), "Productivity Development of Norwegian Electricity Distribution Utilities," *Resources & Energy* Vol.20, No.3, pp. 207-224.

76. Fried, H. O., C. A. K. Lovell, and P. Vanden Eeckaut (1993), "Evaluating the Performance of US Credit Unions," *Journal of Banking & Finance* Vol.17, pp. 251-265.

77. Fried, H. O., C. A. K. Lovell, and J. A. Turner (1996), "An Analysis of the Performance of University-affiliated Credit Unions," *Computers and Operations Research* Vol.23, No.4, pp. 375-384.

78. Fried, H. O., S. S. Schmidt, and S. Yaisawarng (1998), "Productive, Scale and Scope Efficiencies in U.S. Hospital-based Nursing Homes," *INFOR* Vol.36, No.3, pp. 103-119.

79. Fukuyama, H. (1993), "Technical and Scale Efficiency of Japanese Commercial Banks: A Non-parametric Approach," *Applied Economics* Vol.25, pp. 1101-1112.

80. Garcia, F., C. Marcuello, D. Serrano, and O. Urbina (1999), "Evaluation of Efficiency in Primary Health Care Centres: An Application of Data Envelopment Analysis," *Financial Accountability & Management* Vol.15, No.1, pp. 67-83.

81. Garden, K. A., and D. E. Ralston (1999), "The X-Efficiency and Allocative Efficiency Effects of Credit Union Mergers," *Journal of International Financial Markets, Institutions and Money* Vol.9, pp. 285-301.

82. Gathon, H. J., and P. Pestieau (1995), "Decomposing Efficiency into Its Managerial and Its Regulatory Components: The Case of European Railways," *European Journal of Operational Research* Vol.80, No.3, pp. 500-507.

83. Gillen, D., and A. Lall (1997), "Developing Measures of Airport Productivity and Performance: An Application of Data Envelopment Analysis," *Transportation Research: Part E: Logistics and Transportation Review* Vol.33, No.4, pp. 261-73.

84. Giokas, D. I. (1991), "Bank Branch Operating Efficiency: A Comparative Application of DEA and the Loglinear Model," *Omega* Vol.19, No.6, pp. 549-557.

85. Giokas, D. I. (2001), "Greek Hospitals: How Well Their Resources are Used," *Omega* Vol.29, pp. 73-83.

86. Giokas, D. I., and G. C. Pentzaropoulos (2000), "Evaluating Productive Efficiency in Telecommunications: Evidence from Greece," *Telecommunications Policy* Vol.24, pp. 781-794.

87. Giuffrida, A. (1999), "Productivity and Efficiency Changes in Primary Care: a Malmquist Index Approach," *Health Care Management Science* Vol.2, No.1, pp. 11-26.

88. Glass, J. C., D. G. McKillop, and N. Hyndman (1995), "Efficiency in the Provision of University Teaching and Research: An Empirical Analysis of UK Universities," *Journal of Applied Econometrics* Vol.10, pp. 61-72.

89. Glass, J. C., D. G. O. McKillop, and G. Rourke (1997), "Productivity Growth in UK Accountancy Departments 1989-96," *Financial Accountability & Management* Vol.13, No.4, pp. 313-330.

90. Glass, J. C., D. G. McKillop, and G. O'Rourke (1998), "A Cost Indirect Evaluation of Productivity Change in UK Universities," *Journal of Productivity Analysis* Vol.10, No.2, pp. 153-175.

91. Golany, B., Y. Roll, and D. Ryback (1994), "Measuring Efficiency of Power Plants in Israel by Data Envelopment Analysis," *IEEE Transactions on Engineering Management* Vol.41, No.3, pp. 291-301.

92. Golany, B., and S. Thore (1997), "Restricted Best Practice Selection in DEA: An Overview with a Case Study Evaluating the Socio-Economic Performance of Nations," In *Annals of Operations Research, Volume 73, From efficiency calculations to a new approach for organizing and analyzing: DEA fifteen years later* (A. Y. Lewin, and L. M. Seiford, Eds.), pp. 117-140. Baltzer Science Publishers, Bussum, Netherlands.

93. Golany, B., and S. Thore (1997a), "The Economic and Social Performance of Nations: Efficiency and Return to Scale," *Socio-Economic Planning Science* Vol.31, No.3, pp. 191-204.

94. Good, D. H., L.-H. Roller, and R. C. Sickles (1995), "Airline Efficiency Differences between Europe and the US: Implication for the Pace of EC integration and Domestic Regulation," *European Journal of Operational Research* Vol.80, No.3, pp. 508-518.

95. Grosskopf, S., D. Margaritis, and V. Valdmanis (1995), "Estimating Output Substitutability of Hospital Services: A Distance Function Approach," *European Journal of Operational Research* Vol.80, No.3, pp. 575-587.

96. Grosskopf, S., D. Margaritis, and V. Valdmanis (2001), "Comparing Teaching and Non-teaching Hospitals: A Frontier Approach (Teaching vs. Non-teaching Hospitals)," *Health Care Management Science* Vol.4, No.2, pp. 83-90.

97. Grosskopf, S., D. Margaritis, and V. Valdmanis (2001a), "The Effects of Teaching on Hospital Productivity," *Socio-Economic Planning Science* Vol.35, pp. 189-204.

98. Grosskopf, S., and V. Valdmanis (1987), "Measuring Hospital Performance: A Nonparametric Approach," *Journal of Health Economics* Vol.6, No.2, pp. 89-107.

99. Haag, S., P. Jaska, and J. Semple (1992), "Assessing the Relative Efficiency of Agricultural Production Units in the Blackland Prairie, Texas," *Applied Economics* Vol.24, No.5, pp. 559-565.

100. Hjalmarsson, L., and A. Veiderpass (1992), "Efficiency and Ownership in Swedish Electricity Retail Distribution," *Journal of Productivity Analysis* Vol.3, No.1-2, pp. 7-23.

101. Hjalmarsson, L., and A. Veiderpass (1992a), "Productivity in Swedish Electricity Retail Distribution," *Scandinavian Journal of Economics* Vol.94, pp. S193-205.

102. Hofmarcher, M. M., I. Paterson, and M. Riedel (2002), "Measuring Hospital Efficiency in Austria - A DEA Approach," *Health Care Management Science* Vol.5, No.1, pp. 7-14.

103. Howard, L. W., and J. L. Miller (1993), "Fair Pay for Fair Pay: Estimating Pay Equity in Professional Baseball with Data Envelopment Analysis," *Academy of Management Journal* Vol.36, No.4, pp. 882-894.

104. Jacobs, R. (2001), "Alternative Methods to Examine Hospital Efficiency: Data Envelopment Analysis and Stochastic Frontier Analysis," *Health Care Management Science* Vol.4, No.2, pp. 103-115.

105. Johnes, G., and J. Johnes (1993), "Measuring the Research Performance of UK Economics Departments: An Application of Data Envelopment Analysis," *Oxford Economic Papers* Vol.45, No.2, pp. 332-47.

106. Johnes, J., and G. Johnes (1995), "Research Funding and Performance in U.K. University Departments of Economics: A Frontier Analysis," *Economics of Education Review* Vol.14, No.3, pp. 301-314.

107. Kao, C. (1998), "Measuring the Efficiency of Forest Districts with Multiple Working Circles," *Journal of the Operational Research Society* Vol.49, No.6, pp. 583-590.

108. Kao, C., and S.-T. Liu (2000), "Data Envelopment Analysis with Missing Data: An Application to University Libraries in Taiwan," *Journal of the Operational Research Society*, Vol. 51, No. 8, pp. 897-905.

109. Kao, C., and S.-T. Liu (2003), "A Mathematical Programming Approach to fuzzy efficiency ranking " *International Journal of Production Economics*, Vol. 86, No. 2, pp. 145-154.

110. Kao, C., and Y. C. Yang (1991), "Measuring the Efficiency of Forest Management," *Forest Science* Vol.37, pp. 1239-1252.

111. Kao, C., and Y. C. Yang (1992), "Reorganization of Forest Districts via Efficiency Measurement," *European Journal of Operational Research* Vol.58, No.3, pp. 356-362.

112. Kirigia, J. M., A. Emrouznejad, and L. G. Sambo (2002), "Measurement of Technical Efficiency of Public Hospitals in Kenya: Using Data Envelopment Analysis," *Journal of Medical Systems* Vol.26, No.1, pp. 39-45.

113. Kleinsorge, I. K., and D. F. Karney (1992), "Management of Nursing Homes using Data Envelopment Analysis," *Socio-Economic Planning Science* Vol.26, No.1, pp. 57-71.

114. Kooreman, P. (1994), "Data Envelopment Analysis and Parametric Frontier Estimation: Complementary Tools," *Journal of Health Economics* Vol.13, No.3, pp. 345-46.

115. Kooreman, P. (1994a), "Nursing Home Care in the Netherlands: A Nonparametric Efficiency Analysis," *Journal of Health Economics* Vol.13, No.3, pp. 301-316.

116. Koski, H. A., and S. K. Majumdar (2000), "Convergence in Telecommunications Infrastructure Development in OECD Countries," *Information Economics and Policy* Vol.12, pp. 111-131.

117. Kuosmanen, T., and T. Post (2001), "Measuring Economic Efficiency with Incomplete Price Information: With an Application to European Commercial Banks," *European Journal of Operational Research*, Vol. 134, No., pp. 43-58.

118. Lang, J. R., and P. A. Golden (1989), "Evaluating the Efficiency of SBDCS with Data Envelopment Analysis: A Longitudinal

Approach," *Journal of Small Business Management* Vol.27, No.2, pp. 42-49.

119. Lewin, A. Y., R. C. Morey, and T. J. Cook (1982), "Evaluating the Administrative Efficiency of Courts," *Omega* Vol.10, No.4, pp. 401-411.

120. Lien, D., and Y. Peng (2001), "Competition and Production Efficiency Telecommunications in OECD Countries," *Information Economics and Policy* Vol.13, pp. 51-76.

121. Linna, M. (1998), "Measuring Hospital Cost Efficiency with Panel Data Models," *Health Economics*, Vol. 7, No. 5, pp. 415-427.

122. Lovell, C. A. K., and J. T. Pastor (1997), "Target Setting: An Application to a Bank Branch Network," *European Journal of Operational Research* Vol.98, No.2, pp. 290-299.

123. Luoma, K., M. Jarvio, I. Suuoniemi, and R. Hjerppe (1996), "Financial Incentives and Productive Efficiency in Finnish Health Centers," *Health Economics* Vol.5, pp. 435-445.

124. Lynch, J. R., and Y. A. Ozcan (1994), "Hospital Closure: An Efficiency Analysis," *Hospital & Health Services Administration* Vol.39, No.2, pp. 205-220.

125. Madden, G., S. Savage, and S. Kemp (1997), "Measuring Public Sector Efficiency: A Study of Economics Departments at Australian Universities," *Education Economics* Vol.5, No.2, pp. 153-68.

126. Magnussen, J. (1996), "Efficiency Measurement and the Operationalization of Hospital Production," *Health Services Research* Vol.31, No.1, pp. 21-37.

127. Majumdar, S. K. (1995), "X-Efficiency in Emerging Competitive Markets: The Case of U.S. Telecommunications," *Journal of Economic*

Behavior and Organization Vol.26, No.1, pp. 129-44.

128. Majumdar, S. K. (1998), "On the Utilization of Resources: Perspectives from the U.S. Telecommunications Industry," *Strategic Management Journal* Vol.19, No.9, pp. 809-831.

129. Majumdar, S. K., and H.-h. Chang (1996), "Scale Efficiencies in US Telecommunications: An Empirical Investigation," *Managerial & Decision Economics* Vol.17, No.3, pp. 303-318.

130. Maniadakis, N., B. Hollingsworth, and E. Thanassoulis (1999), "The Impact of the Internal Market on Hospital Efficiency, Productivity and Service Quality," *Health Care Management Science* Vol.2, pp. 75-85.

131. Martin, J. C., and C. Roman (2001), "An Application of DEA to Measure the Efficiency of Spanish Airports Prior to Privatization," *Journal of Air Transport Management* Vol.7, pp. 149-157.

132. McCallion, G., D. G. Mckillop, J. C. Glass, and C. Kerr (1999), "Rationalizing Northern Ireland Hospital Services Towards Larger Providers: Best-Practice Efficiency Studies and Current Policy," *Public Money & Management*, Vol. 19, No. 2, pp. 27-32.

133. McCarty, T. A., and S. Yaisawarng (1993), "Technical Efficiency in New Jersey School Districts," In *The Measurement of Productive Efficiency: Techniques and Applications* (H. O. Fried, C. A. K. Lovell, and S. S. Schmidt, Eds.), pp. 271-287. Oxford University Press, Oxford.

134. McMullen, P. R., and R. A. Strong (1998), "Selection of Mutual Funds using Data Envelopment Analysis," *Journal of Business & Economic Studies* Vol.4, No.1, pp. 1-12.

135. Mensah, Y. M., and S.-H. Li (1993), "Measuring Production

Efficiency in a Not-for-profit Setting: An Extension," *Accounting Review* Vol.68, No.1, pp. 66-88.

136. Miliotis, P. A. (1992), "Data Envelopment Analysis Applied to Electricity Distribution Districts," *Journal of the Operational Research Society* Vol.43, No.5, pp. 549-555.

137. Miller, S. M., and A. G. Noulas (1996), "The Technical Efficiency of Large Bank Production," *Journal of Banking & Finance* Vol.20, No.3, pp. 495-509.

138. Morey, R. C., D. J. Fine, and S. W. Loree (1990), "Comparing the Allocative Efficiencies of Hospitals," *Omega* Vol.18, No.1, pp. 71-83.

139. Morey, M. R., and R. C. Morey (1999), "Mutual Fund Performance Appraisals: A Multi-horizon Perspective with Endogenous Benchmarking," *Omega* Vol.27, No.2, pp. 241-258.

140. Murthi, B. P. S., Y. K. Choi, and P. Desai (1997), "Efficiency of Mutual Funds and Portfolio Performance Measurement: A Non-parametric Approach," *European Journal of Operational Research* Vol.98, No.2, pp. 408-418.

141. Nyman, J. A., and D. L. Bricker (1989), "Profit Incentives and Technical Efficiency in the Production of Nursing Home Care," *Review of Economics & Statistics* Vol.71, No.4, pp. 586-594.

142. Nyman, J. A., D. L. Bricker, and D. Link (1990), "Technical Efficiency in Nursing Homes," *Medical Care* Vol.28, No.6, pp. 541-551.

143. Olatubi, W. O., and D. E. Dismukes (2000), "A Data Envelopment Analysis of the Levels and Determinants of Coal-Fired Electric Power Generation Performance," *Utitlities Policy* Vol.9, pp. 47-59.

144. Olesen, O. B., and N. C. Petersen (2002), "The Use of Data

Envelopment Analysis with Probabilistic Assurance Regions for Measuring Hospital Efficiency," *Journal of Productivity Analysis* Vol.17, No.1-2, pp. 83-109.

145. O'Neill, L. (1998), "Multifactor Efficiency in Data Envelopment Analysis with an Application to Urban Hospitals," *Health Care Management Science* Vol.1, No.1, pp. 19-27.

146. Oral, M., O. Kettani, and R. Yolalan (1992), "An Empirical Study on Analyzing the Productivity of Bank Branches," *IIE Transactions* Vol.24, No.5, pp. 166-176.

147. Oral, M., and R. Yolalan (1990), "An Empirical Study on Measuring Operating Efficiency and Profitability of Bank Branches," *European Journal of Operational Research* Vol.46, No.3, pp. 282-294.

148. Oum, T. H., and C. Yu (1994), "Economic Efficiency of Railways and Implications for Public Policy," *Journal of Transport Economics & Policy* Vol.28, No.2, pp. 121-138.

149. Oum, T. H., and C. Yu (1995), "A Productivity Comparison of the World's Major Airlines," *Journal of Air Transport Management* Vol.2, No.3/4, pp. 181-195.

150. Ozcan, Y. A. (1995), "Efficiency of Hospital Service Production in Local Markets: The Balance Sheet of U.S. Medical Armament," *Socio-Economic Planning Science* Vol.29, No.2, pp. 139-150.

151. Ozcan, Y. A., R. D. Luke, and C. Haksever (1992), "Ownership and Organizational Performance: A Comparison of Technical Efficiency Across Hospital Types," *Medical Care* Vol.30, No.9, pp. 781-794.

152. Ozcan, Y. A., and M. J. McCue (1996), "Development of a Financial Performance Index for Hospitals: DEA Approach," *Journal of the Operational Research Society* Vol.47, No.1, pp. 18-26.

153. Ozcan, Y. A., J. Watts, J. M. Harris, and S. E. Wogen (1998), "Provider Experience and Technical Efficiency in the Treatment of Stroke Patients: DEA Approach," *Journal of the Operational Research Society* Vol.49, No.6, pp. 573-582.

154. Parkan, C. (1987), "Measuring the Efficiency of Service Operations: An Application to Bank Branches," *Engineering Costs & Production Economics* Vol.12, No.1-4, pp. 237-242.

155. Parkan, C., and M.-L. Wu (1999), "Measurement of the Performance of an Investment Bank using the Operational Competitiveness Rating Procedure," *Omega* Vol.27, No.2, pp. 201-217.

156. Parkin, D., and B. Hollingsworth (1997), "Measuring Production Efficiency of Acute Hospitals in Scotland, 1991-94: Validity Issues in Data Envelopment Analysis," *Applied Economics* Vol.29, No.11, pp. 1425-33.

157. Peck, M. W., C. A. Scheraga, and R. P. Boisjoly (1998), "Assessing the Relative Efficiency of Aircraft Maintenance Technologies: An Application of Data Envelopment Analysis," *Transportation Research: Part A* Vol.32, No.4, pp. 261-269.

158. Pels, E., P. Nijkamp, and P. Rietveld (2001), "Relative Efficiency of European Airports," *Transport Policy* Vol.8, pp. 183-192.

159. Piesse, J., and et al. (1996), "Agricultural Efficiency in South Africa's Former Homelands: Measurement and Implications," *Development Southern Africa* Vol.13, No.3, pp. 399-413.

160. Pina, V., and L. Torres (1992), "Evaluating the Efficiency of Nonprofit Organizations: An Application of Data Envelopment Analysis to the Public Health Service," *Financial Accountability & Management* Vol.8, No.3, pp. 213-224.

161. Pollitt, M. G. (1996), "Ownership and Efficiency in Nuclear Power Production," *Oxford Economic Papers* Vol.48, No.2, pp. 342-60.

162. Puig-Junoy, J. (2000), "Partitioning Input Cost Efficiency into Its Allocative and Technical Components: An Empirical DEA Application to Hospitals," *Socio-Economic Planning Science* Vol.34, pp. 199-218.

163. Raab, R., and R. Lichty (1997), "An Efficiency Analysis of Minnesota Counties: A Data Envelopment Analysis Using 1993 IMPLAN Input-Output Analysis," *Journal of Regional Analysis and Policy* Vol.27, No.1, pp. 75-93.

164. Ray, S. C. (1991), "Resource-Use Efficiency in Public Schools: A Study of Connecticut Data," *Management Science* Vol.37, No.12, pp. 1620-1628.

165. Ray, S. C., and X. Hu (1997), "On the Technically Efficient Organization of an Industry: A Study of U.S. Airlines," *Journal of Productivity Analysis* Vol.8, pp. 5-18.

166. Ray, S. C., and K. Mukherjee (1998), "Quantity, Quality, and Efficiency for a Partially Super-Additive Cost Function: Connecticut Public Schools Revisited," *Journal of Productivity Analysis* Vol.10, No.1, pp. 47-62.

167. Reichmann, G., and M. S. Reichmann (2006), "University Library Benchmarking: An International Comparison Using DEA " *International Journal of Production Economics*, Vol. 100, No. 1, pp. 131-147.

168. Resti, A. (1997), "Evaluating the Cost-efficiency of the Italian Banking System: What Can Be Learned from the Joint Application of Parametric and Non-parametric Techniques," *Journal of Banking & Finance*, Vol. 21, No. 2, pp. 221-250.

169. Roll, Y., B. Golany, and D. Seroussy (1989), "Measuring the Efficiency of Maintenance Units in the Israeli Air Force," *European Journal of Operational Research* Vol.43, pp. 136-142.

170. Rosko, M. D. (1999), "Impact of Internal and External Environmental Pressures on Hospital Inefficiency," *Health Care Management Science* Vol.2, pp. 63-74.

171. Rosko, M. D., J. A. Chilingerian, J. S. Zinn, and W. E. Aaronson (1995), "The Effects of Ownership, Operating Environment, and Strategic Choices on Nursing Home Efficiency," *Medical Care* Vol.33, No.10, pp. 1001-1021.

172. Sahin, I., and Y. A. Ozcan (2000), "Public Sector Hospital Efficiency for Provincial Markets in Turkey," *Journal of Medical Systems* Vol.24, No.6, pp. 307-320.

173. Salinas-Jimenez, J., and P. Smith (1996), "Data Envelopment Analysis Applied to Quality in Primary Health Care," In *Annals of Operations Research, Volume 67, Health Care and Operations Research* (Y. A. Ozcan, Ed.). Baltzer Science Publishers, Bussum, Netherlands.

174. Sarkis, J. (2000), "An Analysis of the Operational Efficiency of Major Airports in the United States," *Journal of Operations Management* Vol.18, pp. 335-351.

175. Sarrico, C. S., S. M. Hogan, R. G. Dyson, and A. D. Athanassopoulos (1997), "Data Envelopment Analysis and University Selection," *Journal of the Operational Research Society* Vol.48, No.12, pp. 1163-1177.

176. Schaffnit, C., D. Rosen, and J. C. Paradi (1997), "Best Practice Analysis of Bank Branches: An Application of DEA in a Large Canadian Bank," *European Journal of Operational Research* Vol.97, No.2, pp. 269-289.

177. Schefczyk, M. (1993), "Operational Performance of Airlines: An Extension of Traditional Measurement Paradigms," *Strategic Management Journal* Vol.14, No.4, pp. 301-317.

178. Sexton, T. R., A. M. Leiken, S. Sleeper, and A. F. Coburn (1989), "The Impact of Prospective Reimbursement on Nursing Home Efficiency," *Medical Care* Vol.27, No.2, pp. 154-163.

179. Sherman, H. D. (1984), "Hospital Efficiency Measurement and Evaluation: Empirical Test of a New Technique," *Medical Care* Vol.22, No.10, pp. 922-938.

180. Sherman, H. D., and F. Gold (1985), "Bank Branch Operating Efficiency: Evaluation with Data Envelopment Analysis," *Journal of Banking and Finance* Vol.9, No.2, pp. 297-315.

181. Sherman, H. D., and G. Ladino (1995), "Managing Bank Productivity Using Data Envelopment Analysis (DEA)," *Interfaces* Vol.25, No.2, pp. 60-73.

182. Shim, W. (2003), "Applying DEA Technique to Library Evaluation in Academic Research Libraries," *Library Trends*, Vol. 51, No. 3, pp. 312-332.

183. Siems, T. F. (1992), "Quantifying Management's Role in Bank Survival," *Federal Reserve Bank of Dallas Economic Review*, No.1, pp. 29-41.

184. Siems, T. F., and R. S. Barr (1998), "Benchmarking the Productive Efficiency of U.S. Banks," *Federal Reserve Bank of Dallas Financial Industry Studies*, (December), pp. 11-24.

185. Sommersguter-Reichmann, M. (2000), "The Impact of the Austrian Hospital Financing Reform on Hospital Productivity: Empirical Evidence on Efficiency and Technology Changes Using a Non-

parametric Input-based Malmquist Approach," *Health Care Management Science* Vol.3, No.4, pp. 309-321.

186. Simeone, W. J., and H. C. Li (1997), "Credit Union Performance: An Evaluation of Rhode Island Institutions," *American Business Review* Vol.15, No.1, pp. 99-105.

187. Sueyoshi, T. (1991), "Estimation of Stochastic Frontier Cost Function using Data Envelopment Analysis: an Application to the AT&T Divestiture," *Journal of the Operational Research Society* Vol.42, No.6, pp. 463-477.

188. Sueyoshi, T. (1992), "Measuring the Industrial Performance of Chinese Cities by Data Envelopment Analysis," *Socio-Economic Planning Science* Vol.26, No.2, pp. 75-88.

189. Sueyoshi, T. (1994), "Stochastic Frontier Production Analysis: Measuring Performance of Public Telecommunications in 24 OECD Countries," *European Journal of Operational Research* Vol.74, No.3, pp. 466-478.

190. Sueyoshi, T. (1996), "Divestiture of Nippon Telegraph and Telephone," *Management Science* Vol.42, No.9, pp. 1326-1351.

191. Sueyoshi, T. (1997), "Measuring Efficiencies and Return to Scale of Nippon Telegraph & Telephone in Production and Cost Analyses," *Management Science* Vol.43, No.6, pp. 779-796.

192. Sueyoshi, T. (1998), "Privatization of Nippon Telegraph and Telephone: Was it a Good Policy Decision?," *European Journal of Operational Research* Vol.107, pp. 45-61.

193. Sueyoshi, T. (1999), "Tariff Structure of Japanese Electric Power Companies: An Empirical Analysis using DEA," *European Journal of Operational Research* Vol.118, pp. 350-374.

194. Sueyoshi, T. (2000), "Stochastic DEA for Restructure Strategy: An Application to a Japanese Petroleum Company," *Omega* Vol.28, pp. 385-398.

195. Sueyoshi, T., and M. Goto (2001), "Slack-adjusted DEA for Time Series Analysis: Performance Measurement of Japanese Electric Power Generation Industry in 1984-1993," *European Journal of Operational Research* Vol.133, pp. 232-259.

196. Sueyoshi, T., T. Hasebe, F. Ito, J. Sakai, and W. Ozawa (1998), "DEA-bilateral Performance Comparison: An Application to Japan Agricultural Co-operatives (Nokyo)," *Omega* Vol.26, No.2, pp. 233-248.

197. Sueyoshi, T., K. Ohnishi, and Y. Kinase (1999), "A Benchmark Approach For Baseball Evaluation," *European Journal of Operational Research* Vol.115, No.3, pp. 429-448.

198. Szczepura, A., C. Davies, J. Fletcher, and A. Boussofiane (1993), "Efficiency and Effectiveness in General Practice," *Journal of Management in Medicine* Vol.7, No.5, pp. 36-47.

199. Thanassoulis, E. (1995), "Assessing Police Forces in England and Wales using Data Envelopment Analysis," *European Journal of Operational Research* Vol.87, No.3, pp. 641-657.

200. Thanassoulis, E. (2000), "The Use of Data Envelopment Analysis in the Regulation of UK Water Utilities: Water Distribution," *European Journal of Operational Research,* Vol. 126, No., pp. 436-453.

201. Thanassoulis, E. (2000a), "DEA and Its Use in the Regulation of Water Companies," *European Journal of Operational Research,* Vol. 127, No., pp. 1-13.

202. Thanassoulis, E., R. G. Dyson, and M. J. Foster (1987), "Relative

Efficiency Assessments using Data Envelopment Analysis: An Application to Data on Rates Departments," *Journal of the Operational Research Society* Vol.38, No.5, pp. 397-411.

203. Thompson, R. G., E. J. Brinkmann, P. S. Dharmapala, M. D. Gonzalez-Lima, and R. M. Thrall (1997), "DEA/AR for Ratios and Sensitivity of 100 Large U.S. Banks," *European Journal of Operational Research* Vol.98, No.2, pp. 213-229.

204. Tofallis, C. (1997), "Input Efficiency Profiling: An Application to Airlines," *Computers & Operations Research* Vol.24, No.3, pp. 253-258.

205. Tomkins, C., and R. H. Green (1988), "An Experiment in the Use of Data Envelopment Analysis for Evaluating the Efficiency of UK University Departments of Accounting," *Financial Accountability and Management* Vol.4, No.2, pp. 147-164.

206. Tortosa-Ausina, E. (2002), "Bank Cost Efficiency and Output Specification," *Journal of Productivity Analysis*, Vol. 18, No. 3, pp. 199-222.

207. Tyler, L. H., Y. A. Ozcan, and S. E. Wogen (1995), "Mental Health Case Management and Technical Efficiency," *Journal of Medical Systems* Vol.19, No.5, pp. 413-423.

208. Uri, N. D. (2001), "Changing Productive Efficiency in Telecommunications in the United States," *International Journal of Production Economics* Vol.72, pp. 121-137.

209. Valdmanis, V. (1992), "Sensitivity Analysis for DEA Models: An Empirical Example Using Public versus NFP Hospitals," *Journal of Public Economics* Vol.48, No.2, pp. 185-205.

210. Vassiloglou, M., and D. Giokas (1990), "A Study of the Relative Efficiency of Bank Branches: An Application of Data Envelopment

Analysis," *Journal of the Operational Research Society* Vol.41, No.7, pp. 591-597.

211. Vitaliano, D. F. (1998), "Assessing Public Library Efficiency Using Data Envelopment Analysis," *Annals of Public and Cooperative Economics* Vol.69, No.1, pp. 107-22.

212. White, K. R., and Y. A. Ozcan (1996), "Church Ownership and Hospital Efficiency," *Hospital & Health Services Administration* Vol.41, No.3, pp. 297-310.

213. Whiteman, J. (1999), "The Potential Benefits of Hilmer and Related Reforms: Electricity Supply," *The Australian Economic Review* Vol.32, No.1, pp. 17-30.

214. Worthington, A. (1999), "Performance Indicators and Efficiency Measurement in Public Libraries," *The Australian Economic Review* Vol.32, No.1, pp. 31-42.

215. Yue, P. (1992), "Data Envelopment Analysis and Commercial Bank Performance: A Primer with Applications to Missouri Banks," *Federal Reserve Bank of St. Louis Review*, Vol.74, No.1, pp. 31-45.

216. Zhang, Y., and R. Bartels (1998), "The Effect of Sample Size on the Mean Efficiency in DEA with an Application to Electricity Distribution in Australia, Sweden and New Zealand," *Journal of Productivity Analysis* Vol.9, No.3, pp. 187-204.

217. Zhu, J. (2001), "Multidimensional Quality-of-life Measure with an Application to Fortune's Best Cities," *Socio-Economic Planning Science* Vol.35, pp. 263-284.

제7장 확률프론티어접근법

효율성 측정을 위한 모수적 방법은 계량경제학 분야의 생산분석에서 하나의 이슈로 발전해 왔다. 전통적인 생산분석에서는 분석 목적에 따라 생산기술의 당야한 측면, 예를 들어 생산요소의 배분목, 규모수익, 생산요소의 대체가능성 정도, 생산모형의 분해가능성, 기술변화 등이 주요 관심대상이었다(Fuss, McFadden, and Mundlak 1978).

Farrell(1957)의 영향을 받은 Aigner and Chu(1968)는 생산분석에서 효율성 측정 문제를 하나의 새로운 이슈로 제시하였다. 이들의 연구는 Førsund and Jansen(1977), Førsund and Hjalmarsson(1979) 등에 의해 모수적 수리계획접근법(parametric mathematical programming approach)으로 발전하였고 동시에 Afrait(1972), Richmond(1974), Schmidt(1976), Greene(1980) 등에 의해 확정프론티어접근법(deterministic frontier approach)으로 발전하였다. 모수적 수리계획접근법 및 확정프론티어접근법에서는 모형설계오류(模型設計誤謬, specification error), 측정오차(測定誤差, measurement error) 및 그 밖의 확률적 사건 들의 영향을 나타내는 확률오차(確率誤差, random error)를 모형에서 명시적으로 고려하지 못하였다. 이는 확률오차의 영향이 모두 비효율성(非效率性, inefficiency)으로 간주됨을 의미하는 것이며 이러한 문제점을 해결하기 위한 대안으로 Aigner, Lovell, and Schmidt(1977), Meeusen and van den Broeck(1977) 등은 확률오차를 모형에서 명시적으로 반영한 확률프론티어접근법(確率프론티어接近法, stochastic frontier appraoch: SFA)을 제안하였다.

효율성 측정을 위한 비모수적 방법 즉 DEA는 개별기업 수준에서 효율성을 측정하기 위한 수단으로 개발되었으며 효율성 정보의 관리적 활용방안과 관련하여 많은 연구가 진행되어왔다. 반면 효율성 측정을 위한 모수적 방법은 생산기술구조의 특성 중 하나로서 효율성을 추정하기 위해 제안되었으며 이 때문에 주된 관심은 산업의 평균효율성에 있었다. 모수적 방법에 관한 논의가 진행되는 과정에서 점차 개별 기업수준에서의 효율성 측정의 유용성에 관한 인식이 높아지게 되었고 Johndrow, Lovell, Materov, and Schmidt(1982)에 의해 확률프론티어접근법에서 개별 기업의 효율성을 측정하기 위한 방법이 제시되었다. 이로서 확률프론티어접근법은 하나의 효율성 측정 방법으로서의 체계와 유용성을 갖추게 되었다.

여기서는 개별 기업수준의 효율성을 측정하는 수단으로서의 역할에 초점을 두어 확률프론티어접근법에 대해서 논의한다.

제1절 확률프론티어접근법의 개요

1. 확률프론티어모형

Aigner, Lovell, and Schmidt(1977) 및 Meeusen and van den Broeck(1977)에 의해 처음 제안되었고 Schmidt and Lovell(1979), Johndrow, Lovell, Materov, and Schmidt(1982), Greene(1990) 등에 의해 발전된 확률프론티어접근법은 다음과 같은 식 (7.1)로 모형화한 생산프론티어와 효율성을 추정하는 계량경제학적 방법이다. 기존 문헌에서 식 (7.1)은 확률프론티어모형이라고 한다.

$$
\begin{aligned}
y_j &= h\left(\mathbf{x}_j; \beta\right) e^{v_j} e^{-u_j} \\
&= y_j^* e^{v_j} e^{-u_j}
\end{aligned}
\tag{7.1}
$$

여기서

$\mathbf{x}_j \in \mathbb{R}_+^m$ = 기업 j 의 투입벡터

$y_j \in \mathbb{R}_+$ = 기업 j 의 산출량

h = 생산함수

β = 생산함수의 모수

v_j = $(-\infty, \infty)$ 의 범위에서 평균 0, 분산 σ_v^2 의 정규분포를 따르는 확률변수로 측정오차 및 확률적 사건이 기업 j 의 산출량에 미치는 영향을 나타냄

u_j = $[0, \infty)$ 의 범위를 갖는 확률변수로 기업 j 의 비효율성 수준을 나타냄

식 (7.1)에서 기업 j 의 산출량 y_j 는 생산함수 $h(\mathbf{x}_j;\beta)$, 기업 j 의 확률오차를 반영하는 e^{v_j}, 그리고 기업 j 의 효율성 수준을 나타내는 e^{-u_j} 의 곱으로 되어 있다. v_j 는 평균값이 0 이고 분산이 σ_v^2 인 정규분포를 따르는 확률변수로 모형설계오류, 측정오차 그리고 확률적 사건의 영향을 나타낸다. 따라서 e^{v_j} 는 1 을 중심으로 변동하며 확률오차의 영향으로 생산함수 $h(\mathbf{x}_j;\beta)$ 가 변동하는 비율로 해석할 수 있다. 확률오차의 영향을 반영하지 않은 생산함수를 확정프론티어(確定프론티어, deterministic frontier)라고 하며 확률오차의 영향을 반영한 생산함수를 확률프론티어(確率프론티어, stochastic frontier)라고 한다. u_j 는 기업 j 의 비효율성 수준을 나타내며 $0 \le u_j < \infty$ 의 범위를 갖는 확률변수이다. 따라서 e^{-u_j} 는 $0 < e^{-u_j} \le 1$ 의 범위에서 변동하게 되며 기업 기업 j 의 효율성 수준으로 해석할 수 있다.

2. 확률프론티어모형의 배경

확률프론티어모형(確率프론티어模型, stochastic frontier model: SF모형)은 Aigner and Chu (1968)가 제안한 효율성 측정방법의 문제점을 극복하기 위한 대안으로 제시된 것이다. Aigner and Chu(1968)가 효율성 측정을 위해 제안한 모형은 다음의 식 (7.2)와 같이 나타낼 수 있다.

$$y_j = h(\mathbf{x}_j;\beta)e^{-u_j} \tag{7.2}$$

식 (7.2)는 확률오차의 영향을 반영하지 않은 확정프론티어모형(確定프론티어模型, deterministic frontier model: DF모형)이다. 식 (7.1)의 SF 모형과 식 (7.2)의 DF

모형의 차이점은 확률오차의 영향을 나타내는 e^{v_j} 이 식 (7.1)에는 포함되어 있는데 식 (7.2)에는 포함되어 있지 않다는 점이다. Aigner and Chu(1968)는 식 (7.2)의 DF 모형에서 생산기술의 특성을 나타내는 모수 β 의 추정방법으로 다음과 같은 선형계획법모형(線型計劃法模型, linear programming model)과 이차계획법모형(二次計劃法模型, quadratic programming model)을 제안하였다.

선형계획법모형

$$\text{Minimize} \ \sum_{j=1}^{N} \left| \log y_j - \log h\left(\mathbf{x}_j;\beta\right) \right|$$

subject to $\log y_j - \log h\left(\mathbf{x}_j;\beta\right) \le 0, \ j = 1,2,\ldots,N$

여기서 $h\left(\mathbf{x}_j;\beta\right)$는 $\mathbf{x}_j$에 대한 로그선형함수임

이차계획법모형

$$\text{Minimize} \ \sum_{j=1}^{N} \left[\log y_j - \log h\left(\mathbf{x}_j;\beta\right) \right]^2$$

subject to $\log y_j - \log h\left(\mathbf{x}_j;\beta\right) \le 0, \ j = 1,2,\ldots,N$

여기서 $h\left(\mathbf{x}_j;\beta\right)$는 $\mathbf{x}_j$에 대한 로그선형함수임

위의 선형계획법모형 또는 이차계획법모형의 최적해로 구한 모수 β 의 추정치($\hat{\beta}$)로 기업 j 의 효율성 e^{-u_j} 에 대한 추정치 $e^{-\hat{u}_j}$ 를 다음과 같이 구할 수 있다.

$$e^{-\hat{u}_j} = \frac{y_j}{h\left(\mathbf{x}_j;\hat{\beta}\right)}$$

표본 전체 즉 산업의 평균효율성은 다음의 식으로 계산할 수 있다.

$$\frac{1}{N}\sum_{j=1}^{N} e^{-\hat{u}_j}$$

Aigner and Chu(1968)가 제안한 효율성 측정방법은 Forsund and

Jansen(1977), Forsund and Hjalmarsson(1979) 등에 의해 모수적 수리계획접근법(parametric programming approach)으로 발전하였다. Afrait(1972)의 영향을 받은 Richmond(1974), Schmidt(1976), Greene(1980) 등은 Aigner and Chu(1968)의 확정프론티어에서 비효율성항 u_j 에 구체적인 확률분포를 가정하고 생산기술의 특성을 나타내는 모수 β 를 통계적 방법으로 추정하는 확정프론티어접근법(確定프론티어接近法, deterministic frontier approach: DFA)을 제시하였다. Richmond(1974)는 비효율성항 u_j 이 감마분포(감마分布, gamma distribution)를 따르는 확률변수로 가정한 DF모형의 추정방법으로 수정최소자승법(修正最小自乘法, corrected ordinary least squares: COLS)을 제안하였다. Schmidt(1976)는 비효율성항 u_j 이 지수분포(指數分布, exponential distribution) 또는 반정규분포(半正規分布, half-normal distribution)를 따르는 확률변수로 가정하면 Aigner and Chu(1968)가 모수의 추정방법으로 제시한 수리계획모형(앞에서 제시된 선형계획법모형 및 이차계획법모형)의 목적함수를 우도함수(尤度函數, likelihood function)로 해석할 수 있으며 따라서 그들의 추정량은 최우추정량으로 해석할 수 있음을 밝혔다. Greene(1980)은 비효율성항 u_j 이 감마분포를 따르는 확률변수로 가정된 DF 모형의 우도함수를 제시하였다. 이들이 제시한 통계적 추정방법이 갖는 의미는 Aigner and Chu(1968)가 제시한 수리계획모형에서 제공하지 못하는 모수 β 의 추정량의 통계적 특성(즉 표준오차)에 관한 정보를 얻을 수 있으며 이를 통해 통계적 추론을 할 수 있다는 점이다. 그러나 DF 모형은 확률오차의 영향을 고려하지 못한다는 단점을 가지고 있다. 이러한 문제점을 해결하기 위한 대안으로 Aigner, Lovell, and Schmidt(1977), Meeusen and van den Broeck(1977) 등은 확률오차의 영향을 모형에서 명시적으로 고려하는 식 (7.1)의 SF 모형을 제안하였다.

Aigner, Lovell, and Schmidt(1977)는 식 (7.1)에서 비효율성 u_j 의 분포를 반정규분포 및 지수분포로 규정한 모형을 제안하였고 Meeusen and van den Broeck(1977)는 u_j 의 분포를 지수분포로 규정한 모형을 제안하였다. Stevenson(1980)은 비효율성 u_j 의 분포를 반정규분포 및 지수분포로 가정할 경우 비효율성 분포의 최빈수(最頻數, mode)는 0 이 되며 비효율성이 증가함에 따라 확률밀도함수(確率密度函數, probability density function)는 단조 감소하는 형태를 갖는데 비효율성의 분포가 반드시 그러한 특성을 가져야만 하는 특별한 이유가 없음[1]을 지적하면서 절단정규분포(切斷正規分布, truncated normal distribution) 및 감마분포를 대체적 분포로 제안하였다. 비효율성의 분포와 관련해서 이상적인 상황은 광범위한 형태의 분포를 포괄하는 분포족(分布族, families of distribution)을 규정하고 자료로부터 구체적인 형태를 추정하는 것이라 할 수 있다. 감마분포는 형태모수(形態母數, shape parameter)의 값에 따라 지수분포, 파레토분포 또는 정규분포와 유사한 형태 및 이 분포들의 결합된 형태를 취할 수 있어 감마분포는 기존에 제안된 다른 분포들과 비교해서 매우 유연하다는 특성을 갖는다. Greene(1990)은 Stevenson(1980)이 제안한 감마분포는 모수값이 정수의 경우로 제한되어 있어 매우 제약적인 것임을 지적하면서 이 제약을 완화하고 모수가 정수로 제약되지 않는 일반적인 경우의 감마분포를 제안하였다.

식 (7.1)의 SF 모형의 추정방법으로 회귀모형의 추정을 위해 사용되는 몇 가지 추정방법 예를 들어 최우추정법(最尤推定法, maximum likelihood: ML), 최소자승법(最小自乘法, ordinary least squares: OLS), 일반적률법(一般적률법, generalized method of moments: GMM) 등을 고려해 볼 수 있다. ML은 우도함수(尤度函數, likelihood function) 또는 로그우도함수(로그尤度函數, log-likelihood function)를 최대화하는 모수의 값을 추정하는 방법으로 이 방법에 의해 추정된 모수는 일치성, 효율성 및 그 밖의 바람직한 특성을 갖는다. 현재 비효율성의 분포가 반정규분포, 절단정규분포, 지수분포 및 감마분포인 경우에 대해 최우추정을 위한 로그우도함수가 유도되어 있다. 반정규분포, 절단정규분포, 지수분포의 경우에는 최우추정의 실행에 특별한 어려움은 없고 감마분포의 경우는 로그우도함수의 복잡성으로 인해 최우추정의 실행에 난점이 있는 것으로 알려져 있다. OLS 의 경우 식 (7.1)의 SF 모형에서 모수 β 중 투입벡터 $\mathbf{x}_j$의 계수에 대한 OLS 추정량은 일치추정량으로 밝혀졌으나 상수항에 대한 OLS 추정량에는 편의(偏倚, bias)가 발생함이 확인되어 있다. 이를 해결하기 위한 방법으로 OLS 잔차를 이용해서 상수항을 수정하는 수정최소자승법(修正最小自乘法, corrected ordinary least squares: COLS)이 사용되고 있다. ML 및 COLS 는 비효율성의 분포에 대한 가정을 필요로

[1] Stevenson(1980)은 비효율성의 분포의 확률밀도함수가 단조감소함수의 형태로 규정된 기존 모형에 대해서 교육훈련, 지능, 동기부여 등과 같이 경영효율성과 밀접한 관련이 있는 요인을 전체 인구에서 살펴보면 그 분포가 단조감소의 확률밀도함수를 가질 가능성이 거의 없다 는 점을 지적하면서 다른 분포를 고려해 볼 필요가 있음을 주장하였다.

한다. 일반적률법은 ML 과 COLS 에서 요구하는 이와 같은 제약을 완화하기 위한 대안으로 최근 Kopp and Mullahy(1989)에 의해 제안되었다. 그러나 이 추정방법은 추정된 확률프론티어로부터 효율성을 분리할 수 없다는 문제점을 가지고 있다.

SF모형 (7.1)에서 기업 j 의 Farrell효율성은 다음의 식 (7.3)으로 나타낼 수 있다.

$$\frac{y_j}{h\left(\mathbf{x}_j;\beta\right)e^{v_j}} = e^{-u_j} \tag{7.3}$$

Johndrow, Lovell, Materov, and Schmidt(1982)는 조건부확률변수 $u_j \mid \left(v_j - u_j\right)$ 의 분포를 유도하고 이 분포의 평균 $E\left(u_j \mid v_j - u_j\right)$과 최빈수 $M\left(u_j \mid v_j - u_j\right)$를 기업 j 의 비효율성 u_j 의 점추정량으로 제안하였다. 이는 추정된 확률프론티어에서 기업 j 의 효율성 e^{-u_j} 를 분리할 수 있는 현재까지 제시된 유일한 방법이며 효율성 측정방법으로서 SF모형의 유용성을 높이는데 크게 기여하였다.

3. 확률프론티어모형의 분류

확률프론티어모형에서 비효율성의 분포로는 ① 반정규분포, ② 절단정규분포, ③ 지수분포, ④ 감마분포 등의 4 가지 분포가 제안되어 있고, 모수의 추정방법은 ① 최우추정법, ② 수정최소자승법 등을 적용할 수 있다. 이를 단순조합하면 모두 8 개의 SF 모형이 만들어 지는데 이들 모두가 실행가능하지는 않다.

4. 확률프론티어모형의 규정 및 추정

식 (7.1)의 확률프론티어모형(stochastic frontier model: SF 모형)은 양변에 로그를 취하여 다음의 식 (7.4)로 다시 나타낼 수 있다.

$$y_i' = h\left(\mathbf{x}_j';\beta\right) + v_j - u_j \tag{7.4}$$

여기서 $y_i' = \log y_j$

$\mathbf{x}_j' - \log \mathbf{x}_j$

표기를 간단히 하기 위해 식 (7.4)에서 y_j' 와 $\mathbf{x}_j'$ 를 y_j 와 $\mathbf{x}_j$ 로 나타내고 확률오차 v_j 와 비효율성 u_j 를 하나의 복합오차항(複合誤差項, compound disturbance term) $\varepsilon_j (= v_j - u_j)$으로 놓으면 식 (7.4)는 다음의 식 (7.5)로 나타낼 수 있다.

$$y_j = h^* \left(\mathbf{x}_j; \beta\right) + \varepsilon_j \tag{7.5}$$

식 (7.5)에서 로그변환된 산출 y_j 는 대부분의 경우 로그변환된 독립변수 $\mathbf{x}_j$ 의 선형함수가 된다. 함수 h 가 콥더글라스함수(Douglas and Cobb 1928)인 경우뿐 아니라 초월대수함수(Christensen, Jorgenson, and Lau 1973), 일반화된 레온티에프함수(Diewert 1971), 일반화된 콥더글라스함수(Diewert 1973)의 경우에도 로그변환 산출 y_j 는 로그변환 독립변수 $\mathbf{x}_j$ 의 선형함수가 된다(Fuss, McFadden, and Mundlak 1978). 따라서 식 (7.5)를 다음의 식 (7.6)로 표현해도 일반성은 크게 손상되지 않는다.

$$\begin{aligned} y_j &= \alpha + \beta' \mathbf{x}_j + v_j - u_j \\ &= \alpha + \beta' \mathbf{x}_j + \varepsilon_j \end{aligned} \tag{7.6}$$

식 (7.6)에서 만약 비효율성항 u_j 이 없다면 식 (7.6)은 OLS 를 사용해서 추정할 수 있다. 그러나 u_j 로 인해 오차항 ε_j 은 두 확률변수가 결합된 복합오차항이 되며 정규분포를 따르지 않는다. 따라서 식 (7.6)은 OLS 로 추정할 수 없으며 새로운 추정방법이 필요하다.

식 (7.6)을 최우추정법으로 추정하려면 우도함수를 알고 있어야 한다. 이를 위해서는 복합오차항 ε_j 의 확률밀도함수가 필요한데 이는 확률오차 v_j 의 확률밀도함수와 비효율성항 u_j 의 확률밀도함수로부터 확률오차와 비효율성의 결합확률밀도함수를 유도하고 이를 복합오차항 ε_j 와 비효율성항 u_j 의 결합확률밀도함수로 변환한 후 비효율성 u_j 에 대해 적분하여 구할 수 있다.

식 (7.6)을 OLS 로 추정한 잔차를 활용해서 추정할 수도 있으며 이를 수정최소자승법(修正最小自乘法, corrected ordinary least squares: COLS)이라고 한다.

제2절 반정규모형

1. 반정규모형

Aigner, Lovell, and Schmidt(1977)는 식 (7.6)의 SF 모형에서 확률오차 v_j 가 평균값이 0 이고 분산이 σ_v^2 인 정규분포 $N\left(0, \sigma_v^2\right)$ 를 따르고 비효율성항 u_j 은 평균값이 0 이고 분산이 σ_u^2 인 정규분포를 따르는 확률변수의 절대값 즉 반정규분포 $\left|N\left(0, \sigma_u^2\right)\right|$ 를 따르는 것으로 가정한 반정규모형(半正規模型, half-normal model)을 제시하였다.

$N\left(0, \sigma_v^2\right)$ 을 따르는 확률오차 v 의 확률밀도함수 $f_v(v)$ 는 다음과 같이 나타낼 수 있다(표기의 편의상 첨자 j 를 생략하였음. 이후 문맥상 필요한 경우를 제외하고 나머지는 첨자 j 를 생략함).

$$f_v(v) = \frac{1}{\sqrt{2\pi}\sigma_v} e^{-\frac{1}{2}\left(\frac{v}{\sigma_v}\right)^2}, \quad -\infty < v < \infty$$

평균값이 0 이고 분산이 σ_u^2 인 정규분포를 따르는 확률변수의 절대값으로 정의되는 비효율성 u 의 확률밀도함수 $f_u(u)$ 는 다음과 같이 나타낼 수 있다.

$$f_u(u) = \sqrt{\frac{2}{\pi}} \frac{1}{\sigma_u} e^{-\frac{u^2}{2\sigma_u^2}}, \quad u \geq 0$$

비효율성 u 의 기대치 $E(u)$ 와 분산 $Var(u)$ 은 각각 다음과 같다.

$$E(u) = \sqrt{\frac{2}{\pi}} \sigma_u$$

$$Var(u) = \left(\frac{\pi - 2}{\pi}\right)\sigma_u^2$$

2. 반정규모형의 최우추정 (MH 모형)

확률오차 v 와 비효율성 u 의 결합확률밀도함수 $f_{uv}(u,v)$ 는 다음과 같다.

$$f_{uv}(u,v) = \frac{1}{\pi\sigma_u\sigma_v} e^{-\frac{1}{2\sigma_u^2}u^2 - \frac{1}{2\sigma_v^2}v^2}$$

여기서 $v = \varepsilon + u$ 로 변수를 변환하면 비효율성 u 와 복합오차항 ε 의 결합확률밀도함수 $f_{u\varepsilon}(u,\varepsilon)$ 는 다음과 같이 유도된다.

$$f_{u\varepsilon}(u,\varepsilon) = \frac{1}{\pi\sigma_u\sigma_v} e^{-\frac{1}{2\sigma_u^2}u^2 - \frac{1}{2\sigma_v^2}\left(u^2 + \varepsilon^2 + 2u\varepsilon\right)}$$

복합오차항 ε 의 주변확률밀도함수 $f_\varepsilon(\varepsilon)$ 는 $f_{u\varepsilon}(u,\varepsilon)$ 을 u 에 대해서 적분하여 다음과 같이 유도할 수 있다.

$$\begin{aligned} f_\varepsilon(\varepsilon) &= \int_0^\infty f_{u\varepsilon}(u,\varepsilon)\,du \\ &= \sqrt{\frac{2}{\pi}}\frac{1}{\sigma}\Phi\left(-\frac{\lambda\varepsilon}{\sigma}\right)e^{-\frac{\varepsilon^2}{2\sigma^2}} \qquad (7.7) \end{aligned}$$

여기서 $\Phi(\cdot)$ = 표준정규분포의 분포함수

$$\sigma = \sqrt{\sigma_u^2 + \sigma_v^2}$$

$$\lambda = \sigma_u / \sigma_v$$

복합오차항의 확률밀도함수 $f_\varepsilon(\varepsilon)$ 로부터 다음의 식 (7.8)와 같은 로그우도함수를 얻을 수 있다.

$$\ln L = \ln\left(\prod_{j=1}^{N} f_{\varepsilon}\left(\varepsilon_j\right)\right) \tag{7.8}$$

$$= \sum_{j=1}^{N}\left[\ln\left(\frac{2}{\pi}\right)^{\frac{1}{2}} + \ln\left(\frac{1}{\sigma}\right) - \frac{\varepsilon_j^2}{2\sigma^2} + \ln\Phi\left(-\frac{\lambda\varepsilon_j}{\sigma}\right)\right]$$

$$= N\ln\left(\frac{2}{\pi}\right)^{\frac{1}{2}} + N\ln\left(\frac{1}{\sigma}\right) - \frac{1}{2\sigma^2}\sum_{j=1}^{N}\varepsilon_j^2 + \sum_{j=1}^{N}\ln\Phi\left(-\frac{\lambda\varepsilon_j}{\sigma}\right)$$

여기서 $\varepsilon_j = y_j - \left(\alpha + \beta'\mathbf{x}_j\right)$

N = 관찰치의 수

반정규모형의 최우추정량은 식 (7.8)의 값을 최대화시키는 모수 α, β, σ, λ의 값을 제공한다. 최우추정량은 일치성과 점근적 효율성을 갖는 것으로 알려져 있다. Waldman(1982)은 식 (7.8)의 로그우도함수가 정상적인 상황하에서는 두 개의 근(根, root)을 갖게 되며 이 경우 하나의 근은 최소자승추정치에서 다른 하나의 근은 최우추정치에서 나타나고 정상적인 상황이 아닐 때에는 하나의 근을 갖게 되며 이 경우 최소자승추정치와 최우추정치에서 모두 동일한 근이 나타난다는 흥미로운 사실을 제시하였다. 식 (7.6)의 SF 모형에서 비효율성항이 반정규분포로 가정된 경우 이론상 식 (7.6)의 복합오차항의 분포는 왼쪽꼬리분포(skewed to the left)가 된다. 즉 음의 왜도값을 갖게 된다. Greene(1993)은 식 (7.6)에서 왜도가 양수로 추정될 경우 오류의 영향에 대한 신호로 사용할 수 있으며 비효율성은 0.0 으로 추정되어야 한다고 주장한 바 있다.

3. 반정규모형의 수정최소자승추정 (CH 모형)

Winsten(1957), Richmond(1974) 등이 제안한 수정최소자승법(corrected ordinary least squares: COLS)은 OLS 잔차로 오차항의 적률을 추정할 수 있다는 점을 활용하여 식 (7.6)과 같이 정규분포를 따르지 않는 오차항을 갖는 회귀모형을 추정하는 방법이다.

식 (7.6)에서 오차항 ε 의 기대치 $E(\varepsilon)$ 을 상수항 뒤에 더하고 오차항 뒤에서 빼면 식 (7.6)을 식 (7.9)로 다시 나타낼 수 있다.

$$\begin{aligned} y &= \alpha + E(\varepsilon) + \beta'\mathbf{x} + \varepsilon - E(\varepsilon) \\ &= \alpha^* + \beta'\mathbf{x} + \varepsilon^* \end{aligned} \tag{7.9}$$

여기서 오차항 $\varepsilon^* (= \varepsilon - E(\varepsilon))$이 정규분포를 따르지 않는다는 점만을 제외하면 식 (7.9)은 전통적인 OLS 의 가정을 모두 만족하는 회귀방정식이다. 식 (7.9)에서 모수 β 에 대한 OLS 추정량 $\hat{\beta}_{OLS}$ 은 식 (7.6)의 회귀계수에 대한 일치추정량(一致推定量, consistent estimator)[2]임이 알려져 있다. 즉 $\hat{\beta}_{OLS}$ 는 다음과 같은 관계를 만족한다.

$$\text{plim}\,\hat{\beta}_{OLS} = \beta$$

식 (7.9)의 상수항 α^* 의 OLS 추정량 $\hat{\alpha}^*_{OLS}$ 에서 $E(\varepsilon)$ 을 빼면 이는 식 (7.6)의 상수항 α 의 일치추정량이 된다. 즉 $\hat{\alpha}^*_{OLS}$ 는 다음의 관계를 만족한다.

$$\text{plim}\left(\hat{\alpha}^*_{OLS} - E(\varepsilon)\right) = \alpha$$

$E(\varepsilon)$ 는 다음과 같이 나타낼 수 있다.

$$\begin{aligned} E(\varepsilon) &= E(v-u) \\ &= E(v) - E(u) \qquad (E(v) = 0) \\ &= -E(u) \qquad \left(E(u) = \int_0^\infty u f_u(u)\,du\right) \\ &= -\sqrt{\frac{2}{\pi}}\sigma_u \end{aligned}$$

따라서 식 (7.6)의 상수항 α 는 다음과 같이 추정된다.

---

[2] 모수 θ 에 대한 추정량 $\hat{\theta}$ 이 $\text{plim}\,\hat{\theta} = \theta$ 을 만족하면 $\hat{\theta}$ 을 θ 에 대한 일치추정량이라고 한다. 여기서 plim 은 확률적수렴(確率的收斂, convergence in probability)을 나타내는 기호로 다음과 같이 정의된다. 확률변수 x_n 이 임의의 작은 양수 ε 에 대해서 $\lim_{n\to\infty} \Pr\left(|x_n - c| > \varepsilon\right) = 0$ 을 만족하면 x_n 은 상수 c 에 확률적으로 수렴한다고 정의하며 이를 $\text{plim}\,x_n = c$ 로 나타낸다.

$$\hat{\alpha} = \hat{\alpha}^*_{OLS} + \sqrt{\frac{2}{\pi}}\sigma_u$$

이 식에서 알 수 있듯이 $\hat{\alpha}^*_{OLS}$ 을 수정해서 α 의 추정량 $\hat{\alpha}$ 을 계산하려면 비효율성 u 의 표준편차 σ_u 가 필요한데 이는 식 (7.9)의 오차항 ε^* 의 2차적률 및 3차적률의 추정치를 이용해서 구할 수 있다.

식 (7.9)의 오차항 ε^* 의 r 차적률 μ_r 은 다음과 같다.

$$\mu_r = E\left[\left(\varepsilon^*\right)^r\right] = E\left[\{\varepsilon - E(\varepsilon)\}^r\right]$$

μ_r 의 추정량은 다음과 같다.

$$m_r = \frac{1}{N}\sum_{j=1}^{N}\left(e_j^*\right)^r$$

여기서 e_j^* = 식 (7.9)의 OLS 잔차

N = 관찰치의 수

m_r 은 μ_r 의 일치추정량이다. ε^* 의 2 차적률 μ_2 는 다음의 식 (7.10)와 같다.

$$\begin{aligned}\mu_2 &= E\left[\{\varepsilon - E(\varepsilon)\}^2\right] \\ &= Var(\varepsilon) \\ &= Var(v) + Var(u) \qquad (\varepsilon = v - u) \\ &= \sigma_v^2 + \left(\frac{\pi - 2}{\pi}\right)\sigma_u^2\end{aligned} \tag{7.10}$$

ε^* 의 3 차적률 μ_3 는 다음의 식 (7.11)으로 유도할 수 있다.

$$\begin{aligned}\mu_3 &= E\left[\{\varepsilon - E(\varepsilon)\}^3\right] \\ &= E\left[\{v - u - E(v - u)\}^3\right] \qquad (E(v) = 0) \\ &= E\left[\{v - (u - E(u))\}^3\right] \\ &= E\left(v^3\right) - 3E\left(v^2\right)E[u - E(u)] + 3E(v)E\left[\{u - E(u)\}^2\right]\end{aligned} \tag{7.11}$$

$$
\begin{aligned}
&-E\left[\{u-E(u)\}^3\right] \\
&=-E\left[\{u-E(u)\}^3\right] \\
&=-E\left(u^3\right)+3E(u)E\left(u^2\right)-3E(u)[E(u)]^2+[E(u)]^3 \\
&=-E\left(u^3\right)+3E(u)E\left(u^2\right)-2[E(u)]^3 \\
&\qquad\left(E(u)=\sqrt{\frac{2}{\pi}}\sigma_u,\ E\left(u^2\right)=\sigma_u^2,\ E\left(u^3\right)=2\sqrt{\frac{2}{\pi}}\sigma_u^3\right) \\
&=-2\sqrt{\frac{2}{\pi}}\sigma_u^3+3\sqrt{\frac{2}{\pi}}\sigma_u\sigma_u^2-2\left(\sqrt{\frac{2}{\pi}}\sigma_u\right)^3 \\
&=\sqrt{\frac{2}{\pi}}\left(1-\frac{4}{\pi}\right)\sigma_u^3
\end{aligned}
$$

식 (7.10)와 식 (7.11)으로부터 비효율성의 표준편차 σ_u 및 확률오차의 표준편차 σ_v 를 추정하기 위한 다음의 식 (7.12)과 식 (7.13)를 얻을 수 있다.

$$\hat{\sigma}_u=\left[\sqrt{\frac{\pi}{2}}\left(\frac{\pi}{\pi-4}\right)m_3\right]^{1/3} \tag{7.12}$$

$$\hat{\sigma}_v=\left[m_2-\left(\frac{\pi-2}{\pi}\right)\hat{\sigma}_u^2\right]^{1/2} \tag{7.13}$$

반정규모형에 대한 COLS 추정치는 OLS 추정치와 OLS 잔차의 적률로 계산되기 때문에 최우추정에 비해 계산이 간편하다는 장점이 있으나 1종실패(type 1 failure) 및 2 종실패(type 2 failure)의 문제점을 가지고 있다.

1 종실패는 OLS 잔차의 3 차적률추정치 m_3가 양수 일 때 발생한다. 이론적으로 3 차적률 μ_3는 양수가 될 수 없다. 그러나 유한한 크기의 표본에서 계산된 3 차적률추정치 m_3는 양수로 나타날 가능성이 있다. m_3이 양수라는 것은 비효율성 분포의 표준편차 $\hat{\sigma}_u$가 음수이어야 함을 의미한다. 즉 1 종실패는 OLS 추정 결과에서 비효율성 분포의 이론적 특성과 모순되는 현상이 발생했음을 의미한다. 1 종실패는 λ(확률오차 분포의 표준편차 σ_v에 대한 비효율성 분포의 표준편차 σ_u의 비율)값이 작아질수록 발생할 가능성이 커진다. 특히 λ가 0에 접근할수록 1 종실

패의 발생가능성은 1/2 에 접근하는 것으로 알려져 있다(Olson, Schmidt, and Waldman 1980). 1 종실패가 발생한 경우의 처리방법으로는 비효율성 표준편차의 추정치 $\hat{\sigma}_u$ 을 0 으로 간주하는 방안이 사용되고 있다(Olson, Schmidt, and Waldman 1980; Banker, Gadh, and Gorr 1993). $\hat{\sigma}_u = 0$ 으로 처리한다는 것은 결국 OLS 추정치를 수정 없이 그대로 사용한다는 의미이며 이는 생산프론티어와 기업간의 거리를 확률오차로만 설명하게 됨을 의미한다.

2 종실패는 2 차적률추정치가

$$m_2 < \left(\frac{\pi - 2}{\pi}\right)\hat{\sigma}_u^2$$

의 관계를 만족하는 경우에 발생한다. 2 차적률추정치가 위와 같은 관계를 만족한다는 것은 식 (7.13)에서 알 수 있듯이 확률오차의 분산 $\hat{\sigma}_v^2$ 이 음수가 됨을 의미한다. 즉 2 종실패는 OLS 추정결과에서 확률오차 분포의 이론적 특성과 모순되는 현상이 발생했음을 의미한다. 2 종실패는 λ 값이 커질수록 발생가능성이 높아지는 것으로 알려져 있다. 2 종실패가 발생한 경우의 처리방법으로는 1 종실패의 경우와 유사하게 $\hat{\sigma}_v$ 을 0 으로 간주하는 방안이 사용되고 있다. $\hat{\sigma}_v = 0$ 으로 처리한다는 것은 DEA 처럼 생산프론티어와 기업간의 거리를 비효율성으로만 설명하게 됨을 의미한다.

Olson, Schmidt, and Waldman(1980)의 모의실험에서는 표본크기가 커짐에 따라 1 종실패는 41%에서 4%까지 줄어드는 형태로 발생하였으며 2 종실패는 거의 발생하지 않는 것으로 나타났다. 반면 Banker, Gadh, and Gorr(1993)의 모의실험에서는 60,000 개의 관찰치 중 10%에서 1 종실패, 90%에서 2 종실패가 나타났다. 결국 COLS 추정의 10%는 OLS 추정, 90%는 DEA 와 같이 확률오차가 무시된 추정이 됨을 밝히고 있다.

4. 반정규모형에서 효율성의 추정

SF 모형 식 (7.6)의 모수를 최우추정법 또는 수정최소자승법으로 구하면 식 (7.6)의 잔차 $e_j (= y_j - \hat{\alpha} + \hat{\beta}'\mathbf{x}_j)$는 쉽게 계산할 수 있다. 잔차 e_j 는 식 (7.6)의 오차항 ε_j 의 추정량이다. 따라서 기업 j 의 비효율성 u_j 를 추정하기 위해서는 오차항 $\varepsilon_j(=v_j-u_j)$을 그 구성요소인 v_j와 u_j으로 분리하여야 한다.

Johndrow, Lovell, Materov, and Schmidt(1982)는 반정규모형 및 지수모형에서 복합오차항 ε에 대한 비효율성항 u의 조건부확률변수 $u|\varepsilon$의 분포를 유도하고 이 분포의 평균과 최빈수를 u의 점추정량으로 제안하였다. $u|\varepsilon$의 확률밀도함수 $f_{u|\varepsilon}(u|\varepsilon)$는 비효율성항 u의 확률밀도함수 $f_u(u)$을 복합오차항 ε의 확률밀도함수 $f_\varepsilon(\varepsilon)$으로 나누어 유도할 수 있으며 이를 이용해서 다시 조건부분포의 평균 $E(u|\varepsilon)$을 유도할 수 있다. 반정규모형의 경우 $E(u|\varepsilon)$은 다음의 식 (7.14)으로 나타낼 수 있다.

$$E(u|\varepsilon)=\frac{\sigma\lambda}{1+\lambda^2}\left[\frac{\phi\left(\frac{\varepsilon\lambda}{\sigma}\right)}{\Phi\left(-\frac{\varepsilon\lambda}{\sigma}\right)}-\frac{\varepsilon\lambda}{\sigma}\right] \tag{7.14}$$

여기서 $\Phi(\cdot)$ = 표준정규분포의 분포함수

$\phi(\cdot)$ = 표준정규분포의 확률밀도함수

$\sigma = \sqrt{\sigma_u^2+\sigma_v^2}$

$\lambda = \sigma_u/\sigma_v$

복합오차항 ε에 대한 비효율성 u의 조건부분포의 최빈수 $M(u|\varepsilon)$은 $v-u=\varepsilon$의 제약조건하에서 u와 v의 결합확률밀도함수 $f_{uv}(u,v)$를 u와 v에 대해서 최대화시킴으로서 유도할 수 있다(Materov 1981). 이렇게 유도된 반정규모형의 $M(u|\varepsilon)$은 다음의 식 (7.15)로 나타낼 수 있다.

$$M(u|\varepsilon)=\begin{cases}-\varepsilon\dfrac{\sigma_u^2}{\sigma^2}, & \varepsilon\le 0\\ 0, & \varepsilon>0\end{cases} \tag{7.15}$$

식 (7.14)을 사용해서 개별기업수준의 효율성을 추정할 때 최우추정법을 사용하는 경우에는 특별한 난점이 없는 것으로 알려져 있으나 수정최소자승법을 사용하는 경우에는 1 종실패 및 2 종실패로 인해 난점이 발생한다. 1 종실패가 발생할 경우

$\hat{\sigma}_u = 0$ 으로 처리하면 $\lambda = 0$ 이 되고 $E(u \mid \varepsilon) = 0$ 이 된다. 그러나 2 종실패가 발생하여 $\hat{\sigma}_v = 0$ 으로 처리되면 λ 가 정의되지 않는 문제가 발생하므로 이 경우에는 식 (7.14)을 사용하기 어렵다. 이 문제에 대한 해결방법은 아직까지는 제시된 바 없으며 Banker, Gadh, and Gorr(1993)는 식 (7.14)이 갖는 문제점 때문에 식 (7.15)을 사용하였다. 한편 Johndrow, Lovell, Materov, and Schmidt(1982)는 식 (7.14)과 식 (7.15)를 비효율성의 추정치로 제안하면서 최우추정량으로 해석될 수 있는 식 (7.15)의 사용을 권장하고 있다. 그러나 이에 대한 유용성을 실증적으로 검증되어야 한다.

제3절 절단정규모형

1. 절단정규모형

Stevenson(1980)은 식 (7.6)에서 확률오차 v 가 $N\left(0, \sigma_v^2\right)$ 을 따르고 비효율성 u 가 평균이 μ 이고 분산이 σ_u^2 인 정규분포에서 확률변수의 값의 범위를 0 이상의 범위로 절단한 절단정규분포(切斷正規分布, truncated normal distribution)[3]를 따르는 것으로 가정한 절단정규모형(切斷正規模型, truncated normal model)을 제안하고 그 추정방법을 제시하였다. 평균이 μ 이고 분산이 σ_u^2 인 정규분포를 0 이상의 범위에서 절단한 분포의 확률밀도함수 $f_u(u)$ 는 다음과 같다.

$$f_u(u) = \frac{1}{\sigma_u} \frac{\phi\left(\dfrac{u-\mu}{\sigma_u}\right)}{\Phi\left(\dfrac{\mu}{\sigma_u}\right)} = \frac{1}{\sqrt{2\pi}\sigma_u \Phi\left(\mu / \sigma_u\right)} e^{-\frac{1}{2\sigma_u^2}(u-\mu)^2}, \quad u \geq 0$$

여기서 $\Phi(\cdot)$ = 표준정규분포의 분포함수

[3] 절단정규분포에 관한 자세한 설명은 Greene(1997)의 Chapter 20 에서 찾아볼 수 있다.

$\phi(\cdot)$ = 표준정규분포의 확률밀도함수

이 분포를 따르는 확률변수 u 의 기대치 $E(u)$ 와 분산 $Var(u)$ 는 각각 다음의 식 (7.16)과 식 (7.17)로 나타낼 수 있다.

$$E(u) = \mu + \sigma_u \frac{\phi(\mu / \sigma_u)}{\Phi(\mu / \sigma_u)} \tag{7.16}$$

$$Var(u) = \sigma_u^2 \left[1 - \frac{\phi(\mu / \sigma_u)}{\Phi(\mu / \sigma_u)}\left(\frac{\mu}{\sigma_u} + \frac{\phi(\mu / \sigma_u)}{\Phi(\mu / \sigma_u)}\right)\right] \tag{7.17}$$

2. 절단정규모형의 최우추정 (MT 모형)

확률오차 v 와 비효율성 u 의 결합확률밀도함수 $f_{uv}(u,v)$ 는 다음과 같이 나타낼 수 있다.

$$f_{uv}(u,v) = \frac{1}{2\pi\sigma_u\sigma_v\Phi(\mu / \sigma_u)} e^{-\frac{1}{2\sigma_u^2}(u-\mu)^2 - \frac{1}{2\sigma_v^2}v^2}$$

위의 $f_{uv}(u,v)$ 에서 $v = \varepsilon + u$ 으로 변수를 변환하면 비효율성 u 와 복합오차항 ε 의 결합확률밀도함수 $f_{u\varepsilon}(u,\varepsilon)$ 을 다음과 같이 유도할 수 있다.

$$f_{u\varepsilon}(u,\varepsilon) = \frac{1}{2\pi\sigma_u\sigma_v\Phi(\mu / \sigma_u)} e^{-\frac{1}{2\sigma_u^2}(u-\mu)^2 - \frac{1}{2\sigma_v^2}(\varepsilon+u)^2}$$

복합오차항 ε 의 주변확률밀도함수 $f_\varepsilon(\varepsilon)$ 는 $f_{u\varepsilon}(u,\varepsilon)$ 을 u 에 대해 적분해서 다음과 같이 유도할 수 있다.

$$f_\varepsilon(\varepsilon) = \int_0^\infty f_{u\varepsilon}(u,\varepsilon)\,du$$

$$= \frac{1}{\sqrt{2\pi}\sigma\Phi\left(\mu / \sigma_u\right)} \Phi\left(\frac{\mu}{\sigma\lambda} - \frac{\varepsilon\lambda}{\sigma}\right) e^{-\frac{(\varepsilon+\mu)^2}{2\sigma^2}} \tag{7.18}$$

여기서 $\Phi(\cdot)$ = 표준정규분포의 분포함수

$\sigma = \left(\sigma_u^2 + \sigma_v^2\right)^{1/2}$

$\lambda = \sigma_u / \sigma_v$ 이다.

식 (7.18)에서 $\mu = 0$ 으로 놓으면 식 (7.18)은 식 (7.7)과 같아진다.

식 (7.18)의 확률밀도함수 $f_\varepsilon(\varepsilon)$ 로부터 절단정규모형의 로그우도함수 식 (7.19)를 얻을수 있다.

$$\ln L = \ln\left(\prod_{j=1}^{N} f\left(\varepsilon_j\right)\right) \tag{7.19}$$

$$= -\frac{N}{2}\ln(2\pi) + N\ln\left(\frac{1}{\sigma}\right) - N\ln\Phi\left(\frac{\mu}{\sigma_u}\right) - \frac{1}{2\sigma^2}\sum_{j=1}^{N}\left(\varepsilon_j + \mu\right)^2$$
$$+\sum_{j=1}^{N}\ln\Phi\left(\frac{\mu}{\sigma\lambda} - \frac{\varepsilon_j\lambda}{\sigma}\right)$$

여기서 $\sigma_u = \lambda\sigma / \sqrt{1+\lambda^2}$ 이다.

절단정규모형의 최우추정량은 식 (7.19)를 최대화하는 모수 α, $\boldsymbol{\beta}$, σ, λ, μ 의 값을 제공한다. 식 (7.19)에서 μ(비효율성분포를 내재적으로 정의하는 확률변수의 평균)의 값을 0 으로 고정시키면 식 (7.19)는 반정규모형의 로그우도함수 식 (7.8)과 같다. 절단정규모형은 반정규모형에서 가정된 $\mu = 0$ 의 제약조건을 완화시킨 모형이라고 할 수 있다. Greene(1993)은 반정규모형에서 가정한 제약조건 $\mu = 0$ 은 완화되는 것이 바람직할 수 있으며 이러한 관점에서 절단정규모형의 가치를 평가할 수 있다. 그러나 0 이 아닌 μ 의 추정은 식 (7.19)의 다른 모수들의 표준오차를 상당한 크기로 증가시켜 최우추정치를 찾기 위한 계산과정에서 수렴을 방해할 수 있다는 의견이 제시된 바 있다.

3. 절단정규모형의 수정최소자승추정

수정최소자승법을 사용하여 절단정규모형을 추정하기 위해서는 반정규모형의 수정최소자승추정에서 사용된 식 (7.12) 및 식 (7.13)과 같이 모수의 값을 찾아낼 수 있는 적률방정식(積率方程式, moment equations)이 존재해야 한다. 그러나 절단정규모형의 경우 이러한 적률방정식을 찾기 어려우며 이 때문에 절단정규모형의 경우 수정최소자승법을 적용할 수 없다.

4. 절단정규모형에서의 효율성 추정

절단정규모형의 경우 복합오차항 ε에 대한 비효율성 u의 조건부분포의 기대치 $E(u \mid \varepsilon)$은 식 (7.14)로 나타낸 반정규모형의 $E(u \mid \varepsilon)$ 공식에서 $\varepsilon\lambda/\sigma$ 부분이 $\varepsilon\lambda/\sigma+\mu/(\sigma\lambda)$으로 대체된

$$E(u \mid \varepsilon)=\frac{\sigma\lambda}{1+\lambda^2}\left[\frac{\phi\left(\frac{\varepsilon\lambda}{\sigma}+\frac{\mu}{\sigma\lambda}\right)}{\Phi\left(-\frac{\varepsilon\lambda}{\sigma}-\frac{\mu}{\sigma\lambda}\right)}-\left(\frac{\varepsilon\lambda}{\sigma}+\frac{\mu}{\sigma\lambda}\right)\right] \tag{7.20}$$

와 같은 형태로 유도된다(Greene 1992, p. 666; Greene 1993, p. 81).

제4절 지수모형

1. 지수모형

Aigner, Lovell, and Schmidt(1977)와 Meeusen and van den Broeck(1977)은 식 (7.6)에서 확률오차 v가 정규분포 $N(0,\sigma_v^2)$를 따르고 비효율성 u는 모수

θ 를 갖는 지수분포를 따르는 지수모형(指數模型, exponential model)을 제시하였다. 모수 θ 를 갖는 지수분포를 따르는 비효율성의 확률밀도함수 $f_u(u)$ 는 다음과 같다.

$$f_u(u) = \theta e^{-\theta u}, \quad u \geq 0$$

여기서 $\theta > 0$

모수 θ 를 갖는 지수분포를 따르는 비효율성 u 의 기대치 $E(u)$ 및 분산 $Var(u)$ 은 각각 다음과 같이 나타낼 수 있다.

$$E(u) = \frac{1}{\theta}$$

$$Var(u) = \frac{1}{\theta^2}$$

2. 지수모형의 최우추정 (ME 모형)

확률오차 v 와 비효율성 u 의 결합확률밀도함수 $f_{uv}(u, v)$ 는 다음과 같이 나타낼 수 있다.

$$f_{uv}(u, v) = \frac{\theta}{\sqrt{2\pi}\sigma_v} e^{-\frac{v^2}{2\sigma_v^2} - \theta u}$$

위의 결합확률밀도함수 $f_{uv}(u, v)$ 에서 $v = \varepsilon + u$ 로 변수를 변환하면 비효율성 u 와 복합오차항 ε 의 결합확률밀도함수 $f_{u\varepsilon}(u, \varepsilon)$ 을 얻을 수 있다.

$$f_{u\varepsilon}(u, \varepsilon) = \frac{\theta}{\sqrt{2\pi}\sigma_v} e^{-\frac{(\varepsilon + u)^2}{2\sigma_v^2} - \theta u}$$

복합오차항의 주변확률밀도함수 $f_\varepsilon(\varepsilon)$ 는 $f_{u\varepsilon}(u, \varepsilon)$ 을 u 에 대해 적분하여

$$f_\varepsilon(\varepsilon) = \int_0^\infty f_{u\varepsilon}(u, \varepsilon)\, du$$

$$= \theta e^{\frac{\theta^2 \sigma_v^2}{2}} \Phi\left(-\frac{\varepsilon}{\sigma_v} - \theta\sigma_v\right) e^{\theta\varepsilon}$$

으로 되며 다음의 로그우도함수를 얻을 수 있다.

$$\ln L = \ln\left(\prod_{j=1}^{N} f\left(\varepsilon_j\right)\right) \tag{7.21}$$

$$= N \ln\theta + N\frac{\theta^2\sigma_v^2}{2} + \sum_{j=1}^{N}\left[\ln\Phi\left(-\frac{\varepsilon_j}{\sigma_v} - \theta\sigma_v\right) + \theta\varepsilon_j\right]$$

지수모형의 최우추정치는 식 (7.21)의 값을 최대화시키는 모수 α, β, σ_v, θ 의 값을 제공한다.

3. 지수모형의 수정최소자승추정 (CE 모형)

지수모형에서 상수항 α 는 다음과 같이 추정된다.

$$\hat{\alpha}_{OLS}^{*} - E(\varepsilon) = \hat{\alpha}_{OLS}^{*} + E(u)$$

$$= \hat{\alpha}_{OLS}^{*} + 1/\theta$$

지수모형의 2 차 및 3 차적률방정식은 다음과 같다.

$$\mu_2 = E\left[\{\varepsilon - E(\varepsilon)\}^2\right]$$

$$= Var(\varepsilon)$$

$$= Var(v) + Var(u)$$

$$= \sigma_v^2 + 1/\theta^2$$

$$\mu_3 = E\left[\{\varepsilon - E(\varepsilon)\}^3\right]$$

$$= -E\left(u^3\right) + 3E(u)E\left(u^2\right) - 2[E(u)]^3$$

$$(E(u) = 1/\theta,\ E\left(u^2\right) = 2/\theta^2,\ E\left(u^3\right) = 6/\theta^3)$$

$$= -2/\theta^3$$

위의 적률방정식으로부터 다음의 식 (7.22) 및 식 (7.23)과 같은 σ_v 와 θ 의 추정량을 얻을 수 있다.

$$\hat{\theta} = (-2/m_3)^{1/3} \tag{7.22}$$

$$\hat{\sigma}_v = \left(m_2 - 1/\hat{\theta}^2\right)^{1/2} \tag{7.23}$$

지수모형의 수정최소자승추정 역시 반정규모형의 경우와 마찬가지로 1종실패 및 2종실패의 문제점을 가지고 있다. OLS잔차의 3차적률 m_3 가 양수이면 식 (7.22)에서 알 수 있듯이 $\hat{\theta}$ 의 값이 음수가 된다. 모수 θ 의 지수분포를 따르는 비효율성 u 의 확률밀도함수 $f_u(u)$ 는 θ 가 양수값을 가질 경우에만 정의된다. OLS잔차의 3차적률 m_3 가 양수로 계산되어 모수 θ 의 추정치 $\hat{\theta}$ 의 값이 음수가 되는 경우는 반정규모형의 수정최소자승추정에서 발생하는 1 종실패와 유사하다. OLS잔차의 2차적률 m_2 가 $1/\hat{\theta}^2$ 보다 작은 값으로 계산되면 식 (7.23)에서 알 수 있듯이 확률오차 v 의 분포의 분산 σ_v^2 이 음수가 되며 이를 지수모형의 수정최소자승추정에서 발생하는 2 종실패라고 할 수 있다.

4. 지수모형에서 효율성의 추정

지수모형의 경우 복합오차항 ε 에 대한 비효율성 u 의 조건부분포의 기대치 $E(u \mid \varepsilon)$ 은 다음의 식 (7.24)로 유도된다.

$$E(u \mid \varepsilon) = -\left(\varepsilon + \theta\sigma_v^2\right) + \sigma_v \frac{\phi\left(\dfrac{\varepsilon + \theta\sigma_v^2}{\sigma_v}\right)}{\Phi\left(\dfrac{-\varepsilon - \theta\sigma_v^2}{\sigma_v}\right)} \tag{7.24}$$

이 조건부분포의 최빈수 $M(u \mid \varepsilon)$ 은 다음의 식 (7.25)로 유도된다.

$$M(u \mid \varepsilon) = \begin{cases} -\varepsilon - \theta\sigma_v^2 & \varepsilon \le -\theta\sigma_v^2 \\ 0 & \varepsilon > -\theta\sigma_v^2 \end{cases} \tag{7.25}$$

제5절 감마모형

1. 감마모형

Greene(1990)은 식 (7.6)에서 확률오차 v 가 정규분포 $N(0, \sigma_v^2)$ 를 따르고 비효율성 u 가 모수 θ 와 P 를 갖는 감마분포를 따르는 것으로 가정한 감마모형(감마模型, gamma model) 제안하고 그 추정방법을 제시하였다. 규모모수(規模母數, scale parameter) θ 와 형태모수(形態母數, shape parameter) P 의 감마분포를 따르는 비효율성의 확률밀도함수 $f_u(u)$ 는 다음과 같이 나타낼 수 있다.

$$f_u(u) = \frac{\theta^P}{\Gamma(P)} u^{P-1} e^{-\theta u}, \ u \ge 0$$

여기서 $\theta > 0$, $P > 0$

형태모수 P 의 값이 커지면 이 분포는 대칭분포에 가까워진다. P 가 작아질수록 이 분포의 왜도(歪度, skewness)는 커진다. 모수 θ 와 P 를 갖는 감마분포를 따르는 효율성 u 의 기대치 $E(u)$ 와 분산 $Var(u)$ 은 각각 다음과 같이 나타낼 수 있다.

$$E(u) = P / \theta$$

$$Var(u) = P / \theta^2$$

2. 감마모형의 최우추정

확률오차 v 와 비효율성 u 의 결합확률밀도함수 $f_{uv}(u,v)$ 는 다음과 같이 나타낼 수 있다.

$$f_{uv}(u,v)=\frac{1}{\sqrt{2\pi}\sigma_v}e^{-\frac{1}{2}\left(\frac{v}{\sigma_v}\right)^2}\frac{\theta^P}{\Gamma(P)}u^{P-1}e^{-\theta u}$$

결합확률밀도함수 $f_{uv}(u,v)$ 에서 $v=\varepsilon+u$ 로 변수를 변환하면 비효율성 u 와 복합오차항 ε 의 결합확률밀도함수 $f_{u\varepsilon}(u,\varepsilon)$ 를 얻을 수 있다.

$$f_{u\varepsilon}(u,\varepsilon)=\frac{1}{\sqrt{2\pi}\sigma_v}e^{-\frac{1}{2}\left(\frac{\varepsilon+u}{\sigma_v}\right)^2}\frac{\theta^P}{\Gamma(P)}u^{P-1}e^{-\theta u}$$

결합확률밀도함수 $f_{u\varepsilon}(u,\varepsilon)$ 를 구성하는 항들을 정리하여 다음과 같은 형태로 변형시킬 수 있다(유도과정은 Greene(1990) 또는 장부록 참조).

$$f_{u\varepsilon}(u,\varepsilon)=\frac{\theta^P}{\Gamma(P)}e^{-\frac{\varepsilon^2}{2\sigma_v^2}+\frac{\left(\varepsilon+\theta\sigma_v^2\right)^2}{2\sigma_v^2}}\frac{1}{\sqrt{2\pi}\sigma_v}e^{-\frac{\left(u+\varepsilon+\theta\sigma_v^2\right)^2}{2\sigma_v^2}}u^{P-1}$$

위의 $f_{u\varepsilon}(u,\varepsilon)$ 을 u 에 대해 적분하면 다음과 같이 복합오차항 ε 의 주변확률밀도함수 $f_\varepsilon(\varepsilon)$ 를 유도할 수 있다.

$$\begin{aligned}
f_\varepsilon(\varepsilon)&=\int_0^\infty f_{u\varepsilon}(u,\varepsilon)\,du\\
&=\frac{\theta^P}{\Gamma(P)}e^{-\frac{\varepsilon^2}{2\sigma_v^2}+\frac{\left(\varepsilon+\theta\sigma_v^2\right)^2}{2\sigma_v^2}}\int_0^\infty\left[\frac{1}{\sqrt{2\pi}\sigma_v}e^{-\frac{\left(u+\varepsilon+\theta\sigma_v^2\right)^2}{2\sigma_v^2}}u^{P-1}\right]du\\
&=\frac{\theta^P}{\Gamma(P)}e^{\theta\varepsilon+\frac{\theta^2\sigma_v^2}{2}}\Pr\left[Q>0\mid\varepsilon\right]h(P-1,\varepsilon)
\end{aligned}$$

여기서 $Q\mid\varepsilon$ 은 평균이 $-\left(\varepsilon+\theta\sigma_v^2\right)$ 이고 분산이 σ_v^2 인 정규분포를 따르는 확

률변수

$$h(r,\varepsilon) = E\left[Q^r \mid Q > 0, \varepsilon\right]$$

위의 $f_\varepsilon(\varepsilon)$ 에서 나음의 식 (7.26)의 로그우도함수를 얻을 수 있다.

$$\ln L = \ln\left(\prod_{j=1}^{N} f_\varepsilon\left(\varepsilon_j\right)\right) \tag{7.26}$$

$$= NP\ln\theta - N\ln\Gamma(P) + N\left(\frac{\theta^2\sigma_v^2}{2}\right)$$

$$+\sum_{j=1}^{N}\left[\theta\varepsilon_j + \ln\Pr\left(Q > 0 \mid \varepsilon_j\right)\right] + \ln h\left(P-1, \varepsilon_j\right)$$

감마모형의 최우추정치는 식 (7.26)의 값을 최대화시키는 모수 α, β, σ_v, θ, P 의 값을 제공한다. 그러나 로그우도함수 식 (7.26)은 다은 모형들의 로그우도함수와는 달리 쉽게 최대값을 찾을 수 없다. 잘 알려져 있는 다항근사법(예를 들어 Abramovitz and Stegun(1964)의 다항근사법)을 사용할 경우 표준정규적분 $\Pr\left[Q > 0 \mid \varepsilon\right]$ 의 근사치를 구하는데는 특별한 어려움이 없으나 $h(P-1,\varepsilon)$ 의 경우는 해결하기 어렵다(Greene 1990).

3. 감마모형의 수정최소자승추정

감마모형에서 상수항 α 는 다음과 같이 추정할 수 있다.

$$\hat{\alpha}_{OLS}^{*} - E(\varepsilon) = \hat{\alpha}_{OLS}^{*} + E(u)$$

$$= \hat{\alpha}_{OLS}^{*} + P/\theta$$

감마모형의 2 차, 3 차 및 4 차 적률방정식은 다음과 같다.

$$\mu_2 = E\left[\{\varepsilon - E(\varepsilon)\}^2\right] = \sigma_v^2 + P/\theta^2$$

$$\mu_3 = E\left[\{\varepsilon - E(\varepsilon)\}^3\right] = 2P/\theta^3$$

$$\mu_4 = E\left[\{\varepsilon - E(\varepsilon)\}^4\right] = 3\sigma_v^4 + 6\sigma_v^2 \frac{P}{\theta^2} + 3\frac{P(P+2)}{\theta^4}$$

위의 적률방정식으로부터 모수 σ_v, θ, P 의 추정량을 다음과 같이 유도할 수 있다.

$$\hat{\theta} = -3\frac{m_3}{m_4 - 3m_2}$$

$$\hat{P} = -\hat{\theta}\frac{m_3}{2}$$

$$\hat{\sigma}_v = \left(m_2 - \frac{\hat{P}}{\hat{\theta}^2}\right)^{1/2}$$

4. 감마모형에서 효율성의 추정

감마모형의 경우 $E(u \mid \varepsilon)$ 은 다음과 같이 유도된다.

$$E(u \mid \varepsilon) = \frac{h(P, \varepsilon)}{h(P-1, \varepsilon)}$$

제6절 적용사례

SF모형은 DEA 모형 만큼 다양한 분야에서 많은 양의 연구가 이루어지지는 않았지만 지속적으로 연구가 진행되고 있다.

Aigner, Lovell, and Schmidt(1977)는 반정규모형 및 지수모형을 제시하고 자신들이 제시한 모형의 적용사례로서 미국 1 차금속산업의 1957 년부터 1958 년 자료와 미국 농업부문의 1960 년부터 1965 년 자료에 두 모형을 적용하였다. 두 가지 사례 모두에서 비효율성항은 상대적으로 매우 낮은 값으로 추정되어 두 산업 모두 효율성의 수준이 높은을 보여주었다.

Meeusen and van den Broeck(1977)는 자신들이 제안한 지수모형의 타당성을 검토하기 위해 1962 년도 프랑스 제조부문 관련자료에 지수모형을 적용하였다. 이들이 지수모형을 제안한 동기는 Richmond(1974)의 DF 모형을 개선하기 위한 것이었다. Richmond(1974)는 Griliches and Ringstad(1971)의 노르웨이에 대한 분석에서 사용된 자료를 이용해서 자신이 제안한 감마분포를 기초로한 확정프론티어모형의 적용과정 및 분석결과를 제시하였고 Mairesse(1976)는 프랑스의 제조부문관련자료를 사용하여 Griliches and Ringstad(1971)와 유사한 분석을 한 후 그들의 분석결과와 비교하였다. 이러한 배경하에서 Meeusen and van den Broeck(1977)은 자신들이 제안한 지수모형의 타당성을 검토하기 위해 Mairesse(1976)이 사용했던 프랑스 제조부문관련 자료에 지수모형을 적용하고 그 결과를 Richmond(1974)의 분석결과와 비교하였다. 적용결과 분석에 포함된 각 산업의 평균효율성이 0.70~0.94로 나타났다. 이들은 지수모형의 적용결과와 Richmond(1974)의 DF모형을 적용한 결과를 비교하였는데 DF모형으로 측정된 비효율성이 지수모형으로 측정한 비효율성보다 크게 측정되었으며 이는 DF모형에서 확률오차를 고려하지 않았기 때문이라는 견해를 제시하였다.

Danilin, Materov, Rosefielde, and Lovell(1985)는 절단정규모형을 사용하여 소련연방의 5개 공화국의 151개 목화가공기업의 효율성을 측정하였다. 측정결과 효율성 수준이 매우 높은 것으로 나타났고 효율성의 분산이 매우 작게 나타났다. 이러한 결과에 대해 이들은 분석 대상기업들 중 최우량 기업과 다른 대부분의 기업들간의 효율성 차이가 크지 않기 때문이며 이를 소련 기업의 효율성 수준이 서구선진국의 효율성과 차이가 없는 것으로 해석할 수는 없음을 부연하였다.

Van den Broeck(1988)는 벨기에 제조부문의 14개 산업에 대해 지수모형을 적용하여 각 산업내의 개별기업의 효율성을 측정하고 측정된 효율성과 기업규모간의 관련성을 분석하였다. 효율성에 대한 규모의 탄력성이 0.016~0.12로 나타났으며 이러한 결과는 14 개 산업에서 일정함을 제시하였다.

Greene(1990)은 자신이 제안한 감마모형의 유용성을 보이기 위해 Christensen and Greene(1976)에서 사용되었던 미국의 발전산업 관련 자료에 감마모형을 적용하였다. 그는 감마모형 뿐 아니라 기존에 제안되었던 반정규모형, 지수모형, 절단정규모형 등을 동일한 자료에 함께 적용하였고 그 결과를 근거로 감마모형이 다른 모형들을 대체할만한 것임을 주장하였다. 이와 더불어 각 모형에 대한 우도비검증 및 라그랑지승수검정 결과를 제시하면서 반정규모형 및 지수모형의 제약이 추정된 효율성의 패턴에 큰 영향을 주고 있음을 주장하였다.

Hunt-McCool and Warren Jr.(1993)는 인적자본을 소득으로 변환시키는 과정상의 비효율성을 반정규모형을 사용해서 분석하고 이러한 분석을 통해서 노동시장의 비효율성을 추정할 수 있으며 더불어 기존의 평균소득함수의 부족한 설명력을 개선할 수 있음을 제시하였다.

Cavalluzzo and Baldwin(1993)은 미국 노동통계국에서 편집한 83개 건설사업에 관한 자료에 반정규모형 및 지수모형을 적용하여 노조에 가입된 사업조직과 그렇지 않은 사업조직간의 효율성 차이를 분석하였다. 이들은 분석결과로 노조에 가입한 사업조직이 그렇지 않은 사업조직보다 상당한 정도의 효율성을 가지고 있음을 제시하였다.

Ferrantino and Ferrier(1995)는 반정규모형을 사용하여 인도 설탕산업의 효율성을 분석하였다. 이들은 인도에 있는 239 개 설탕제조업자들의 투입요소 및 생산량자료에 반정규모형을 적용하여 분석한 결과 대부분의 기업이 효율적 상태에 있는 것으로 나타났으며 소규모기업이 대규모기업보다 효율적이고 사기업이 공기업보다 효율적인 것으로 나타났음을 보여주었다.

Hardwick(1997)은 반정규모형을 사용하여 영국 내 54 개의 생명보험회사의 효율성을 측정하고 기업규모별로 효율성의 차이를 검토하였다. 그 결과 소규모 기업이 대규모 기업보다 효율적인 것으로 나타났으며 각 규모에서 기업간의 효율성 차이가 매우 적은 것으로 나타났다.

부록 감마모형의 복합오차항의 확률밀도함수

감마모형의 복합오차항 $\varepsilon(=v-u)$의 확률밀도함수는 확률오차 v와 비효율성 u 의 결합확률밀도함수 $f_{uv}(u,v)$ 를 확률오차와 복합오차항의 결합확률밀도함수 $f_{u\varepsilon}(u,\varepsilon)$ 으로 변환한 후 이를 u 에 대하여 적분하여 구할 수 있다. u 의 확률밀도함수

$$f_{uv}(u,v) = \frac{1}{\sqrt{2\pi}\sigma_v} e^{-\frac{1}{2}\left(\frac{v}{\sigma_v}\right)^2} \frac{\theta^P}{\Gamma(P)} u^{P-1} e^{-\theta u}$$

이 유도된다. 여기서 $v = \varepsilon + u$ 로 변수를 변환하면 비효율성 u 와 복합오차항 ε 의 결합확률밀도함수

$$f_{u\varepsilon}(u,\varepsilon) = \frac{1}{\sqrt{2\pi}\sigma_v} e^{\overset{ⓐ}{\boxed{-\frac{1}{2}\left(\frac{\varepsilon+u}{\sigma_v}\right)^2}}} \frac{\theta^P}{\Gamma(P)} u^{P-1} e^{-\theta u}$$

를 얻을 수 있다. 여기서 ⓐ를 전개하면

$$f_{u\varepsilon}(u,\varepsilon) = \frac{1}{\sqrt{2\pi}\sigma_v} e^{-\frac{\varepsilon^2}{2\sigma_v^2}} e^{-\frac{u^2}{2\sigma_v^2}} e^{-\frac{\varepsilon u}{\sigma_v^2}} \frac{\theta^P}{\Gamma(P)} u^{P-1} e^{-\theta u}$$

이 되고 u 를 포함하고 있는 항이 뒤쪽으로 오도록 각 항의 위치를 재배열하면

$$f_{u\varepsilon}(u,\varepsilon) = \frac{\theta^P}{\sqrt{2\pi}\sigma_v \Gamma(P)} e^{-\frac{\varepsilon^2}{2\sigma_v^2}} e^{\overset{ⓑ}{\boxed{-\frac{u^2}{2\sigma_v^2} - \frac{\varepsilon u}{\sigma_v^2} - \theta u}}} u^{P-1}$$

이 된다. 여기서 ⓑ는 다음과 같이 변형시킬 수 있다.

$$\begin{aligned} -\frac{u^2}{2\sigma_v^2} - \frac{\varepsilon u}{\sigma_v^2} - \theta u &= -\frac{u^2}{2\sigma_v^2} - u\left(\frac{\varepsilon}{\sigma_v^2} + \theta\right) \\ &= -\frac{u^2 + 2\sigma_v^2 u\left(\frac{\varepsilon}{\sigma_v^2} + \theta\right)}{2\sigma_v^2} \end{aligned}$$

$$
\begin{aligned}
&= -\frac{u^2 + 2u\left(\varepsilon + \theta\sigma_v^2\right)}{2\sigma_v^2} \\
&= -\frac{u^2 + 2u\left(\varepsilon + \theta\sigma_v^2\right) + \left(\varepsilon + \theta\sigma_v^2\right)^2 - \left(\varepsilon + \theta\sigma_v^2\right)^2}{2\sigma_v^2} \\
&= -\frac{\left(u + \varepsilon + \theta\sigma_v^2\right)^2 - \left(\varepsilon + \theta\sigma_v^2\right)^2}{2\sigma_v^2} \\
&= -\frac{\left(u + \varepsilon + \theta\sigma_v^2\right)^2}{2\sigma_v^2} + \frac{\left(\varepsilon + \theta\sigma_v^2\right)^2}{2\sigma_v^2}
\end{aligned}
$$

따라서 $f_{u\varepsilon}(u, \varepsilon)$는

$$
\begin{aligned}
f_{u\varepsilon}(u, \varepsilon) &= \frac{\theta^P}{\sqrt{2\pi}\sigma_v\Gamma(P)} e^{-\frac{\varepsilon^2}{2\sigma_v^2}} e^{-\frac{\left(u+\varepsilon+\theta\sigma_v^2\right)^2}{2\sigma_v^2} + \frac{\left(\varepsilon+\theta\sigma_v^2\right)^2}{2\sigma_v^2}} u^{P-1} \\
&= \frac{\theta^P}{\sqrt{2\pi}\sigma_v\Gamma(P)} e^{-\frac{\varepsilon^2}{2\sigma_v^2} + \frac{\left(\varepsilon+\theta\sigma_v^2\right)^2}{2\sigma_v^2}} e^{-\frac{\left(u+\varepsilon+\theta\sigma_v^2\right)^2}{2\sigma_v^2}} u^{P-1} \\
&= \frac{\theta^P}{\Gamma(P)} e^{-\frac{\varepsilon^2}{2\sigma_v^2} + \frac{\left(\varepsilon+\theta\sigma_v^2\right)^2}{2\sigma_v^2}} \frac{1}{\sqrt{2\pi}\sigma_v} e^{-\frac{\left(u+\varepsilon+\theta\sigma_v^2\right)^2}{2\sigma_v^2}} u^{P-1}
\end{aligned}
$$

이 된다.

$f_{u\varepsilon}(u, \varepsilon)$를 u에 대해 적분하면 복합오차항 ε의 밀도함수 $f_\varepsilon(\varepsilon)$을 얻을 수 있다.

$$
f_\varepsilon(\varepsilon) = \int_0^\infty f_{u\varepsilon}(u, \varepsilon)\, du
$$

$$= \int_0^\infty \left[\frac{\theta^P}{\Gamma(P)} e^{-\frac{\varepsilon^2}{2\sigma_v^2} + \frac{\left(\varepsilon + \theta\sigma_v^2\right)^2}{2\sigma_v^2}} \frac{1}{\sqrt{2\pi}\sigma_v} e^{-\frac{\left(u + \varepsilon + \theta\sigma_v^2\right)^2}{2\sigma_v^2}} u^{P-1} \right] du$$

$$= \frac{\theta^P}{\Gamma(P)} e^{-\frac{\varepsilon^2}{2\sigma_v^2} + \frac{\left(\varepsilon + \theta\sigma_v^2\right)^2}{2\sigma_v^2}} \underbrace{\int_0^\infty \left[\frac{1}{\sqrt{2\pi}\sigma_v} e^{-\frac{\left(u + \varepsilon + \theta\sigma_v^2\right)^2}{2\sigma_v^2}} u^{P-1} \right] du}_{ⓒ}$$

ⓒ를 요약된 형태로 제시하기 위해 $Q \mid \varepsilon$ 을 평균이 $-\left(\varepsilon + \theta\sigma_v^2\right)$ 이고 분산이 σ_v^2 인 정규분포를 따르는 확률변수라고 하자. 그러면

$$\int_0^\infty \left[\frac{1}{\sqrt{2\pi}\sigma_v} e^{-\frac{\left(Q + \varepsilon + \theta\sigma_v^2\right)^2}{2\sigma_v^2}} \right] dQ = \Pr\left[Q > 0 \mid \varepsilon\right]$$

으로 나타낼 수 있다. 그리고

$$\frac{\frac{1}{\sqrt{2\pi}\sigma_v} e^{-\frac{\left(Q + \varepsilon + \theta\sigma_v^2\right)^2}{2\sigma_v^2}}}{\int_0^\infty \left[\frac{1}{\sqrt{2\pi}\sigma_v} e^{-\frac{\left(Q + \varepsilon + \theta\sigma_v^2\right)^2}{2\sigma_v^2}} \right] dQ} = \frac{\frac{1}{\sqrt{2\pi}\sigma_v} e^{-\frac{\left(Q + \varepsilon + \theta\sigma_v^2\right)^2}{2\sigma_v^2}}}{\Pr\left[Q > 0 \mid \varepsilon\right]}$$

$$= f_{Q|Q>0,\varepsilon}\left(Q \mid Q > 0, \varepsilon\right)$$

으로 나타낼 수 있다. $f_{Q|Q>0,\varepsilon}\left(Q \mid Q > 0, \varepsilon\right)$ 은 절단정규분포를 따르는 확률변수의 확률밀도함수이다. 위의 식으로부터

$$f_{Q|Q>0,\varepsilon}\left(Q \mid Q > 0, \varepsilon\right) \cdot \Pr\left[Q > 0 \mid \varepsilon\right] = \frac{1}{\sqrt{2\pi}\sigma_v} e^{-\frac{\left(Q + \varepsilon + \theta\sigma_v^2\right)^2}{2\sigma_v^2}}$$

이 되며 따라서 ⓒ는

$$\int_0^\infty \left[\frac{1}{\sqrt{2\pi}\sigma_v} e^{-\frac{\left(u+\varepsilon+\theta\sigma_v^2\right)^2}{2\sigma_v^2}} u^{P-1} \right] du$$

$$= \int_0^\infty \left[f_{Q|Q>0,\varepsilon}\left(Q \mid Q>0,\varepsilon\right) \cdot \Pr\left[Q>0 \mid \varepsilon\right] Q^{P-1} \right] dQ$$

$$= \Pr\left[Q>0 \mid \varepsilon\right] \int_0^\infty \left[f_{Q|Q>0,\varepsilon}\left(Q \mid Q>0,\varepsilon\right) Q^{P-1} \right] dQ$$

$$= \Pr\left[Q>0 \mid \varepsilon\right] E\left[Q^{P-1} \mid Q>0,\varepsilon\right]$$

여기서 Q 는 절단정규분포를 따르는 확률변수

로 나타낼 수 있고 $f_\varepsilon(\varepsilon)$ 는

$$f_\varepsilon(\varepsilon) = \frac{\theta^P}{\Gamma(P)} e^{-\frac{\varepsilon^2}{2\sigma_v^2} + \frac{\left(\varepsilon+\theta\sigma_v^2\right)^2}{2\sigma_v^2}} \Pr\left[Q>0 \mid \varepsilon\right] E\left[Q^{P-1} \mid Q>0,\varepsilon\right]$$

$$= \frac{\theta^P}{\Gamma(P)} e^{\theta\varepsilon + \frac{\theta^2\sigma_v^2}{2}} \Pr\left[Q>0 \mid \varepsilon\right] E\left[Q^{P-1} \mid Q>0,\varepsilon\right]$$

여기서 $Q \mid \varepsilon$ 은 평균이 $-\left(\varepsilon + \theta\sigma_v^2\right)$ 이고 분산이 σ_v^2 인 정규분포를 따르는 확률변수

으로 표현된다.

$$h(r,\varepsilon) = E\left[Q^r \mid Q>0,\varepsilon\right]$$

이라 하면 $f_\varepsilon(\varepsilon)$ 는

$$f_\varepsilon(\varepsilon) = \frac{\theta^P}{\Gamma(P)} e^{\theta\varepsilon + \frac{\theta^2\sigma_v^2}{2}} \Pr\left[Q>0 \mid \varepsilon\right] h(P-1,\varepsilon)$$

으로 나타낼 수 있다.

참고문헌

1. Abramowitz, M., and I. Stegun (1964), *Handbook of Mathematical Functions*, Washington, DC: National Bureau of Standards, Government Printing Office.

2. Afrait, S. N. (1972), "Efficiency Estimation of Production Functions," *International Economic Review*, Vol. 13, No. 3, pp. 568-598.

3. Aigner, D. J., and S. F. Chu (1968), "On Estimating the Industry Production Function," *American Economic Review* Vol. 58, No. 4, pp. 826-839.

4. Aigner, D., C. A. K. Lovell, and P. Schmidt (1977), "Formulation and Estimation of Stochastic Frontier Production Function Models," *Journal of Econometrics* Vol.6, No.1, pp. 21-37.

5. Banker, R. D., V. M. Gadh, and W. L. Gorr (1993), "A Monte Carlo Comparison of Two Production Frontier Estimation Methods: Corrected Ordinary Least Squares and Data Envelopment Analysis," *European Journal of Operational Research*, Vol. 67, No. 3, pp. 332-343.

6. Cavalluzzo, L., and D. Baldwin (1993), "Unionization and Productive Efficiency," in H. O. Fried, C. A. K. Lovell, and S. S. Schmidt, eds., *The Measurement of Productive Efficiency: Techniques and Applications*. New York: Oxford University Press, pp. 210-220.

7. Christensen, L. R., D. W. Jorgenson, and L. J. Lau (1973), "Transcendental Logarithmic Production Frontiers," *Review of Economics and Statistics*, Vol. 55, No. 1, pp. 28-45.

8. Danilin, V. I., I. S. Materov, S. Rosefielde, and C. A. K. Lovell (1985), "Measuring Enterprise Efficiency in the Soviet Union: A Stochastic Frontier Analysis," *Economica*, Vol. 52, No., pp. 225-233.

9. Diewert, W. E. (1971), "An Application of the Shephard Duality Theorem: A Generalized Leontief Production Function," *Journal of Political Economy*, Vol. 79, No. 3, pp. 481-507.

10. Douglas, P. C., and C. W. Cobb (1928), "A Theory of Production," *American Economic Review*, Vol. 18, No. 1, pp. 139-165.

11. Farrell, M. J. (1957), "The Measurement of Productive Efficiency," *Journal of the Royal Statistical Society, Series A, General* Vol. 120, No. 3, pp. 253-281.

12. Ferrantino, M. J., and G. D. Ferrier (1995), "The Technical Efficiency of Vacuum-pan Sugar Industry of India: An Application of a Stochastic Frontier Production Function using Panel Data," *European Journal of Operational Research*, Vol. 80, pp. 639-653.

13. Førsund, F. R., and L. Hjalmarsson (1979), "Generalized Farrell Measures of Efficiency: An Application to Milk Processing in Swedish Diary Plants," *Economic Journal*, Vol. 89, No., pp. 274-315.

14. Førsund, F. R., and E. S. Jansen (1977), "On Estimating Average and Best Practice Homothetic Production Function via Cost Functions," *International Economic Review*, Vol. 18, No. 2, pp. 463-476.

15. Fuss, M., D. McFadden, and Y. Mundlak (1978), "A Survey of Functional Forms in the Economic Analysis of Production," in M. Fuss, D. McFadden, and Y. Mundlak, eds., *Production Economics: A Dual Approach to Theory and Applications, Volume I*. Amsterdam: North-Holland Publishing Company, pp. 219-268.

16. Greene, W. H. (1980), "Maximum Likelihood Estimation of Econometric Frontier Functions," *Journal of Econometrics*, Vol. 13, No. 1, pp. 27-56.

17. Greene, W. H. (1990), "A Gamma-distributed Stochastic Frontier Model," *Journal of Econometrics*, Vol. 46, No. 1-2, pp. 141-163.

18. Greene, W. H. (1992), *LIMDEP: User's Manual and Reference Guide Version*

6.0, NY: Econometric Software, Inc.

19. Greene, W. H. (1993), "The Econometric Approach to Efficiency Analysis," in H. O. Fried, C. A. K. Lovell, and S. S. Schmidt, eds., *The Measurement of Productive Efficiency: Techniques and Applications*. New York: Oxford University Press, pp. 68-119.

20. Greene, W. H. (1997), *Econometric Analysis*, 3rd ed., Upper Saddle River: Prentice-Hall, Inc.

21. Hardwick, P. (1997), "Measuring Cost Inefficiency in the UK Life Insurance Industry," *Applied Financial Economics*, Vol. 7, No., pp. 37-44.

22. Hunt-McCool, J., and R. S. Warren Jr. (1993), "Earning Frontiers and Labor Market Efficiency," in H. O. Fried, C. A. K. Lovell, and S. S. Schmidt, eds., *The Measurement of Productive Efficiency: Techniques and Applications*. New York: Oxford University Press, pp. 197-209.

23. Jondrow, J., C. A. K. Lovell, I. S. Materov, and P. Schmidt (1982), "On the Estimation of Technical Inefficiency in the Stochastic Frontier Production Function Model," *Journal of Econometrics*, Vol. 19, No. 2-3, pp. 233-238.

24. Kopp, R., and J. Mullahy (1989), "Moment-based Estimation and Testing of Stochastic Frontier Models," Resources for the Future, No. 89-10.

25. Materov, I. S. (1981), "On Full Identification of the Stochastic Production Frontier Model," *Ekonomika i Matematicheskie Metoday*, Vol. 17, No., pp. 784-788.

26. Meeusen, W., and J. Van Den Broeck (1977), "Efficiency Estimation from Cobb-Douglas Production Functions with Composed Error," *International Economic Review*, Vol. 18, No. 2, pp. 435-445.

27. Olson, J. A., P. Schmidt, and D. M. Waldman (1980), "A Monte Carlo Study of Estimators of Stochastic Frontier Production Functions," *Journal of Econometrics*, Vol. 13, No. 1, pp. 67-82.

28. Richmond, J. (1974), "Estimating the Efficiency of Production," *International Economic Review*, Vol. 15, No. 2, pp. 515-521.

29. Schmidt, P. (1976), "On the Statistical Estimation of Parametric Frontier Production Functions," *Review of Economics and Statistics*, Vol. 58, No. 2, pp. 238-239.

30. Stevenson, R. E. (1980), "Likelihood Functions for Generalized Stochastic Frontier Estimation," *Journal of Econometrics*, Vol. 13, No. 1, pp. 57-66.

31. Van Den Broeck, J. (1988), "Stochastic Frontier Inefficiency and Firm Size for Selected Industries of the Belgian Manufacturing Sector: Some New Evidence," in A. Dogramaci, and R. Färe, eds., *Applications of Modern Production Theory: Efficiency and Productivity*. Boston: Kluwer Academic Publishers, pp. 59-101.

32. Waldman, D. M. (1982), "A Stationary Point for the Stochastic Frontier Likelihood," *Journal of Econometrics*, Vol. 18, No. 2, pp. 275-279.

33. Winsten, C. B. (1957), "Discussion on Mr. Farrell's Paper," *Journal of the Royal Statistical Society Series A, General*, Vol. 120, No. 3, pp. 282-284.

제8장 확률프론티어접근법의 활용

제1절 공공도서관의 효율성 분석

Vitaliano(1997)는 뉴욕에 있는 235개의 공공도서관의 X비효율성을 Aigner, Schmidt, and Lovell(1977)의 확률프론티어접근법을 사용하여 추정하였다. 1992년 평균 비효율성은 24%로 추정되었다.

1. 분석대상

[표 8.1]은 분석대상인 235 개 도서관을 스폰서 유형별로 분류한 것이다.

[표 8.1] 분성대상 도서관

	시립도서관		협회도서관	
	수	평균 소장자료 건수	수	평균 소장자료건수
학군	14	106,519	70	156,480
타운	19	27,871	41	92,002
시	8	160,923	14	214,091
빌리지	18	40,938	22	61,399
특별협회	0	-	13	93,576
카운티	1	336,973	2	434,904
기타	12	75,066	1	114,386
합계	72		163	

시립도서관은 시 또는 타운과 같은 정부조직이 직접 통제하는 도서관이고 협회도서관은 각종 협회에서 만들고 운영위원회가 운영하는 도서관이지만 대부분의 자금을 정부에서 지원받는 도서관이다.

2. 변수의 선택

모든 도서관이 정부기관 또는 비영리조직으로서 운영되기 때문에 투입자본의 비용을 측정하기가 매우 어렵다. 따라서 장기비용함수보다는 다음과 같은 단기비용함수를 추정한다.

$$C = f\left(\mathbf{Y}, \mathbf{w}, K_0\right)$$

여기서 C 는 단기총변동비용, $\mathbf{Y}$ 는 산출벡터, $\mathbf{w}$ 는 투입가격벡터, K_0 는 고정된 자본량을 나타낸다.

자본은 각 도서관의 총소장자료건수로 측정하였다. 소장자료(holdings)에는 도서, 정기간행물, 시청각자료, 장애자용인쇄물, 기타(지도, 악보, 문서 등) 등이 포함된다. 소장자료는 도서관의 투자자본 중 큰 부분을 차지하며 또한 건물의 크기와도 관련된다. Goddard(1973)는 도서관의 생산함수를 추정하면서 노동, 이동가능설비와 더불어 소장자료를 투입으로 처리한 바 있다.

산출 $\mathbf{Y}$ 는 (a) 도서, 정기간행물, 비도서자료의 총대출건수 (b) 주간 총운영시간 (c) 연간증가장서수 등의 3 가지 차원으로 측정하였다. Goddard 는 도서의 대출건수를 산출로 사용한 바 있고 Holtmann, Tabasz, and Kruse(1976)도 대출건수를 도서관의 산출로 사용할 것을 제안한 바 있다. 연간증가장서수는 도서관 서비스 품질의 중요한 요소라고 할 수 있는 최신자료구비정도를 측정한다. 운영시간은 도서관 서비스 품질의 다른 측면인 접근성을 측정한다. 이들 산출이 도서관 산출을 빠짐없이 나타내지는 못하지만 다른 여러 후보 산출변수들과 높은 상관관계를 갖는다. 예를 들어 증가장서수와 총소장도서수의 상관계수는 0.88 을 나타내었으며 시청각자료대출신청건수와의 상관계수는 0.76 을 나타내었다.

투입가격 $\mathbf{w}$ 는 도서관학 석사학위를 소지한 직원의 시간당임률 초임과 디렉터의 시간당임률 등 두 가지 시간당임률로 구성하였다.

[표 8.2]는 비용함수에 사용되는 변수의 기술통계량을 나타낸 것이다.

[표 8.2] 기술통계량 (N=235)

변 수	평균	표준편차
총비용($)	786,430	973,590
총대출건수	218,400	219,670
주당운영시간	66.0	41.6
증가장서수	5,196	5,041
총소장자료건수	112,700	124,990
석사학위소지직원 초임 (시간당임률)	12.80	3.23
디렉터 임금 (시간당임률)	22.76	10.22

3. 모형

비용함수는 콥더글라스형(로그선형) 비용함수를 사용하였다. 콥더글라스형 생산기술이 매우 제약적이기는 하지만 초월대수함수형, 준대수형, 그리고 로그이차함수형 비용함수(Berndt 1991) 등 여러 가지 함수형태의 적합도를 검토한 후 선택되었다. 초월대수형 비용함수는 심각한 다중공선성을 나타내었는데 이는 대부분의 항이 교차항 및 제곱항으로 되어있기 때문에 충분히 그럴 가능성을 가지고 있다. 다른 함수형은 Cobb-Douglas형과 비교해 결정계수의 값이 매우 낮았으며 계수의 부호가 옳지 않은 방향으로 나타나거나 계수가 유의적이지 않게 나타났다.

복합오차항 $e = u + v$ 에서 확률오차 v 는 평균이 0 인 정규분포를 갖는 것으로 가정한다. 비효율성 u 의 분포로는 반정규분포, 절단정규분포 및 지수분포 등 3 가지의 분포를 검토하였다. 지수모형은 최우추정량이 수렴하지 않아 기각하였다. 반정규모형은 프론티어모수가 매우 유의적이었으며 적합도가 높게 나타났다. 절단정규모형은 내재평균이 0과 통계적으로 유의하게 다르지 않은 것으로 나타났다.

4. 프론티어 추정 결과

[표 8.3]은 도서관의 프론티어비용함수를 추정한 결과이다.

[표 8.3] 도서관의 프론티어 비용함수

변수	계수	T 값
Log(총대출건수)	0.206	4.95*
Log(주당운영시간)	0.202	2.25*
Log(증가장서수)	0.165	3.60*
Log(총소장자료건수)	0.455	7.47*
Log(석사학위소지식원 초임)	0.037	0.37
Log(디렉터 임금)	0.866	7.77*
상수	0.277	0.80
λ	0.962	9.00*
σ	0.391	18.98*

Note: 로그우도 = −69.79, N = 235, 종속변수 = log(총비용), * 유의수준=0.05

3 가지 산출(총대출건수, 주당운영시간, 증가장서수)의 계수는 유의적인 양의 값을 나타내었다. 추정된 비용함수가 단기비용함수이지만 추정된 계수로부터 규모수익을 추론할 수 있다(Caves, Christensen, and Swanson 1981). 규모수익은

$$RTS = 1 - \frac{\frac{\partial \ln VC}{\partial \ln K}}{\sum \frac{\partial \ln VC}{\partial \ln Y}} = 1 - \frac{0.455}{0.573} = 0.95$$

로 추정되었으나 가설 $RTS = 1$에 대한 왈드검정통계량의 값은 0.057(95% 임계

값은 3.84)로 나타났다. 즉 가설 $RTS = 1$ 을 기각할 수 없으며 이는 표본이 불변 규모수익을 나타내고 있음을 의미한다.

도서관들이 최소비용의 투입조합을 사용하고 있다면 자본의 대용치인 총소장 자료건수의 계수는 음수이어야 한다(Berndt 1991, p.484). 총소장자료건수의 계수가 유의적인 양수로 나타난 것은 도서관들이 장기균형에 있지 않음을 나타내는 것이다.

석사학위소지직원초임의 계수는 0 과 유의하게 다르지 않은 것으로 나타났다. 이는 두 임률변수의 상관관계가 높고 디렉터임금의 계수 0.86 이 매우 유의적이며 노동비용 변동의 대부분을 나타내기 때문인것으로 판단된다. [표 8.3]에 나타낸 프론티어 비용함수의 복합오차항 요약통계량은 다음과 같다.

$$\sigma_u^2 = 0.0736$$

$$\sigma_v^2 = 0.0795$$

$$Var(u) = [(\pi - 2)/\pi]\sigma_u^2 = 0.0267$$

$$E(u) = \left(\sqrt{2/\pi}\right)\sigma_u = 0.217$$

$$\left[C(\mathbf{Y}, \mathbf{w})e^{v+u}\right] / \left[C(\mathbf{Y}, \mathbf{w})e^{v}\right] = e^{u}$$

u 의 기대값에 역로그를 취하면 1.24 이다. 따라서 공공 도서관의 평균 X 비효율성은 24%로 추정된다.

5. 비효율성의 원인

임금이 변동비의 66%를 차지하기 때문에 대부분의 비효율성은 직원의 수가 많거나 또는 전문직과 일반직의 비율이 부적절하기 때문일 가능성이 높다. 사서기능의 전문화 및 업무할당의 경직성이 인력의 부적절한 배분비율을 초래할 수 있다. 이는 오래전 부터의 관행일 수도 있고 또는 전문가집단의 규범일 수도 있다. 비영리운영의 요구, 주정부로부터의 인가 등과 같은 진입장벽에 의한 공간적 독점과 전문가들의 공유된 규범이 결합하여 이와 같은 비효율적 상황을 바로잡고자 하는 디렉터 및 운영위원들의 의지를 약하게 만든다. 상황을 더욱 더 악화시키는 요소는 총액운영보조금이 성과표준없이 지급되고 있는 점과 도서관이 폐관할 위험이 거의 없다는 점이다(James and Rose-Ackerman 1986, 49-50). 비효율적 상황을 개선하고자 하는 의지는 도서관마다 다를 수 있다. 이는 도서관마다 지방세 또는 기부금에 의존하는 정도가 다르기 때문이다.

자본 역시 비효율적으로 배분될 수 있는데 이는 면세 및 기부자본(예를 들어 도서관이 시청건물에 입주해 있는 경우) 등에 의해 자본의 가격이 시장가치와 다른 값으로 부여되기 때문이다. [표 8.3]의 비용함수 추정결과를 살펴보면 자본(대용치: 총소장자료건수)이 과다사용되고 있음이 나타나 있다.

[표 8.4]는 각 도서관의 추정된 비효율성을 종속변수로 하고 스폰서유형, 자금원천, 인구 등을 독립변수로 한 회귀분석결과이다.

[표 8.4] 도서관 비효율성의 결정요인

독립변수	계수	T 값
시립도서관	0.027	1.88**
% local funding	-0.106	3.43*
% gifts	-0.210	1.90*
% investments	-0.046	0.53
인구	0.340	1.40
상수	0.280	12.02*

Note: 로그우도 = 211.22, 종속변수 : u_i, N =235, * 95%, ** 90%

도서관 전문가들에 의하면 도서관이 최적규모가 되기 위해서는 사용자가 적어도 50,000 명 이상이어야 한다. 이러한 규모 최적성의 개념은 순수한 경제적 최적성이라기 보다는 도서관이 제공하는 서비스의 범위, 스탭의 전문성 등을 나타내는 것이라 할 수 있다. 그렇긴 하지만 도서관의 규모가 커질수록 경험많고 잘 훈련되어 노동생산성이 높은 인력을 고용할 가능성이 높다고 생각할 수도 있다.

[표 8.4]의 회귀분석에서 종속변수인 비효율성은 0에서 절단되어 있으며 즉 0보다 작은 값을 갖지 않으며 이런 상황에서 일반최소자승법(一般最小自乘法, OLS:

ordinary least squares)을 사용하면 추정된 회귀계수들은 편의를 갖는다. 이러한 문제점은 토빗회귀분석(토빗回歸分析, Tobit regression)으로 해결할 수 있다.

도서관 수가 가장 많은 학군-협회도서관 을 기본으로하여 도서관의 각 형태에 대응하는 더미변수(더미變數, dummy variables) 12 개를 작성하고 이들을 독립변수에 포함시켜 토빗회귀분석을 시도하였다. 그런데 각 더미변수의 계수 중 1개만이 통계적으로 유의하게 나타났으며 결국 표본을 (정부가 경영하는) 시립도서관과 (협회가 경영하는 비영리) 협회도서관으로 구분하기로 하였다. [표 8.4]를 살펴보면 더미변수 시립도서관 의 계수가 통계적으로 유의하게 나타났으며 이는 정부가 경영하는 시립도서관의 비효율성이 2.7% 더 크다는 것을 의미한다. 이는 시립도서관이 협회도서관과 비교하여 상대적으로 생존을 위한 고민을 적게 하며 자금조달을 위한 노력을 적게 들여도 되기 때문인 것으로 판단된다.

자금원천 변수들은 도서관의 총운영자금에서 지방정부가 지원한 금액의 비율, 기부금 비율, 투자소득비율 등을 나타낸다. [표 8.4]에 나타나 있듯이 지방정부지원금액비율과 기부금비율의 계수는 유의적인 음수로 나타났는데 이는 각 원천으로부터의 수입이 증가하면 효율성이 커짐을 나타낸다. 지방정부지원금액비율(% local funding)의 계수 -0.106 은 지방정부지원금액비율 10%가 비효율성을 1% 감소시킴을 의미한다. 이는 235 개 도서관의 평균 지방정부지원금액비율이 61%라는 사실로 볼 때 비효율성을 감소시키는 영향이 크다고 볼 수는 없다. 한편 기부금비율(% gifts)의 계수 -0.210 은 지방정부지원금액비율의 계수보다 2 배 큰 값이며 평균 기부금비율은 3%미만이다. 이는 기부활동의 인센티브효과 및 모니터링효과가 매우 크다는 것을 의미한다. 투자소득(% investment)은 효율성에 유의적인 영향을 주지 않는 것으로 나타났다.

인구 의 계수는 양수로 나타났지만 통계적 유의성을 갖지는 못하고 있다. 인구 의 계수가 양수로 나타났다는 것은 도서관을 사용하는 인구가 많을수록 비효율성이 커짐을 나타낸다. 이는 일반적으로 기대되는 내용과는 상반된 결과이다. 이러한 결과는 인구 가 투입가격(예를 들어 전기요금, 유지보수비용 등)과 상관관계가 높으며 이로인해 비용을 높이기 때문인 것으로 생각해 볼 수 있다.

제2절 스위스철도회사의 효율성 분석

Farsi, Filippini, and Greene(2005)는 스위스에 있는 50개 지역철도회사의 비효율성을 확률프론티어접근법을 사용하여 추정하였다.

1. 분석대상 및 변수

1985년부터 1997년까지 13년간의 스위스에 있는 50개 지역철도회사의 자료를 대상으로 분석하였다. 표본자료는 불균형패널자료이며 총 605개의 관측치로 구성되었다. 사용할 수 있는 자료는 총비용, 노동비용과 에너지비용, 종업원수, 소비전력량, 네트워크길이, 총좌석수, 총열차킬로미터, 여객킬로미터, 톤킬로미터 등이다.

자본비용은 총비용에서 노동비용과 에너지비용을 차감한 잔여비용으로 계산하였다. 총좌석수를 자본스톡의 대용치로 사용하여 자본가격을 좌석당 잔여비용으로 계산하였다. 여객과 화물산출은 각각 여객킬로미터와 톤킬로미터로 측정하였다. 스위스에서 철도회사는 지방정부의 규정에 의해 매일 지정된 구간을 일정회수 이상 운행해야 한다. 따라서 열차킬로미터 또는 객차킬로미터도 여객산출의 적절한 측정수단이 될 수 있다. 최근 문헌들과의 일관성을 유지하기 위해 여객킬로미터와 톤킬로미터를 선택하였다. 모든 비용 및 가격은 스위스프랑 단위로 측정하였고 스위스의 물가지수를 사용하여 물가상승분을 조정하였다.

[표 8.5]는 분석에 사용된 모든 변수들의 기술통계를 요약한 것이다. 표에 나타나 있듯이 총비용은 큰 변동을 가지고 있다. 여객킬로미터의 평균비용은 0.3~6.0 스위스프랑의 범위를 갖고 있다. 투입가격과 산출 모두 큰 변동을 가지고 있다.

[표 8.5] 기술통계 (605 개 관측치)

	평균	표준편차	중앙값	최소값	최대값
총비용, CHF million	26.73	49.88	8.83	2.12	307.43
여객산출, 10^6 여객 km	30.80	55.10	10.00	0.41	311.00
평균비용, CHF/여객 km	1.20	0.76	1.09	0.33	5.98
화물산출, 10^6 톤 km	10.20	52.70	0.27	0.00015	477.00
네트워크길이, km	39.43	56.64	22.82	3.90	377.00
자본가격, CHF 000/seat	4.53	2.13	4.03	1.04	14.47
노동가격, CHF 000/명/년	86.05	6.48	86.09	60.93	104.93
에너지가격, CHF/kWh	0.157	0.023	0.158	0.076	0.265

대부분의 패널모형(특히 FE모형)에서 within변동(기업내변동)이 중요하므로 within변동을 between변동(기업간변동)과 구별할 필요가 있다.

2. 모형

비용함수는 다음과 같은 총비용함수로 나타내었다.[1]

$$TC = f(Y, Q, N, P_K, P_L, P_E, d_t) \tag{8.1}$$

여기서 TC =연간총비용, Y =여객킬로미터, Q =톤킬로미터, P_K =자본가격, P_L =노동가격, P_E =에너지가격, d_t =12 개 더미변수로 구성된 벡터이며 각 더미변수는 1986년부터 1997년까지를 나타낸다. 각 연도더미는 기술진보에 따른 비용변화와 관측하지 못한 년도고유요인의 영향을 나타낸다.

일반적으로 식 (8.1)의 비용함수는 투입가격과 산출이 주어져 있을 때 비용최

---

[1] 사전분석에서 변동비용함수를 추정해 보았으나 자본스톡에 대한 변동비용함수의 도함수가 양의 값을 나타내어 비용함수로서의 기본조건을 충족하지 못하였다. 이러한 현상은 자료의 부족으로 자본스톡을 산출과 상관관계가 높은 물리적 지표로 측정하였으며 이 때문에 발생된 다중공선성문제가 원인인 것으로 판단하였다. 따라서 모든 철도회사가 자본지출을 매년 변경할 수 있는 것으로 가정하고 총비용함수를 선택하였다.

소화의 결과인 것으로 가정되며 그에 따른 일정한 조건을 만족해야 한다. 주요조건은 이 함수가 투입가격에 대해서는 비체감(non-decreasing)이고 오목(concave)이며 일차동차(linearly homogeneous)이어야 하고 산출에 대해서는 비체감이어야 한다는 것이다. 식 (8.1)의 추정을 위해 콥더글라스형(로그선형) 함수를 사용하였다. 산출수준에 따라 다른 규모수익특성을 설명할 수 있는 초월대수함수형의 사용도 검토하였다. 그러나 확률상수모형(random-constant model)을 위한 모의우도최대화과정(模擬尤度最大化過程, simulated likelihood maximization)에서 상대적으로 많은 모수로 인한 수치계산상의 문제를 유발하였고 추정결과가 직관과 상충되게 나타나 초월대수함수형의 사용은 배제하였다.

콥더글라스형은 오목성조건을 자동으로 만족한다. 일차동차성조건은 투입요소의 가격들 중 하나로 비용과 가격들을 정규화하여 만족하도록 할 수 있다. 여기서는 에너지의 가격을 분모로 사용하였다. 다른 조건들은 추정후 만족하는가를 검토하였다. 비용함수는 다음과 같이 나타낼 수 있다.

$$\ln\left(\frac{TC_{it}}{P_{E_{it}}}\right) = \alpha_0 + \alpha_Y \ln Y_{it} + \alpha_Q \ln Q_{it} + \alpha_N \ln N_{it} + \alpha_S \ln S_{it}$$
$$+\alpha_K \ln\frac{P_{K_{it}}}{P_{E_{it}}} + \alpha_L \ln\frac{P_{L_{it}}}{P_{E_{it}}} + \sum_{t=1986}^{1997} \alpha_t d_t + \alpha_i + \varepsilon_{it} \tag{8.2}$$

여기서 $i = 1, 2, ..., N$, $t = 1, 2, ..., T_i$ 이다. 첨자 i 와 t 는 각각 철도회사와 년도를 나타낸다. α_i 는 기업고유효과이고 ε_{it} 는 iid 오차항이다. 오차항 ε_{it} 는 비효율성을 나타내는 부분과 확률적오차를 나타내는 두 부분으로 구성된 복합오차항이다.

식 (8.2)로 나타낸 비용함수에는 두 가지 제약이 있다. 첫 번째는 일부 산출특성이 생략된 형태로 되어 있는데 이 때문에 복합오차항의 분산을 증가시켜 모형의 통계적 효율성을 저하시킨다. 따라서 비효율성점수가 과대평가될 수 있다. 생략된 요인들은 또한 독립변수들과 상관관계를 가지고 있어 추정결과에 편의가 발생하도록 할 수 있다. 두 번째는 유연한 초월대수함수형과는 달리 콥더글라스형 함수는 이차항이 허용되지 않는다는 점이다. 이것이 의미하는 바는 추정된 규모수익특성이 모든 산출수준에서 동일한 것으로 가정된다는 것이다. 스위스의 지역철도회사들이 대부분 소규모라는 점으로 볼 때 이러한 가정이 매우 제약적인 것은 아니다.

그러나 생략된 이차항효과가 복합오차항에 반영되어 첫 번째 제약과 같은 문제를 유발할 수 있다.

이론적으로는 투입요소 수요(점유율)방정식을 도입하여 적합한 방정식간 제약을 갖는 연립방정식의 해를 구하는 방식으로 앞에서 언급한 단점들을 다룰 수 있다. 그러나 투입요소 수요방정식에 배분비효율성이 도입되어 복잡한 오차항구조가 만들어진다. Kumbhakar and Lovell(2000, p.170)이 지적했듯이 이러한 연립방정식에 대한 만족할만한 계량경제학적 방법은 아직 개발되어야 할 과제로 남아있다.

식 (8.2)에서 복합오차항 ε_{it} 는 반정규분포를 따르는 비효율성과 정규분포를 따르는 확률오차항이 복합된 것으로 가정한다. 추가적인 기업고유항 α_i 는 관측하지 못한 이질성을 나타내며 정규분포로 가정한다. 이렇게 규정된 모형을 진확률효과모형(眞確率效果模型, true random effect model)이라고 부른다. 여기서 진 이라고 붙인 이유는 본래의 프론티어분석틀을 그대로 유지하고 있다는 점을 나타내기 위한 것이다. 추정은 모의최대우도(simulated maximum likelihood)를 기반으로 이루어진다.

진성확률효과모형의 결과를 Schmidt and Sickles(1984)가 제안한 고정효과모형, Pitt and Lee(1981)가 제안한 확률효과모형 등 다른 모형의 결과와 비교하였다. 고정효과모형(固定效果模型, fixed effect model)은 식 (8.2)에서 α_i 는 고정효과로 상수이며 ε_{it} 는 평균이 0이며 분포의 종류에 관한 제약이 없는 확률변수로 가정한 모형이다. 확률효과모형(確率效果模型, random effect model)은 식 (8.2)에서 α_i 는 반정규분포 또는 절단정규분포를 따르는 확률변수이며 ε_{it} 는 평균이 0이며 정규분포를 따르는 확률변수로 가정한 모형이다.

[표 8.6]는 비교하고자 하는 5가지 모형을 요약한 것이다. 첫 번째 모형은 고정효과(FE)모형이다. 이 모형에서 기업고유효과는 독립변수들과 상관관계를 가질 수 있으며 상수로 가정된다. 계수는 기업내변동(within-firm variations)을 통해서 추정되며 따라서 이질성편의[2]의 영향을 받지 않는다. 비용프론티어 문헌에서 비효율성점수는 Schmidt and Sickles(1984)가 제안한 방법 즉 추정된 고정효과의 최

---

[2] 이질성편의(異質性偏倚, heterogeneity bias)는 확률효과모형에서 개별효과(個別效果, individual effects)와 독립변수들간의 상관관계로 인해 발생하는 편의를 나타내는 용어로 Chamberlain (1982)이 사용한 바 있다.

소값으로부터 개별기업이 떨어져 있는 거리 $\hat{\alpha}_i - \min\{\hat{\alpha}_i\}$ 으로 추정된다.

[표 8.6] 확률비용프론티어의 계량경제학적 설정

	모형 1 FE	모형 2 RE	모형 3 Pooled	모형 4 True RE	모형 5 True RE with Mundlak Adjustment
기업고유항 α_i	상수	반정규분포 $N^+(0,\sigma_\alpha^2)$	없음	$N(0,\sigma_\alpha^2)$	$\alpha_i = \gamma\bar{X}_i + \delta_i$ $\bar{X}_i = \frac{1}{T_i}\sum_{t=1}^{T_i} X_{it}$ $\delta_i \sim N(0,\sigma_\delta^2)$
확률오차항 ε_{it}	$iid(0,\sigma_\varepsilon^2)$	$iid\ N(0,\sigma_\varepsilon^2)$	$\varepsilon_{it} = u_{it} + v_{it}$ $u_{it} \sim N^+(0,\sigma_u^2)$ $v_{it} \sim N(0,\sigma_v^2)$	$\varepsilon_{it} = u_{it} + v_{it}$ $u_{it} \sim N^+(0,\sigma_u^2)$ $v_{it} \sim N(0,\sigma_v^2)$	$\varepsilon_{it} = u_{it} + v_{it}$ $u_{it} \sim N^+(0,\sigma_u^2)$ $v_{it} \sim N(0,\sigma_v^2)$
비효율성항	$\hat{\alpha}_j -$ $\min(\hat{\alpha}_j)$	$E(\alpha_j \mid \omega_{j1},\ldots)$ 여기서 $\omega_{it} = \alpha_i + \varepsilon_{it}$	$E(u_{it} \mid u_{it} + v_{it})$	$E(u_{it} \mid \alpha_i + \varepsilon_{it})$	$E(u_{it} \mid \delta_i + \varepsilon_{it})$

두 번째 모형은 Pitt and Lee(1981)가 제안한 확률효과(RE)모형이며 최우추정법으로 추정된다. 기업의 비효율성항은 Jondrow et al.(1982)이 제안한 비효율성항의 조건부평균 $E(\alpha_i \mid \omega_{i1}, \omega_{i2}, \ldots) = E(\alpha_i \mid \bar{\omega}_i)$ 을 사용해서 추정한다. 여기서 $\omega_{it} = \alpha_i + \varepsilon_{it}$ 이고 $\bar{\omega}_i = \frac{1}{T_i}\sum_{t=1}^{T_i}\omega_{it}$ 이다. 이 모형은 기업고유항 α_i 이 독립변수들과 상관관계를 갖지 않는다고 가정하는 한계를 가지고 있다. 또한 첫 번째 모형과 두 번째 모형 모두는 관측하지 못한 환경요인의 영향이 비효율성항에 포함되어 기업의 비효율성이 과대평가될 수 있다. 한편 FE모형의 경우에는 비효율성 과대평가문제를 더 악화시키는 요인이 두 가지 있다. 첫 번째는 RE모형과 달리 기업고유효과가 어떤 하나의 분포를 따르지 않으며 이 때문에 상대적으로 변동의 범위가 클 수 있다. 두 번째는 기업고유효과가 독립변수들과 상관관계를 가질 수 있으며 그로 인해 독립변수들과 상관관계를 갖는 이질성요인의 효과가 반영될 수 있다.

FE모형과 RE모형은 기업의 비효율성이 시간의 흐름에 따라 변하지 않는 것으로 가정하고 있으며 기업고유효과에 반영된다. 반면에 다른 모형들은 비효율성이 시간의 흐름에 따라 변하는 것으로 가정한다. 세 번째 모형은 표본을 패널특성을 무시하고 횡단면으로 보는 Pooled모형이다. 이 모형에서는 복합오차항 ε_{it} 이 반정규분포를 따르는 비효율성 u_{it} 와 정규분포를 따르는 확률오차항 v_{it} 가 복합된 것으로 가정한다. 이 모형은 Aigner et al.(1977)이 제안한 모형을 기반으로 한 것이다. 기업의 비효율성은 Jondrow et al.(1982)이 제안한 비효율성항의 조건부평균 $E\left(u_{it} \mid u_{it}+v_{it}\right)$ 으로 추정한다.

네 번째 모형과 다섯 번째 모형은 기업의 관측되지 않은 이질성을 나타내는 기업고유효과 α_i 을 추가하여 Pooled모형을 확장한 것이다. 네 번째 모형은 Greene (2005)이 제안한 진성 RE 모형이다. 이 모형에서는 시간의 흐름에 대해 일정한 것으로 가정한 기업간 비용차이가 비효율성이 아닌 네트워크관련 특성에서 유발되는 것으로 가정한다. 비효율성항은 반정규분포를 따르는 iid 확률변수로 가정된다. 이는 비효율성이 매년 지속되는 것이 아니고 매 기간 새로운 비효율성 원천이 발생한다는 의미이다. 이는 지속적으로 새로운 기술을 접하는 산업에서는 특히 현실적인 가정이라 할 수 있다. 네트워크 산업에서 진성 RE 모형의 선택은 두 가지 관점에서 타당성을 살펴볼 수 있다. 첫 번째는 매 기간 지속적인 비용차이는 네트워크간의 관측되지 못한 이질성과 관련이 있다는 현실적인 가정이고 두 번째는 네트워크 산업에서 비효율성의 주된 원천은 신기술쇼크와 그에 대한 경영자의 불완전 적응이라는 점이다.

다섯 번째 모형은 미관측 기업고유 이질성과 독립변수간의 잠재적 상관관계를 설명하기 위한 Mundlak의 조정모형(Mundlak, 1978)으로 진성 RE모형을 확장한 것이다. Mundlak의 조정은 다음과 같이 나타낼 수 있다.

$$\alpha_i=\gamma \bar{X}_i+\delta_i,\ \bar{X}_i=\frac{1}{T_i} \sum_{t=1}^{T_i} X_{it},\ \delta_i \sim N\left(0, \sigma_\delta^2\right) \tag{8.3}$$

여기서 X_{it} 는 독립변수벡터, γ 는 계수벡터를 나타낸다. 식 (8.3)은 기업고유항을 두 성분으로 분할한다. 첫 번째 성분은 독립변수들로 설명될 수 있고 나머지 성분 δ_i 는 독립변수와 직교를 이룬다.

각 모형의 성과는 두 가지 관점에서 비교한다. 첫 번째 관점은 비용함수 계수의 추정이다. 철도회사의 운영비용은 네트워크 특성의 영향을 받으며 네트워크 특성은 네트워크 크기, 투입요소 가격 등과 같은 독립변수들과 상관관계를 가질 수 있다. 예를 들어 네트워크가 클수록 복잡한 형태를 가질 가능성이 크다. 고밀도 네트워크는 일반적으로 인구밀도가 높은 지역에 위치하며 이런 곳에서는 임금이 높다. 이러한 관계는 산출수준 및 노동가격과 네트워크 복잡도가 정의 관련성을 가짐을 의미한다. 이러한 관련성은 모형에 포함된 요인들로 완전히 포착할 수 없다. 기업고유효과가 독립변수들과 상관관계를 갖는가를 확인하기 위한 방법으로 하우스만검정(하우스만檢定, Hauseman test)를 사용할 수 있다. 상관관계가 나타나는 경우 FE모형의 추정량들은 불편성을 가지며 다른 모형들과 비교하기 위한 기준으로 사용할 수 있다.

모형성과의 두 번째 관점은 비효율성 추정치이다. 기울기 계수의 일치성이 비효율성 추정치의 불편성을 의미하지는 않는다. 실증분석 결과들을 살펴보면 흥미롭게도 추정의 교환관계가 존재함을 볼 수 있다. 즉 FE 모형과 같이 기울기의 성과가 좋은 모형은 비효율성 추정치에 강한 편의가 나타난다. 이질성편의가 RE모형의 경우처럼 기울기계수에 반영되어 나타나거나 또는 FE모형의 경우처럼 효율성추정치에 반영되어 나타날 수 있다.

3. 추정결과

[표 8.7]은 5가지 모형의 추정결과를 나타낸 것이다.

1) 비용함수의 계수

(산출과 투입가격의 계수) 산출의 계수 α_Y, α_Q 와 투입가격의 계수 α_N, α_K, α_L 은 모든 모형에서 유의적인 양의 값을 나타내었다. 모형 3(pooled모형)의 계수 추정치는 다른 모형의 계수 추정치와 크게 구별되는 값으로 나타났다. 대부분의 연도더미는 유의적인 것으로 나타났으며 이는 시간에 따른 비용변동이 선형이 아님을 의미한다.

[표 8.7] 추정결과

	모형 1 FE		모형 2 RE		모형 3 Pooled		모형 4 True RE		모형 5 True RE + Mundlak	
α_Y	0.114*	(0.032)	0.200*	(0.030)	0.492*	(0.015)	0.133*	(0.023)	0.106*	(0.034)
α_Q	0.014*	(0.006)	0.021*	(0.003)	0.030*	(0.006)	0.038*	(0.004)	0.017*	(0.003)
α_N	0.448*	(0.051)	0.485*	(0.039)	0.393*	(0.026)	0.432*	(0.015)	0.488*	(0.035)
α_K	0.318*	(0.017)	0.310*	(0.010)	0.171*	(0.032)	0.312*	(0.008)	0.315*	(0.009)
α_L	0.546*	(0.037)	0.548*	(0.029)	0.592*	(0.074)	0.568*	(0.036)	0.562*	(0.034)
γ_Y	.	.	.	.	.	.	.	.	0.159*	(0.050)
γ_Q	.	.	.	.	.	.	.	.	0.090*	(0.013)
γ_N	.	.	.	.	.	.	.	.	-0.150*	(0.056)
γ_K	.	.	.	.	.	.	.	.	-0.189*	(0.067)
γ_L	.	.	.	.	.	.	.	.	-0.193	(0.180)
α_{1986}	0.01	(0.015)	0.009	(0.041)	0.009	(0.056)	0.022	(0.027)	0.017	(0.035)
α_{1987}	0.02	(0.015)	0.012	(0.031)	0.003	(0.056)	0.032	(0.025)	0.029	(0.031)
α_{1988}	0.039*	(0.015)	0.028	(0.044)	0.01	(0.057)	0.051	(0.037)	0.049	(0.050)
α_{1989}	0.065*	(0.016)	0.052	(0.046)	0.036	(0.057)	0.076*	(0.033)	0.074	(0.050)
α_{1990}	0.084*	(0.016)	0.068	(0.036)	0.024	(0.058)	0.097*	(0.034)	0.940*	(0.044)
α_{1991}	0.098*	(0.017)	0.078*	(0.029)	0.03	(0.058)	0.114*	(0.028)	0.111*	(0.035)
α_{1992}	0.111*	(0.017)	0.094*	(0.034)	0.046	(0.058)	0.130*	(0.026)	0.122*	(0.034)
α_{1993}	0.100*	(0.017)	0.081*	(0.034)	0.015	(0.057)	0.119*	(0.026)	0.112*	(0.034)
α_{1994}	0.082*	(0.017)	0.063	(0.040)	-0.001	(0.056)	0.103*	(0.037)	0.093*	(0.039)
α_{1995}	0.059*	(0.016)	0.048	(0.032)	0.019	(0.057)	0.081*	(0.023)	0.064	(0.034)
α_{1996}	0.037*	(0.017)	0.028	(0.024)	0.027	(0.057)	0.066*	(0.022)	0.043	(0.025)
α_{1997}	0.038*	(0.018)	0.03	(0.032)	0.019	(0.060)	0.063	(0.039)	0.042	(0.032)
α_0	.		-4.90*	(0.570)	-8.31*	(0.980)	-3.890*	(0.510)	-1.890	(2.660)
σ_α	.		.		.		0.783*	(0.027)	0.751*	(0.058)
$\sigma=\sqrt{\sigma_u^2+\sigma_v^2}$	.		0.807*	(0.140)	0.464*	(0.001)	0.109*	(0.005)	0.095*	(0.005)
$\lambda=\sigma_u/\sigma_v$	.		11.37*	(3.810)	2.88*	(0.300)	2.58*	(0.560)	1.59*	(0.031)

예외적으로 pooled모형에서는 유의적으로 나타난 연도더미가 하나도 없었다. pooled 모형은 자료의 패널구조를 완전히 무시한 모형이며 그 때문에 생략된 기업고유변수들의 영향으로 계수 추정치들이 강하게 편의되어 있을 가능성이 높다. 한편 고정효과(FE)모형의 추정량은 기업내변동(within-firm variations)에서 유도된 것으로 불편추정량이다.

(연도더미의 계수) 연도더미의 계수들(모형3은 제외)을 살펴보면 철도회사의 총비용이 1985년부터 1992년까지는 연평균 1.6%정도 증가하다가 1992년 이후에는 연평균 1.5%수준에서 감소하고 있다. 총비용과 모든 독립변수들은 자연로그값으로 변환되어 있으므로 추정된 계수는 평균비용탄력성(平均費用彈力性, average cost elasticitiy)으로 해석할 수 있다. 예를 들어 여객킬로미터가 1%증가하면 모형에 따라 비용이 0.11%~0.49%까지 증가한다. 톤킬로미터의 한계효과는 여객킬로미터의 10분의 1수준이다. 네트워크길이가 1%증가하면 비용은 약 0.4%증가하는 것으로 나타났다. 이러한 결과는 스위스 철도산업이 체증규모수익 특성을 가지고 있다는 선행연구(Filippini and Maggi 1993)의 결과와 일치하는 것이다.

[표 8.7]을 살펴보면 pooled모형을 제외하면 투입가격계수는 모형간에 큰 차이가 없다. 노동가격의 계수는 0.55~0.57의 값으로 나타나 있으며 이는 표본에서의 노동비용의 평균점유율 약 52%와 유사한 수준이다. 자본가격의 계수는 0.31~0.32의 값으로 나타나 있으며(pooled모형 제외) 이는 표본에서의 자본비용의 평균점유율 44%보다는 낮은 수준이다. 이는 비용최소화행동이 가정된 철도회사들이 자본가격의 변화에 대하여 반응해야 하는 것 만큼 반응을 잘 하지 못하고 있는 것으로 볼 수 있으며 단기적으로 철도회사는 장비, 기계 등과 같은 자본스톡의 양을 쉽게 변경시킬 수 없다는 사실로 설명할 수 있다.

[표 8.7]에서 모형 3을 제외하고 나머지 모형들의 추정결과는 비슷한 값을 나타내고 있다. 모형 3(pooled 모형)에서는 기업내의 시간에 따른 변동이 기업간변동과 동일하게 취급된다. 또한 관측되지 못한 기업고유효과는 완전히 무시되며 이것이 추정에 편의를 가져올 수 있다. OLS모형에 대한 라그랑지승수검정(Lagrange multiplier test)은 주어진 기업의 잔차들이 상관관계를 갖지 않는다는 가설을 (검정통계량의 값이 2990이고 자유도가 1로) 강력하게 기각하고 있다. 즉 pooled모형이 적합하지 않음을 보여주고 있다. 또한 하우스만검정(Hausman test)은 기업고유효과가 독립변수들과 상관관계를 갖지 않는다는 가설을 (검정통계량의 값이 61.5이고 자유도가 17로) 기각하고 있다. 이러한 검정결과는 기업고유효과와 독립변수들간의 상관관계, 주어진 기업의 잔차들간의 상관관계 등을 설명하지 않는 모형의 결과가 편의될 수 있음을 의미하는 것이다. 비교적 긴 표본기간과 적정수준의 기업내변동이 주어진 상태에서 고정효과모형의 결과는 비용함수의 모수들에 대한

불편추정치로 볼 수 있다. 따라서 모형 1의 결과는 다른 모형의 잠재적 이질성편의를 평가하는 기준으로 사용할 수 있다.

모형 3(pooled 모형)의 모수 추정치는 모형 1과 많은 차이를 나타내고 있다. 나머지 모형들의 모수 추정치는 모형 1과 큰 차이를 나타내지 않고 있어 이질성편의가 크지 않음을 알 수 있다. 한편 모형 3을 제외한 나머지 모형들의 비효율성 추정치도 낮은 수준의 편의를 갖는 것은 아니다. 이에 관해서는 뒤에서 다시 살펴볼 것이다. [표 8.7]을 살펴보면 모형 2와 모형 3 중에서 어떤 모형의 이질성편의가 큰가는 명확하지 않다. 어떤 계수는 모형 4가 불편추정치(모형 1의 계수)에 가깝고 또 어떤 계수는 모형 2가 불편추정치에 더 가깝다.

두 확률효과모형(모형 2와 모형 4)은 기업고유이질성항(모형 2에서는 u_i, 모형 4에서는 α_i)이 독립변수들과 상관관계를 갖지 않는다고 가정하고 있다. 이 가정을 기각한 하우스만검정결과를 신뢰한다면 이 가정은 현실에 부합되지 않는다. 앞에서도 언급했듯이 네트워크의 어떤 특성들은 (독립변수인) 네트워크의 길이와 관련성을 갖는다고 보는 것이 더 적절하다. 모형 5는 이러한 상관관계를 보조계수 γ를 통해서 설명한다. 이 보조계수들은 관측되지 않은 기업특성들과 독립변수들간의 상관관계의 영향으로 해석할 수 있다. 예를 들어 $\gamma_Y(=0.562)$와 $\gamma_Q(=0.159)$의 양의 부호는 관측된 모든 요인들을 고정시켰을 때 산출이 많은 철도회사는 고비용 군에 속할 가능성이 높음을 나타낸다. γ_N, γ_K, γ_L의 음의 부호는 투입요소의 각격이 높고 네트워크길이가 긴 철도회사는 저비용 군에 속할 가능성이 높음을 나타낸다.

2) 비효율성 추정치

[표 8.8]은 각 모형별 비효율성 추정치의 기술통계량을 요약한 것이다. 이 추정치는 표본에 관측된 기업들 중 가장 효율적으로 운영되는 기업이 달성한 최소비용수준과 비교한 각 기업들의 상대적 초과비용수준을 나타낸다. 모형 1과 모형 2는 비효율성이 시간에 따라 변하지 않음을 가정하고 있으며 관측되지 않은 모든 기업고유효과를 비효율성으로 해석한다. 예상되는 바와 같이 모형 1과 모형 2(특히 모형 1 고정효과모형)는 평균이 0.7~0.8이고 최대값이 2~2.5인 비현실적인 비효율성점수를 예측하고 있다. 이들 모형에 따르면 평균적인 철도회사는 효율적인 자원

배분으로 비용의 약 3분의 1을 절약할 수 있다. 비효율성 점수가 높게 나타난 것은 기업간 이질성이 비효율성점수에 반영되었기 때문이다.

[표 8.8] 비효율성 추정치

	모형1	모형2	모형3	모형4	모형5
평균	0.813	0.696	0.343	0.078	0.063
중앙값	0.676	0.662	0.289	0.061	0.053
최대값	2.507	1.992	0.848	0.386	0.311
95 분위수	1.723	1.47	0.848	0.187	0.134
최소값	0	0.16	0.06	0.011	0.012
관측값 수	605	605	605	605	605

모형3의 비효율성 추정치는 최대값이 0.85이고 평균이 0.34로 모형1과 모형2에 비교하여 현실에 가까운 값을 나타내고 있다. 모형3은 비효율성항 u_{it} 이 시간 t 와 기업 i 에 대하여 iid 인 것으로 가정하고 있어 시간에 대하여 불변인 기업고유효과를 충분히 반영할 수 없고 이 효과가 모형 계수에 반영되어 모형 계수의 편의로 나타나고 있다.

비효율성과 기업고유이질성을 나타내는 각각의 확률항 u_{it} 와 α_i 을 가지고 있는 모형4와 모형5는 최대값이 31~38%이고 평균이 6~8%인 매우 현실적인 비효율성 추정치를 나타내었다. 비효율성 추정치가 다른 모형과 비교해 현저하게 작아진 것은 이들 두 모형이 비효율성과 기업고유이질성을 효과적으로 분리하고 있음을 보여주는 것이다.

관측하지 못한 이질성과 독립변수들간의 잠재적 상관관계를 설명하는 장치를 포함하지 않고 있기 때문에 모형4의 비효율성 추정치는 이 잠재적 상관관계가 반영되어 있을 가능성이 있다. 모형5는 관측하지 못한 이질성과 독립변수들간의 잠재적 상관관계를 설명하기 위한 보조계수를 포함하고 있다. [표 8.8]을 살펴보면 관측하지 못한 이질성과 독립변수들간의 잠재적 상관관계를 통제하면 비효율성 추정치가 약간 작아지는 것으로 나타나있다.

[표 8.9]는 5가지 모형의 비효율성 추정치의 상관계수를 나타낸 것이다. 서로

비교할 수 있도록 하기 위해 기업(50개 관측값)에 대하여 계산하였다. 시간에 따라 변하는 비효율성을 갖고 있는 모형(모형 3, 모형 4, 모형 5)은 표본기간에 대한 평균 비효율성으로 상관계수를 계산하였다. 605개 관측값에 대하여 계산한 상관계수도 표에 나타내었다.

[표 8.9] 비효율성 추정치들간의 상관관계

	모형 1 FE	모형 2 RE	모형 3 Pooled	모형 4 True RE	모형 5 True RE with Mundlak
모형 1	1				
모형 2	0.932*	1			
모형 3	0.497*	0.614*	1		
모형 4	-0.247	-0.256	-0.158 [0.092*]	1	
모형 5	-0.334*	-0.320*	-0.197 [0.105*]	0.948 [0.971*]	1

상관계수는 기업(50 개 관측치)에 대하여 계산한 것이다. 즉 시간에 따라 변하는 비효율성을 갖고 있는 모형(모형 3, 모형 4, 모형 5)은 표본기간에 대한 평균 비효율성으로 상관계수를 계산하였다. [ ]안의 상관계수는 605 개 관측치에 대하여 계산한 것이다.

* 는 5%수준에서 유의적임을 나타낸다.

[표 8.9]에 제시되어 있듯이 모형 1과 모형 2의 상관계수와 모형 4와 모형 5의 상관계수가 높게 나타났다. 그러나 다른 경우의 상관계수는 매누 낮게 나타나 모형간의 큰 차이가 있음을 보여주고 있다. 특히 모형 4와 모형 5는 다른 모형들과 부의 상관계수를 나타내고 있다.

[표 8.9]에 나타나 있는 부의 상관계수는 비효율성과 관측하지 못한 이질성을 구별하지 못하는 다른 모형들과 모형 4 및 모형 5와의 차이점을 보여주는 것이다. 부의 상관계수는 관측하지 못한 네트워크특성이 기업의 평균 비효율성과 부의 상관관계를 가질 수 있음을 보여주는 것이다. 즉 상대적으로 복잡하고 비싼 네트워크가 효율적인 경영자에 의해 운영될 가능성이 높을 수 있다는 것이다. 이는 복잡한 네트워크의 철도회사가 기술적 문제를 위한 전문가의 필요성을 인식하고 전문가를

확보할 가능성이 높다는 관점에서 설득력있는 설명이라 할 수 있다. 이러한 전문가는 직접 또는 간접적으로 철도회사의 효율성에 기여할 수 있다. [표 8.9]의 결과는 관측하지 못한 이질성의 중요성을 강조하고 있다. 즉 관측하지 못한 이질성이 비효율성을 완전히 역으로 추정하도록 작용할 수 있다.

3) 밀도의 경제 및 규모의 경제

비용함수의 추정결과로부터 밀도의 경제 및 규모의 경제 등과 같은 생산기술의 주요 특성을 파악할 수 있다. Caves, Christensen, Tretheway, and Windle(1985)은 밀도의 경제(密度의 經濟, economies of density)를 산출에 대한 비용탄력성의 역 즉 모든 투입가격과 네크워크의 크기 등을 일정한 값으로 고정시킨 상태에서 산출의 증가에 따른 총비용의 상대적 증가율의 역으로 정의하였다.

$$ED = \left(\frac{\partial \ln TC}{\partial \ln Y} + \frac{\partial \ln TC}{\partial \ln Q}\right)^{-1} \tag{8.4}$$

식 (8.4)의 ED 의 값이 1 보다 크면 밀도의 경제가 존재하는 것이고 ED 의 값이 1 보다 작으면 밀도의 불경제가 존재한다는 것이다. $ED = 1$ 은 현재의 네트워크 크기에서 철도회사의 산출이 비용을 최소화한다는 의미이다.

규모의 경제(規模의 經濟, economies of scale)는 투입가격을 일정한 값으로 고정시킨 상태에서 산출 및 네트워크의 크기 즉 철도회사의 규모의 증가에 따른 총비용의 증가에 관한 것이다. Caves, Christensen, and Tretheway(1984)이 정의한 규모의 경제 측정방법이 가장 일반적으로 사용된다.

$$ES = \left(\frac{\partial \ln TC}{\partial \ln Y} + \frac{\partial \ln TC}{\partial \ln Q} + \frac{\partial \ln TC}{\partial \ln N}\right)^{-1} \tag{8.5}$$

식 (8.5)의 ES 의 값이 1 보다 크면 규모의 경제가 존재하는 것이고 ES 의 값이 1 보다 작으면 규모의 불경제가 존재한다는 것이다.

[표 8.10]은 5가지 모형으로부터 식 (8.4)와 식 (8.5)를 사용하여 구한 규모 및 밀도의 경제를 나타낸 것이다. [표 8.10]에서 알 수 있듯이 모든 모형에서 규모의 경제 및 밀도의 경제가 1 보다 큰 값으로 나타나있다. 이는 표본의 대부분의 철

도회사에서 활용되지 못한 경제가 존재함을 의미한다. 주어진 네트워크에서 산출밀도를 높여서 얻는 경제(밀도의 경제)는 철도회사의 네트워크를 확장해서 얻는 경제(규모의 경제)보다 상대적으로 크다.

[표 8.10] 규모 및 밀도의 경제

	모형 1 FE	모형 2 RE	모형 3 Pooled	모형 4 True RE	모형 5 True RE with Mundlak
ED	7.79	4.51	1.91	5.82	8.18
ES	1.74	1.42	1.09	1.65	1.64

제3절 유럽철도의 효율성 분석

Coelli and Perelman(2000)은 국제철도연맹(國際鐵道聯盟, UIC: Union Internationale des Chemins de Fer)에서 발간하는 보고서에서 수집합 유럽의 17개 철도회사의 6년(1988~1993)간의 자료를 사용하여 유럽철도의 효율성을 분석하였다.

1. 분석대상 및 변수

산출변수는 여객과 화물로 정의하였고 투입변수는 노동, 차량, 궤도로 정의하였다. 에너지에 관한 자료를 구할 수 없어 포함시키지 못하였다. 그러나 에너지 사용량은 차량과 밀접한 관련성을 가지며 따라서 에너지를 투입에서 제외함으로 인한 편의는 심각하지 않을 것으로 판단된다. 여객서비스 생산량은 여객킬로미터로 측정하였고 화물서비스생산량은 톤킬로미터로 측정하였다.

노동투입변수는 월간직원수의 1년 평균으로 측정하였다. 직원은 열차서비스와 역무서비스관련 직원을 포함하며 하청업체에서 담당하는 차량정비 및 궤도관리 직원은 포함하지 않았다. 차량은 가용화차의 톤수와 객차의 좌석수로 측정하였다. 궤도는 총궤도길이로 측정하였다.

2. 모형

대부분의 계량경제학적 연구에서 다수산출 생산기술은 다수산출을 단순한 총괄수입 또는 톤퀴스트지수(톤퀴스트指數, Tornqvist index) 등과 같은 단일산출지수(單一産出指數, single output index)로 총괄하여 나타내거나 또는 비용함수로 나타낸다. 그런데 이러한 접근방법들은 일정한 조건을 전제로 해야 한다. 단일산출지수는 산출가격을 관측할 수 있어야 하며 기업이 수입을 최대화하도록 행동한다는 가성을 전제로 해야 한다. 비용함수는 기업이 비용을 최소화하도록 행동한다는 가정을 전제로 해야 한다. 그러나 이러한 전제조건들이 적합하지 않은 경우가 많다. 유럽철도의 사례와 같이 대부분 정부조직이거나 많은 규제가 가해지는 공공부문은 그 전형적인 경우라 할 수 있다.

최근 다수산출문제를 해결하기 위한 방법으로 투입요구함수(投入要求函數, input requirement function)(예를 들어 Gathon and Perelman, 1992) 또는 거리함수(距離函數, distance function)(예를 들어 Lovell, Richardson, Travers, and Wood, 1994; Grosskopf, Hayes, Taylor, Weber 1997) 등이 사용된 바 있다. 투입요구함수는 다수산출을 명시적으로 다룰 수 있지만 투입을 단일투입으로 제한해야 한다. 반면에 거리함수는 그러한 제약이 없다.

1) 산출거리함수

기업의 생산기술은 투입벡터 $\mathbf{x} \in \mathbb{R}_{+}^{m}$ 으로 생산할 수 있는 산출벡터 $\mathbf{y} \in \mathbb{R}_{+}^{s}$ 의 집합 즉 산출가능집합 $P(\mathbf{x})$

$$P(\mathbf{x}) = \{\mathbf{y} \in \mathbb{R}_{+}^{s} \mid \mathbf{x} \text{ 로 } \mathbf{y} \text{ 를 생산할 수 있음}\} \tag{8.6}$$

로 정의할 수 있다. 생산기술이 Färe, Grosskopf, and Lovell(1994)이 제시한 일련의 공리를 만족하는 것으로 가정한다.

산출거리함수(產出距離函數, output distance function)는 산출가능집합 $P(\mathbf{x})$에서 다음과 같이 정의된다.

$$D_O(\mathbf{x},\mathbf{y}) = \min\{\theta \mid \mathbf{y}/\theta \in P(\mathbf{x})\} \tag{8.7}$$

Lovell, Richardson, Travers, and Wood(1994)이 지적한 바 있듯이 $D_O(\mathbf{x},\mathbf{y})$는 $\mathbf{y}$에 대하여 비감소함수(非減少函數, nondecreasing function)이고 일차동차함수(一次同次函數, linearly homogeneous function)이며 볼록함수(볼록函數, convex function)이다. 그리고 $\mathbf{x}$에 대하여 감소함수(減少函數, decreasing function)이다. 산출벡터 $\mathbf{y}$가 산출가능집합에 속해 있으면 거리함수 $D_O(\mathbf{x},\mathbf{y})$는 1 보다 작거나 같은 값을 갖는다. 즉 $\mathbf{y} \in P(\mathbf{x})$이면 $D_O(\mathbf{x},\mathbf{y}) \le 1$이다. 그리고 $\mathbf{y}$가 생산가능집합(生産可能集合, production possibility set)의 경계에 위치해 있으면 $D_O(\mathbf{x},\mathbf{y}) = 1$이 된다. 이를 Lovell, Richardson, Travers, and Wood(1994)이 사용한 표기법으로 다시 나타내면 $\mathbf{y} \in IsoqP(\mathbf{x}) = \{\mathbf{y} \mid \mathbf{y} \in P(\mathbf{x}), \omega\mathbf{y} \notin P(\mathbf{x}), \omega > 1\}$이면 $D_O(\mathbf{x},\mathbf{y}) = 1$이 된다.

거리함수는 투입방향으로 규정될 수도 있고 산출방향으로 규정될 수도 있다. 그리고 거리함수는 자료포락분석(資料包絡分析, DEA: data envelopment analysis), 모수적 확정선형계획법(母數的 確定線形計劃法, PLP: parametric deterministic linear programming), 수정최소자승법(修整最小自乘法, COLS: corrected ordinary least squares), 확률프론티어분석(確率프론티어分析, SFA: stochastic frontier analysis) 등 다양한 방법으로 추정될 수 있다.

거리함수의 함수형은 유연하고 계산이 쉽고 동차성을 부여할 수 있는 것이 바람직하다. 초월대수함수형은 이들 세 가지 요건을 충족할 수 있으며 다른 연구에서 사용된 바 있다. 콥더글라스형은 두 번째와 세 번째 요건은 충족시킬 수 있으나 나타낼 수 있는 탄력성 및 규모특성이 제약적이어서 유연해야 한다는 첫 번째 요건은 충족시키지 못한다.

m 투입 s 산출의 초월대수거리함수는 다음과 같이 나타낼 수 있다.

$$\begin{aligned}\ln D_{Oj} &= \alpha_0 + \sum_{r=1}^{s} \alpha_r \ln y_{rj} + \tfrac{1}{2}\sum_{q=1}^{s}\sum_{r=1}^{s} \alpha_{qr} \ln y_{qj} \ln y_{rj} \\ &\quad + \sum_{i=1}^{m} \beta_i \ln x_{ij} + \tfrac{1}{2}\sum_{h=1}^{m}\sum_{i=1}^{m} \beta_{hi} \ln x_{hj} \ln x_{ij} \\ &\quad + \sum_{i=1}^{m}\sum_{r=1}^{s} \delta_{ir} \ln x_{ij} \ln y_{rj}, \quad j = 1, 2, \ldots, n \end{aligned} \tag{8.8}$$

여기서 j 는 표본에 있는 j 번째 기업을 나타낸다. 프론티어면(즉 변환함수)을 구하려면 $D_{Oj} = 1$ 로 설정해야 한다. 즉 식 (8.8)의 좌변이 0 이어야 한다.

산출에 대하여 일차동차함수이려면

$$\begin{aligned} &\sum_{r=1}^{s} \alpha_r = 1 \\ &\sum_{r=1}^{s} \alpha_{qr} = 0, \; q = 1, 2, \ldots, s \\ &\sum_{r=1}^{s} \delta_{ir} = 0, \; i = 1, 2, \ldots, m \end{aligned} \tag{8.9}$$

을 만족해야 한다. 식 (8.8)의 초월대수거리함수가 대칭성을 만족하려면

$$\begin{aligned} &\alpha_{qr} = \alpha_{rq}, \; q, r = 1, 2, \ldots, s \\ &\beta_{hi} = \beta_{ih}, \; h, i = 1, 2, \ldots, m \end{aligned} \tag{8.10}$$

이어야 한다. 식 (8.8)의 초월대수거리함수가 투입과 산출의 분할성(分割性, separability)을 만족하려면

$$\delta_{ir} = 0, \; i = 1, 2, \ldots, m, \; r = 1, 2, \ldots, s \tag{8.11}$$

이어야 한다.

산출에 대한 일차동차성이 의미하는 바는

$$D_O(\mathbf{x}, \omega\mathbf{y}) = \omega D_O(\mathbf{x}, \mathbf{y}) \quad \text{for any } \omega > 0 \tag{8.12}$$

이다. 따라서 산출 중 임의의 하나 예를 들어 s 번째 산출 y_s 를 선택하여 $\omega = 1/y_s$ 으로 놓으면

$$D_O(\mathbf{x}, \mathbf{y}/y_s) = D_O(\mathbf{x}, \mathbf{y})/y_s$$

이 된다. 초월대수거리함수에 이를 적용하면

$$\begin{aligned}\ln\left(D_{Oj}/y_{sj}\right) = \alpha_0 &+ \sum_{r=1}^{s-1}\alpha_r \ln y_{rj}^* + \tfrac{1}{2}\sum_{q=1}^{s-1}\sum_{r=1}^{s-1}\alpha_{qr}\ln y_{qj}^*\ln y_{rj}^* \\ &+\sum_{i=1}^{m}\beta_i \ln x_{ij} + \tfrac{1}{2}\sum_{h=1}^{m}\sum_{i=1}^{m}\beta_{hi}\ln x_{hj}\ln x_{ij} \\ &+\sum_{i=1}^{m}\sum_{r=1}^{s-1}\delta_{ir}\ln x_{ij}\ln y_{rj}^*, \quad j = 1,2,\ldots,n \end{aligned} \tag{8.13}$$

이 된다. 여기서 $y_{rj}^* = y_{rj}/y_{sj}$ 이다.

COLS 추정을 위해 식 (8.13)은 다음과 같이 다시 나타낼 수 있다.

$$\ln\left(D_{Oj}/y_{sj}\right) = TL\left(\mathbf{x}_j, \mathbf{y}_j/y_{sj}, \alpha, \beta, \delta\right), \ j = 1,2,\ldots,n \tag{8.14}$$

또는

$$\ln\left(D_{Oj}\right) - \ln\left(y_{sj}\right) = TL\left(\mathbf{x}_j, \mathbf{y}_j/y_{sj}, \alpha, \beta, \delta\right), \ j = 1,2,\ldots,n \tag{8.15}$$

따라서

$$-\ln\left(y_{sj}\right) = TL\left(\mathbf{x}_j, \mathbf{y}_j/y_{sj}, \alpha, \beta, \delta\right) - \ln\left(D_{Oj}\right), \ j = 1,2,\ldots,n \tag{8.16}$$

이다. 추정은 $0 < D_{Oj} \le 1$ 즉 $-\infty < \ln\left(D_{Oj}\right) \le 0$ 을 만족하면서 초월대수함수가 관측된 자료에 가장 근접하도록 하는 모수의 값을 찾는 것이다.

수정최소자승법(修整最小自乘法, COLS: corrected ordinary least squares)은 2단계로 구성된다. 첫 번째 단계는 식 (8.16)에서 관측할 수 없는 항 $-\ln\left(D_{Oj}\right)$ 을 확률오차항으로 간주하고 최소자승법(最小自乘法, OLS: ordinary least squares)을 사용해서 초월대수거리함수를 추정하는 단계이다. 두 번째 단계는 상수항 α_0 의

OLS 추정치에 가장 작은(음수 중 절대값이 가장 큰) OLS 잔차를 더하여 함수가 자료점의 중심을 통과하는 것이 아니라 자료점의 위쪽 경계가 되도록 조정하는 단계이다. 그리고 수정된 OLS 잔차의 지수값으로 j 번째 기업의 거리를 계산한다.

2) 투입거리함수

투입거리함수(投入距離函數, input distance function)는 투입요구집합 $L(\mathbf{y})$ 에서

$$D_I(\mathbf{x}, \mathbf{y}) = \max\left\{\rho \mid \mathbf{x} / \rho \in L(\mathbf{y})\right\} \tag{8.17}$$

로 정의된다. 여기서 투입요구집합 $L(\mathbf{y})$ 는 산출벡터 $\mathbf{y} \in \mathbb{R}_+^s$ 를 생산할 수 있는 투입벡터 모든 $\mathbf{x} \in \mathbb{R}_+^m$ 들의 집합 즉

$$L(\mathbf{y}) = \{\mathbf{x} \in \mathbb{R}_+^m \mid \mathbf{x} \text{ 로 } \mathbf{y} \text{ 를 생산할 수 있음}\} \tag{8.18}$$

를 의미한다. $D_I(\mathbf{x}, \mathbf{y})$ 는 $\mathbf{x}$ 에 대하여 비감소함수이고 일차동차함수이며 오목함수(오목函數, concave function)이다. 그리고 $\mathbf{y}$ 에 대하여 증가함수(增加函數, increasing function)이다. 투입벡터 $\mathbf{x}$ 가 투입요구집합에 속해 있으면 거리함수 $D_I(\mathbf{x}, \mathbf{y})$ 는 1 보다 크거나 같은 값을 갖는다. 즉 $\mathbf{x} \in L(\mathbf{y})$ 이면 $D_I(\mathbf{x}, \mathbf{y}) \geq 1$ 이다. 그리고 $\mathbf{x}$ 가 투입요구집합의 내부경계에 위치해 있으면 $D_I(\mathbf{x}, \mathbf{y}) = 1$ 이 된다.

식 (8.8)에 산출 대신 투입에 관한 일차동차성을 부여하면 초월대수투입거리함수를 구할 수 있다.

$$\begin{aligned}\ln\left(D_{Ij} / x_{mj}\right) = \alpha_0 &+ \sum_{r=1}^{s} \alpha_r \ln y_{rj} + \tfrac{1}{2} \sum_{q=1}^{s} \sum_{r=1}^{s} \alpha_{qr} \ln y_{qj} \ln y_{rj} \\ &+ \sum_{i=1}^{m-1} \beta_i \ln x_{ij}^* + \tfrac{1}{2} \sum_{h=1}^{m-1} \sum_{i=1}^{m-1} \beta_{hi} \ln x_{hj}^* \ln x_{ij}^* \\ &+ \sum_{i=1}^{m-1} \sum_{r=1}^{s} \delta_{ir} \ln x_{ij}^* \ln y_{rj}, \quad j = 1, 2, \ldots, n \end{aligned} \tag{8.19}$$

여기서 $x_{ij}^* = x_{ij} / x_{mj}$ 이고 D_{Ij} 는 투입방향 거리측정치이다.

3. 추정결과

[표 8.11]은 5가지 모형에 대한 COLS추정결과를 나타낸 것이다.

[표 8.11] 거리함수 추정결과

			거리함수		
		톤퀴스트	산출방향		투입방향
	총수입	산출총괄	분리가능	무제약	
모수	(1)	(2)	(3)	(4)	(5)
α_0	-0.360 (3.3)	-0.306 (6.8)	0.210 (5.1)	0.006 (0.2)	-0.061 (1.6)
α_1	-	-	-0.428 (16.2)	-0.528 (25.5)	-0.472 (18.1)
α_2	-	-	-0.572	-0.472	-0.390 (16.1)
α_{11}	-	-	-0.025 (0.4)	-0.378 (6.3)	-0.279 (4.5)
α_{22}	-	-	-0.025	-0.378	-0.311 (3.8)
α_{12}	-	-	0.025	0.378	0.293 (4.0)
β_1	1.225 (11.3)	0.934 (21.1)	0.872 (19.7)	0.592 (14.6)	0.543 (13.5)
β_2	-0.442 (4.0)	-0.088 (1.9)	-0.037 (0.8)	0.180 (4.9)	0.145 (3.5)
β_3	0.502 (6.0)	0.408 (12.1)	0.408 (13.6)	0.358 (14.3)	0.312
β_{11}	0.425 (0.5)	2.084 (6.2)	1.425 (3.9)	-0.708 (2.2)	0.216 (0.6)
β_{22}	0.689 (1.1)	0.885 (3.4)	0.470 (1.8)	-1.030 (3.8)	-0.558 (1.7)
β_{33}	1.819 (5.8)	1.367 (10.8)	1.226 (9.0)	0.738 (6.5)	0.614
β_{12}	-0.042 (0.1)	-1.136 (4.3)	-0.694 (2.3)	0.981 (3.6)	0.478 (1.5)
β_{13}	-0.886 (3.0)	-1.267 (10.4)	-1.155 (9.9)	-0.617 (4.9)	-0.694
β_{23}	0.499 (2.1)	0.251 (2.5)	0.239 (2.5)	0.135 (1.6)	0.080
δ_{11}	-	-	-	-0.693 (9.7)	-0.619 (6.4)
δ_{12}	-	-	-	0.693	0.409 (4.2)
δ_{21}	-	-	-	0.542 (6.2)	0.444 (4.1)
δ_{22}	-	-	-	-0.542	-0.414 (4.1)
δ_{31}	-	-	-	0.184 (3.1)	0.175
δ_{32}	-	-	-	-0.184	0.005
LLF	23.8	67.8	85.5	127.0	120.9
R^2	0.949	0.991	0.973	0.990	0.990
$\max(\varepsilon)$	0.980	0.335	0.298	0.234	0.298
σ^2	0.104	0.012	0.012	0.006	0.006

5가지 모형은 (1) 총괄산출지표로 총수입을 사용한 생산함수, (2) 총괄산출지표

로 톤퀴스트지수를 사용한 생산함수, (3) 투입과 산출에 분리가능성을 부여한 산출거리함수, (4) 무제약 산출거리함수, (5) 투입거리함수 등이다.

R^2 와 t값을 살펴보면 모든 모형이 관측자료와의 적절한 적합도를 나타내고 있다. 모든 R^2 가 94%를 넘고 있으며 모든 1차항 계수의 t값과 대부분의 2차항 계수의 t값의 절대값이 1.96보다 크다. 모형 (1)~(3)의 차량의 계수(β_2)를 제외한 모든 1차항의 계수의 부호는 기대와 부합되는 방향으로 나타났다. 모형 (2)와 (3)에서 차량의 계수의 t값은 유의적이지 못한 것으로 나타나 0과 다르다고 할 수 없다. 그러나 모형 (1)에서는 t 값이 유의적으로 나타나 0과 다르다고 할 수 있다. 모형 (1)은 나머지 모형들과 적어도 1차항에 있어서 다른 결과를 나타내고 있다.

모형 (1)과 나머지 모형들과의 차이는 기술효율성 추정에서도 나타나고 있다. [표 8.12]는 각 철도회사의 각 모형별 기술효율성 추정치의 평균과 모형간 상관계수를 나타낸 것이다. 상관계수를 살펴보면 모형 (1)과 나머지 다른 모형과의 상관계수는 0.200~0.445의 범위에서 나타났다. 반면에 다른 모형들간의 상관계수는 0.636~0.961의 범위에서 나타났다. 모형 (1)로 추정한 기술효율성의 평균은 0.595로 나타난 반면 다른 모형들에서는 0.783~0.878의 범위에서 나타났다. 따라서 만약 거리함수추정치가 참값에 더 가깝다면 총괄산출로 총수입을 사용하는 것은 바람직하지 않다고 결론지을 수 있다. 이는 가격을 시장조건에 맞추거나 비용회수를 염두에 두고 설정하는 공공철도조직은 거의 없다는 점을 생각하면 그리 놀라운 결과는 아니다.

톤퀴스트지수를 사용한 생산함수 모형 (2)의 추정결과는 총수입을 사용한 모형 (1)의 결과보다는 좋게 나타났다. 모수 추정치의 부호는 기대에 부합하며 거리함수의 모수 추정치와 비슷하게 나타났고 기술효율성 추정치의 상관계수는 0.6이상으로 나타났다. 이렇게 나타난 원인으로는 여러 가지를 고려해 볼 수 있다. 먼저 톤퀴스트지수는 실제 가격수준이 아닌 수입점유율을 여객 및 화물서비스활동에 대한 가중치로 사용하여 (여객과 화물에 대한 보조금 등이 균등배분되는 한) 국가간 가격차이에 민감하게 반응하지 않는다.

[표 8.11]의 다섯 번째 열에 나타낸 거리함수 추정결과는 바람직하게 나타난 것으로 보인다. 산출의 교차항 계수 α_{12} 는 변환곡선이 오목(concave)형태를 갖도록 하는 부호를 갖고 있다. 투입의 일차항 계수 β_1, β_2, β_3 의 합은 1 보다 큰 값

을 가지며 이는 (산출 수준이) 평균일 때 체증규모수익(遞增規模收益, increasing returns to scale)을 나타냄을 의미한다.

[표 8.12] 기술효율성 추정치 (1988~1993 에서의 평균점수)

철도 회사	국가	총수입 (1)	톤퀴스트 산출총괄 (2)	거리함수 산출방향 분리가능 (3)	거리함수 산출방향 무제약 (4)	거리함수 투입방향 (5)
BR	영국	0.899 [1]	0.798 [6]	0.841 [5]	0.916 [2]	0.879 [5]
CFF	스위스	0.589 [8]	0.734 [14]	0.781 [12]	0.879 [9]	0.895 [2]
CFL	룩셈부르그	0.565 [9]	0.789 [8]	0.804 [8]	0.876 [10]	0.861 [10]
CH	그리스	0.530 [11]	0.653 [17]	0.719 [15]	0.862 [12]	0.855 [11]
CIE	아일랜드	0.800 [2]	0.749 [2]	0.769 [13]	0.900 [4]	0.881 [4]
CP	포루투갈	0.271 [17]	0.766 [10]	0.786 [11]	0.831 [16]	0.802 [16]
DB	독일	0.629 [7]	0.800 [5]	0.824 [6]	0.880 [8]	0.868 [8]
DSB	덴마크	0.670 [6]	0.751 [11]	0.796 [9]	0.821 [17]	0.826 [15]
FS	이탈리아	0.414 [16]	0.790 [7]	0.791 [10]	0.839 [15]	0.784 [17]
NS	네델란드	0.672 [5]	0.942 [1]	0.943 [1]	0.976 [1]	0.980 [1]
NSB	노르웨이	0.430 [15]	0.877 [3]	0.897 [2]	0.885 [7]	0.879 [5]
OBB	오스트리아	0.794 [3]	0.723 [15]	0.718 [16]	0.904 [3]	0.864 [9]
RENFE	스페인	0.504 [14]	0.738 [13]	0.753 [14]	0.861 [13]	0.843 [13]
SJ	스웨덴	0.546 [10]	0.682 [16]	0.728 [17]	0.843 [14]	0.834 [14]
SNCB	벨기에	0.512 [12]	0.807 [4]	0.843 [4]	0.865 [11]	0.850 [12]
SNCF	프랑스	0.505 [13]	0.777 [9]	0.814 [7]	0.890 [6]	0.893 [3]
VR	핀란드	0.789 [4]	0.926 [2]	0.882 [3]	0.900 [4]	0.877 [7]
	평균	0.595	0.783	0.805	0.878	0.863
	상관계수					
	(1)	1.000	0.215	0.200	0.455	0.421
	(2)		1.000	0.961	0.636	0.646
	(3)			1.000	0.669	0.694
	(4)				1.000	0.921
	(5)					1.000

[표 8.11]의 네 번째 열에 나타낸 것은 분할성제약을 부여한 산출거리함수(모형 (3))의 추정결과이다. 이 모형의 추정결과를 표에 포함시킨 것은 톤퀴스트생산함수(모형 (2))가 산출거리함수와 다음의 두 가지 관점에서 다르기 때문이다. 첫 번째는 모형 (2)가 분할가능하다는 점이고 두 번째는 모형 (2)가 추정된 계수가 아닌 수입점유율정보를 사용해서 산출을 총괄했다는 점이다. 분할성제약을 부여한 산출거리함수를 추정한 것은 이들 두 가지 요인의 중요성을 보이려는 의도에서이다. 분

할성제약을 부여한 산출거리함수(모형 (3))의 추정결과는 무제약 산출거리함수(모형 (4))보다는 톤퀴스트생산함수(모형 (2))의 추정결과에 더 근접해 보인다. 이는 기술효율성추정치의 평균값과 상관계수를 살펴보면 더 분명하다. 이러한 결과는 톤퀴스트모형과 산출거리함수의 차이를 유발시키는 주요인이 분할성가정임을 보여주는 것이다. 이러한 결과는 또한 1%의 유의수준에서 일반화된 우도비검정을 통해 분할성 귀무가설이 기각된 것과 일치한다.

이 결과는 다수산출 생산기술을 단일산출생산함수로 나타낼 때 톤퀴스트지수로 총괄산출을 계산할 경우 중요한 시사점을 제공해준다. 정확한 수입점유율 정보를 확보할 수 있더라도 그리고 이 점유율이 생산가능곡선(生産可能曲線, production possibility curve)의 형태를 나타내는 좋은 지표일지라도 단일산출생산함수는 묵시적인 (투입과 산출함수간의) 분할성가정 때문에 실패할 가능성이 있다. [표 8.11]과 [표 8.12]의 결과에서는 분할성 가정이 함수의 계수추정치와 기술효율성점수에 큰 영향을 주고 있다.

[표 8.11]의 마지막 열은 투입거리함수의 추정결과이다. 투입거리함수의 추정결과를 표에 나타낸 것은 다른 모형의 추정결과와 비교하기 위한 목적도 있지만 철도의 경우 경영자가 산출보다는 투입에 관한 처분권(處分權, discretionary control)을 더 많이 가지고 있는 것으로 볼 수 있기 때문이다. 투입량의 내생성(內生性, endogeneity)과 산출량의 외생성(外生性, exogeneity)은 많은 학자들이 다수산출 철도산업을 연구하는데 쌍대비용함수(雙對費用函數, dual cost function)의 사용을 정당화하는 근거로 사용해왔다.

투입거리함수의 추정결과는 산출거리함수의 추정결과와 유사하다. 일차항의 계수추정결과는 동차성조건을 산출 대신 투입에 부여한 것 때문에 예상되는 정도보다 적은 차이를 나타내었다. 산출의 일차항계수의 합은 1보다 적게 나타났으며 이는 체증규모수익의 존재를 나타내는 것이다.

참고문헌

1. Aigner, D., C. A. K. Lovell, and P. Schmidt (1977), "Formulation and Estimation of Stochastic Frontier Production Function Models," *Journal of Econometrics*, Vol. 6, No. 1, pp. 21-37.

2. Bertnt, E. R. (1991), *The Practice of Econometrics: Classic and Contemporary*, Reading, MA: Addison-Wesley.

3. Caves, D. W., L. R. Christensen, and M. W. Tretheway (1984), "Economies of Destiny Versus Economies of Scale: Why Trunk and Local Service Airline Costs Differ," *RAND Journal of Economics*, Vol. 15, No. 4, pp. 471-489.

4. Caves, D. W., L. R. Christensen, M. W. Tretheway, and R. J. Windle (1985), "Network Effects and the Measurement of Returns to Scale and Density for U.S. Railroads," in A. F. Daugherty, ed., *Analytical Studies in Transport Economics*. Cambridge: Cambridge University Press, pp. 97-120.

5. Chamberlain, G. (1982), "Multivariate Regression Models for Panel Data," *Journal of Econometrics*, Vol. 18, pp. 5-46.

6. Coelli, T., and S. Perelman (2000), "Technical Efficiency of European Railways: A Distance Function Approach," *Applied Economics*, Vol. 32, No. 15, pp. 1967-1976.

7. Färe, R., S. Grosskopf, and C. A. K. Lovell (1994), *Production Frontiers*, New York, NY: Cambridge University Press.

8. Farsi, M., M. Filippini, and W. Greene (2005), "Efficiency Measurement in Network Industries: Application to the Swiss Railway Companies," *Journal of Regulatory Economics* Vol. 28, No. 1, pp. 69-90.

9. Filippini, M., and R. Maggi (1993), "Efficiency and Regulation in the Case of the Swiss Private Railways," *Journal of Regulatory Economics*, Vol. 5, No. 2, pp. 199-216.

10. Gaddard, H. C., (1973), "Analysis of Social Production Functions," *Public Finance Quarterly*, Vol. 1, No. 2, pp. 191-204.

11. Gathon, H.-J., and S. Perelman (1992), "Measuring Technical Efficiency in European Railways: A Panel Data Approach," *Journal of Productivity Analysis*, Vol. 3, No. 1-2, pp. 135-151.

12. Greene, W. (2005), "Reconsidering Heterogeneity in Panel Data Estimators of the Stochastic Frontier Model," *Journal of Econometrics* Vol. 126, No. 2, pp. 269-303.

13. Holtmann, A. G., T. Tabasz, and W. Kruse (1976), "The Demand for Local Public Services, Spillovers, and Urban Decay: The Case of Libraries," *Public Finance Quarterly*, Vol. 4, No. 1, pp. 97-113.

14. James, E., and S. Rose-Ackerman (1986), *The Nonprofit Enterprise in Market Economics*, Chur, Switzerland: Harwood.

15. Jondrow, J., C. A. K. Lovell, I. S. Materov, and P. Schmidt (1982), "On the Estimation of Technical Inefficiency in the Stochastic Frontier Production Function Model," *Journal of Econometrics*, Vol. 19, No. 2-3, pp. 233-238.

16. Kumbhakar, S. C., and C. A. K. Lovell (2000), *Stochastic Frontier Analysis*, Cambridge: Cabridge University Press.

17. Lovell, C. A. K., S. Richardson, P. Travers, and L. L. Wood (1994), "Resources and Functionings: A New View of Inequality in Australia," in W. Eichhorn, ed., *Models and Measurement of Welfare and Inequality*. Berlin: Springer-Verlag, pp. 787-807.

18. Mundlak, Y. (1978), "On the Pooling of Time-series and Cross-

section data," *Econometrica*, Vol. 64, No. 1, pp. 69-85.

19. Pitt, M. M., and L.-F. Lee (1981), "The Measurement and Sources of Technical Inefficiency in the Indonesian Weaving Industry," *Journal of Development Economics*, Vol. 9, No. 1, pp. 43-64.

20. Schmidt, P., and R. C. Sickels (1984), "Production Frontiers and Panel Data," *Journal of Business & Economic Statistics*, Vol. 2, No. 4, pp. 367-374.

21. Vitaliano, D. F. (1997), "X-Inefficiency in the Public Sector: The Case of Libraries, " *Public Finance Review*, Vol. 25, No. 6, pp. 629-643.

제9장 SFA 활용문헌 분류

여기서는 SFA를 활용한 문헌들을 적용 분야별로 분류하고 분류된 문헌 목록을 제시한다.

제1절 재무/금융

1. 은행 (Banks)

Elyasiani and Mehdian(1990) [45]

Ferrier and Lovell(1990) [52][1]

Bauer, Berger, and Humphrey(1993) [18][2]

Pi and Timme(1993) [126]

Kaparakis, Miller, and Noulas(1994) [95][3]

---

[1] 이 논문에서는 미국의 연방준비은행의 기능적비용분석(functional cost analysis: FCA)프로그램에 참여하고 있는 575개 은행의 1984년 자료로부터 다수산출초월대수비용연립방정식(multiple-output translog cost system)을 자신들이 제안한 추정모형으로 추정하였다. 이들은 비용점유율방정식(cost share equations)의 오차항을 배분비효율성과 확률오차의 합으로 가정한 추정모형을 제시하고 이 추정모형을 최우추정법으로 추정할 수 있음을 제시하였다.

[2] 이 논문에서는 미국에 있는 자산규모 100만달러 이상의 683개 은행의 1977년부터 1988년까지의 패널자료로부터 초월대수비용함수를 Bauer, Ferrier, and Lovell(1987)에 기초한 최우추정법으로 추정하였다.

[3] 이 논문에서는 미국에 있는 자산규모 5천만달러 이상의 5,548개 은행의 1986년도 자료로부터 초월대수비용함수를 Aigner, Lovell, and Schmidt(1977)이 제시한 방법으로 추정하였다. 비효율성항의 분포를 반정규분포, 절단정규분포, 지수분포로 설정한 모형의 최우추정치 계산을 시도하여 절

Mester(1996) [119][4]

Akhavein, Swamy, Taubman, and Singamsetti (1997) [1]

Mester(1997) [120][5]

Chaffai(1997) [30][6]

Resti (1997) [132]

Berger and DeYoung(1997) [23][7]

Huang and Wang (2001) [87]

Altunbas, Evans, and Molyneux (2001) [6]

Cuesta and Orea (2002) [37]

Weill (2002) [157]

Weill (2004) [158]

Huang (2005) [86]

Fries and Taci (2005) [57]

Bonin, Hasan, and Wachtel (2005) [26]

Williams and Nguyen (2005) [159]

2. 은행지점 (Bank Branches)

Okeahalam (2006) [122]

단정규분포 모형의 경우만 모수값을 구하였다.

4 이 논문에서는 제 3 연방준비구(third federal reserve district) 즉 필라델피아에 속하는 214개 은행의 1991-92년 자료로부터 초월대수비용함수를 추정하였다. 비효율성항은 반정규분포로 가정하고 비용함수의 모수는 최우추정법으로 추정하였다.

5 이 논문에서는 12개 연방준비구(federal reserve district)에 속하는 6,630개 은행의 1991-92년 자료로부터 초월대수비용함수를 추정하였다. 비효율성항은 반정규분포로 가정하고 비용함수의 모수는 최우추정법으로 추정하였다.

6 이 논문에서는 튜니지아에 있는 9개 은행의 1980년부터 1992년가지의 자료로부터 초월대수비용함수를 자신들이 제시한 방법으로 추정하였다. 비용함수는 TC = f(y, p1, p2, p3)로 설정하였다. 여기서 TC=임금, 운영비용, 재무비용 등을 포함한 총비용, y=총대출규모로 측정한 은행의 산출, p1=노동의 가격, p2=자본의 가격, p3=금융투입요소의 가격 등이다.

7 이 논문에서는 미국이 있는 은행의 1985년부터 1994년까지의 자료로부터 푸리에유연비용함수(Fourier-flexible cost function)를 추정하였다. 비효율성항은 Stevenson(1980)이 제시한 절단정규분포로 가정하고 비용함수의 모수는 최우추정법으로 추정하였다.

3. 저축대부조합 (Savings and Loan: S&L)

Mester(1993) [118][8]

4. 투자회사 (Investment Firms)

Beccalli (2004) [20]

5. 농업신용조합(Farmers' Credit Unions)

Huang and Fu (1999) [85]

6. 금융기관 (Financial Institutions)

Esho (2001) [46]

7. 보험회사 (Insurers)

Yuengert(1993) [162]
Cummins and Zi(1998) [39][9]

---

[8] 이 논문에서는 미국에서 1991년까지 5 년간 소유형태를 변경하지 않고 영업해온 1,015개의 저축대부조합(807개는 상호저축대부조합(mutual S&L)이고 208개는 주식저축대부조합(stock S&L)임)의 1991년도 자료로부터 초월대수비용함수를 Aigner, Lovell, and Schmidt(1977)이 제시한 방법으로 추정하고 각 저축대부조합의 비효율성을 Jondrow, Lovell, Materov, and Schmidt(1982)의 방법으로 추정하였다.

[9] 이 논문에서는 미국의 445개 생명보험회사의 1988년부터 1992년까지의 자료로부터 비용함수를 다양한 방법으로 추정하였다. 이들이 사용한 추정방법은 Half, Exponential, Half-P, Exp-P, Gamma 등을 포함한 8 가지이다. 여기서 Half=비효율성항의 분포로 반정규분포를 가정하고 년도별로 추정, Exponential=비효율성항의 분포로 지수분포를 가정하고 년도별로 추정, Half-P=비효율성항의 분포로 반정규분포를 가정하고 패널자료로 추정, Exp-P=비효율성항의 분포로 지수분포를 가정하고 패널자료로 추정, Gamma=비효율성항의 분포로 감마분포를 가정하고 년도별로 추정

Greene and Segal (2004) [70]

8. 신규공모주식 (Intial Public Offerings: IPOs)

Hunt-McCool, Koh, and Francis(1996) [88][10]

Francis and Hasan(2001) [54]

9. 증권거래소 (Stock Exchanges)

Hasan, Malkamäki, and Schmiedel (2003) [74]

10. OECD 금융서비스 (OECD Financial Services)

Fecher and Pestieau(1993) [51][11]

제2절 의료/보건

등이다.

10 이 논문에서는 1975년부터 1984년까지 발행된 신규공모주식 1,035건의 자료로부터 (신규공모수직의 가격을 공개기업의 특성들의 함수로 나타낸) 가격함수를 Aigner, Lovell, and Schmidt(1977)이 제시한 방법으로 추정하였다.

11 이 논문에서는 Australia, Belgium, Canada, Germany, Denmark, France, United Kingdom, Japan, Norway, Sweden, United States 등 11개 OECD 국가의 금융서비스에 관한 1971년부터 1986년까지의 패널자료로부터 콥더글라스형생산함수를 Cornwell, Schmidt, and Sickles(1990)이 제안한 방법으로 추정하였다.

1. 병원 (Hospitals)

Wagstaff (1989) [152]

Zuckerman, Hadley, and Iezzoni (1994) [163]

Hadley, Zuckerman, and Iezzoni (1996) [71]

Wagstaff and Lopez (1996) [153]

Vitaliano and Toren (1996) [149]

Chirikos (1998) [31]

Linna (1998) [111]

Linna, Häkkinen, and Linnakko (1998) [112]

Fujii and Ohta (1999) [58]

Rosko (1999) [136][12]

Rosko and Chilingerian (1999) [140]

Dismuke and Sena (1999) [42][13]

Gerdtham, Löthgren, Tambour, and Rehnberg (1999) [63]

Jacobs (2001) [90]

Folland and Hofler (2001) [53]

Rosko (2001) [137] [138]

Li and Rosenman (2001) [110]

Street (2003) [145]

Brown (2003) [27]

Rosko (2004) [139]

Laine, Linna, Häkkinen, and Noro (2005) [106][14]

---

12 이 논문에서는 미국에 있는 3,262개의 병원의 1994년도 자료로부터 초월대수비용함수를 Half-MLE(비효율성을 반정규분포로 가정하고 최우추정법으로 추정하는)방법으로 추정하였다. 계산은 LIMDEP7.0 을 사용하였다.

13 이 논문에서는 포루투갈에 있는 공공병원의 1992년부터 1994년까지의 퇴원요약(discharge abstracts) 자료 DRG14 37,232건, DRG127 24,904건으로부터 세 가지 진단기술(CAT, EEG, ECO)별로 투입요구프론티어(input requirement frontiers)를 추정하여 기술효율성의 변화 및 기술변화를 분석하였다. 여기서 CAT=컴퓨터단층촬영(computerised axial tomography), EEG=심전도(electrocardiogram), ECO=초음파심장진단도(echocardiogram) 등이다.

Laine, Linna, Noro, and Häkkinen (2005) [107]

2. 요양소 (Nursing Homes)

Vitaliano and Toren (1994) [148]
Hofler and Rungeling (1994) [83]
Fried, Lovell, Schmidt, and Yaisawarng (2002) [56]
Farsi, Filippini, and Kuenzle (2005) [50]

3. 1 차진료소 (Primary Care Services)

Gaynor and Pauly (1990) [62]
Giuffrida and Gravelle (2001) [64]
Puig-Junoy and Ortun (2004) [131][15]
Rosenman and Friesner (2004) [135]

4. WHO 회원국의 의료서비스 (WHO Health Services)

Evans, Tandon, Murray, and Lauer (2001) [47]
Hollingsworth and Wildman (2003) [84]
Greene (2004) [69]

---

[14] 이 논문에서는 핀란드에 있는 39개의 병원 또는 요양기관의 122개 병동의 2001년도 자료로부터 Battese and Coelli(1995)의 방법으로 생산함수 및 비효율성함수를 추정하였다.

[15] 이 논문에서는 스페인의 카탈로니아 지방의 180개 1차진료소의 1996년도 자료로부터 콥더글라스형비용함수와 비효율성함수를 Battese and Coelli(1995)의 방법으로 추정하였다. 계산은 FRONTIER4.1을 사용하여 수행하였다.

5. 의사 (Physicians)

DeFelice and Bradford (1997) [41]

제3절 교육/학교

1. 학군 (School Districts)

Dopuch and Gupta(1997) [44][16]

2. 대학교 (Universities)

Johnes(1998) [91][17]

---

16 이 논문에서는 미국의 미조리주에 있는 446개 학군의 1990-91 학년도 자료로부터 콥더글라스 형함수를 추정하였다. 지출함수는 log(TotalExp) = f(Students, Score, Highed, NDisadv, NMinor, Income) + U + V 로 설정하였다. 여기서 TotalExp=총지출, Students=학생수, Score=2학년부터 10학년까지 학생의 (언어, 수학, 과학, 사회과학 등) 4개 영역의 표준화된 시험점수의 가중평균, Highed=2년제 또는 4년제 대학 등으로 진학하는 졸업생의 비율, NDisadv=비결손학생 비율, 즉 100% - 결손학생비율, NMinor=비소수민족학생 비율, 즉 100% - 소수민족학생비율, Income=평균소득수준지수 등이다. 지출함수는 Aigner, Lovell, and Schmidt(1977)이 제시한 방법으로 추정하였다.

17 이 논문에서는 영국에 있는 50개 대학교의 1989-90학년도의 자료로부터 이차비용함수(quadratic cost function)를 추정하였다. 비용함수는 C = f(UA, US, PA, PS, RA, RS)로 설정하였다. 여기서 C=년간 총지출, UA=Art 전공 학부학생수, US=Science 전공 학부학생수, PA=Art 전공 대학원생수, PS=Science 전공 대학원생수, RA=Art 연구실적, RS=Science 연구실적 등이다. 비용함수는 Aigner, Lovell, and Schmidt(1977)이 제시한 방법으로 추정하였다.

제4절 공공서비스

1. 상수도 (Water Utilities)

Aubert and Reynaud (2005) [11]

제5절 에너지

1. 발전소 (Power Generating Plants)

Atkinson and Halabi (2005) [10]

2. 전기회사 (Electricity Utilities)

Bera and Sharma (1999) [22]
Hattori (2002) [75]
Atkinson and Dorfman (2005) [9]

3. 석유회사 (Petroleum Companies)

Al-Obaidan and Scully (1991) [2]

4. 광산 (Miners)

Wu (1993) [161]

제6절 교통/물류

1. 버스회사

Viton(1986) [150]

Sakano and Obeng(1995) [141][18]

Bhattacharyya, Kumbhakar, and Bhattacharyya (1995) [24]

Sakano and Obeng(1997) [142][19]

Jørgensen, Pedersen, and Volden (1997) [92]

2. 도시교통네트워크 (Urban Transport Networks)

Gagnepain and Ivaldi (2002) [59]

---

18 Schmidt and Lovell(1980)이 제시한 방법으로 초월대수생산함수 및 비용방정식을 추정하였다. 1988 년 미국내 134 개 버스회사의 투입·산출 자료를 사용하여 분석하였다. 산출은 버스 영업거리의 총합계(vehicle-miles)로 측정하였다. 투입변수로는 노동, 에너지, 자본 등을 포함하였다. 노동은 근로시간(hours worked), 에너지는 연료의 총갤론, 자본은 차단규모(fleet size)로 측정하였다. 여기에 두 외생변수로 노선거리(route miles)와 차단연령(fleet age)이 포함되었다.

19 Sakano and Obeng(1995)에서와 같은 투입·산출 변수로 구성된 초월대수생산함수 및 두 개의 보조금 방정식을 1983 년부터 1992 년까지 각 년도별로 투입·산출 변수에 결측치가 없는 버스회사로 선택된 불균형패널자료(unbalanced panel data)로부터 추정하였다.

3. 항공사 (Airlines)

Schmidt and Sickles(1984) [143][20]

Barla and Perelman(1989) [13][21]

Cornwell, Schmidt, and Sickles(1990) [34][22]

Good, Nadiri, Röller, and Sickles(1993) [66][23]

Good, Röller, and Sickles(1995) [67][24]

Coelli, Perelman, and Romano(1999)[25]

Inglada, Rey, Rodriquez-Alvarez, and Coto-Millan(2006) [89][26]

---

20 이 논문에서는 미국에 있는 12개 항공사의 1970년부터 1978년까지의 자료로부터 환경변수를 포함한 생산함수를 Within(Schmidt and Sickles, 1984), GLS(Hauseman and Taylor, 1981), MLE(Pitt and Lee, 1981)방법으로 추정하고 효율성을 추정하였다.

21 이 논문에서는 미국 6개, 유럽 17개, 기타 5개 등 28개 항공사의 1976년부터 1986년가지의 자료로부터 환경변수를 포함한 생산함수를 Within(Schmidt and Sickles, 1984)방법으로 추정하고 효율성을 추정하였다.

22 이 논문에서는 미국에 있는 8개 항공사의 1970년부터 1981년까지의 자료로부터 환경변수를 포함한 생산함수를 Within(Cornwell, Schmidt, and Sickles, 1990), GLS(Hauseman and Taylor, 1981) 방법으로 추정하고 효율성을 추정하였다.

23 이 논문에서는 북미지역의 8개 항공사와 유럽의 4개 항공사의 1976년부터 1986년까지의 자료로부터 환경변수를 포함한 생산함수를 Within 방법으로 추정하였다.

24 이 논문에서는 미국 8개(American, Continental, Delta, Eastern, Northwest, Pan Am, Transworld, United), 유럽 8개(Air France, Alitalia, British Air, Iberia, KLM, Lufthansa, Sabena, SAS) 등 16개 항공사의 1976년부터 1986년까지의 자료로부터 환경변수가 포함된 생산함수를 Within(Cornwell, Schmidt, and Sickles, 1990)방법으로 추정하였다.

25 이 논문에서는 미국, 아시아, 유럽, 오세아니아 등 4개 지역에 속하는 32개 항공사의 1977년부터 1990년까지의 자료로부터 콥더글라스형생산함수와 각 항공사의 기술효율성을 추정하였다. 이들은 Good, Nadiri, Röller, and Sickles(1993)이 제시한 방법(생산함수에 환경변수를 직접 포함시킴, 즉 환경변수가 각 항공사의 생산기술에 직접 영향을 주어 각 항공사별로 서로 다른 생산기술을 가짐)으로 생산함수를 추정하고 각 항공사의 기술효율성을 추정하였다. 또한 Battese and Coelli(1995)가 제시한 방법(환경변수가 각 항공사의 생산기술에 직접 영향을 주는 것이 아니고 효율성에 직접 영향을 주는 것으로 가정함)으로 생산함수를 추정하고 Battese and Coelli(1993)에서 제시한 방법($E[\exp(-u|e)]$)으로 각 항공사의 기술효율성을 추정하였다.

26 이 논문에서는 20개 항공사의 1996년부터 2000년까지의 자료로부터 생산함수와 비용함수를 추정하였다. 생산함수는 Y = f(L, K, E)로 설정하였다. 여기서 Y=산출을 나타내며 가용톤킬로미터, L=종업원수, K=자본을 나타내며 항공기용량(톤), E=에너지 등이다. 비용함함수는 C = f(Y, WL, WK, WE, WS)로 설정하였다. 여기서 C=운영비용, WL=노동의 가격으로 캐빈승무원비용을 캐빈승

4. 철도회사 (Railways)

Kumbhakar (1989) [104]
Gathon and Perelman (1992) [60]
Gathon and Pestieau (1995) [342]
Cowie and Riddington (1996) [338]
Parisio (1999) [349]
Coelli and Perelman (1999) [32]
Coelli and Perelman (2000) [33]
Cantos and Maudos (2001) [29]
Farsi, Filippini, and Greene (2005) [49]

5. 컨테이너 터미널 (Container Terminals)

Cullinane and Song (2003) [38]

제7절 농업/어업/축산업

1. 쌀/밀/곡물 농장 (Paddy/Wheat/Crop Farmers)

Battese and Coelli(1992) [16]
Ali, Parikh, and Shah (1994) [5]

무원수로 나누어 구하였음, WE=에너지의 가격으로 에너지비용을 운항킬로미터로 나누어 계산함, WK=자본의 가격으로 자본비용을 항공기용량으로 나누어 계산함, WS=자재 및 기타 서비스의 가격 등을 나타낸다. 생산함수 및 비용함수는 Schmidt and Sickles(1984)의 방법을 사용하여 추정하였다.

Battese and Broca (1997) [15]

Battese, Rambaldi, and Wan(1997) [17][27]

Audibert (1997) [12]

Wadud and White (2000) [151]

Kim and Schmidt (2000) [100]

Wilson, Hadley, and Asby(2001) [160]

Amaza and Olayemi (2002) [7]

Wang (2002) [155]

Hadri, Guermat, and Whittaker (2003) [72]

Latruffe, Balcombe, Davidova, and Zawalinska (2004) [108]

Paul, Nehring, Banker, and Somwaru (2004) [125]

Paul and Nehring (2005) [124]

2. 담배농장 (Tobacco Cultivators)

Hazarika and Alwang (2003) [76]

Karagiannis and Sarris (2005) [96]

3. 목화 (Cotton Farmers)

Grabowski and Pasurkat (1989) [68]

Kalirajan and Obwona (1994) [94]

[27] 이 논문에서는 이디오피아 중부지역에 있는 447개 농장의 생산불확실성을 반영한 콥더글라스형 생산함수를 자신들이 제시한 방법을 사용하여 추정하였다. 이들은 기존의 확률프론티어생산함수 모형에 Just and Pope(1978)이 제시한 유연위험모형을 결합하여 생산불확실성을 반영한 생산함수모형을 제시하고 그 우도함수를 제시하였다.

4. 화훼농장 (Flower Producers)

Trip, Thijssen, Renkema, and Huirne (2002) [147]

5. 축산농장 (Pork/Swine/Dairy Farmers)

Dawson and White (1990) [40]

Heshmati and Kumbhakar(1994) [78]

Heshmati, Kumbhakar, and Hjalmarsson(1995) [79][28]

Sharma, Leung, and Zaleski (1997) [144]

Cuesta (2000) [36]

6. 농 · 축산기업 (Agricultural Firms)

Rezitis, Tsiboukas, and Tsoukalas (2002) [133]

7. 어선 (Vessels) / 선장 (Skipper)

Kirkley, Squires, and Strand(1995) [101]

Kirkley, Squires, and Strand(1998) [102]

Campbell and Hand(1998) [28][29]

---

[28] 이 논문에서는 스웨덴의 450개 돼지사육농장의 1976년부터 1988년까지의 불균형패널자료로부터 콥더글라스형 생산함수를 추정하였다.

[29] 이 논문에서는 77척의 일본 어선, 24척의 솔로몬타이요 어선, 14척의 NFD 어선 등 115척의 어선이 1988년부터 1994년사이에 조업한 3844건의 조업자료로부터 초월대수생산함수를 추정하였다. 초월대수생산함수는 ln(Y) = f(x1, x2, x3, x4, x5, Soltai, NFD, local, ferro, qtr, ice, chiller, year, grid) + V − U 로 설정하였다. 여기서 Y=월간 참치 어획고(톤), x1=어선의 엔진출력×조업일수 , x2=선원수×조업일수, x3=선박무게×조업일수, x4=선박수령×조업일수, x5=시간(1, 2, ..., 84의 값을 가지며 1은 1988년 1월을 나타내고 84는 1994년 12월을 나타냄), Soltai=솔로몬타이요 더

Kompas and Che (2005) [103]

Herrero (2005) [77]

제8절 제조업

1. 제조사업부 (Manufacturing Business Units)

Lee and Barua (1999) [109]

2. 제조기업 (Manufacturing Companies)

Taymaz and Saatci (1997) [146][30]

Kathuria (2001) [97]

Kim and Han (2001) [99]

Mahadevan (2002) [116]

Becchetti, Bedoya, and Paganetto (2003) [21]

Faria, Fenn, and Bruce (2005) [48]

미, NFD=솔로몬 NFD 더미, local=선장이 솔로몬군도 출신임을 나타내는 더미, ferro=선박이 철제 선박임을 나타내는 더미, qtr=사분기 더미, ice=ice 선박 더미, chiller=chiller 선박 더미, year=년도 더미, grid=5°그리드 더미 등이다. 초월대수비용함수의 추정은 Battese and Coelli(1995)에서 제시한 방법을 사용하였다.

[30] 이 논문에서는 섬유, 시멘트, 자동차 산업에 속한 513개 제조기업의 1987년부터 1992년까지의 패널자료로부터 초월대수생산함수를 Battese and Coelli(1995)에서 제시한 방법을 사용하여 추정하였다.

3. 섬유 · 의류 · 가죽 제조기업 (Textile, Clothing, Leather Producers)

Goaïed and Ayed-Mouelhi (2000) [65]

Fraser and Horrace (2003) [55]

4. 제조산업 (Manufacturing Industries)

Mahadevan (2000) [115]

제9절 기타

1. 노동자 (Worker)

Hofler and Polachek(1985) [82]

Polachek and Yoon(1987) [129]

Hofler and Murphy(1992) [80]

Hofler and Murphy(1994) [81]

Polachek and Yoon(1996) [130]

Robst and McGoldrick(1997) [134][31]

Polachek and Robst(1998) [128]

---

31 이 논문에서는 Aigner, Lovell, and Schmidt(1977)이 제시한 확률프론티어분석방법을 사용하여 노동자의 소득프론티어(earning frontier)를 추정하였고 Jondrow et al.(1982)의 방법을 활용하여 각 노동자 개인이 소유한 정보를 추정하였다. 소득프론티어함수의 종속변수는 시간당 실질임금(real hourly wage)의 로그값으로 설정하였고 독립변수는 노동자의 연령(age), 교육수준(education), 경력(experience) 등을 포함한 18 개 변수로 구성하였다. 자료는 1985 년과 1989 년에 수행된 PSID(Panel Study of Income Dynamics)로부터 확보한 1,481 명의 남성과 1,194 명의 여성에 관한 자료를 사용하였다.

Watson (2000) [156]

2. OECD 국가

Maudos, Pastor, and Serrano (2003) [117]

3. 시/도 (Cities/States/Departments)

Morrison(1993) [121][32]
Albert (1998) [4]

4. 공기업 (State Owned Enterprises)

Liu and Liu(1996) [113]
Liu and Zhuang(1998) [114][33]

---

32 이 논문에서는 페루의 23 개 디파트먼드의 4 개 경제분야(농업, 건설, 제조, 서비스)별 1981 년도 투입·산출 자료를 사용하여 각 경제분야별 확률생산프론티어를 추정하였다. 확률생산프론티어는 Aigner, Lovell, and Schmidt(1977)의 방법을 사용하여 추정하였다. 페루는 지리적으로 해안지대(9 개 디파트먼드), 고지대(10 개 디파트먼드), 그리고 정글지대(4 개 디파트먼드) 등 3 개의 지대로 구별되며 이들 3 개 지대는 경제적으로 서로 다른 성격을 갖고 있다. 예를 들어 대부분의 제조업은 해안지대에 자리하고 있으며 현대적인 경제활동은 해안지대를 중심으로 이루어지고 있다. 반면 고지대는 전통적인 경제활동이 이루어지고 있다.

33 이 논문에서는 (추출, 섬유, 음식, 조명, 에너지, 건축자재, 화학, 기계, 금속, 전기 등) 10개 산업에 속한 769개 공기업의 1980년부터 1989년가지의 패널자료를 사용하여 초월대수비용함수를 추정하였다. 비용함수는 log(TC) = f(t, y, w, r, IND, REG, PRD) + V + U 로 설정하였다. 여기서 TC=총비용, t=년도, y=산출, w=임금, r=자본의 가격, IND=산업 더미, REG=지역 더미, PRD=소비재/중간재 더미, V=확률오차, U=비효율성 등이다. 비효율성은 U = f(BWR, AUT, FOB, MKT, EDU, MED, SMA, MUN, PRO)로 설정하였다. 여기서 BWR=임금에서 보너스가 차지하는 비율, AUT=자치권허용여부 더미, FOB=계약직 노동자 비율, MKT=시장가격으로 구매한 자재 및 중간재 비율, EDU=대졸이상 종업원 비율, MED=중간규모 더미, SMA=소규모 더미, MUN=시정부 경영 더미, PRO=주정부 경영 더미 등이다. 초월대수비용함수의 추정은 Battese and Coelli(1995)에서 제시한 방법을 사용하였다.

5. 산업 (Industries)

Alauddin, Squires, and Tisdell (1993) [3]

6. 상장기업 (Firms contained in COMPUSTAT)

Dhawan and Gerdes (1997) [43][34]

7. 호텔 (Hotels)

Anderson, Fish, Xia, and Michello (1999) [8][35]

8. 박물관 (Museums)

Bishop and Brand (2003) [25]

9. 법률회사 (Law Firms)

Wang (2000) [154]

---

[34] 이 논문에서는 미국의 New York, American, NASDAQ 및 지역 증권거래소에 상장되어 있는 기업들 중 908개 기업의 1970년부터 1989년까지의 자료로부터 초월대수생산함수를 추정하였다. 초월대수비용함수의 추정은 Battese and Coelli(1992)에서 제시한 방법을 사용하였다.

[35] 이 논문에서는 미국에 있는 (Red Roof Inn, Cri Hotel Inc, MGM Grand Inc 등을 포함한) 48개 호텔 1994년도 자료로부터 초월대수비용함수를 Aigner, Lovell, and Schmidt(1977)의 방법(반정규분포, 최우추정법)으로 추정하고 각 호텔의 비효율성을 Jondrow, Lovell, Materov, and Schimdt(1982)의 방법(E(U|e))으로 추정하였다. 비용함수는 TC = f(Y, P1, P2, P3, P4, P5, P6)로 설정하였다. 여기서 TC=총비용, Y=총수입, P1=종업원 평균 임금, P2=객실 평균 가격, P3=food & beverage 평균가격, P4=카지노운영 평균가격, P5=호텔운영 평균가격, P6=기타 평균가격 등이다.

10. 화장장 (Crematoria)

Hammond (1986) [73]

11. 집단농장 (Collective Farms)

Kurkalova and Carriquiry (2003) [105]

12. 맥주회사 (Beer Producers)

Kerkvliet, Nebesky, Tremblay, and Tremblay (1998) [98]

13. 통신 (Telecommunication)

Bartels and Islam (2002) [14]

참고문헌

1. Akhavein, J. D., P. A. V. B. Swamy, S. B. Taubman, and R. N. Singamsetti (1997), "A General Method of Deriving the Inefficiencies of Banks from a Profit Function," *Journal of Productivity Analysis*, Vol. 8, No. 1, pp. 71-93.

2. Al-Obaidan, A. M., and G. W. Scully (1991), "Efficiency Differences between Private and State-Owned Enterprises in the International Petroleum Industry," *Applied Economics*, Vol. 24, No. 2, pp. 237-246.

3. Alauddin, M., D. Squires, and C. Tisdell (1993), "Divergency between Average and Frontier Production Technologies: An Empirical Investigation for Bangladesh," *Applied Economics*, Vol. 25, No. 3, pp. 379-388.

4. Albert, M. G. (1998), "Regional Technical Efficiency: A Stochastic Frontier Approach," *Applied Economics Letters*, Vol. 5, No. 11, pp. 723-726.

5. Ali, F., A. Parikh, and M. K. Shah (1994), "Measurement of Profit Efficiency using Behavioral and Stochastic Frontier Approaches," *Applied Economics*, Vol. 26, No. 2, pp. 181-188.

6. Altunbas, Y., L. Evans, and P. Molyneux (2001), "Bank Ownership and Efficiency," *Journal of Money, Credit & Banking*, Vol. 33, No. 4, pp. 926-954.

7. Amaza, P. S., and J. K. Olayemi (2002), "Analysis of Technical Inefficiency in Food Crop Production in Gombe State, Nigeria," *Applied Economics Letters*, Vol. 9, No. 1, pp. 51-54.

8. Anderson, R. I., M. Fish, Y. Xia, and F. Michello (1999), "Measuring Efficiency in the Hotel Industry: A Stochastic Frontier Approach," *Hospitality Management*, Vol. 18, No., pp. 45-57.

9. Atkinson, S. E., and J. H. Dorfman (2005), "Multiple Comparisons with the Best: Bayesian Precision Measures of Efficiency Rankings," *Journal of Productivity Analysis*, Vol. 23, No. 3, pp. 359-382.

10. Atkinson, S. E., and C. E. Halabi (2005), "Economic Efficiency and Productivity Growth in the Post-Privatization Chilean Hydroelectric Industry," *Journal of Productivity Analysis*, Vol. 23, No. 2, pp. 245-273.

11. Aubert, C., and A. Reynaud (2005), "The Impact of Regulation on

Cost Efficiency: An Empirical Analysis of Wisconsin Water Utilities," *Journal of Productivity Analysis*, Vol. 23, No. 3, pp. 383-409.

12. Audibert, M. (1997), "Technical Inefficiency Effects Among Paddy Farmers in the Villages of the 'Office du Niger', Mali, West Africa," *Journal of Productivity Analysis*, Vol. 8, No. 4, pp. 379-394.

13. Barla, P., and S. Perelman (1989), "Technical Efficiency in Airlines under Regulated and Deregulated Environments," *Annals of Public and Cooperative Economics*, Vol. 60, No., pp. 61-80.

14. Bartels, R., and T. Islam (2002), "Supply Restricted Telecommunications Markets: The Effect of Technical Efficiency on Waiting Times," *Journal of Productivity Analysis*, Vol. 18, No. 2, pp. 161-169.

15. Battese, G. E., and S. S. Broca (1997), "Functional Forms of Stochastic Frontier Production Functions and Models for Technical Inefficiency Effects: A Comparative Study for Wheat Farmers in Pakistan," *Journal of Productivity Analysis*, Vol. 8, No. 4, pp. 395-414.

16. Battese, G. E., and T. J. Coelli (1992), "Frontier Production Functions, Technical Efficiency and Panel Data: With Application to Paddy Farmers in India," *Journal of Productivity Analysis*, Vol. 3, No. 1-2, pp. 153-169.

17. Battese, G. E., A. N. Rambaldi, and G. H. Wan (1997), "A Stochastic Frontier Production Function with Flexible Risk Properties," *Journal of Productivity Analysis*, Vol. 8, No. 3, pp. 269-280.

18. Bauer, P. W., A. N. Berger, and D. B. Humphrey (1993), "Efficiency and Productivity Growth in U.S. Banking," in H. O. Fried, C. A. K. Lovell, and S. S. Schmidt, eds., *The Measurement of Productive Efficiency: Techniques and Applications*. New York: Oxford University Press, pp. 386-413.

19. Bauer, P. W., G. Ferrier, and C. A. K. Lovell (1987), A Technique for Estimating a Cost System that Allows for Inefficiency, Working Paper, Federal Reserve Bank of Cleveland.

20. Beccalli, E. (2004), "Cross-Country Comparisons of Efficiency: Evidence from the UK and Italian Investment Firms," *Journal of Banking & Finance* Vol. 28, No. 6, pp. 1363-1383.

21. Becchetti, L., D. a. l. Bedoya, and L. Paganetto (2003), "ICT Investment, Productivity and Efficiency: Evidence at Firm Level Using a Stochastic Frontier Approach," *Journal of Productivity Analysis*, Vol. 20, No. 2, pp. 143-167.

22. Bera, A. K., and S. C. Sharma (1999), "Estimating Production Uncertainty in Stochastic Frontier Production Function Models," *Journal of Productivity Analysis*, Vol. 12, No. 3, pp. 187-210.

23. Berger, A. N., and R. DeYoung (1997), "Problem Loans and Cost Efficiency in Commercial Banks," *Journal of Banking & Finance*, Vol. 21, No. 6, pp. 849-870.

24. Bhattacharyya, A., S. C. Kumbhakar, and A. Bhattacharyya (1995), "Ownership Structure and Cost Efficiency: A Study of Publicly Owned Passenger-Bus Transportation Companies in India," *Journal of Productivity Analysis*, Vol. 6, No. 1, pp. 47-61.

25. Bishop, P., and S. Brand (2003), "The Efficiency of Museums: A Stochastic Frontier Production Function Approach," *Applied Economics*, Vol. 35, No. 17, pp. 1853-1858.

26. Bonin, J. P., I. Hasan, and P. Wachtel (2005), "Bank Performance, Efficiency and Ownership in Transition Countries," *Journal of Banking & Finance*, Vol. 29, No. 1, pp. 31-53.

27. Brown III, H. S. (2003), "Managed Care and Technical Efficiency,"

Change Using a Stochastic Frontier Production Function Framework: Evidence from U.S. Firm-Level Data," *Journal of Productivity Analysis*, Vol. 8, No. 4, pp. 431-446.

44. Dopuch, N., and M. Gupta (1997), "Estimation of Benchmark Performance Standards: An Application to Public School Expenditures," *Journal of Accounting and Economics*, Vol. 23, No. 2, pp. 141-161.

45. Elyasiani, E., and S. Mehdian (1990), "Efficiency in the Commercial Banking Industry: A Production Frontier Approach," *Applied Economics*, Vol. 22, No. 4, pp. 539-551.

46. Esho, N. (2001), "The Determinants of Cost Efficiency in Cooperative Financial Institutions: Australian Evidence," *Journal of Banking & Finance*, Vol. 25, No. 5, pp. 941-964.

47. Evans, D. B., A. Tandon, C. J. L. Murray, and J. A. Lauer (2001), "Comparative Efficiency of National Health Systems: Cross National Econometric Analysis," *British Medical Journal*, Vol. 323, No., pp. 307-310.

48. Faria, A., P. Fenn, and A. Bruce (2005), "Production Technologies and Technical Efficiency: Evidence from Portuguese Manufacturing Industry," *Applied Economics*, Vol. 37, No. 9, pp. 1037-1046.

49. Farsi, M., M. Filippini, and W. Greene (2005), "Efficiency Measurement in Network Industries: Application to the Swiss Railway Companies," *Journal of Regulatory Economics* Vol. 28, No. 1, pp. 69-90.

50. Farsi, M., M. Filippini, and M. Kuenzle (2005), "Unobserved Heterogeneity in Stochastic Cost Frontier Models: An Application to Swiss Nursing Homes," *Applied Economics*, Vol. 37, No. 18, pp. 2127-2141.

51. Fecher, F., and P. Pestieau (1993), "Efficiency and Competition in OECD Financial Services," in H. O. Fried, C. A. K. Lovell, and S. S. Schmidt, eds., *The Measurement of Productive Efficiency: Techniques and Applications*. New York: Oxford University Press, pp. 374-385.

52. Ferrier, G. D., and C. A. K. Lovell (1990), "Measuring Cost Efficiency in Banking: Econometric and Linear Programming Evidence," *Journal of Econometrics*, Vol. 46, No. 1-2, pp. 229-245.

53. Folland, S. T., and R. A. Hofler (2001), "How Reliable are Hospital Efficiency Estimates? Exploiting the Dual to Homothetic Production," *Health Economics*, Vol. 10, No. 8, pp. 683-698.

54. Francis, B. B., and I. Hasan (2001), "The Underpricing of Venture and Nonventure Capital IPOs: An Empirical Investigation," *Journal of Financial Services Research*, Vol. 19, No. 2-3, pp. 99-113.

55. Fraser, I. M., and W. C. Horrace (2003), "Technical Efficiency of Australian Wool Production: Point and Confidence Interval Estimates," *Journal of Productivity Analysis*, Vol. 20, No. 2, pp. 169-190.

56. Fried, H. O., C. A. K. Lovell, S. S. Schmidt, and S. Yaisawarng (2002), "Accounting for Environmental Effects and Statistical Noise in Data Envelopment Analysis," *Journal of Productivity Analysis*, Vol. 17, No. 1-2, pp. 157-174.

57. Fries, S., and A. Taci (2005), "Cost Efficiency of Banks in Transition: Evidence from 289 Banks in 15 Post-Communist Countries," *Journal of Banking & Finance*, Vol. 29, No. 1, pp. 55-81.

58. Fujii, A., and M. Ohta (1999), "Stochastic Cost Frontier and Cost Inefficiency of Japanese Hospitals: A Panel Data Analysis," *Applied Economics Letters*, Vol. 6, No. 8, pp. 527-532.

59. Gagnepain, P., and M. Ivaldi (2002), "Stochastic Frontiers and Asymmetric Information Models," *Journal of Productivity Analysis*, Vol. 18, No. 2, pp. 145-159.

60. Gathon, H.-J., and S. Perelman (1992), "Measuring Technical Efficiency in European Railways: A Panel Data Approach," *Journal of Productivity Analysis*, Vol. 3, No. 1-2, pp. 135-151.

61. Gathon, H. J., and P. Pestieau (1995), "Decomposing Efficiency into Its Managerial and Its Regulatory Components: The Case of European Railways," *European Journal of Operational Research*, Vol. 80, No. 3, pp. 500-507.

62. Gaynor, M., and M. V. Pauly (1990), "Compensation and Productive Efficiency in Partnerships: Evidence from Medical Group Practice," *The Journal of Political Economy*, Vol. 98, No. 3, pp. 544-573.

63. Gerdtham, U.-G., M. Löthgren, M. Tambour, and C. Rehnberg (1999), "Internal Markets and Health Care Efficiency: A Multiple-Output Stochastic Frontier Analysis," *Health Economics*, Vol. 8, No. 2, pp. 151-164.

64. Giuffrida, A., and H. Gravelle (2001), "Measuring Performance in Primary Care: Econometric Analysis and DEA," *Applied Economics*, Vol. 33, No. 2, pp. 163-175.

65. Goaïed, M., and R. B. Ayed-Mouelhi (2000), "Efficiency Measurement With Unbalanced Panel Data: Evidence from Tunisian Textile, Clothing and Leather Industries " *Journal of Productivity Analysis*, Vol. 13, No. 3, pp. 249-262.

66. Good, D., L. Nadiri, L. H. Röller, and R. C. Sickels (1993), "Efficiency and Productivity Growth Comparisons of European and U.S. Air Carriers: A First Look at the Data," *Journal of Productivity Analysis*, Vol. 4, No., pp. 115-125.

67. Good, D. H., L.-H. Röller, and R. C. Sickles (1995), "Airline Efficiency Differences between Europe and the US: Implication for the Pace of EC integration and Domestic Regulation," *European Journal of Operational Research*, Vol. 80, No. 3, pp. 508-518.

68. Grabowski, R., and C. Pasurkat (1989), "The Relative Efficiency of Slave Agriculture: An Application of a Stochastic Production Frontier," *Applied Economics*, Vol. 21, No. 5, pp. 587-595.

69. Greene, W. (2004), "Distinguishing Between Heterogeneity and Inefficiency: Stochastic Frontier Analysis of the World Health Organization'S Panel Data on National Health Care Systems," *Health Economics*, Vol. 13, No. 10, pp. 959-980.

70. Greene, W. H., and D. Segal (2004), "Profitability and Efficiency in the U.S. Life Insurance Industry," *Journal of Productivity Analysis*, Vol. 21, No. 3, pp. 229-247.

71. Hadley, J., S. Zuckerman, and L. I. Iezzoni (1996), "Financial Pressure and Competition: Changes in Hospital Efficiency and Cost-Shifting Behavior," *Medical Care*, Vol. 34, No. 3, pp. 205-219.

72. Hadri, K., C. Guermat, and J. Whittaker (2003), "Estimating Farm Efficiency in The Presence of Double Heteroscedasticity Using Panel Data," *Journal of Applied Economics*, Vol. 6, No. 2, pp. 255-268.

73. Hammond, C. J. (1986), "Estimating the Statistical Cost Curve: An Application of the Stochastic Frontier Technique," *Applied Economics*, Vol. 18, No. 9, pp. 971-984.

74. Hasan, I., M. Malkamäki, and H. Schmiedel (2003), "Technology, Automation, and Productivity of Stock Exchanges: International Evidence," *Journal of Banking & Finance* Vol. 27, No. 9, pp. 1743-1773.

75. Hattori, T. (2002), "Relative Performance of U.S. and Japanese

Electricity Distribution: An Application of Stochastic Frontier Analysis," *Journal of Productivity Analysis*, Vol. 18, No. 3, pp. 269-284.

76. Hazarika, G., and J. Alwang (2003), "Access to Credit, Plot Size and Cost Inefficiency among Smallholder Tobacco Cultivators in Malawi," *Agricultural Economics*, Vol. 29, No. 1, pp. 99-109.

77. Herrero, I. (2005), "Different Approaches to Efficiency Analysis. An Application to The Spanish Trawl Fleet Operating in Moroccan Waters " *European Journal of Operational Research*, Vol. 167, No. 1, pp. 257-271

78. Heshmati, A., and S. C. Kumbhakar (1994), "Farm Heterogeneity and Technical Efficiency: Some Results from Swedish Dairy Farms," *Journal of Productivity Analysis*, Vol. 5, No. 1, pp. 45-61.

79. Heshmati, A., S. C. Kumbhakar, and L. Hjalmarsson (1995), "Efficiency of the Swedish Pork Industry: A Farm Level Study Using Rotating Panel Data 1976-1988," *European Journal of Operational Research*, Vol. 80, No. 3, pp. 519-533.

80. Hofler, R. A., and K. J. Murphy (1992), "Underpaid and Overworked: Measuring the Effect of Imperfect," *Economic Inquiry*, Vol. 30, No. 3, pp. 511-529.

81. Hofler, R. A., and K. J. Murphy (1994), "Estimating Reservation Wages of Employed Workers using a Stochastic Frontier," *Southern Economic Journal*, Vol. 60, No. 4, pp. 961-976.

82. Hofler, R. A., and S. W. Polachek (1985), "A New Approach for Measuring Wage Ignorance in the Labor Market," *Journal of Economics and Business*, Vol. 37, No. 3, pp. 267-276.

83. Hofler, R. A., and B. Rungeling (1994), "U.S. Nursing Homes Are They Cost Efficient?," *Economics Letters*, Vol. 44, No. 3, pp. 301-305.

84. Hollingsworth, B., and J. Wildman (2003), "The Efficiency of Health Production: Re-Estimating the Who Panel Data Using Parametric and Non-Parametric Approaches to Provide Additional Information," *Health Economics*, Vol. 12, No. 6, pp. 493-504.

85. Huang, C. J., and T.-T. Fu (1999), "An Average Derivative Estimation of Stochastic Frontiers," *Journal of Productivity Analysis*, Vol. 12, No. 1, pp. 45-53.

86. Huang, T.-H. (2005), "A Study on the Productivities of IT Capital and Computer Labor: Firm-level Evidence from Taiwan's Banking Industry," *Journal of Productivity Analysis*, Vol. 24, No. 3, pp. 241-257.

87. Huang, T.-H., and M.-H. Wang (2001), "Measuring Scale and Scope Economies in Multiproduct Banking? A Stochastic Frontier Cost Function Approach," *Applied Economics Letters*, Vol. 8, No. 3, pp. 159-162.

88. Hunt-McCool, J., S. C. Koh, and B. B. Francis (1996), "Testing for Deliberate Underpricing in the IPO Premarket: A Stochastic Frontier Approach," *The Review of Financial Studies*, Vol. 9, No. 4, pp. 1251-1269.

89. Inglada, V., B. Rey, A. Rodriguez-Alvarez, and P. Coto-Millan (2006), "Liberalisation and Efficiency in International Air Transport," *Transportation Research Part A: Policy and Practice*, Vol. 40, No. 2, pp. 95-105.

90. Jacobs, R. (2001), "Alternative Methods to Examine Hospital Efficiency: Data Envelopment Analysis and Stochastic Frontier Analysis," *Health Care Management Science*, Vol. 4, No. 2, pp. 103-115.

91. Johnes, G. (1998), "The Costs of Multi-product Organizations and the Heuristic Evaluation of Industrial Structure," *Socio-Economic Planning Science*, Vol. 32, No. 3, pp. 199-209.

92. Jørgensen, F., P. A. Pedersen, and R. Volden (1997), "Estimating the Inefficiency in the Norwegian Bus Industry from Stochastic Cost Frontier Models," *Transportation*, Vol. 24, No. 4, pp. 421-433.

93. Just, R. E., and R. D. Pope (1978), "Stochastic Specification of Production Functions and Economic Implications," *Journal of Econometrics*, Vol. 7, No. 1, pp. 67-86.

94. Kalirajan, K. P., and M. B. Obwona (1994), "A Measurement of Firm- And Input-Specific Technical and Allocative Efficiencies," *Applied Economics*, Vol. 26, No. 4, pp. 393-398.

95. Kaparakis, E. I., S. M. Miller, and A. G. Noulas (1994), "Short-run Cost Inefficiency of Commercial Banks: A Flexible Stochastic Approach," *Journal of Money, Credit & Banking*, Vol. 26, No. 4, pp. 875-893.

96. Karagiannis, G., and A. Sarris (2005), "Measuring and Explaining Scale Efficiency with the Parametric Approach: The Case of Greek Tobacco Growers," *Agricultural Economics*, Vol. 33, No. s3, pp. 441-451.

97. Kathuria, V. (2001), "Foreign Firms, Technology Transfer and Knowledge Spillovers to Indian Manufacturing Firms: A Stochastic Frontier Analysis," *Applied Economics*, Vol. 33, No. 5, pp. 625-642.

98. Kerkvliet, J. R., W. Nebesky, C. H. Tremblay, and V. J. Tremblay (1998), "Efficiency and Technological Change in the U.S. Brewing Industry," *Journal of Productivity Analysis*, Vol. 10, No. 3, pp. 271-288.

99. Kim, S., and G. Han (2001), "A Decomposition of Total Factor Productivity Growth in Korean Manufacturing Industries: A Stochastic Frontier Approach," *Journal of Productivity Analysis*, Vol. 16, No. 3, pp. 269-281.

100. Kim, Y., and P. Schmidt (2000), "A Review and Empirical Comparison of Bayesian and Classical Approaches to Inference on Efficiency Levels in Stochastic Frontier Models with Panel Data," *Journal of Productivity Analysis*, Vol. 14, No. 2, pp. 91-118.

101. Kirkley, J. E., D. Squires, and I. E. Strand (1995), "Assessing Technical Efficiency in Commercial Fisheries: The Mid-Atlantic Sea Scallop Fishery," *American Journal of Agricultural Economics*, Vol. 77, No. 3, pp. 686-697.

102. Kirkley, J., D. Squires, and I. E. Strand (1998), "Characterizing Managerial Skill and Technical Efficiency in a Fishery," *Journal of Productivity Analysis*, Vol. 9, No. 2, pp. 145-160.

103. Kompas, T., and T. N. Che (2005), "Efficiency Gains and Cost Reductions from Individual Transferable Quotas: A Stochastic Cost Frontier for the Australian South East Fishery," *Journal of Productivity Analysis*, Vol. 23, No. 3, pp. 285-307.

104. Kumbhakar, S. C. (1989), "Economic Performance of US Class 1 Railroads: A Stochastic Frontier Approach," *Applied Economics*, Vol. 21, No. 11, pp. 1433-1446.

105. Kurkalova, L. A., and A. Carriquiry (2003), "Input- and Output-Oriented Technical Efficiency of Ukrainian Collective Farms, 1989-1992: Bayesian Analysis of a Stochastic Production Frontier Model," *Journal of Productivity Analysis*, Vol. 20, No. 2, pp. 191-211.

106. Laine, J., M. Linna, U. Häkkinen, and A. Noro (2005), "Measuring the Productive Efficiency and Clinical Quality of Institutional Long-Term Care for the Elderly," *Health Economics*, Vol. 14, No. 3, pp. 245-256.

107. Laine, J., M. Linna, A. Noro, and U. Häkkinen (2005), "The Cost Efficiency and Clinical Quality of Institutional Long-Term Care for

the Elderly," *Health Care Management Science*, Vol. 8, No. 2, pp. 149-156.

108. Latruffe, L., K. Balcombe, S. Davidova, and K. Zawalinska (2004), "Determinants of Technical Efficiency of Crop and Livestock Farms in Poland," *Applied Economics*, Vol. 36, No. 12, pp. 1255-1263.

109. Lee, B., and A. Barua (1999), "An Integrated Assessment of Productivity and Efficiency Impacts of Information Technology Investments: Old Data, New Analysis and Evidence," *Journal of Productivity Analysis*, Vol. 12, No. 1, pp. 21-43.

110. Li, T., and R. Rosenman (2001), "Cost Inefficiency in Washington Hospitals: A Stochastic Frontier Approach Using Panel Data," *Health Care Management Science*, Vol. 4, No. 2, pp. 73-81.

111. Linna, M. (1998), "Measuring Hospital Cost Efficiency with Panel Data Models," *Health Economics*, Vol. 7, No. 5, pp. 415-427.

112. Linna, M., U. Hakkinen, and E. Linnakko (1998), "An Econometric Study of Costs of Teaching and Research in Finnish Hospitals," *Health Economics*, Vol. 7, No. 4, pp. 291-305.

113. Liu, Z., and G. S. Liu (1996), "The Efficiency Impact of the Chinese Industrial Reforms in the 1980's," *Journal of Comparative Economics*, Vol. 23, No. 3, pp. 237-255.

114. Liu, Z., and J. Zhuang (1998), "Evaluating Partial Reforms in the Chinese State Industrial Sector: A Stochastic Frontier Cost Function Approach," *International Review of Applied Economics*, Vol. 12, No. 1, pp. 9-24.

115. Mahadevan, R. (2000), "How Technically Efficient are Singapore's Manufacturing Industries?," *Applied Economics*, Vol. 32, No. 15, pp. 2007-2014.

116. Mahadevan, R. (2002), "Productivity Growth in Australian Manufacturing Sector: Some New Evidence," *Applied Economics Letters*, Vol. 9, No. 15, pp. 1017-1023.

117. Maudos, J., J. M. Pastor, and L. Serrano (2003), "Human Capital in OECD Countries: Technical Change, Efficiency and Productivity," *International Review of Applied Economics*, Vol. 17, No. 4, pp. 419-435.

118. Mester, L. J. (1993), "Efficiency in the Savings and Loan Industry," *Journal of Banking & Finance*, Vol. 17, No. 2-3, pp. 267-286.

119. Mester, L. J. (1996), "A Study of Bank Efficiency Taking Into Account Risk-Preferences," *Journal of Banking & Finance*, Vol. 20, No. 6, pp. 1025-1045.

120. Mester, L. J. (1997), "Measuring Efficiency at U.S. Banks: Accounting for Heterogeneity is Important," *European Journal of Operational Research*, Vol. 98, No. 2, pp. 230-242.

121. Morrison, A. R. (1993), "Unproductive Migration Reconsidered: A Stochastic Frontier Production Function Framework for Analyzing International Migration," *Oxford Economic Papers*, Vol. 45, No. 3, pp. 501-518.

122. Okeahalam, C. C. (2006), "Production Efficiency in the South African Banking Sector: A Stochastic Analysis," *International Review of Applied Economics*, Vol. 20, No. 1, pp. 103-123.

123. Parisio, L. (1999), "A Comparative Analysis of European Railroads Efficiency: A Cost Frontier Approach," *Applied Economics*, Vol. 31, No. 7, pp. 815-823.

124. Paul, C. J. M., and R. Nehring (2005), "Product Diversification, Production Systems, and Economic Performance in U.S. Agricultural Production," *Journal of Econometrics*, Vol. 126, No. 2, pp.

525-548.

125. Paul, C., R. Nehring, D. Banker, and A. Somwaru (2004), "Scale Economies and Efficiency in U.S. Agriculture: Are Traditional Farms History?," *Journal of Productivity Analysis*, Vol. 22, No. 3, pp. 185-205.

126. Pi, L., and S. G. Timme (1993), "Corporate Control and Bank Efficiency," *Journal of Banking & Finance*, Vol. 17, No. 2-3, pp. 515-530.

127. Pitt, M. M., and L.-F. Lee (1981), "The Measurement and Sources of Technical Inefficiency in the Indonesian Weaving Industry," *Journal of Development Economics*, Vol. 9, No. 1, pp. 43-64.

128. Polachek, S. W., and J. Robst (1998), "Employee Labor Market Information: Comparing Direct World of Work Measures of Workers' Knowledge to Stochastic Frontier Estimates," *Labour Economics*, Vol. 5, No. 2, pp. 231-242.

129. Polachek, S. W., and B. J. Yoon (1987), "A Two-Tiered Earnings Frontier Estimation of Employer and Employee Information in the Labor Market," *Review of Economics and Statistics*, Vol. 69, No. 2, pp. 296-302.

130. Polachek, S. W., and B. J. Yoon (1996), "Panel Estimates of a Two-Tiered Earnings Frontier," *Journal of Applied Econometrics*, Vol. 11, No. 2, pp. 169-178.

131. Puig-Junoy, J., and V. Ortun (2004), "Cost Efficiency in Primary Care Contracting: A Stochastic Frontier Cost Function Approach," *Health Economics*, Vol. 13, No. 12, pp. 1149-1165.

132. Resti, A. (1997), "Evaluating the Cost-Efficiency of the Italian Banking System: What Can Be Learned from the Joint Application

of Parametric and Non-Parametric Techniques," *Journal of Banking & Finance*, Vol. 21, No. 2, pp. 221-250.

133. Rezitis, A. N., K. Tsiboukas, and S. Tsoukalas (2002), "Measuring Technical Efficiency in the Greek Agricultural Sector," *Applied Economics*, Vol. 34, No. 11, pp. 1345-1357.

134. Robst, J., and K. McGoldrick (1997), "Frontier Estimation of Changes in Workers' Labor Market Information," *Atlantic Economic Journal*, Vol. 25, No. 4, pp. 386-402.

135. Rosenman, R., and D. Friesner (2004), "Scope and Scale Inefficiencies in Physician Practices," *Health Economics*, Vol. 13, No. 11, pp. 1091-1116.

136. Rosko, M. D. (1999), "Impact of Internal and External Environmental Pressures on Hospital Inefficiency," *Health Care Management Science*, Vol. 2, No. 2, pp. 63-74.

137. Rosko, M. D. (2001), "Cost Efficiency of US Hospitals: A Stochastic Frontier Approach," *Health Economics*, Vol. 10, No. 6, pp. 539-551.

138. Rosko, M. D. (2001), "Impact of HMO Penetration and Other Environmental Factors on Hospital X-Inefficiency," *Medical Care Research and Review*, Vol. 58, No. 4, pp. 430-454.

139. Rosko, M. D. (2004), "Performance of U.S. Teaching Hospitals: A Panel Analysis of Cost Inefficiency," *Health Care Management Science*, Vol. 7, No. 1, pp. 7-16.

140. Rosko, M. D., and J. A. Chilingerian (1999), "Estimating Hospital Inefficiency: Does Case Mix Matter?," *Journal of Medical Systems*, Vol. 23, No. 1, pp. 57-71.

141. Sakano, R., and K. Obeng (1995), "Re-examination of Inefficiencies in Urban Transit Systems: A Stochastic Frontier Approach,"

Logistics and Transportation Review, Vol. 31, No. 4, pp. 377-392.

142. Sakano, R., and K. Obeng (1997), "Subsidies and Inefficiency: Stochastic Frontier Approach," *Contemporary Economic Policy*, Vol. 15, No. 3, pp. 113-127.

143. Schmidt, P., and R. C. Sickels (1984), "Production Frontiers and Panel Data," *Journal of Business & Economic Statistics*, Vol. 2, No. 4, pp. 367-374.

144. Sharma, K. R., P. Leung, and H. M. Zaleski (1997), "Productive Efficiency of the Swine Industry in Hawaii: Stochastic Frontier vs. Data Envelopment Analysis," *Journal of Productivity Analysis*, Vol. 8, No. 4, pp. 447-59.

145. Street, A. (2003), "How Much Confidence should We Place in Efficiency Estimates?," *Health Economics*, Vol. 12, No. 11, pp. 895-907.

146. Taymaz, E., and G. Saatci (1997), "Technical Change and Efficiency in Turkish Manufacturing Industries," *Journal of Productivity Analysis*, Vol. 8, No. 4, pp. 461-475.

147. Trip, G., G. J. Thijssen, J. A. Renkema, and R. B. M. Huirne (2002), "Measuring Managerial Efficiency: The Case of Commercial Greenhouse Growers," *Agricultural Economics*, Vol. 27, No. 2, pp. 175-181.

148. Vitaliano, D. F., and M. Toren (1994), "Cost and Efficiency in Nursing Homes: A Stochastic Frontier Approach," *Journal of Health Economics*, Vol. 13, No. 3, pp. 281-300.

149. Vitaliano, D. F., and M. Toren (1996), "Hospital Cost and Efficiency in a Regime of Stringent Regulation," *Eastern Economic Journal*, Vol. 22, No. 2, pp. 161-175.

150. Viton, P. A. (1986), "The Question of Efficiency in Urban Bus

Transportation," *Journal of Regional Science*, Vol. 26, No. 3, pp. 499-513.

151. Wadud, A., and B. White (2000), "Farm Household Efficiency in Bangladesh: A Comparison of Stochastic Frontier and DEA Methods," *Applied Economics*, Vol. 32, No. 13, pp. 1665-1673.

152. Wagstaff, A. (1989), "Estimating Efficiency in the Hospital Sector: A Comparison of Three Statistical Cost Frontier Models," *Applied Economics*, Vol. 21, No. 5, pp. 659-672.

153. Wagstaff, A., and G. Lopez (1996), "Hospital Costs in Catalonia: A Stochastic Frontier Analysis," *Applied Economics Letters*, Vol. 3, No. 7, pp. 471-474.

154. Wang, W. (2000), "Evaluating the Technical Efficiency of Large US Law Firms," *Applied Economics*, Vol. 32, No. 6, pp. 689-695.

155. Wang, H.-J. (2002), "Heteroscedasticity and Non-Monotonic Efficiency Effects of a Stochastic Frontier Model," *Journal of Productivity Analysis*, Vol. 18, No. 3, pp. 241-253.

156. Watson, D. (2000), "UK Wage Underpayment: Implications for the Minimum Wage," *Applied Economics*, Vol. 32, No. 4, pp. 429-440.

157. Weill, L. (2002), "Does Restructuring Improve Banking Efficiency in a Transition Economy?," *Applied Economics Letters*, Vol. 9, No. 5, pp. 279-281.

158. Weill, L. (2004), "Measuring Cost Efficiency in European Banking: A Comparison of Frontier Techniques," *Journal of Productivity Analysis*, Vol. 21, No. 2, pp. 133-152.

159. Williams, J., and N. Nguyen (2005), "Financial Liberalisation, Crisis, and Restructuring: A Comparative Study of Bank Performance and Bank Governance in South East Asia," *Journal of Banking & Finance*,

ㅅ

ㅇ

ㅈ

ㅊ

ㅌ

영문_ 찾아보기

D

E

F

G

H

P

Q

R

S